완역 소년한반도

점필재연구소
대한제국기번역총서

완역 소년한반도

少年韓半島

권정원
신재식
신지연
전민경
최진호

보고사
BOGOSA

발간사

강명관 / 부산대학교 한문학과 교수

1905년 을사늑약 이후 각종 단체나 학회에서 잡지가 쏟아져 나왔다. 근대적 지식을 보급하고자 하는 의도에서 잡지란 새로운 매체가 수단으로 선택되었던 것이다. 물론 이들 잡지의 창간, 발행에 관여하거나 기고(寄稿)를 한 개인의 행적은 대단히 넓은 스펙트럼을 갖는다. 하지만 그 이면에 애국 혹은 우국(憂國) 의식과 근대화에 대한 의지를 내장하지 않을 수 없었던 것으로 보인다. 이런 이유로 인해 근대계몽기를 이해하는 데 있어 이 잡지들은 지극히 중요하다.

『소년한반도』는 1906년 11월 1일자로 창간되어 1907년 4월까지 모두 6호가 발행되었다. 이 잡지의 성격에 대해서는 손성준 교수가 쓴 소상한 「해제」를 참고해 주기를 바라거니와, 이 잡지는 재래의 '청소년을 독자로 상정한 잡지'라고는 볼 수 없다. 곧 '소년한반도'는 앞으로 '장년한반도'가 되기 위해 부단히 노력해야 할 현재의 대한제국과 그 국민을 가리키는 것이었다. 물론 이 잡지를 채우고 있는 것은 대부분 분과학문으로서의 근대적 지식이지만, 그 전체적인 정치적 지향은 메이지 일본을 대안으로 삼은 입헌군주제에 있었다고 말할 수 있을 것이다.

『소년한반도』의 이런 성격은 흔히 근대계몽기라 불리는 시기 지식인들의 사유와 그 지향의 복잡성을 드러내는 지점이라고 하지 않을 수 없다. 이 시기에 대한 보다 정밀한 연구가 필요한 것이다. 이제 『소년한반도』 완역으로 보다 풍성하고 활발한 연구가 시작되기를 기대한다.

『조양보』『태극학보』『서우』『한양보』의 번역에서처럼 『소년한반도』의 번역에도 여러 사람이 참여했다. 권정원, 신재식, 신지연, 전민경, 최진호는 번역을 맡았고, 이강석, 서미나는 편집과 원문 교열을 맡았다. 손성준 교수는 새로운 시각을 담은 훌륭한 해제를 썼다. 그리고 임상석 교수도 책의 완성에 수고를 아끼지 않았다. 이 자리를 빌려 고맙다는 말을 전한다.

차례

소년한반도 제1호

소년한반도 제2호

소년한반도 제3호

소년한반도 제4호

소년한반도 제5호

소년한반도 제6호

일러두기

1. 번역은 현대어화를 원칙으로 하였다.
2. 단락 구분은 원문의 형태를 따르는 것을 원칙으로 하되, 문맥과 가독성을 위해 번역자의 재량으로 단락을 나눈 경우도 있다.
3. 호별 제목이 상이하거나 목차와 본문의 제목이 상이한 경우, 목차에 저자 및 쪽수 표기 여부가 다른 경우가 있다. 독자의 가독 편의를 위해 하나의 양식으로 통일하고, 각 항마다 각주를 달아 원본의 표기 사항을 알 수 있도록 하였다.
4. 중국의 인명과 지명은 그 시기가 근·현대인 경우는 중국어 발음에 따라 표기하였고, 그 이전의 경우는 한국 한자음을 써서 표기하였다. 일본과 서양의 인명과 지명은 시기에 관계없이 해당 언어의 발음대로 표기하였다.
5. 본서의 원본은 순한문, 국한문, 순국문 기사가 혼합되어 있다. 이를 구분하기 위해 순한문인 경우 '漢', 순국문인 경우 '한'을 기사 제목 옆에 표시해두었다. 표시하지 않은 기사는 국한문 기사이다.
6. 원문의 괄호는 '- -'으로 표기하였다.

대한제국기 잡지의 정치성과 애국운동의 접변: 『소년한반도』를 중심으로*

손성준 / 성균관대학교 동아시아학술원 HK연구교수

1. 머리말

『소년한반도』는 대한제국의 명운이 다한 1900년대 후반에 나온 수십 종의 계몽 잡지 중 하나이다. 약 50면 분량의 월간지로서 1906년 11월부터 1907년 4월까지 총 6개호가 간행되었다. 개론 수준의 각종 학지(學知)들이 주류를 이루지만 논설, 사조, 소설, 내보, 외보, 독자 투고란 등 전체적 구성은 분명 종합잡지의 형태를 갖추고 있었다. 특정 단체의 이름을 내걸지 않고 등장한 종합잡지는 그 이전까지 『조양보』(1906년 6월 창간)가 유일했으며, 잡지 매체 전체를 통틀어도 수종에 불과했으니 한국잡지사에서 『소년한반도』는 선구자적 위치에 있다고도 볼 수 있다.[1]

그동안의 연구들이 주목한 『소년한반도』의 특징은 크게 세 가지로 요약된다. 첫째, 한국 최초로 '소년 독자'를 겨냥한 미디어였다는 점이다. 대개의 사전적 기술이 이 입장을 수용하고 있다. 예를 들어 『한민족

* 이 해제는 아래 논문에 기초하여 수정 및 보완을 거친 것이다. 손성준, 「대한제국기 잡지의 정치성과 애국운동의 접변-『소년한반도』를 중심으로」, 『한국근대문학연구』 42, 한국근대문학회, 2020.

1 1900년대를 기준으로 하자면 『일진회회보』, 『가정잡지』, 『수리학잡지』, 『대한자강회월보』, 『태극학보』 정도만이 『소년한반도』보다 이른 시기에 나왔다.

문화대백과』는 이 잡지를 "1906년도에 창간되었던 월간 소년잡지"[2]라고 공식화하였으며, 최덕교의 『한국잡지백년』 역시 "대한제국 최초의 청소년잡지"[3]라는 문구로 『소년한반도』의 소개를 시작하고 있다. 이상의 '전통'은 임화가 「개설 신문학사」를 쓰며 한국 근대문학사의 '물질적 배경'을 논구하던 시점에 이미 형성된 것으로 보인다.[4] 둘째, 근대의 분과학문을 쉽고 체계적으로 소개했다는 점이다. "『소년한반도』의 가장 큰 특성은 근대 분과학문을 알리는 글로 잡지 전체를 구성하고 있다는 점"[5]이라거나, "다수의 분과학문을 체계적으로 소개하고자 했다는 점에서 다른 매체에 비해 그 의의가 크다."[6]와 같이, 이는 『소년한반도』의 차별점으로 누차 강조되어 왔다. 셋째, 이른바 애국계몽기의 계몽 잡지치고는 정치적 발화가 희소하다는 점이다. 구장률은 『소년한반도』가 "보호국 상황에 대한 비판적 언설을 게재한 적이 없으며, 시국에 대한 입장 표명도 하지 않았다."라며, "근대 초기에 분과학문을 교육하고 확산시키는 일이 반드시 애국계몽운동으로 이어지는 것은 아니라는 사실"[7]을 보여주는 사례라고까지 확언한 바 있다. 이상은 '소년기 독자들이 근대지식을 체계적으로 학습하게 하는 데 역점을 둔다'는 『소년한반도』의 정형을 만들어왔다. 그리고 이는 40종 이상의 대한제국기 잡지 중 『소년한반도』에만 별도로 부여된 성격이었다.[8]

---

2 한국정신문화연구원 편, 『한민족문화대백과』 12, 웅진출판주식회사, 1993, 670쪽.

3 최덕교, 『한국잡지백년1』, 현암사, 2005, 151쪽.

4 임화는 『조양보』, 『소년한반도』, 『야뢰』를 종합지로 분류하는 한편 『소년한반도』에 대해서는 "소년들에 대한 눈물겨우리만치 정성스러운 희망과 기대"가 반영된 잡지로 소개하며, 최남선의 『소년』이 그 흐름을 완성했다고 보았다. 임화, 임규찬 편, 『임화문학예술전집2 문학사』, 소명출판, 2009, 104~108쪽.

5 구장률, 「지식과 매체, 근대 초기 잡지와 분과학문의 지형」, 『근대 초기 잡지와 분과학문의 형성』, 케포이북스, 2012, 57쪽.

6 허재영, 「지식 보급 차원에서 본 근대 계몽기 잡지의 교육적 기능과 한계 - 『소년한반도』를 중심으로」, 『우리말교육현장연구』 17, 우리말교육현장학회, 2015, 237쪽.

7 구장률, 앞의 글, 58쪽.

이러한 설명은 일견 합리적이다. 계몽의 대상이 소년층인 이상 '깊고 좁은' 전문지식보다는 '넓고 얕은' 일반 지식이 요긴할 터였다. 정치 발화가 드문 것도 성인 이전의 독자를 상정한다면 납득 가능하다. 다만, 앞서 '일견 합리적'이라는 말을 썼거니와 『소년한반도』에 대한 기존 인식은 사실 평면적 진단에 불과할 수도 있다. '독자층의 차별화'는 제호의 '소년'을 액면 그대로 수용한 결과일 뿐이고, '학문의 체계적 소개' 역시 매체의 목차로 제시된 것 이상의 근거가 있는지 불확실하다. 탈애국주의 내지 탈정치성 논의도 『소년한반도』의 기사를 총체적으로 검토한 뒤 내린 결론은 아닌 듯하다. 간행에 깊숙이 개입했던 인물 일부가 적극적 친일 행보를 보이는 것이 일차적 판단 근거였을 개연성이 크다. 하지만 이는 메신저만 조명하고 메시지를 등한시한 오류일 수 있다.

요컨대 『소년한반도』의 선행연구는 이 매체의 표면적 관찰을 통해서도 추정할 있는 내용의 재확인 수준을 크게 넘어서지 못했다. 그러니 반문이 필요하다. 『소년한반도』는 심도 있게 분석된 적이 있는가? 공식처럼 되어버린 『소년한반도』에 대한 기존 인식은 아이러니하게도 그 '합리적 구도'로 인해 더 이상의 생산적 검토를 막고 있는 것처럼 보인다. 『소년한반도』 관련 논의가 소수에 불과한 데에는 이 같은 맥락이 놓여 있다.

이 글은 『소년한반도』에 대한 전면적인 분석을 통해 이 매체의 특수성을 다시 점검하고, 나아가 대한제국기 매체 연구가 마땅히 천착해야 할 '지식의 변용과 정치성의 상관관계'라는 화두를 제기하는 것을 목표로 한다.

---

8 물론 1908년에 창간된 『소년』 역시 이 범주에 넣을 수 있겠으나 대한제국기 이후인 1911년 5월까지 간행된 점을 고려하여 여기서는 논외로 하였다.

2. '소년한반도'의 의미 재고

우선 『소년한반도』에 대한 첫 번째 고정관념인 '소년 독자층의 설정'은 달리 볼 여지가 크다. 이는 잡지의 발간사에서부터 명징하게 드러난다. 다음은 『소년한반도』 전호의 첫 기사인 「취지」의 첫 대목이다.

> **소년한반도**여, **소년한반도**여! 2천만 둥근 머리와 모난 발의 인류여! 천하의 성덕과 대업으로 그 무엇이 애국자보다 나은가. 애국자여, 오늘이 어떤 날이며, 어떤 때인가. 이를 적어본다면 '오호라! 우리 역사상 구사회를 혁명하는 날로, 곧 20세기에 **소년한반도**가 탄생한 날이라.' 하겠다. 이제 구사회의 혁명을 위해 흐르는 눈물을 닦고 떨어지는 피를 씻으면서 속마음을 다 토로하고 포복 분주하면서 우리 혈성과 영예가 있는 2천만 동포에게 고하노라.
>
> "구사회는 이미 끝났거니와 우리 신성한 **소년한반도**는 실로 그대로다. 우리가 각자 그 고상하고 순결한 애국심을 발하여 이 세상에 서서 우리 자유를 보전한다면, 감히 단언컨대 '설령 18층 아비지옥(阿鼻地獄)의 수많은 마귀들이 습격하더라도 저들이 우리 **소년한반도**를 어찌할 수는 없을 것이다.'고 하겠다. 이에 능히 우리 자유를 보전하고 능히 우리 소년한반도를 배양하는 자에게 청언(請言)컨대, 이는 다 고상하고 순결한 애국심 덕이다.[9]

---

9 미상, 「취지」, 『소년한반도』 1, 1906.11, 1쪽. 이하 강조는 인용자에 의한 것이다. 원문은 다음과 같다. "少年韓半島兮少年韓半島兮二千萬圓顱方趾之類兮여天下之盛德大業이孰有過於愛國者乎愛國者兮此何日也ㅣ며此何辰也오書之曰唉라我歷史上舊社會革命之日也오乃二十世紀中少年韓半島誕生之辰也ㅣ로다今에爲舊社會革命ᄒᆞ야揾縷縷之淚ᄒᆞ고濾滴滴之血ᄒᆞ야捧心瀝膽ᄒᆞ고匍匐奔走ᄒᆞ야提告于、我、有血性有榮譽之二千萬同胞曰舊社會ᄂᆞᆫ已矣어니와我神聖之少年韓半島ᄂᆞᆫ固自在也ㅣ로다吾輩가各出其高尚純潔之愛國心、以立斯世也ᄒᆞ야以保我自由ᄒᆞ면敢斷言曰雖悉十八層阿鼻臺地獄恆河沙數之魔鬼ᄒᆞ야來相攙襲이라도彼無如我少年韓半島에何ㅣ로다請言能保我自由ᄒᆞ고能培養我少年韓半島者ᄒᆞ노니乃高尚純潔之愛國心也ㅣ라" 이하 인용문의 원문은 생략한다.

강조 표기한 용례들로 미루어 보면, '소년한반도'는 대한제국 전 국민 혹은 대한제국 그 자체를 의미하고 있다. 일인칭 대명사 '우리'와 빈번히 결합하는 것도 하나의 근거이다. 『소년한반도』의 소년층 전문 잡지설은 '소년'에 방점이 있다. 그러나 사실 『소년한반도』의 '소년'은 '한반도'와 분리되어 사유된 적이 거의 없으며, 있다 해도 특정 독자층을 염두에 둔 것은 아니었다. '소년'은 '새롭게 성장하고 있는' 혹은 '새롭게 성장해야만 할' 정도의 의미로써 '한반도'라는 공간을 수식하고 있을 따름이었다. 「취지」의 다음 대목은 이를 더욱 명확히 하고 있다.

> 꿈에서라도 탄식하는 것은 구사회의 혁명이 아닌가. 꿈에서라도 말하는 것은 바로 소년한반도이다. 소년한반도란 단지 지리상의 명사인가? 아니면 정치상의 잔영인가? 바로 지구의 동쪽 반구 중 아시아의 중심이 소년한반도이며, 태평양 문호(門戶)가 소년한반도이거늘, 하물며 구사회의 혁명을 도모함에랴! (중략) 천지 개벽의 소년한반도가 진실로 한번도 외침을 받은 적이 없는 금구무결(金甌無缺)의 지역인가? 백두산의 유허이다. 이에 소년한반도의 필자들이 20세기 역사상 애국(愛國)하고 지국(持國)하며 보국(保國)하고 건국(建國)하는 계책의 계명(誡銘)을 수집하고, 설상자(舌相者)・혈성자(血誠者)・검기자(劍氣者)・기신자(機神者)와 더불어 종사하여 피비린내 나는 참혹한 전쟁터에서 우리 신성한 소년한반도를 도출하고, 비참하게 신음하는 우리 2천만 동포와 더불어 다른 민족보다 비약하여, 우리 소년한반도의 독립을 건축하며, 앞으로 우리 소년한반도의 자유를 양성하기를 바라옵니다.[10]

인용문은 소년한반도가 단지 '지리상의 명사'에 그치는 게 아니라고 강조한다. 하지만 『소년한반도』의 여러 기사에서 '소년한반도'는 공간 그 자체의 개념으로 자주 사용된다.[11] 위 인용문 역시 지리적 의미를 부정하

10 미상, 「취지」, 『소년한반도』 1, 1906.11, 1~2쪽.

는 것이 아니라, 거기에 한 국가로서 역사화된 공간이라는 해석을 첨가하며 개념을 확장하고 있을 따름이다. 이로 인해 한반도는 결국 대한제국이라는 국가 관념과 상통하는 '국토'와 '국사'가 결합한 의미가 된다.

물론 『소년한반도』 내에는 소년 내지 청년을 향한 직접적인 발화도 있다. 그러나 이는 소년한반도로 호명되는 국민 일반에 그들도 속해 있기 때문이며, 더욱이 미래의 주역을 대상으로 한 일반적 권면이기에 타 잡지에서도 얼마든지 확인되는 부류이다.[12] 이런 맥락에서 "청년아, 청년아, 어깨에 짊어진 책임이 어떠하며 버티고 지탱함이 어떠하오."[13]와 같이 부르짖는 이유도 이 잡지가 소년 전문지여서가 아니다. 정작 이 기사는 「교자제신학」이라는 제목하에 자제에게 새로운 학문을 가르쳐야 할 것을 강조하고 있었으니, 오히려 자제 교육에 책임을 가진 성년을 겨냥한 것이라 보아야 한다. 같은 맥락에서, 전호에 걸쳐 연재된 「아모권면」이라는 한글기사는 영아 양육을 전담하는 부녀자를 위한 코너였다. 이 지면은 수유, 이유식, 수면, 감기 등 가정용 기초 의학이 대부분의 내용을 차지한다. 「내보」에 등장하는 각종 행정구역 정비 사항, 「대한농업회규칙」과 같은 특정 단체의 내규 등도 청소년에게 필요

11 가령 "사방 8만 9천리 되는 소년한반도는 청년학생들의 두 어깨 위에 있도다"(양재건, 「교자제신학」, 『소년한반도』 1, 1906.11, 6쪽), "우리는 소년한반도 국가의 인민이라"(이각종, 「국가학」, 『소년한반도』 6, 1907.4, 6쪽) 등.

12 이를테면 『태극학보』 1호만 보아도 「헌신적 정신」(최남선), 「충고가(忠告歌)」(장계택) 등은 기본적으로 청년을 대상으로 한 계도문들이며, 「분기(奮起)하여라 우리 동포 청년」(표진모)처럼 제목에서부터 '청년'을 내세운 경우도 있다. '청년'을 표제로 한 『태극학보』의 기사는 3호의 「분기(奮起)하라 청년제자(青年諸子)」(대몽생), 15호의 「청년입지」(김지간) 등 다른 호에서도 꾸준히 확인된다. 『서우』 1호의 「본회취지서」에서 "오늘날 우리가 이같이 극렬한 풍조를 맞부딪쳐 크게는 국가(國家), 작게는 가문을 스스로 보전하는 방책을 강구하면 우리 동포 청년의 교육을 힘써 개도(開導)해 인재를 양성하며 중지를 계발함이 즉 국권을 회복하고 인권을 신장하는 기초다."(박은식 등 발기인, 「본회취지서」, 『서우』 1, 1906.12, 1쪽)라고 말한 바와 같이, 특정 독자층을 겨냥하지 않은 단체일지라도 청년의 교육은 시대적 과제로 전제하고 있었다는 것을 상기할 필요가 있다.

13 양재건, 「교자제신학」, 『소년한반도』 1, 1906.11, 6쪽.

한 학문 지식과는 하등의 관련이 없다. 〈소설〉란에 연재된 이해조의 한문현토체 작품 「잠상태(岑上苔)」 역시 소년 취향과는 거리가 먼 재자가인(才子佳人)류 서사였다.

다음은 『소년한반도』의 창간에 부쳐진 「축사」이다.

> 하늘이 조화로운 기운을 배태(胚胎)하여 하나의 한반도를 생성하였으니, 그 정신과 기세가 하나의 소년이다. 소년이 소년의 사업을 성취함은 어디서 연유하는가? 그 정신과 기세를 배양하는 소년한반도 잡지가 이것이다. 한반도의 소년이 **소년한반도** 잡지를 읽고, **소년한반도**의 정신과 기세를 독려하여 **소년한반도**의 고유한 직무를 수행하면, 오늘의 **소년한반도**는 장래의 **장년한반도**가 되어서 하늘의 희망을 널리 드날릴 것이다. 그러므로 오늘의 **소년한반도** 잡지를 축하하며, 장래의 **장년한반도** 잡지를 또 축하하고자 기약하는 것이다.[14]

여기서 '소년'은 '정신과 기세'로 설명된다. 당연히 그것은 젊고 약동하며 발전 가능성이 큰 불특정 다수에게 적용될 수 있다. 따라서 '소년이 소년한반도 잡지를 읽는다'는 문구의 '소년'은 소년 독자만이 아닌 소년의 기세를 가진 모든 이에 대한 비유적 표현이다. 또한 '소년한반도'의 '소년'은 국가의 현 단계를 뜻하는 것이기도 하다. "오늘에 소년한반도 잡지를 축하하고 미래에 장년한반도 잡지를 다시 축하"한다는 대목이 이를 잘 보여준다. 직선적 발전도상 위에 '소년'과 '장년'을 배치한 이 구도는 1900년도에 량치차오(梁啓超, 1873~1929)가 『청의보』에 발표한 「소년중국설」의 한 구절에서도 확인할 수 있다. "완전히 성립하는 것은 장년의 일이다. 완전한 성립에 이르지 못하고 점차 완전으로 가는 것은 소년의 일이다. 그러므로 나는 한마디로 말한다. 유럽 열방의 오

---

14 미상, 「축사」, 『소년한반도』 1, 1906.11, 46~47쪽.

늘은 장년국, 우리 중국의 오늘은 소년국이다(完全成立者, 壯年之事也, 未能完全成立而漸進於完全成立者, 少年之事也, 故吾得一言以斷之曰, 歐洲列邦在今日爲壯年國, 而我中國在今日爲少年國)."[15] 이 외에도 여러 정황상 량치차오의 「소년중국설」은 '소년한반도'의 작명에 영감을 준 것으로 보인다.[16] '소년중국설'이 소년을 향한 발화가 아니듯, '소년한반도' 역시 부단히 성장해야 할 대한제국과 그 국민 전체를 상징하고 있었다. 실제로 『소년한반도』의 편집진은 제2호부터 권두 혹은 권말에 다음과 같은 자체 광고 문구를 빠짐없이 실었다.

> 『소년한반도』라는 잡지는 대한제국의 독립기초와 자유정신과 평등주의로써 국민의 뇌수를 자양하는 신경의 원소이고 교육계의 학리(學理)를 발명하는 해상의 등대이니, **애국사상이 있는 국민동포는 계속 구독하여 주시기 바람.**

이 광고문은 종간 시까지 변함없이 유지된다. 『소년한반도』의 독자층은 결코 '소년'에 국한되어 있지 않았다. '국민동포' 전체를 대상으로 삼고자 했던 것이다.

3. 분과학문의 비중과 유사 논설

지금까지의 논의대로라면, '소년기 독자들이 근대지식을 체계적으로

---

15 梁啓超, 「少年中國說」, 『飮氷室文集之五』, 9쪽(『飮氷室合集』 1, 中華書局, 1988).

16 한편 「소년중국설」 내에서도 언급되듯 '소년중국'의 역사적 모델 중 하나는 이탈리아의 공화혁명가 마찌니의 '소년 이탈리아' 운동이다. 위의 글, 10쪽 참조. 이는 1902년에 그가 「意大利建國三傑傳」(『新民叢報』 9~22, 단속적 게재)을 연재하게 된 계기로도 작용했을 것이다. 해당 전기물의 제2절 제목은 「瑪志尼杮立'少年意大利'及上書撒的尼亞王」였다.

학습하게 하는 데 역점을 둔다'는 『소년한반도』의 기존 상은 이미 와해된 셈이다. 독자층이 '소년'에 한정되어 있지 않다면 지식을 '체계적으로' 제공했다 하더라도 다른 맥락이 있을 수 있다. 이 문제를 점검하기 위해서는 매체 간의 비교가 효율적이다. 『소년한반도』가 동시기의 타 매체와 비교해도 명백히 지식 수용에 적극적이거나 체계적이었다면 그것은 오롯이 이 매체만의 특징이 될 수도 있다. 『소년한반도』의 근대 학지(學知)와 학리(學理)의 소개는 과연 차별화된 것이었을까?

구장률은 근대 분과학문의 소개와 관련한 『소년한반도』의 특징을 다음과 같이 정리한 바 있다.

> 『소년한반도』의 가장 큰 특성은 근대 분과학문을 알리는 글로 잡지 전체를 구성하고 있다는 점이다. 당시에 발간된 잡지들은 대개 창간 취지에 따라 정치적 입장을 논설이나 사설을 통해 밝히고, 잡지의 정체성과 관련된 분야의 지식을 전달하는 데 집중하는 경향이 있다. 반면 『소년한반도』는 논설을 거의 게재하지 않았고 자연과학을 중심으로 재편된 근대 분과학문 일반을 균질하게 배치했다. 국가학, 사회학, 법률학, 경제학, 교육학, 언어학, 심리학, 지리학, 물리학, 수학, 공학, 동물학, 식물학, 농학 등 전문학교 수준의 교과과정에 해당하는 학문 영역을 고루 아우르고 있다. 또한 각론이 아닌 개론을 가장 많이 싣고 있는 잡지이며, 문답체 등을 활용하여 보다 쉽게 고등지식을 알리고자 했다.[17]

이는 현재까지도 연구자들 사이에 크게 이견이 없을 『소년한반도』에 관한 대표적 설명이라 할 수 있다. 그러나 그 내용은 보다 면밀한 검토가 필요하다. 일단 위 인용문의 하단에 나열된 바와 같이 『소년한반도』가 타 잡지보다 다양한 학문들을 소개한 것은 사실이다. 이는 목차의

---

17 구장률, 「지식과 매체, 근대 초기 잡지와 분과학문의 지형」, 『근대 초기 잡지와 분과학문의 형성』, 케포이북스, 2012, 57~58쪽.

비교만으로도 잘 드러난다. 이하에서는 각기 성격이 다른 국내 종합잡지(조양보), 동경 유학생 단체 기관지(태극학보), 국내 단체 기관지(서우)의 목차를 먼저 예로 든 다음, 『소년한반도』를 살펴보도록 한다.

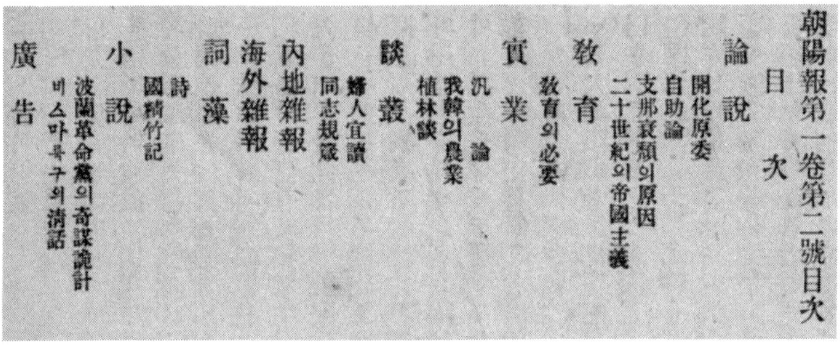
朝陽報第一卷第二號目次

目次

論說
開化原委
自助論
支那衰頹의原因
二十世紀의帝國主義

教育
教育의必要

實業
汎論
我韓의農業
植林談

談叢
婦人宣讀
同志規箴

內地雜報

海外雜報

詞藻
詩
國精竹記

小說
波蘭革命黨의奇謀詭計
비스마룩구의淸話

廣告

『조양보』 제2호 목차

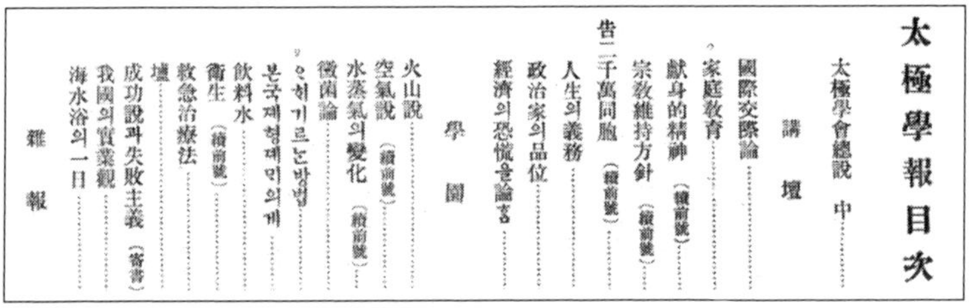
太極學報目次

講壇
太極學會總說 中
國際交際論
家庭教育
獻身的精神 (續前號)
宗教維持方針 (續前號)
告二千萬同胞 (續前號)
人生의義務
政治家의品位
經濟의恐慌을論홈

學園
火山說
空氣說 (續前號)
水蒸氣의變化 (續前號)
黴菌論
ᄋᆞ히기르ᄂᆞᆫ방법
본국재형제미의게
飲料水
衛生 (續前號)
救急治療法
壇
成功說과失敗主義 (寄書)
我國의實業觀
海水浴의一日

雜報

『태극학보』 제2호 목차

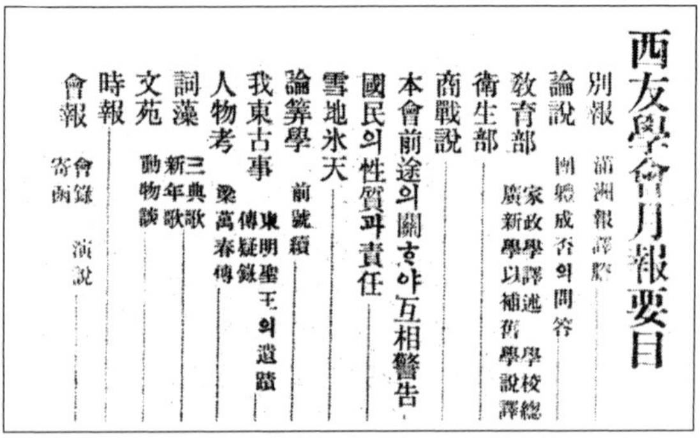
西友學會月報要目

別報 滿洲報譯贅
論說 團體成否의問答
教育部 家政學譯述 學校總廣新學以補舊學說譯
衛生部
商戰說
本會前途의關ᄒᆞ야互相警告
國民의性質과責任
雪地氷天
論筭學 前號續
我東古事 東明聖王의遺蹟 傳疑錄
人物考 梁萬春傳
詞藻 三典歌 新年歌
文苑 動物談
時報
會報 會錄 演說 寄函

『서우』 제3호 목차

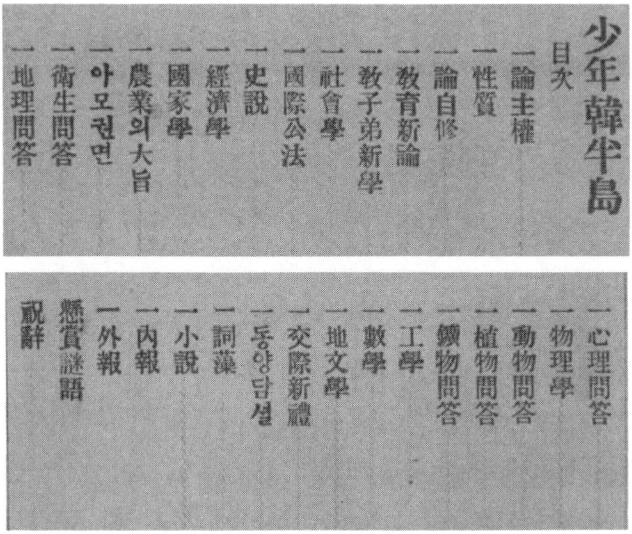
少年韓半島
目次
一論主權
一性質
一論自修
一教育新論
一教子弟新學
一社會學
一國際公法
一史說
一經濟學
一國家學
一農業의大旨
一아모권면
一衛生問答
一地理問答
一心理問答
一物理學
一動物問答
一植物問答
一鑛物問答
一工學
一數學
一地文學
一交際新禮
一동양담셜
一詞藻
一小說
一內報
一外報
懸賞謎語
祝辭

『소년한반도』 제2호 목차[18]

특정 단체에 속하지 않은 종합잡지 『소년한반도』와 가장 정체성이 비슷한 것은 『조양보』이다. 그래서인지 〈사조〉 〈소설〉 〈내보〉 〈외보〉 등의 종반부 구성은 대부분 일치를 보여준다. 차이는 역시 분과학문의 종수에 있다. 〈교육〉 〈실업〉 〈담총〉 등으로 단출하게 구분된 『조양보』와는 달리 『소년한반도』는 자연과학에 속하는 학문 영역까지 두루 아우르고 있기 때문이다. 다만 『소년한반도』가 선보인 다양한 학문 영역

18 저자명은 이미지 편집 과정에서 잘라냈다. 참고로 『소년한반도』의 경우 1호에는 목차와 본문 모두 저자 표기가 생략된 채, '취지(趣旨)'/ '성질(性質)'/ '자수론(自修論)'/ '교육신론(敎育新論)'/ '교자제신학(敎子弟新學)'/ '국문원류(國文源流)'/ '사회학(社會學)'/ '국제공법(國際公法)'/ '사설(史說)'/ '경제학문답(經濟學問答)'/ '농업(農業)의 대의(大意)'/ '아모권면'/ '위생문답(衛生問答)'/ '지리문답(地理問答)'/ '심리문답(心理問答)', '물리학론(物理學論)'/ '동물학문답(動物學問答)'/ '식물학문답(植物學問答)'/ '광물학문답(鑛物學問答)'/ '수학(數學)'/ '지문론(地文論)'/ '교제신예경(交際新禮敬)'/ '동양담셜'/ '사조(詞藻)'/ '소설(小說)'/ '내보(內報)'/ '외보(外報)'/ '현상미어(懸賞謎語)'/ '축사(祝辭)' 만이 제시되어 있다. 2호의 경우 목차에서만 저자명을 확인할 수 있고, 3호부터는 목차와 본문에 모두 저자 표기가 들어가게 된다.

자체를 새로운 시도라고 볼 수는 없다. 가령 『조양보』에도 정치학이나 교육학뿐만 아니라 「증기기관의 발명」, 「전기의 발명」 등 자연과학 분야 기사들이 이미 존재했고, 「우리나라의 광산물」, 「상공업 총론」 등 상업 및 경제학 분야의 소개, 그 외에 여러 농업·임업 관계 기사 등도 있었다. 『조양보』에는 〈논설〉 〈교육〉 〈실업〉 〈담총〉과 같은 상위 그룹에서는 쉽게 예상할 수 없는 분과학문 기사들이 그 아래에 위치했기 때문에 이를 『소년한반도』의 목차와 일률적으로 비교하는 것은 적절치 않다. 『소년한반도』의 창간 직전과 직후에 나온 『태극학보』(1906.8)나 『서우』(1906.12)에서도 과학류 기사는 다수 발견된다. 종합하자면, 『소년한반도』의 분과학문 기사들은 이미 간행되고 있던 『조양보』 및 『태극학보』 등에서 시도된 학지의 소개를 망라하여 체계화·범주화한 것에 가깝다.[19]

그런데 설령 『소년한반도』가 더욱 다양한 학문 영역을 포괄했다고 해도, "근대 분과학문을 알리는 글로 잡지 전체를 구성하고 있다"는 판단은 섣부르다. 다음은 『소년한반도』 전호를 대상으로 기사의 연재 양상을 정리한 것이다.

19 다만 이 '체계적'이라는 표현도 동시기 잡지와 비견할 때 상대적으로 그러할 뿐이다. 가령 『소년한반도』에서도 '생리학'과 '위생학', '지리학'과 '지문학' 등은 경계가 명확하지 않다. 이 두 부류는 각각 「교자제신학」과 「아모권면」의 내용과도 일부 중복된다. 한편 『소년한반도』의 편찬을 주도한 양재건이 『태극학보』를 참조했으리라는 점은 객관적 기록을 통해서도 어느 정도 증명된다. 『태극학보』 11호(1907.6)의 「잡보」에 양재건이 찬성금 송부인 중 한 명으로 이름을 올리고 있기 때문이다. 이러한 연결고리가 있어서인지, 앞서 인용한 구장률의 『소년한반도』 소개는 매체를 『태극학보』로 대체해도 거의 그대로 적용 가능하다. 『태극학보』야 말로 〈논설〉란 자체가 없고, 아예 〈학원〉란을 별도로 운영하는 등 근대 분과학문에 해당하는 지식의 소개에 최적화된 구성을 갖고 있었기 때문이다.

〈표 1〉 『소년한반도』 전체 기사 연재 양상[20]

1호(1906.11)	2호(1906.12)	3호(1907.1)	4호(1907.2)	5호(1907.3)	6호(1907.4)
취지	**논주권** (양재건)	**서고문**	×	×	×
성질(원영의)		×	×	×	×
자수론 (양재건)[21]	○	○	○	○	○
×	×	×	×	×	**한일수호 조규**
교육신론 (원영의)	○	○	○	○	○
교자제신학 (양재건)	○	○	○	○	○
자유모	○	○	○	○	○
국문원류	×	×	×	×	×
×	×	×	**파괴주의론** (양재건)	×	×
사회학(이인직)	○	○	○	○(※'물리학' 뒤)	×
국제공법(정교)			×	×	×
사설(史說)(정교)			×	×	×
경제학(유승겸)	○	○	○	○	×
×	×	법학 (석진형)	애급국의 혼합재판제도 (석진형)	×	***국제공법***[22] (석진형)
×	국가학 (이각종)	○	○	○	○(※'자유모' 뒤)
농업의 대의(조중응)			대한농업회 취지서 및 규칙(조중응)		
아모권면	○	○	○	○	○

20 〈표 1〉에 제시한 기사 중 「자유모」(1~6호), 「찬축」(1호), 「신구양주의」(5호), 「한일수호조규」(6호) 등은 잡지의 목차에는 등장하지 않는다.

21 1호부터 6호까지 '논자수(論自修)'와 '자수론'라는 표기를 혼용하였다. 1호·3호의 경우 목차에서는 '자수론', 본문에서는 '논자수'를 썼고, 2호·6호의 경우 '논자수', 4·5호의 경우 '자수론'을 사용했다. 이하 「자수론」으로 통일하여 서술한다.

22 약식으로 표현했다. 원 기사명은 「국제공법에 대한 사람들의 오해와 연구의 필요」이다.

위생설(김경식)	○	○(※'지문학' 뒤)	○(※좌동)	○(※좌동)	○(※좌동)
지리문답(원영의)	○	○	○	○	○
심리문답(원영의)	○	○	○	○	○
물리학(박정동)	○	○	○	○	○
동물학문답(류제달)	○	○	○	○	○
식물학문답(최제익)	○	○	○	○	○
광물학문답(최재익)	○	○	○	○	○
×	***공학***(상호)		×	×	×
×	×	×	생리학(상호)		×
×	×	상업학(이범익)	○	○	○
수학(류석태)	○	○	○	○	○
지문학(박정동)	○	○	○	○	○
교제신례(서병길)	○	○	○	○	○
×	×	**논일본정당**(양재건)			×
×	×	**인생의 쾌락**(이범익)	×	×	×
×	×	×	**경고소년 한반도**(조중응)	×	×
×	×	×	×	학교관리법(이응종)	
×	×	×	×	**신구양주의**(이범익)	×
×	×	대한문전	○	○	○
×	×	×	금융기관(조중응)	×	×
동양담설		×	×	×	×
사조(서상호)	○	○	○	○	○

소설(이해조)	○	○	○	○	○
내보	○	○	○	○	○
외보	○	○	○	○	○
현상미화(顯賞謎話)	○	○	○	○	○
축사	찬설(최영년)	×	×	×	×
찬축	×	×	×	×	×

음영으로 구분한 칸은 분과학문을 소개하는 기사와 거리가 있다는 뜻이다. 이에 따르면 1호의 경우 분과학문 관련 기사는 17개, 여기 해당하지 않는 기사는 14개다. 마지막 호인 6호는 16개 대 11개의 분포를 보인다. 분과학문 기사의 비중이 더 크긴 해도 이를 『소년한반도』만의 특징으로 간주할 만한 수준은 되지 못한다. 가령 『태극학보』의 경우도 상기 이미지가 보여주듯 〈학설〉과 〈강단〉은 각각 13개 대 8개로 구분되는데, 분과학문 기사가 〈학설〉 외에 〈강단〉에서도 확인되는 만큼 오히려 시각에 따라서는 『태극학보』의 분과학문 비중이 『소년한반도』보다 크다고 볼 수도 있다. 이를 고려하면 사실상 학문 범주를 표면적으로 체계화했는가의 여부는 갈릴지라도 전반적인 비중 측면에서는 두 매체가 현격한 차이를 보이지 않는다.[23]

당시 잡지들이 대개 "정치적 입장을 논설이나 사설을 통해 밝"힌 데 반해, "『소년한반도』는 논설을 거의 게재하지 않았"다는 설명 역시 재고의 여지가 크다. 일단 『소년한반도』는 특정한 정치적 주장을 펼친 단체의 기관지가 아니라 국민 교육의 비전을 천명한 종합잡지였을 따름이다.

23 『태극학보』와 비교하여 『소년한반도』에서 확실히 두드러지는 것은 연재 양상의 안정성이다. 『소년한반도』는 하나의 콘텐츠가 꾸준히 게재되는 비율이 돋보이는 잡지였다.

따라서 입장을 정하여 시사 비평 및 정론을 펼치는 학회지와는 출발점부터 구별될 필요가 있다. 이때 비교 대상으로 적합한 것은 역시 『조양보』일 터인데, 실상 『조양보』의 〈논설〉 역시 대부분이 번역된 콘텐츠였으며 사회문제나 현안에 대해 정치적 입장을 담아내는 기능은 거의 수행하지 않았다.[24] 예컨대 『소년한반도』였다면 응당 자연과학 분야의 지식으로 분류했을 「증기기관의 발명」, 「전기의 발명」(이상 3호)이나 국가학 내지 정치학 분야로 간주했을 「정치원론」(9호, 11-12호), 「보호국론」(10-11호) 등이 『조양보』 내에서는 〈논설〉란에 위치했다. 예상외로 『서우』 같은 특정 단체의 기관지조차 〈논설〉의 비중은 크지 않다. 상기 이미지에서 확인 가능하듯, 『서우』 3호의 〈논설〉란에는 단 하나의 글만이 실렸을 뿐이다. 물론 『조양보』의 〈논설〉란이 보통의 '논설'과 다르다 해도 이를 학지의 소개 형식과 완전히 동일시할 수는 없다. 결국 〈논설〉란을 따로 구성한 것 자체에 모종의 의도와 메시지가 내포되어 있을 가능성을 무시할 수 없기 때문이다. 같은 맥락에서, 비록 『서우』의 〈논설〉 비중이 양적으로 적다 해도 아예 〈논설〉이 운용되지 않은 『소년한반도』보다는 나름의 입장을 보여준 것일지 모른다.

그러나 좀 더 깊숙이 들여다보면 『소년한반도』 역시 단지 〈논설〉란을 운용하지 않았을 뿐, 실질적으로는 『조양보』나 『서우』의 〈논설〉란에 들어가도 무방한 기사들을 꾸준히 싣고 있었다. 이를 '유사 논설'이라 칭해 보자. 상기 표에 굵은 활자로 강조한 기사들이 여기 해당한다. 호별로 적게는 2개에서 많게는 8개까지 확인된다.[25] 동일한 잣대는 아

24 손성준, 「지식의 기획과 번역 주체로서의 동아시아 미디어 - 『조양보』를 중심으로」, 『대동문화연구』 104, 성균관대학교 대동문화연구원, 2018 참조.

25 여기에는 겉으로는 분과학문 기사를 표방하면서 실은 유사 논설의 기능을 하는 사례들도 포함되어 있다. 〈표 1〉에서는 이탤릭체로 구분해두었다. 정교의 「국제공법」, 「사설」(1~3호)은 사실 서양사 내지 세계사를 가르치는 모양새만 취할 뿐 실질적으로는 동양의 우월함을 논증하는 메시지로 가득하다. 상호의 「공학」(2~3호)은 아예 학문으로서의 공학(工學)과 아무 상관도 없는 내용으로서, 실제 내용을 보면 '사상을

니지만 이는 앞서 예로 든 『서우』의 〈논설〉란 기사보다도 많은 수다.

4. 변용되는 량치차오, 그리고 홍범 14조

유사 논설을 본격적으로 논하기에 앞서, 양재건(梁在蹇)이라는 인물을 짚고 넘어가야만 한다. 잡지에서 차지하는 양재건의 비중을 보면 『소년한반도』를 일인 미디어로 보아도 큰 무리가 없을 정도이기 때문이다. 그는 소년한반도사의 사장(1-4호) 겸 발행대표자(1-3호)에 동시에 이름을 올리고 있었고 1호에만 유일하게 소개된 찬술원 조직[26]에서도 첫 자리를 차지했다. 조중응(趙重應)이 4호부터 발행대표자, 5호부터 사장을 이어 맡은 상황에서도 그는 변함없이 많은 기사를 집필한 『소년한반도』의 중추였다.[27] 2호의 권두 문장인 「논주권」의 필자이자 잡지의 첫머리 중 가장 많은 지분을 지닌 「자수론」의 필자 역시 양재건이었다. 1호의 첫 기사인 「취지」나 6호의 두 번째 기사인 「한일수호조규」도 필자명만 생략되었을 뿐 양재건의 것으로 보는 것이 타당하다. 『소년한반도』를 총괄했던 그의 역할은 거듭 강조될 필요가 있다.[28]

개조하라', '목적을 정하라' 같은 소제목을 하위에 둔 수신서적 교훈이 담겨 있다. 석진형의 「국제공법에 대한 사람들의 오해와 연구의 필요」(6호) 역시 '법학' 영역의 지식으로 오인될 법하지만 실은 정교의 「국제공법」이 그랬듯(하지만 정교의 「국제공법」과는 다른 성격의) 또 하나의 유사 논설로 보는 것이 타당하다.

26 "사장 양재건(梁在謇) / 총무 조진태(趙鎭泰) / 찬술원 양재건(梁在謇) 원영의(元泳義) 정교(鄭喬) 조중응(趙重應) 박정동(朴晶東) 이인직(李人稙) 이응종(李膺鍾) 이해조(李海朝) 서상호(徐相浩) 김경식(金瓊植) 류석태(柳錫泰) 서병길(徐丙吉) 이범익(李範益) 한익교(韓翼敎) 류제달(柳濟達) 최재익(崔在翊)"(『소년한반도』 1, 1906.11, 48쪽) 이 명단 외에도 『소년한반도』의 필진으로는 유승겸, 상호(尙灝), 이각종, 석진형 등이 있었다.

27 예를 들어 4호의 경우, 이미 대표발행자가 아니었음에도 첫 5개의 기사 중 4개가 양재건의 것이었고, 중반에도 별도의 유사 논설을 게재한 바 있었다.

28 『소년한반도』에서의 비중을 생각하면 의외이지만, 양재건에 관한 종합적인 연구는

양재건은 핵심적인 유사 논설들의 기획자로도 어김없이 이름을 올리

아직 제출된 바 없다. 사전적 정리도 부재하여 생몰년도조차 확인이 어려운 실정이다. 이에 국사편찬위원회의 한국사데이터베이스와 일부 신문 자료를 통해 확인 가능한 정보들을 다음과 같이 종합해 보았다.

양재건은 대한제국기와 일제강점기를 관통하며 꾸준히 관직을 수행했던 고위 관료였다. 1894년 4월 광무국 주사로 임명된 이력이 『승정원일기』에서 확인된다. 동학농민운동의 2차 궐기가 막 시작된 동년 10월에는 아산 군수로 부임해 있었다. 그리고 동학 농민군이 아산관아를 점령한 10월 5일 포박된 바 있다. 동년 12월 25일 부산 총영사 대리 가토 마스오(加藤增雄)가 당시 특명전권공사 이노우에 가오루(井上馨)에게 송부한 문건(「洪州附近 東學黨征討 및 視察所見에 관한 山村大尉의 報告寫本 送付」)에 의하면 아산 군수 양재건은 일본군 중좌 이토(伊藤)에게 동학 농민군 관련 정황을 수집하여 보고했다고 한다(12월 1일). 1906년 4월에는 외국어학교 교관으로 임용되었는데 당시 양재건의 품계는 정6품이었다(『승정원일기』). 『소년한반도』 창간 시기였던 동년 11월의 『訓令存案』은 그가 경상남도 안의(安義) 군수였음을 알리고 있다. 1908년 8월 당시에도 그 관직을 수행했음은 『황성신문』, 『대한매일신보』의 8월 12일 기사를 통해 확인할 수 있다. 일제강점기로 넘어간 1910년 11월 16일 『매일신보』의 인사 기록에 의하면 양재건은 이때 경상남도 거창군수로 임명된 것으로 확인되는데, 이보다 빠른 『황성신문』 기사를 보면 4월에도 이미 거창 군수로 소개되고 있었다(「저작권의 기소」, 1910년 4월 9일). 1911년 3월 9일에 발행된 『조선총독부관보』 제115호의 「敍任及辭令」을 통해 그의 군수 면직을 확인할 수 있으니 이 시점까지는 동일한 직책을 수행한 것으로 보인다. 『소년한반도』의 논조, 그리고 일제강점기에 들어서도 고위직을 수행한 점 등을 그의 친일적 성향을 가늠케 하지만 『친일인명사전』(민족문제연구소 편, 2009)에는 수록되지 않았다. 특기할 만한 건으로서, 갑신정변(1884) 당시 살해된 친청파의 거두이자 민영익의 아버지 민태호(閔台鎬)와 친한 사이였다고 한다. 거짓 조서에 응해 입궐을 준비 중이던 민태호를 양재건이 말리려 했다는 기록이 있다(정교 저, 조광 편, 변주승 역주, 『대한계년사』 1, 소명출판, 2004, 118쪽). 단편적인 사실이지만, '친청'과 '친일'의 경계를 넘나든 행보를 통해 그의 일면을 엿볼 수 있다.

문인으로서의 활동을 보면, 1904년 박문사(博文社)에서 활자본으로 낸 『목민심서』의 교열에 참여하였으며, 1908년에도 정약용의 속담집 『이담속찬(耳談續纂)』을 광학서포를 통해 활자본으로 편찬한 바 있다. 정약용에 관한 한 나름의 권위자였으리라 추정된다. 이보다 앞선 1901년에는 한국의 초기 수학서적 『新訂算術』을 편찬하고 한문으로 된 서문을 달기도 했다. 이 책은 이후 1910년대까지 교과서로 꾸준히 활용되었는데, 실제로는 "이교승(李敎承)의 영향을 받아 남원 양재건이 편집한 것"(이상구·이재화, 「조선시대 산서 연구-규장각 소장 산서 연구의 분석을 중심으로」, 『수학교육논문집』 25-1, 한국수학교육학회, 2011, 7쪽)으로 파악된다. 한편 유봉희는 양재건이 국민교육회 회원이자 연동교회 교인이었으며, 이해조가 주도한 여성 교육운동 관련 찬성회의 성원이었다며 이해조가 『소년한반도』의 찬술원이 된 배경을 언급한 바 있다(유봉희, 「애국계몽기 이해조의 단체·언론 활동과 그 인적 관계망-국민교육회 참여 전후를 중심으로」, 『현대소설연구』 55, 한국현대소설학회, 2016 참조).

고 있었다. 『소년한반도』의 전체 구성 중 분과학문 기사를 제외하고 남은 것 중 다수가 유사 논설에 해당한다. 객관적 지식의 전달과는 달리 주의주장을 표명 혹은 암시하는 만큼, 사실상 이들은 잡지의 '정치성'을 좌우했다. 그 일부를 살펴봄으로써 『소년한반도』의 또다른 특징을 탐색해보도록 하자. 각 호의 첫머리에 위치하는 기사는 「취지」(1호), 「논주권(論主權)」(2호), 「서고문(誓告文)」(3호), 「자수론(自修論)」(4-6호)으로서, 이들은 상징적인 유사 논설들이라 할 수 있다. 「취지」의 대략은 이미 다루었으니 여기서는 2호부터 짚어본다.

2호의 첫 기사 「논주권」은 스위스의 법학자 블룬칠리(J. Bluntschli, 1808~1881)의 정치학 이론에서 '주권'에 대한 설명을 발췌 소개한 것이다. 필자는 양재건으로 되어 있지만 실은 량치차오가 1903년 『신민총보』에 발표한 「정치학 대가 블룬칠리의 학설(政治學大家伯倫知理之學說)」 중 '제4장 논주권'만을 따로 번역한 기사였다.[29] 이미 『조양보』에서 〈논설〉란에 번역 기사를 실어 대리 발화한 전례가 있거니와, 『소년한반도』의 경우 〈논설〉이라는 분리된 항목만을 생략했을 뿐, 번역을 통해 정치적 견해를 담은 논설을 게재했다는 점에서 『조양보』와 동궤에 있었다. 「논주권」의 핵심 내용은 입헌군주제의 명분을 강화하는 데 있다. 블룬칠리는 루이 14세 식으로 군주가 주권을 독점하던 것을 황당무계하다고 부정하였을 뿐 아니라 주권이 모든 공민에게 있다는 몽테뉴, 루소 등의 이론 또한 배격하였다. 한때 공화혁명론에 경도되었다가 1903년을 즈

29 中國之新民, 「政治學大家伯倫知理之學說」, 『新民叢報』 38・39期 合刊號, 1903.10. 저본 출처는 김효전에 의해 처음 지적된 것으로 보인다. 김효전, 「헌법사의 경계 넘기」, 『한국개념사총서3 - 헌법』, 소화, 2010, 60쪽. 한편, 양재건이 참고한 것은 『신민총보』가 아닌 『음빙실문집』에 수록된 판본일 것이다. 량치차오가 저본으로 삼은 것은 아즈마 헤이지(吾妻兵治)가 중국 문언문으로 번역한 『國家學』(善鄰譯書館, 1899)이었다. 王昆, 「梁啓超与伯倫知理國家學說」, 『中國國家博物館館刊』 124, 中國國家博物館, 2013年11期, 120쪽(출처는 巴斯蒂: 『中國近代國家觀念溯源 - 關于伯倫知理〈國家論〉的翻譯』, 『近代史研究』 1997年 第4期).

음하여 입헌군주제 모델로 선회한 량치차오는 이러한 정치학설에 크게 공명했고, 그 결과물이 『소년한반도』에도 번역되어 권두에서부터 매체의 정치성을 드러냈던 것이다.

3호의 「서고문」은 필자가 '봉천승운(奉天承運) 대황제폐하'로 제시된 바와 같이 고종의 문장으로, 갑오개혁 당시 작성된 '홍범(洪範) 14조'를 요체로 한다. '조선개국 503년 12월 12일'이라는 갑오개혁 시점(1894)의 연월 표기도 달려있다. 기사는 우선 고종이 "황조(皇祖)와 열성(列聖)"께 조선의 진정한 자주독립을 다짐하며 홍범 14조의 반포 배경을 말하고, 후반부에는 홍범 14조가 나열되어 있다. 이는 『소년한반도』가 대한제국 황실의 뜻을 대변하겠다는 메시지를 전하는 셈이었다. 고종이 재가했지만 독립협회의 해산과 함께 무산된 헌의 6조(1898)가 아니라 김홍집 내각 때 마련한 홍범 14조를 불러온 것은 일차적으로 군주제의

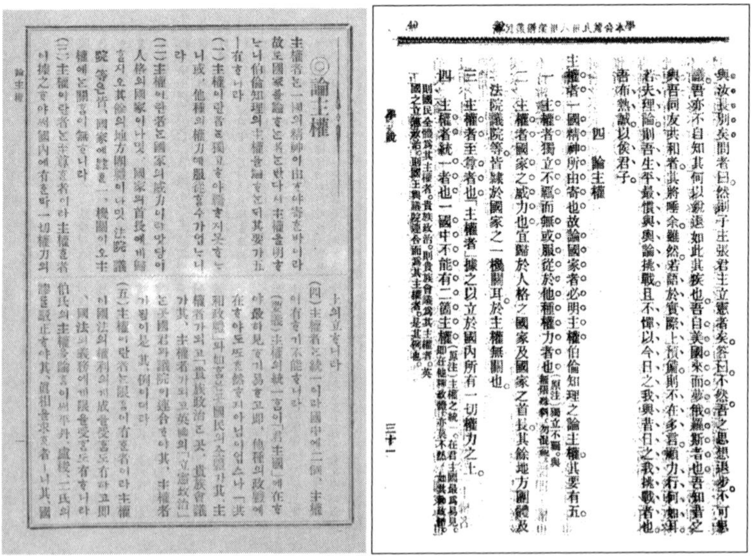

『소년한반도』 1호 「논주권」과 『新民叢報』 38·39期 「政治學大家伯倫知理之學說」

틀을 공고히 하려는 의도이다. 그러나 여기에는 신하가 군주의 권한을 견제할 수 있는 장치 또한 포함되어 있었다.[30]

4호부터 6호까지의 첫머리는 「자수론(自修論)」이 장식한다. 「자수론」은 애초 빠짐없이 연재되고 있었으나 4호부터 앞에 배치된 콘텐츠들이 빠지면서 자연스레 첫 기사가 되었다. 그런데 여기서 다시 한번 량치차오의 존재가 확인된다. 다음은 「자수론」 첫 회의 마지막 부분이다.

> 우리 신민자(新民子)가 의력(毅力)에 대해 논한 것을 초록하여서 동지들을 권면하고 소년한반도가 선을 지향하는 지침으로 삼고자 한다. 신후이(新會)의 량치차오(梁啓超)가 의력(毅力)을 논하기를 "증자가 말하기를 '선비는 마음이 넓고 크며 강인하지 않으면 안 된다. 그 책임은 무겁고 갈 길은 멀기 때문이다. 인(仁)이 내가 질 짐이니, 또한 무겁지 않은가. 죽은 뒤에야 멈추니, 또한 멀지 않은가'라 했으니, 훌륭하다 이 말이여, 훌륭하다 이 말이여! 이 세상에 나서 그 학문을 행함에 실로 독실하게 믿으면서 죽음으로 지키고 몸소 체득하고 힘써 행하지 않는다면, 설령 고지(高志)·기기(奇氣)·이재(異才)가 있어도 끝내 성취할 수 없을 것이다."고 하였다.[31]

필자 양재건은 「논주권」 때와는 달리 「자수론」의 출처가 량치차오라는 사실을 밝혔다. 해당 글은 곧 량치차오의 명문 「신민설」의 제15절 「의력(毅力)」으로서, 1903년 1월 『신민총보』 제24호를 통해 발표되었고 이후 『음빙실문집』에 엮였다. 인용문에 "新會 梁啓超"라는 언급이 있는 것을 보면, 양재건은 『신민총보』에 연재된 「신민설」이 아닌 『음빙실문집』을 「자수론」의 저본으로 삼았으리라 추정된다. 대한제국기에 유통된 『음빙실문집』의 본문 첫 면에 "新會 梁啓超 著"라고 명기되어 있었

30 이 문제는 뒤에서 다시 다루기로 한다.

31 양재건, 「논자수(論自修)」, 『소년한반도』 1, 1906.11, 3쪽.

기 때문이다. 광둥(廣東)성 신후이(新會)는 량치차오가 태어난 곳이다.

「자수론」은 '의력'이 뜻하는바 험난한 가시밭길이라도 '굳센 의지'로 이겨낸 역사적 인물들(모세, 콜럼버스, 팔리시, 월왕 구천, 현장법사 등)의 일화로 채워져 있다. 이는 곧 『조양보』, 『서우』 등도 번역 연재한 당대의 화제작 『자조론(自助論)』의 메시지나 흐름을 연상케 한다. '의력'을 제목으로 삼지 않고 굳이 '자수론'이라 한 것도 여기서 비롯된 영향일 법하다. 양재건은 어차피 량치차오의 「의력」을 정밀하게 소개하는 데는 관심이 없었다. 그는 「자수론」의 번역 연재 과정에서 「의력」의 많은 내용을 생략하였고 본인이 원하는 내용을 대량으로 첨가하기도 했다. 그리고 이 과정을 통해 「자수론」은 그 어떤 『소년한반도』의 기사보다 정치적이고 문제적인 텍스트로 변모한다.

그중에서도 특이한 것은 3호 「서고문」 바로 뒤에 이어지는 「자수론」 3회분이다. 「의력」을 비교적 착실하게 번역한 2호 연재분에 반해, 「자수론」 3회분은 '자수'에 대한 양재건 본인의 생각을 개진한 첫 부분과, 「서고문」과 호응하여 홍범 14조가 현재 국정 운영 속에서 어떻게 이행되고 있는가를 진단하는 나머지 내용으로 구성되어 있었다.

양재건의 파격은 3호에 그치지 않았다. 「자수론」의 6호 연재분에서도 량치차오의 텍스트는 뒷전으로 하고 다시 한번 홍범 14조를 강조한 것이다. 3호와 차이가 있다면 그동안 자신이 연재한 「자수론」의 의도를 되짚으며 정리까지 시도했다는 데 있다. 6호 「자수론」의 전문은 다음과 같다.

> 우리 소년한반도의 자수를 논한 것이 3호에 이미 지나갔고, 1호와 2호에는 20세기의 한반도 소년이 의력(毅力)을 배양하여 일에 임하여 두려워하지 않고 곤궁함을 근심하지 않으며 어려움을 겪어도 미혹되지 않도록 자세하게 권고하였으나 이 의력이라는 것은 우리의 삶이 있기 이전에 잠시

라도 떠날 수 없는 것이라 의력이 쇠퇴할 시에는 곧 이 몸이 조락(徂洛)하게 되는 조짐이다. 이 몸은 비록 죽으나 이 의력은 아버지가 이것을 자식에게 전하고 형은 이것을 아우에게 전하며 친구는 이것을 친구에게 전하여 낳고 낳아 없어지지 않고 대대로 변하지 않기를 서로 계명(戒命)할 것이다. 이에 제3호를 기하여 우리 옛 사회의 부패가 극도에 달했으므로 우리 봉천승운 대황제폐하께서는 밝음이 일월과 같으셔서 세계의 대세를 관찰하시고 만세의 이모(貽謨)를 연익(燕翼)하시어 세계의 평화를 꾀하실 때 먼저 만국의 평등과 인도(人道)의 자유를 계발(啓發)하시니 만국의 평등을 제재(制裁)하신 것은 무엇인가? 바로 육주와 우리나라의 조약으로 옥백(玉帛)이 회동하는 것이다. 인도의 자유를 계발하신 것은 무엇인가? 바로 종묘에 서고하신 금문옥자(金文玉字)의 계명, 홍범 14조이다.

이때부터 육주가 우리나라와 함께 체결한 조약 전문과 개혁유신한 조칙과 고명(誥命)을 제4호부터 남김없이 모두 기재했으니[32] 공경히 지켜 실추하지 않기 위해서는 오직 굳건한 힘에 힘입어야 한다. 우리 임금의 계명도 굳건한 힘이 공경히 지켜 실추하지 않을 것이고 만국의 조약문도 굳건한 힘이 공경히 지켜 변치 않을 것이니 이 유신 이후의 조칙 계명과 육주가 우리나라와 함께 체결한 조약문을 집집마다 깨우치고 설명하며 귀를 잡아 당겨 얼굴을 마주하고 가르쳐 우리 소년한반도 2천만 국민이 귀에 우레가 치는 듯이 한 연후라야 공경히 지켜 실추하지 않는 효과가 이에 생겨나 '독립', '자유', '평등'의 인권을 마침내 이야기할 수 있을 것이다.[33]

인용문에서 강조한 대로 이는 그동안의 「자수론」 연재가 어떻게 홍범 14조로 귀결되는가에 대한 종합 해설이다. 이쯤 되면 왜 양재건이 그토록 반복하여 홍범 14조를 소환하고 강조했는지는 명확히 따져 물을 필요가 있다. 이는 제3호부터 전경화되는 『소년한반도』의 '친일적' 행보와 무관하지 않은 것으로 보인다.[34] 홍범 14조는 군주제에 토대를

32 실제 홍범 14조는 3호에 게재되었으니, 양재건의 착각 혹은 오기이다.

33 양재건, 「자수론」, 『소년한반도』 6, 1907.4, 1~2쪽. 원문에는 단락이 나뉘지 않았으나 문맥을 고려하여 임의로 나누었다.

두었지만 전제권(專制權)을 견제할 수 있는 조목들도 존재했다.[35] 주지하듯 1907년경이 되면 친일세력이 요직을 독점하는 등 통감부 체제는 거칠 것이 없어진다. '혁명'이 일어나지 않는 이상 친일세력에 있어서 유일하게 걸림돌이 될 수 있는 것이 바로 '황권'이었다. 실제로 1907년 7월 고종은 헤이그에 밀사를 파견하여 을사늑약의 부당성을 대외에 알리는 시도를 감행하게 된다. 과거 친일내각이 수립했던 홍범 14조에 대한 부단한 강조는 그러한 사태를 미연에 방지하기 위한 시그널 혹은 유사시 특단의 조치를 취하기 위한 '명분 쌓기'가 아니었을까. 헤이그 특사 사건 직후 기다렸다는 듯이 고종의 퇴위에 앞장선 법부대신 조중응은 다름 아닌 소년한반도사의 2대 사장을 거친 인물이었다.

「자수론」을 통한 홍범 14조의 재맥락화는 애초 「서고문」의 전면 배치부터가 이미 양재건의 기획이었다는 사실을 증명하는 한편, 『소년한반도』라는 미디어가 그의 압도적인 편집 권력 아래에 놓여 있었다는 또 하나의 방증이다. 중요한 것은 그러한 위치에 있던 양재건이 량치차오의 문장을 매우 적극적으로 활용했다는 사실이다. 양재건이 『소년한반도』를 편찬하며 참조한 량치차오의 텍스트는 이미 언급한 「소년중국설」('소년한반도'), 「정치학 대가 블룬칠리의 학설」(논주권), 「신민설」(자수론)

---

34 예를 들어 3호부터 「논일본정당」이라는 기사가 연재되어 일본의 선진성이 설파되었고, 4호부터는 민족주의 성향의 기사 「국제공법」과 「사설(史說)」의 연재가 중단되었다(두 기사는 정교가 집필하던 것이다. 그러나 정교 또한 이토 히로부미의 후원 하에 이완용, 조중응 등이 1907년 3월에 설립한 대동학회의 평의원으로 임명된 사실이 있다. 『소년한반도』의 찬술원에서 물러난 것을 단지 친일 노선과 거리를 두기 위한 선택으로 보기는 어려운 이유이다). 6호에는 「한일수호조규」가 실림으로써 강화도 조약이 일본과의 우호 관계로 포장되기도 한다. 4호부터 소년한반도사의 사장이 된 조중응은 1907년 5월 이완용 내각의 법상이 되는 인물로서, 훗날 정미칠적, 경술국적으로도 회자되는 대표적인 친일인사이다.

35 '홍범 14조'를 주도한 진영이 전제권의 견제 기능을 의식했다는 것과 홍범 14조가 실질적으로는 입헌주의 헌법의 요건에 미달한다는 평가에 대해서는, 김재영, 「한국헌법 전사(前史): 개화기 입헌주의운동의 허(虛)와 실(實)」, 『헌법연구』 3-2, 헌법이론실무학회, 2016, 39~40쪽.

에 그치지 않는다. 예를 들어 양재건의 또다른 유사 논설 「파괴주의론」(4호)은 량치차오의 초기 문장인 「파괴주의」(『청의보』 30, 1899. 9)를 본뜬 것으로 보인다. 두 글은 공통적으로 옛것에 미련을 두는 마음을 버리고 과감한 개조를 감행하자고 외친다. 집을 짓는 비유를 사용한 것도 중첩된다. 다만 표현의 방식과 구체적인 대안에 차이가 있을 뿐이다. 「파괴주의」는 량치차오가 루소의 『민약론』을 신봉하던 시기의 글로서, 옛것을 파괴하고 남은 터전에 쌓아야 할 새로운 것 역시 『민약론』으로 제시되어 있다. 양재건의 입장에서 이는 급진적인 주장이다. 그가 '구사회를 파괴해야 한다'는 일반론만 되풀이하는 데서 논의를 멈추는 이유는 여기에 있을 것이다. 다만, 적어도 '파괴주의'라는 표현 자체는 그에게도 유용했던 것이 틀림없다.

6개호에 빠짐없이 연재된 「자유모(自由母)」 역시 주목해보아야 한다. 「자유모」는 『소년한반도』의 목차에는 한 차례도 등장하지 않는다. 원래는 양재건의 또 다른 글 「교자제신학」의 하부에 엮여 편성된 기사였기 때문일 것이다. 그런데 「자유모」는 사실 량치차오가 1902년 『신민총보』를 통해 연재한 「근세제일여걸 라란부인전(近世第一女傑 羅蘭夫人傳)」을 역재(譯載)한 것이었다. 이는 국문판 『대한매일신보』에 연재되었다가 단행본으로도 나온 『근세제일여중영웅 라란부인뎐』(대한매일신보사, 1907)보다 먼저 발표된 것이었으며, 국한문체였던 점도 달랐다. 대한매일신보사 판 『라란부인전』이 역자 미상인 만큼 양재건은 현재까지 밝혀진 『라란부인전』의 유일한 한국인 번역자이기도 하다.[36] 그는 「교자제신학」의 도입부를 다음과 같이 마무리하고 있다.

---

36 그럼에도 이 번역 텍스트의 존재를 제대로 다룬 연구 자체가 아직 없는 실정이다. 대한매일신보사 판을 중심으로 한 『라란부인전』의 번역에 대해서는 손성준, 「번역과 원본성의 창출: 롤랑 부인 전기의 동아시아 수용 양상과 그 성격」, 『비교문학』 53, 한국비교문학회, 2011 참조.

> 이는 자유라 하겠다, 자유라 하겠다. 그 '자유'라는 것은 바로 천지를 세우고 일월을 매다는 자유이고, 태산과 바다 같은 자유이고, 솔개가 날고 물고기가 뛰는 자유이다. 그러니 초학자가 덕(德)에 들어가는 문이 곧 자유이며, 태극사상(太極四象)의 깃발이 곧 자유이며, 소년한반도를 건설함이 곧 자유이다. 자유라는 것은 누가 탄생시켰나? 18세기 우리 자유모(自由母)의 소생이다. 이에 우리 자유모의 계보를 정리하여 사랑하는 우리 소년한반도의 청년들과 더불어 우리 자유모를 숭배하고자 하노라.[37]

그는 마지막 부분에서 반복하여 "自由母"를 언급했다. 그리고 이 인용문 직후에 등장하는 타이틀이 바로 「자유모」였다. 「자유모」와 그 저본인 「라란부인전(羅蘭夫人傳)」을 비교해보면 「자수론」과는 달리 비교적 원전 중심의 번역 태도로 일관한 것을 확인할 수 있다. 최대한 롤랑 부인의 삶 그대로를 조명하는 것이 독자층을 위하는 것이라 판단했을 수도 있고, 별달리 가감하지 않더라도 이 텍스트가 본인의 의도를 뚜렷하게 대변하리라 보았을 수도 있다. 후자의 가능성을 뒷받침하는 것이 「자유모」 1회 연재분의 시작 대목이다. 이 부분만이 큰 활자로 되어있기 때문이다. 『소년한반도』 전체를 통틀어보아도 이처럼 본문의 문장에 '특수 효과'를 넣은 경우는 찾기 어렵다. 이 부분을 현대어로 바꾸면 '오호라, 자유, 자유여! 천하고금에 얼마나 많은 죄악이 너의 이름을 빌려 행해졌던가?'라는 내용이 된다. 이 지점에 번역자의 의중이 강하게 개입된 것은 당연하다. 게다가 「자유모」는 『소년한반도』 5호부터 편집 체제상으로도 「교자제신학」의 일부가 아니라 별도의 기사로 배치된다.[38] 말하자면 「자유모」의 효용 가치는 연재를 거치며 커져간 듯하다.

'자유의 어머니'가 자유를 책망하는 이유는 무엇일까? 롤랑 부인 전

37 양재건, 「교자제신학」, 『소년한반도』 1, 1906.11, 6~7쪽.

38 여전히 목차에는 없지만, 본문에서의 취급 방식은 5호부터 「교자제신학」과 동등하게 바뀌었다.

기의 서사는 곧 프랑스혁명을 핵심으로 한다. 위 강조 대목은 프랑스혁명의 주역이었던 롤랑 부인이 급진파 자코뱅에 의해 처형당하기 직전에 남긴 말이다. 즉, 이는 혁명이 얼마나 폭력적이고 야만적일 수 있는가를 현시하는 것과 다름없다. 이러한 정치적 메시지는 「논주권」의 블룬칠리 학설 소개, 「자수론」을 통한 홍범 14조 강조, 「파괴주의론」에서 『민약론』을 생략한 일 등과 상통하는 태도이다. 그리고 이 방향성에 대한 양재건의 현실적 대안은 「논일본정당」(3~5호), 「한일수호조규」(6호) 등의 언설이 명확히 보여주듯 바로 일본을 모델로 삼는 것이었다. 다음은 「논일본정당」의 첫 연재분 중 마지막 대목이다.

◎自由母

「嗚呼라 自由自由아 天下古今幾多之罪惡이 假汝之名以行」

> 일본 메이지유신 이후로 지금까지 당파의 변경(變更)에 대해 그 원류(源流)와 시말(始末)을 이루 다 헤아리기는 어렵다. 다만 그 대강을 요약하고 그 요지를 발췌하여 우리 2천만 동포가 세운 소년한반도에 제공하여 지침으로 삼게 하고자 한다. 저 목봉의 정략에 얽매인 어리석인 유자와 비루한 사람으로서 아직 죽지도 않고 정계에 뻔뻔한 얼굴로 남은 자가 부지기수이다. 부디 그 여치 같은 소견과 메추라기 같은 사욕을 가지고 아웅다웅 시끄럽게 다투지 말라. 그리고 저 당을 꺼리고〔忌黨〕·당을 두려워하고〔畏黨〕·당을 피하는〔諱黨〕 간사한 계책과 비술(秘術)·압제력(壓制力)이 좋은 묘목과 훌륭한 이삭에 (嘉苗瑞穗)에 미쳐서, 우리 소년한반도를 어둡고 적막한 마도귀굴(魔途鬼窟)로 전락시키지 말라.[39]

39 양재건, 「논일본정당」, 『소년한반도』 3, 1907.1, 43~44쪽.

5. 맺음말

이상으로 잡지 『소년한반도』에 관한 기존 인식의 정합성을 비판적으로 검토하고, 매체의 특징이 될 만한 몇 가지 사항을 추출해 보았다. 이 작업을 통해 『소년한반도』가 소년 전문 잡지라거나 애국운동 및 정치적 언설이 탈각된 분과학문 위주의 매체라는 규정에 오류가 있다는 것을 밝혔다. 『소년한반도』는 〈논설〉란의 정식 운영 없이 '유사 논설'을 통해 의당 추구해야 할 정치적 방향 혹은 그에 부합하는 교훈을 충분히 유포하고 있었다. 〈논설〉란 없이 나름의 정치 발화를 수행하는 전략은 『태극학보』 등 동시기의 매체를 통해서도 확인할 수 있는바, 이 역시 대한제국기 잡지의 한 단면이겠다.[40] 즉, 이 양상 자체가 『소년한반도』만의 특징일 수는 없다. 하지만 엄연히 존재하는 정치적 성격을 띤 글들이 '분과학문 위주의 소년 잡지'라는 탈정치화된 외피 뒤에 은폐돼 있던 것이 그간 『소년한반도』의 성격을 제대로 분석할 수 없었던 원인으로 작용했음은 사실이다.

『소년한반도』의 정치성을 특정할 때 양재건의 기사 배치와 그 의도를 읽어내는 것은 필수불가결하다. 특히 그가 홍범 14조를 거듭 소환하고 량치차오의 텍스트를 적극 활용한 사실은 중요한 해석의 지점들을 마련해 준다. 양재건이 기획한 『소년한반도』의 정치적 지향, 다시 말해 『소년한반도』를 통해 선전하려 한 정치적 해법은 '전제권을 견제하되 체제 혁명의 방식 역시 명확하게 부정하는 입헌군주제'에 있었으며, 그 현실적 대안은 메이지 일본이었다. 말하자면 '친일적 행보'인 셈이지만, 당시의 모든 지식운동을 '항일'과 '친일'의 이분법으로 구획할 수는 없다는 사실도 상기해야만 한다. 국체가 소멸되지 않은 시점에, 더욱이 이

---

40 손성준, 「『태극학보』 '문예'란의 출현 배경과 그 성격」, 『사이』 27, 국제한국문학문화학회, 2019, 24~30쪽.

것이 '나라를 위한 길'이라고 굳게 믿었다면 양재건이 『소년한반도』를 통해 일본형 모델을 주창한 행위 역시 결국에는 '애국계몽운동'으로 수렴될 수밖에 없다. 물론 이미 논의한바, 홍범 14조의 강조 이면에 놓여 있을 법한 '불순한 의도'는 그것대로 평가할 일이다. 단, '애국'은 태생적으로 상대성을 내장하며 동일한 시공간 내에서도 엇갈리고 충돌하는 다양한 목소리들의 기점이 되기 마련이다. 그러니 『소년한반도』가 애국운동을 위장하고 있었다거나 그들의 지식 계몽이 애국운동과 연결되지 않았다는 기존의 견해는 많은 연구자들이 애국계몽운동을 당대의 현상이 아닌 상상에 근간한 순수성과 통일성의 산물로 인식하고 있었다는 증좌일지도 모른다. 명백히 일본 친화적이었던 『소년한반도』였음에도 발간사에는 '애국'이 9차례나 등장했고 매호의 홍보문구는 어김없이 '애국사상'이 있는 구독자를 요청하고 있었다. 이렇게 보자면, 『소년한반도』의 지식 계몽이 애국운동과 연결되지 않았다기보다 오히려 그들의 지식 계몽운동이 '그들의 애국'적 실천이었다는 구도가 더욱 진상에 가까울 것이다. 애국이라는 기표를 특정 진영이 독점할 수 없다는 것은 현재진행형의 교훈이기도 하다.

아울러, 『소년한반도』에 산포된 량치차오 발(發) 기사들의 의미는 더 곱씹어볼 필요가 있다. 『소년한반도』와 관련한 어떠한 선행연구에서도 지적하지 않았지만, 이 매체는 량치차오 발 기사와 그의 간접적 영향이 큰 비중을 차지하고 있었다. 그런데 이러한 양상은 『조양보』, 『대한자강회월보』, 『서우』 등 여타의 당대 매체들에서도 쉽게 확인되는 것이다. 이 사실은 위에서 언급한 애국계몽운동의 상대성을 흥미로운 방식으로 재확인시켜준다. 『조양보』, 『대한자강회월보』, 『서우』와 정치색은 달랐지만 량치차오라는 재료를 아낌없이 사용했다는 점에서는 전혀 다르지 않았다면, 애초에 그 정치색의 차이는 어떻게 구현될 수 있었던 것일까? 결국 답은 수용 주체에 의한 지식의 변용에 있다. 『소년한반도』는 애국계몽운동 자체가 지식의 변용을 매개로 접변할 수밖에 없는 것이었음을 보여주는 주요 사례라 할 수 있다.

마지막으로, 량치차오의 활용이 대한제국기 잡지들에서 나타나는 보편적 현상이라면, 이 문제 자체를 근원적으로 탐구해 볼 필요가 있다. 우선 각 매체가 량치차오의 수많은 텍스트 중에서 무엇을 활용했으며, 또 어떤 방식으로 활용했는가를 분석하면 량치차오와 애국계몽운동이라는 단면적 영향관계 구도를 넘어, 수용 주체 중심의 논점들을 새롭게 건져 올릴 수 있을 것이다. 양재건의 변칙적 번역 태도로 보건대, 량치차오의 텍스트는 '권위'가 아닌 '도구'에 가까웠다. 다만 량치차오가 당대의 가장 인기 있는 도구가 된 현상을 어떻게 해석할 것인가의 문제는 여전히 중요하다.

| 참고문헌 |

1. 자료

『소년한반도』, 『조양보』, 『태극학보』, 『서우』, 『대한매일신보』, 『황성신문』, 『신민총보』, 『청의보』 등 신문·잡지.

『訓令存案(훈령존안)』, 『조선총독부관보』, 『승정원일기』 등 한국사데이터베이스(http://db.history.go.kr) 관련 자료.

정교 저, 조광 편, 변주승 역주, 『대한계년사』 1, 소명출판, 2004.

梁啓超, 『飮氷室合集』 1, 中華書局, 1988.

2. 논문

김재영, 「한국헌법 전사(前史): 개화기 입헌주의운동의 허(虛)와 실(實)」, 『헌법연구』 3-2, 헌법이론실무학회, 2016.

손성준, 「번역과 원본성의 창출: 롤랑 부인 전기의 동아시아 수용 양상과 그 성격」, 『비교문학』 53, 한국비교문학회, 2011.

손성준, 「지식의 기획과 번역 주체로서의 동아시아 미디어 – 『조양보』를 중심으로」, 『대동문화연구』 104, 성균관대학교 대동문화연구원, 2018.

손성준, 「『태극학보』 '문예'란의 출현 배경과 그 성격」, 『사이』 27, 국제한국문학문화학회, 2019.

유봉희, 「애국계몽기 이해조의 단체·언론 활동과 그 인적 관계망 – 국민교육회 참여 전후를 중심으로」, 『현대소설연구』 55, 한국현대소설학회, 2016.

이상구·이재화, 「조선시대 산서 연구 – 규장각 소장 산서 연구의 분석을 중심으로」, 『수학교육 논문집』 25-1, 한국수학교육학회, 2011.

허재영, 「지식 보급 차원에서 본 근대 계몽기 잡지의 교육적 기능과 한계 – 『소년한반도』를 중심으로」, 『우리말교육현장연구』 17, 우리말교육현장학회, 2015.

王昆, 「梁启超与伯伦知理国家学说」, 『中国国家博物馆馆刊』 124, 中国国家博物馆, 2013年 11期.

3. 단행본

구장률, 『근대 초기 잡지와 분과학문의 형성』, 케포이북스, 2012.

김효전, 『한국개념사총서3 – 헌법』, 소화, 2010.

임화, 임규찬 편, 『임화문학예술전집2 문학사』, 소명출판, 2009.

최덕교, 『한국잡지백년1』, 현암사, 2005.

한국정신문화연구원 편, 『한민족문화대백과』 12, 웅진출판주식회사, 1993.

광무 10년 | 메이지(明治) 39년 12월 25일 | 제3종 우편물 인가

광무 10년 10월 23일 내부(內部) 인가(認可)

광무 10년 11월 1일 간행

(매달 1회(1일) 정기 발행)

소년한반도

제1호

목차[1]

소년한반도 제1호

1 각 호의 '목차' 표기에 상이함이 보인다. 1호에는 제목만이, 2호에는 제목과 저자명이, 3호~6호에는 제목과 저자명과 쪽수가 표기되어 있다. 원본 그대로 표기하였다.

취지

소년한반도여, 소년한반도여! 2천만 둥근 머리와 모난 발의 인류여! 천하의 성덕과 대업으로 그 무엇이 애국자보다 나은가. 애국자여, 오늘이 어떤 날인가. 이를 적어본다면 '오호라! 우리 역사에서 구사회를 혁명하는 날로, 곧 20세기에 소년한반도가 탄생한 날이라.' 하겠다. 이제 구사회의 혁명을 위해 흐르는 눈물을 닦고 떨어지는 피를 씻으면서 속마음을 다 토로하고 포복 분주하면서 우리 혈성과 영예가 있는 2천만 동포에게 고하노라.

"구사회가 벌써 끝났어도 우리 신성한 소년한반도는 실로 그대로다. 우리가 각자 그 고상 순결한 애국심을 발하여 이 세상에서 서서 우리 자유를 보전한다면, 감히 단언컨대 '설령 18층 아비지옥(阿鼻地獄)의 수많은 마귀들이 습격하더라도 저들이 우리 소년한반도를 어찌할 수는 없을 것이라.' 하겠다. 이에 능히 우리 자유를 보전하고 능히 우리 소년한반도를 배양하는 자에게 청언(請言)컨대, 이는 다 고상 순결한 애국심 덕이다.

애국이란 무엇인가. 진정한 애국자는 국사(國事) 외의 일이 다 마음에 두기에 부족하다고 여긴다. 즉 국사가 아니면 좋아할 것도 없고 국사가 아니면 성낼 것도 없고 국사가 아니면 바랄 것도 없고 국사가 아니면 다툴 것도 없어서 그 국사를 돌봄에 이른바 어려움·험난함·만족함이 없는 것이다. 또 진정한 애국자는 그 애국을 실천하는 방도가 굳이 다 같지는 않다. 즉 혹은 구설로 하고 혹은 혈성으로 하고 혹은 기신(機神)으로 하고 혹은 검기(劍氣)로 하고 혹은 필간(筆諫)으로 하면서 앞에서 창도(唱道)하고 뒤에서 화응(和應)함에 명궁이 활을 당기면 그 수하가 뒤를 따르는 것처럼[2] 그 목표를 향해 쏘면 반드시 적중하는 것이다.

---

2 명궁이……것처럼 : 원문은 '善射ㅣ持彀에決拾이相隨ᄒᆞ야'이다. 여기서 구(彀)는 '활'

지금 세계에 있는 나라를 일일이 다 셀 수 있어도 그 웅호하여 스스로 굳센 나라는 열에 하나에 불과하다. 그런데 저 창건하고 고무하며 장엄하는 나라로서 그 무엇도 다 몇몇 애국자의 마음·역량·두뇌·필설·혈성·검기·필간·기신에서 온 것이 아니던가. 꿈에서라도 탄식하는 것은 구사회의 혁명이 아닌가. 꿈에서라도 말하는 것은 바로 소년한반도이다. 소년한반도란 단지 지리상의 명사인가? 아니면 정치상의 잔영인가? 바로 지구의 동쪽 반구 중 아시아의 중심이 소년한반도이며, 태평양 문호(門戶)가 소년한반도이거늘, 하물며 구사회의 혁명을 도모함에랴!

쇄양주의(鎖攘主義)가 그 마음을 차단한 지 3백 년 동안 노소남북(老少南北)[3]이 그 두뇌를 좀먹고 숭정(崇禎)의 기원이 그 정기를 해치며 염락(濂洛)의 염원이 그 혈성을 썩게 하고 시부표책(詩賦表策)이 그 눈을 멀게 하며 포저(苞苴)[4]의 뇌물이 그 귀를 어둡게 하고, 춘추대의(春秋大義)가 그 지혜를 잠식하며, 세도관절(勢道關節)이 그 맥을 가로막고 매관매직(賣官賣職)이 그 천성을 없애면서 진원(眞元)이 상실되어 사지를 들지 못한 까닭에 천지간에 자국의 독립이 무엇이고 자유의 정신이 무엇인지 전혀 모른다. 외교의 조삼모사(朝三暮四)가 마치 저공(狙公)이 원숭이 떼를 속이는 것같이 하다가 사신을 부추겨 독립을 물거품으로 만든 짓이 마치 서양인들이 함락의 화염을 더하는 것 같게 하니, 대재

이고, 결습(決拾)은 결습(抉拾)과 통용되어 '왼쪽 엄지 손가락의 양궁, 현 손가락을 연결하는 데 사용되는 가죽 갑옷'이다. 중국 고대 속담에 '한 사람이 활쏘기를 잘하면, 백 명으로 조직된 부대의 운명을 결정한다'라는 것이 있는데, 보통 '장수가 전쟁을 잘하면, 병사들도 뒤를 따라 용감히 싸워 전쟁에 이길 수 있음'을 뜻한다. 여기서는 문맥에 맞게 의역하였다.

3 노소남북(老少南北): 조선시대의 사색당파, 즉, 노론·소론·남인·북인의 당파를 말한다.

4 포저(苞苴): 돈이나 보석 같은 뇌물이 남의 눈에 띄지 않도록 포(苞)와 저(苴)로 싸서 보냈기 때문에 그것을 지칭하여 포저라 한다.

난의 흔적인 겁회(劫灰)가 영락(零落)함에 해이한 모습이 마치 해파리가 사람의 뜻대로 갈리는 것 같다. 그러니 여기에 한 인물이 있어 구사회의 혁명에 비분강개하다가 붉은 피로 대나무를 얼룩지게 하여 눈물이 마를 새가 없을 것이니, 슬픔으로 나라 없는 것보다 더한 것은 없을 것이다.

오호라, 우리 2천만 동포의 미망자(未亡者)여! 그래도 저 애국자를 알리라. 천지 개벽의 소년한반도가 실로 금구무결(金甌無缺)[5]인가, 백두산[6]의 유허이다. 이에 소년한반도의 필자들이 20세기 역사상 애국(愛國)하고 지국(持國)하며 보국(保國)하고 건국(建國)하는 계책의 계명(誡銘)을 수집하고, 설상자(舌相者)·혈성자(血誠者)·검기자(劍氣者)·기신자(機神者)와 더불어 종사하여 참혹한 전란 속에서 우리 신성한 소년한반도를 일으키기를 바라고, 비참하게 신음하는 우리 2천만 민족과 더불어 타종(他種)도 점점 나빠지는 상황 속에서도[7] 비상하여, 우리 소년한반도의 독립을 건축하고 우리 소년한반도의 자유를 양성하기를 바라옵니다."

---

5 금구무결(金甌無缺) : '조금도 결점이 없는 황금 단지'라는 뜻으로, 한반도가 외침의 수모를 받은 적이 없음을 비유적으로 이르는 말이다.

6 백두산 : 원문은 '가이민상견(歌爾民商堅)'으로 백두산의 만주어 명칭이다.

7 점점……속에서도: 원문은 일적재적(一摘再摘)이다. 당(唐)나라 측천무후(則天武后)가 낳은 아들이 넷이었는데, 무후가 장자인 효경태자(孝敬太子)를 짐살(鴆殺)시키고 나서 차자인 옹왕(雍王) 현(賢)을 태자로 삼자, 현이 자신도 반드시 보전하지 못하게 될 줄을 알고 날마다 근심 걱정으로 지내면서 마침내 〈황대과사(黃臺瓜辭)〉를 지어서 악공으로 하여금 노래하게 하였다. 그 대략에 "황대 밑에 오이를 심었더니, 오이가 익어 열매가 축 늘어졌네. 하나만 따낼 땐 오이에게 좋았는데, 두 개를 따내자 오이가 드물어지고, 세 개를 딸 땐 아직 희망이 있었는데, 네 개를 따내니 빈 넝쿨뿐이로다〔種瓜黃臺下 瓜熟子離離 一摘使瓜好 再摘令瓜稀 三摘猶尙可 四摘抱蔓歸〕."라고 한 데서 온 말이다.(『舊唐書 권116』「承天皇帝倓」) 따라서 한 개를 따고 두 개를 따면서 점점 나빠지는 상황을 빗대어 말한 것이다. 문맥에 맞게 의역하였다.

성질 / 원영의(元泳義)[8]

우리나라를 '한(韓)'이라 칭함은 방언(方言)으로 '크다'는 정의이고, 국기를 '태극(太極)'이라 칭함은 『주역(周易)』 「계사」의 '사상(四象)·팔괘(八卦) 만물(萬物) 생성'의 원리이니, 장부(壯夫) 될 소년의 지력(智力)이 필시 클 것이고 단체(團體) 될 반도의 지세(地勢)가 필시 생길 것이다. 그러니 이제 우리 토지가 3천리인 나라〔國〕와 인민이 2천만인 집안〔家〕을 합쳐서 국가를 구성함에 그 자연적 자유과 권리가 만세불변의 특색이 있는 것이다. 생각건대 오직 국가 안에서만 가족과 사회의 생활이 연결되어 있다. 그런데 그 생활의 보존에 학문이 필요하고 그 학문의 성취는 지식을 연구함에 달려있다. 이는 마치 사물을 연마함에 분자부터 원자까지 투철히 간파하고 이치를 추구하는 것과 같아서 표면부터 극도까지 궁구하여 힘써 얻어야 하는 것이니, 이러한 공부에 착수하여 학문상의 목적을 달성한다면 세계상의 인격을 성취하였다고 할 수 있다. 비록 그러하나 이러한 인격을 갖추되 다시 이를 활발히 응용하는 실효를 드러내지 못한다면, 이는 마치 정교하게 제작된 기계를 높은 누각에 방치하여 인간계에 공용(供用)하지 않는 것과 같아서 한 개인의 심신(心身)의 미덕일 뿐이지 인류의 공익이 되지 못하는 것이다. 그러므로 개개인간의 심신의 미적 학문을 취합하여 사회적 단체를 조직해야 할 것이다. (미완)

---

8 원영의(元泳義) : 한성사범학교를 졸업하고 대한제국에서 사범학교 교원 등을 역임했다. 기호흥학회 등에서 활동하고 『신정동국역사(新訂東國歷史)』 등을 편찬했다.

자수(自修)를 논하다[9] / 양재건(梁在謇)

『대학장구』 전(傳) 3장 '석지어지선(釋止於至善)'에 이르기를 "『시경(詩經)』에 이르기를 '저 기수(淇水)의 굽이를 보니 푸른 대죽 우거졌네. 아름다운 군자여, 자른 뒤에 다시 갈고 쫀 뒤에 가는 듯하네. 엄밀하고 굳건하며 빛나고 성대하네. 아름다운 군자여, 끝내 잊지 못하네'라 하였다. 여기서 '자른 뒤에 다시 간 듯하다' 함은 그 학문을 말한 것이고, '쫀 뒤에 가는 듯하다' 함은 그 자수(自修)를 말한 것이고, '엄밀하고 굳건하다' 함은 그 순율(恂慄)한 마음가짐을 말한 것이고, '빛나고 성대하다' 함은 그 위의(威儀)를 말한 것이고, '아름다운 군자여, 끝내 잊지 못한다' 함은 그 성덕지선(盛德至善)을 백성이 잊지 못함을 말한 것이다."라 하니, 이 경전의 정리(正理)·오지(奥旨)는 아마도 '천연(天演)'을 이른 것이다.

'학문'이란 하늘이 인간에게 생명과 육신을 부여한 이후에 인간이 인간답게 되는 최초의 일이고, '자수'란 그 학문을 행하는 최초의 과정이니, 자신을 미루어 타인에게 미치고 가까운 데서 시작하여 먼 데 미치는 것이다. 그 '자수'의 공정을 시행하고자 한다면, 이는 오로지 『시경』의 이른바 '엄밀하고 굳건한 순율(恂慄)'에 달려있다. '순율(恂慄)'이란 엄밀하고 굳건한 기백이다. 여기서 '자수'란 대개 성찰극치(省察克治)[10]의 공부이니, 안연(顔淵)의 '극기복례(克己復禮)'가 이것일 따름이다. 그 '성찰극치'함에 기백이 우선되어야 '자수'의 실체를 논할 수 있게 된다.

우리 신민자(新民子)가 의력(毅力)에 대해 논한 것을 초록하여서 동

---

9 기사 제목 표기에 상이함이 보인다. 1호의 경우 목차에는 '자수론(自修論)', 본문에는 '논자수(論自修)'라 되어 있고, 2호와 6호에는 '논자수', 4호와 5호에는 '자수론', 그리고 3호의 경우 목차에는 '수자론(修自論)', 본문에는 '논자수'라고 표기되어 있다. 표기는 상이하나 의미가 동일하므로, 뜻을 풀어 '자수(自修)를 논하다'라고 표기하였다. 이하 동일하다.

10 성찰극치(省察克治) : '나를 돌아보고 나를 살피고 나를 다스리는 것'을 말한다.

지들을 권면하고 소년한반도가 선을 지향하는 지침으로 삼고자 한다. 신후이(新會)의 량치차오(梁啓超)가 의력(毅力)을 논하기를 "증자가 말하기를 '선비는 마음이 넓고 크며 강인하지 않으면 안 된다. 그 책임은 무겁고 갈 길은 멀기 때문이다. 인(仁)이 내가 질 짐이니, 또한 무겁지 않은가. 죽은 뒤에야 멈추니, 또한 멀지 않은가'라 했으니, 훌륭하다 이 말이여, 훌륭하다 이 말이여! 이 세상에 나서 그 학문을 행함에 실로 독실하게 믿으면서 죽음으로 지키고 몸소 체득하고 힘써 행하지 않는다면, 설령 고지(高志)·기기(奇氣)·이재(異才)가 있어도 끝내 성취할 수 없을 것이다."고 하였다. (미완)

교육신론 / 원영의(元泳義)

신교육의 원칙에 대하여 이루 다 말할 수는 없으나 아동의 실제에 대하여 그 방법을 논하자면, 그 취지가 상고시대와 그다지 다르지 않다. 그러니 이제 보통교육을 잘 정비하여 전문교육에 미루어 적용한 후에 완전한 인격을 성취하는 바가 곧 문명 각국에서 현저히 드러나는 실효이다. 그 근원을 연구하자면, 유아기부터 가정교육이 있으니 『주역』에 이른바 '몽매한 자를 정도로 기른다〔蒙養以正〕'[11] 함이 이것이다. 대개 인류라는 동물에게 허령불매(虛靈不昧)한 심지가 있어서 선입견이 애초에 삿됨과 바름 사이에 뿌리를 내리는데 그 맹아(萌芽)가 무성해지면 개선하기 어렵게 된다. 그러므로 식물의 발육처럼 정도(正道)로 배양할 방법과 목적을 연구해야 하는 것이다.

아동에게 교육의 가능성이 없지는 않으니, 유아기에 유연한 기관이 외계의 감각을 쉽게 받아들여서 인격에 이를 수 있는 기관이 다 있다.

---

11 몽매한……기른다 : 『주역』「몽괘(蒙卦)」「단사(彖辭)」에 보인다.

그러므로 말 타는 자를 보면 말 타기를 생각하고 독서하는 자를 보면 독서하기를 생각하여 보는 대로 감응하니, 맹모삼천지교(孟母三遷之敎)가 이것이다. 비록 그러하나 아동에게는 본래 반드시 성사될 입지도 없고 품행의 감정도 없어서 외계에 감화되는 힘이 몹시 크니, 교육이 없으면 다른 동물과 같게 된다. 그러므로 악을 징계하고 선을 주입하기 위하여 학교와 가정의 교육으로 의미 있는 감화를 주어야 한다. 한번 문 밖으로 나오기만 하면 이전의 습속을 거듭하는 것은 선입견이 위주가 되기 때문이니, 그 외모를 관찰하면 그 교육을 받은 여부를 알 수 있다. 즉 기쁜 기색이 있으면 집안에 필시 좋은 일이 있는 것이고, 노여운 기색이 있으면 집안에 필시 안 좋은 일이 있는 것이다. 이러한 까닭에 거리에서 발가벗고 서 있어도 부끄러운 기색이 없는 것이 가정교육이 없어서임을 알 수 있는 것이다. 그러니 인류적 동물을 다른 동물과 다른 본래의 지위로 인도함에 있어 어찌 교육이 필요하지 않겠는가. (미완)

자제에게 신학문을 가르치다 / 양재건(梁在謇)

어린 청년들이여! 매일 아침마다 학습하되 새가 자주 나는 듯이 하여 조금씩 진전하고 나날이 발전한다면 또한 기쁘지 않은가.[12] 삼분오전(三墳五典)[13]도 익히고, 구구팔색(九邱八索)[14]도 익히고, 삼강오상(三綱五常)[15]도 익히고, 구용구사(九容九思)[16]도 익히고, 육행삼덕(六行三德)[17]도 익히

12 매일……않은가 : 『논어』 「학이」 1장 "배우고 때때로 익히면, 또한 즐겁지 아니한가〔學而時習之, 不亦說乎〕."를 차용하였다.

13 삼분오전(三墳五典) : 상고 시대의 삼황오제(三皇五帝)에 관한 전적이다.

14 구구팔색(九邱八索) : 삼황오제의 책이다.

15 삼강오상(三綱五常) : 삼강과 오상, 곧 사람이 지켜야 할 도리를 이른다.

16 구용구사(九容九思) : 군자가 가져야 할 9가지 올바른 몸가짐과 9가지 올바른 생각을 말한다.

고, 천문·지리(天文地理)도 익히고, 물리·화학(物理化學)도 익히고, 동물학·식물학·수학도 익히고, 정치·법률도 익히고, 전학(電學)·광학(光學)도 익히고, 증기학(蒸汽學)·중학(重學)도 익히니, 학문에 이미 부문이 많아서 다 들어갈 수 있다. 이미 들어서면 산호(珊瑚)·목란(木難)[18]과 차거(硨磲)[19]·마노(瑪瑙)[20]와 낭간(琅玕)·지초(芝艸)[21] 같은 보물이 어지러이 앞에 가득하여 이를 취하여도 막는 자가 없고 아무리 써도 다 사라지지 않게 된다.[22] 오호라! 우리 동포들이 정도(正道)를 버리고 따르지 않는다면 빳빳하게 머물 곳이 없거늘, 어째서 우리 대한의 국광(國光)을 나날이 변하게 하고, 어째서 우리 대한의 국위(國威)를 나날이 쇠하게 하며, 어째서 우리 대한의 국권(國權)을 나날이 시들게 하는가. 늙어서라, 우리 대한의 구사회가 쇠함이여! 병들어서라, 우리 대한의 구사회가 죽음이여!

어린 청년들이여! 일월의 빛이 예전 그대로고 산천의 빛이 예전 그대로라, 사방 8만 9천리 소년한반도는 우리 청년학생들의 두 어깨 위에 있도다. 청년아, 청년아, 어깨에 짊어진 책임이 어떠하며 버티고 지탱함이 어떠하오. 오호라! 고난을 구제하고 마장(魔障)을 제거하는 참비결이 이것에 있나니, 단언컨대 '자유, 자유'라 하겠다. 이 자유의 문에 들어서면 곧 소년한반도이며, 곧 20세기이다. 『맹자』에 이르기를 "지금 다스리고자 하는 자는 7년 된 지병에 3년 묵은 약쑥을 구하는 것과 같다. 만일 지금부터 쑥을 뜯어 쌓아두지 않으면 평생 약쑥을 얻지 못

---

17 육행삼덕(六行三德) : 6행은 효(孝)·우(友)·목(睦)·인(婣)·임(任)·휼(恤)을, 3덕은 지(智)·인(仁)·용(勇)을 가리킨다.

18 산호(珊瑚)·목란(木難) : 산호(珊瑚)는 진주이고, 목란(木難)은 비취빛 옥이다.

19 차거(硨磲) : 7가지 보물 중의 하나인 옥돌이다.

20 마노(瑪瑙) : 석영질의 보석이다.

21 낭간(琅玕)·지초(芝艸) : 낭간은 옥과 비슷한 돌이고, 지초는 난초의 종류이다.

22 이를……된다 : 소식의 「전적벽부(前赤壁賦)」에 "그것을 취해도 누가 막지도 않고 사용해도 다 마르지 않는다〔取之無禁, 用之不竭〕."라는 구절을 차용하였다.

할 것이다."[23]라 하고, 『전국책』에 이르기를 "토끼를 보고 사냥개를 돌아볼 정도면 아직 늦은 것이 아니요, 양을 잃고 외양간을 고칠 정도면 결코 늦은 것이 아니다."라 하고, 『논어』에 이르기를 "과거는 탓할 수 없지만 장래는 고칠 수 있다."[24]라 하였다. 우리 하늘이 있고 우리 땅이 있고 우리 나라가 있고 우리 임금이 있고 우리 정부가 있고 우리 몸이 있으니, 우리는 그래도 '망할까 망할까 하여 무더기로 난 뽕나무에 매듯 한다.'[25]고 할 수 있다.

선현들의 말에 '시작이 반이다'라 하니, 오늘이 바로 준비를 시작하는 날이다. 이제라도 혹 그래도 그 목적을 달성할 하루가 있을 수 있다. 어린 청년들이여! 구습을 혁파하여 신문물을 추종하고, 헌 줄을 고치고 전철(前轍)을 바꿔야 20세기 천연계(天演界)에 설 터인데, 이는 자유라 하겠다, 자유라 하겠다. 그 '자유'라는 것은 바로 천지를 세우고 일월을 매다는 자유이고, 태산과 바다 같은 자유이고, 솔개가 날고 물고기가 뛰는 자유이다. 그러니 초학자가 덕(德)에 들어가는 문이 곧 자유이며, 태극사상(太極四象)의 깃발이 곧 자유이며, 소년한반도를 건설함이 곧 자유이다. 자유라는 것은 누가 탄생시켰나? 18세기 우리 자유모(自由母)의 소생이다. 이에 우리 자유모의 계보를 정리하여 사랑하는 우리 소년한반도의 청년들과 더불어 우리 자유모를 숭배하고자 하노라.

---

23 지금……것이다 : 『맹자』 「이루상(離婁上)」에 보인다.

24 과거는……있다 : 『논어』 「미자(微子)」에 보인다.

25 망할까……매듯한다 : 『주역』 64괘에 '이것도 망하고 저것도 망할지라도 뽕나무들을 잡아매서 뽕을 딸 수 있도록 하라〔休否大人吉其亡其亡繫于苞桑〕.'하니, 즉 막힐 때에는 그 어떤 일을 해도 안 풀리지만 잠시 막힘이 뚫릴 때는 뽕나무라도 잘 키워서 누에에게 먹이를 주어야 비단을 생산할 수 있다. 그래야만 어려운 시절을 버틸 수 있으므로 막힘이 잠시 뚫릴 때를 놓치지 말고 뽕나무를 묶듯이 헤쳐 나갈 궁리를 해야 한다는 뜻이다.

ㅇ 자유모(自由母)

“오호라, 자유, 자유여! 천하 고금에 얼마나 많은 죄악이 너의 이름을 빌려 행해졌던가?”라 하니, 이는 프랑스 여걸인 자유모(自由母) 롤랑 부인(Madame Roland)이 임종시에 한 명언이다.

롤랑 부인은 어떤 인물인가. 그녀는 자유에 살고 자유에 죽었다. 롤랑 부인은 어떤 인물인가. 그녀는 나폴레옹(Napoleon)의 모태요, 메테르니히(Metternich)의 모태요, 마찌니(Mazzini)의 모태요, 코슈트(Kossuth)의 모태요, 비스마르크(Bismarck)의 모태요, 카밀로(Camillo Cavour)의 모태요, 가리발디(Garibaldi)의 모태요, 칸트(Kant)의 모태이다. 질적으로 말하자면 19세기 유럽 대륙의 온 문명이 롤랑 부인을 모태로 삼지 않을 수 없고, 프랑스 대혁명이 롤랑 부인을 모태로 삼지 않을 수 없으며, 19세기 이후 세계의 자유가 롤랑 부인을 모태로 삼지 않을 수 없고, 20세기 소년한반도가 롤랑 부인을 모태로 삼지 않을 수 없고, 우리 어린 청년자제들이 롤랑 부인을 모태로 삼지 않을 수 없는 것이다.

시기상 지금으로부터 150년[26] 전, 실제 서력 1754년 3월 18일, 프랑스의 수도 파리시 부르주아(Bourgeois) 또는 부르주아지(Bourgeoisie) 가(街), 금은공예가 필리퐁(Philipon) 가문에서 여자 아이 하나가 태어남에, 응애응애 소리를 내면서 이 세계에 출현하니, 그녀가 곧 마리 잔느 마농 필리퐁(Marie-Jeanne Manon Philipon) 여사로, 미래의 롤랑 부인이다.

그 집안은 본디 중산층에 속하였다. 부친은 성품이 선량하고 나약한데, 모친은 총명하여 대장부의 기상이 있었다. 그 부모가 근검 저축하여 평화 세계 속의 일개 평화 시민이 되었다. 그런데 이와 같은 집안으로 능히 이와 같은 인물인 롤랑 부인을 낳았으니, 이는 거의 시운이

---

26 150년 : 원문에는 '百五年'이라 되어 있지만, 아래 문장에 1754년이라는 년도가 표기되어 있고, 롤랑 부인의 생몰 연도를 감안하여 '百五十年'으로 고쳐 번역하였다.

영웅을 낳은 것이지, 가문이 능력이 있는 것은 아니었다.

조금 성장해서는 일반 사회교육을 받았다. 비록 그러하나 그녀는 절세의 천재로 이해력과 상상력이 풍부하여[27] 규칙적 교육 외에도 그 자신을 교육하는 방도를 한번 터득하는 일이 늘 뒤따라서 나이 10세에 곧 능히 온갖 고서를 독파할 수 있었다. 늘 예수의 사도들이 도를 위해 피 흘린 전기와 아라비아와 터키 내란의 극본과 문예가의 여행일기와 호머와 단테의 시가 등을 즐겨 읽었는데, 특히 애독한 책은 『플루타르크 영웅전』이었다. (미완)

국문원류(國文源流)

ㅇ 초성(初聲) 종성(終聲) 통용 여덟 자

ㄱ기역(其役) ㄴ니은(尼隱) ㄷ디(말)(池(末)) ㄹ리을(梨乙) ㅁ미음(眉音) ㅂ비읍(非邑) ㅅ시(의)(時(衣)) ㅇ이응(異凝)

기·니·디·리·미·비·시·이 여덟 음은 초성에 쓰는 것이고, 역·은·(말)·을·음·읍·(의)·응 여덟 음은 종성에 쓰는 것이다. (말)·(의) 두 자는 본 글자의 초음(初音)을 취해 소리로 삼은 것이다. 글자 밖에 괄호를 더한 것은 이와 같다.

ㅇ 초성 전용 여덟 자

ㅋ기(箕) ㅌ티(治) ㅍ피(皮) ㅈ지(之) ㅊ치(齒) ㅿ싀(而) ㆁ이(伊) ㅎ히(屎)

---

27 이해력과……풍부하여 : 원문은 '當於理解力, 想像力하야'인데, 이 중 '當'은 '富'의 오기로 보아 고쳐 번역하였다.

ㅇ 중성 전용 열두 자

ㅏ아(阿) ㅑ야(也) ㅓ어(於) ㅕ여(余) ㅗ오(吾) ㅛ요(要) ㅜ우(牛) ㅠ유(由) ㅡ응(應) ㅣ이(伊) · 亽(思)

응(應)은 종성에는 쓰지 않음. 이(伊)는 중성에만 씀. 亽(思)는 초성에는 쓰지 않음.

ㅇ 오음(五音)의 초성(初聲)

각(角)-아음(牙音)- ㄱㅋㆁ

치(徵)-설음(舌音)- ㄷㅌㄴ

변치(變徵)-반설음(半舌音)- ㄹ-『홍무정운(洪武正韻)』에는 '반치반상(半徵半商)'이라 하였다.-

상(商)-치음(齒音)- ㅈㅊㅅ

우(羽)-순음(脣音)- ㅂㅍㅁ

궁(宮)-후음(喉音)- ㅇㅎ

변궁(變宮)-반후음(半喉音) 『홍무정운』에는 '반상반치(半商半徵)'라 하였다.-

ㅇ 칠음(七音)의 출성(出聲)

각(角)은 아음(牙音)이다. 소리가 나와 어금니에 이르면 혀가 말렸다가 툭 치고 이를 벌리고 입술을 솟구치니 소리가 확 트이고 담박하여 앞으로 평평히 나온다.

치(徵)는 설음(舌音)이다. 소리가 나와 혀에 이르면 이를 붙이고 입술을 열어서 혀를 말았다가 천천히 풀어주니 진동의 교차로 일어나 어금니에서 떨어져 나온다.

상(商)은 치음(齒音)이다. 소리가 나와 이에 이르면 입을 크게 벌리고 숨을 토하듯 하여 소리가 위로 올라가다 다시 중간으로 돌아오니 소리가 분명하고 단단해서 비록 소리가 나와도 마치 머물러 있는 것 같다.

우(羽)는 순음(脣音)이다. 소리가 나와 입술에 이르면 잇몸을 벌리고 입술을 모아서 맑고 가늘게 나도록 하니 소리가 질풍처럼 떨쳐 일어나서 마치 머물다가 떠나는 것 같다.

궁(宮)은 후음(喉音)이다. 소리가 나와 목구멍에 이르면 입을 다물고 숨이 코로 통하도록 하여 거칠지만 크고 웅장한 소리가 나도록 하니 혀는 가운데 있고 소리는 안에서 곧장 위로 오른다.

변치(變徵)는 반설음(半舌音)이다. 입을 벌리고 기운을 내뿜을 때에 혀에서 반쯤 소리가 울리되 혀는 붙어있고 목구멍에서 거슬러 올라가며 목구멍이 춤추듯 떨린다.

변궁(變宮)은 반후음(半喉音)이다. 이를 가지런히 해서 기운을 내뿜을 때에 목구멍에서 울림이 일어나되 목구멍은 고요하고 목구멍에서 가볍게 나가며 혀가 흔들린다.

현재 전 지구 세계 각국에서 사용하는 문자

대한자(大韓字) 27자

영국 26자

일본 50자

프랑스 23자

스페인 27자

그리스 24자

스칸디나비아 27자

독일 26자

이탈리아 20자

러시아 41자

라틴 23자

히브리 22자

범자(梵字) 50자

페르시아 32자

터키 33자

아랍 28자

○ 문자(文字)

문서의 효과란 사상(思想)의 대표물이니, 다른 사람의 눈앞에 보이게 하여 한번 보면 그 의사를 이해시킴에 있다. 그런데 사람이 이해하기 가장 쉬운 것으로 그림만한 것이 없다. 그러한 까닭에 태고시대 진단(震旦)의 문자-지금의 한문(漢文)-·이집트의 고문·고대 바빌로니아 상형자를 활용할 때 그림을 문자로 삼아서 사상을 소통시킨 것이다. 이후로 점차 진보하여 문(文)과 자(字) 두 부분으로 나뉘게 되었다. 문(文)이란 상형(象形)을 말하는 것이고, 자(字)란 자식을 낳고 길러 늘어나듯이 의미가 늘어남을 말하는 것이다. 문자(文字)의 부분을 육서(六書)의 종류로 구별하면 다음과 같다. 첫째 상형(象形)이니 일월산천(日月山川)의 부류이고, 둘째 회의(會意)이니 무신(武信)이 그것이고, 셋째 지사(指事)이니 상하(上下)가 그것이고, 넷째 해성(諧聲)이니 강하(江河)가 그것이고, 다섯째 전주(轉注)이니 고로(考老)가 그것이고, 여섯째 가차(假借)이니 영장(令長)이 그것이다. 여기서 다시 진보하여 자모조음(字母調音)의 문자가 되었다.

우리 대한의 국문은 자모조음의 문자이다. 우리 세종조(世宗朝)에 창제되니 훈민정음(訓民正音)이 이것이다. 그 자체(字體)는 고문의 전주(篆籒)를 본떠 형상하고 그 자음(字音)은 범음(梵音)을 시초로 삼고 그 자학(字學)은 자식을 낳고 길러 늘어나듯 끊임없이 생성된다. 무릇 문자는 언어와 더불어 인류의 사상을 표현하는 두 가지 원소이다. 지금 우리 국문은 자음과 모음 27자로 조합하여 그 언어를 표현한다. 이에 세계 언어 중의 3대 유파를 정리한다.

제1대파
범어-대한어-일본어
정어(精語)-고대 페르시아어-
그리스어
라틴어
인도와 유럽어

제2대파
히브리어
아라비아어
페니키아어-바빌론어-
오세아니아어-그으즈어(Ge'ez)

제3대파
지나어-티베트어-후인도어-헝가리어

사회학 / 이인직(李人稙)

사회란 다소 항구적 관계로서 공동 생활하는 사람들의 한 단체라고 정의할 수 있다. 대저 사람이란 과학적 목적에 상응하는 것을 포괄하고 그렇지 않은 것을 배척하는 여러 부류 하에서 단결할 수 있다. 하지만 이러한 단체는 단지 사상가의 심중에만 존재할 뿐이니 일종의 사회는 아니다. 이에 반하여 철도열차 내의 집합은 가장 잡다한 성질을 포함한 바 그 관계가 참으로 우연이면서 일종의 사회를 연결시킨 것이고, 또한 연설장 내의 집합은 잠시나마 연설자가 청중의 공통된 흥미를 결집시킨 것이니, 이것도 일종의 사회라 하겠다.

그렇다면 대대로 동일한 생활을 영속하는 가족도 일종의 사회이고 잠시 소집된 집단도 일종의 사회라고 칭할 수 있다. 그러므로 사회란 대소장단을 막론하고 공동생활을 분담하는 이들의 일종의 단체를 지칭한 것이다. 그런데 그것이 발전하여 일정한 직능(職能)을 수행하는 소사회(小社會)와 이러한 소사회를 아우르는 대사회(大社會) 간에 주요한 구별이 발생하였다. 그러한 까닭에 모 학자는 이러한 소사회를 지칭하여 사회적 기관 혹은 사회적 단체라 칭한 것이다. 그러니 이는 참으로 개인 내지 개인이 속한 대사회 사이에 자리한 것으로, 그 사회의 골격이 되고 구조가 되는 것이다. 생물학적 표현을 빌리자면 그 기관이라 칭할 수 있겠다.

그렇다면 사회라 함은 그 가운데 여러 사회적 단체가 존재하는 거대한 형체를 지칭한 것이니, 사회가 이러한 소단체와 다른 점은 확정된 직능의 수행을 위해 존재하지는 않는다는 것이다. 그러므로 사회는 그 소임를 다하기보다는 차라리 소단체의 임무를 다하게 하는 것이다.

사회라 함은 저 도시와 그 밖의 지방 단체와 혹은 국민과 정치 단체가 일치됨을 의미하니, 그 범위가 지구상 민족이란 말과 같다. 개괄적으로 말하자면 사회는 문화의 형식과 일치하는 것이다.

대개 사회라는 표현은 그 의미에 제각기 차이가 있다. 유태인-히브리인-의 경우 인종을 의미하고, 희랍인의 경우 희랍문화로 통치되고 또 그 진보에 공헌할 만한 바를 의미하며, 로마인의 경우 로마세계 즉 로마의 관할지로 승인된 곳을 의미한다. 그리고 현재 구미(歐美)에서 사회라는 표현은 그 용도가 보다 더 광범위하여 기독교 문명 세력에 복속된 곳을 의미한다.

우리는 보다 더 광범위한 인종 단체를 사회의 한 부문으로 간주하는 경우도 있음을 예견할 수 있다. 옛날 가족사회 시대로 보자면 그 진운(進運)을 예견할 수 있을 것이다.

그렇다면 사회라는 표현은 모든 지구상의 인류를 통칭하고, 어떤 사회라 하면 일종의 단체를 지칭한다. 우리는 사회의 한 분자(分子)이다. 여러 분자의 형식이 사회적 영향으로 드러나 분자의 형태로 반조(反照)되는 것이다. (미완)

국제공법[28] 漢 / 정교(鄭喬)

나라가 있으면 법이 있으니, 안으로의 치민(治民)과 밖으로의 교린(交隣)으로 나뉜다. 교린의 도리는 회의와 규정을 서로 준수해야 하니 이른바 공법(公法)이다. 이 설은 서구인에 의해 지어졌다. 그러한 까닭에 간혹 '서구에만 공법이 있고 동아시아에는 없다'고 하는데, 이는 단지 그 명칭만 취하고 실제 이론을 취하지 않은 것이다. 내가 생각건대 동아시아의 경우 비록 공법이란 명칭은 없지만 공법의 실제를 실천한 것이 많고, 서구의 경우 비록 공법이란 명칭은 있지만 공법의 이론과 어긋난 것도 많으니, 차라리 그 명칭만 있으면서 이론과 어긋나기보다는 차라리 그 명칭이 없으면서 실제를 실천하는 편이 더 낫다.

옛날 우리 동방에 삼국(三國)이 정립된 때 가락국(駕洛國)이 포상팔국(浦上八國)[29]의 맹주로서 신라와 서로 침범하며 편안한 날이 거의 없었

28 기사의 제목이 본문에는 '국제법'이라 되어 있다. 하지만 목차 및 2호, 3호에 '국제공법'이라 되어 있으므로 통일하여 표기하였다.

다. 신라 법흥왕(法興王) 10년에 법흥왕이 남쪽 변경을 순행하자, 가락왕 김구형(金仇衡)이 와서 만났다. 이때부터 양국의 전란이 옥백(玉帛)의 우호[30]로 변모하니, 이것이 우호를 오래도록 돈독히 한 동맹이 아니겠는가. 신라 경순왕 4년에 경순왕이 경사에서 고려의 군주를 만났다. 그 후로 고려가 출병하여 견훤이 군주를 시해한 죄를 거듭 물었으니, 이것이 공수(攻守)의 동맹이 아니겠는가. 지나(支那) 노(魯)나라 은공(隱公) 원년에 노나라가 주(邾)나라와 동맹하였다. 『춘추경(春秋經)』에 "은공이 주나라 의보(儀父)와 멸(蔑)에서 회맹하였다."라고 기록되어 있는데, 『좌씨전(左氏傳)』에 "의보라 한 것은 귀하게 여긴 것이다." 하였다. 이는 주나라 같은 소국으로 능히 스스로 대국과 통교하여 우호를 지속시켜 백성을 쉬도록 할 수 있었던 까닭에 그의 자(字)를 기록하여 귀하게 여긴 것이다. 이후로 노나라와 주나라의 우호관계가 백년 내내 변하지 않았으니 이것이 장구한 평화가 아니겠는가.

무릇 춘추의 의(義)는 제후의 회맹이 지위를 잃고 예법에 어긋나면 기록하지 않고, 환란을 구제하고 재해를 분담하며 죄인을 성토하면 다 기록한다. 그 사례 하나를 들어 말하자면, 제(齊)나라 환공(桓公)이 제후들과 회맹하여 초나라를 정벌할 때 관중(管仲)이 초나라 사신에게 답하기를 "초나라가 포모(包茅)를 바치지 않은 탓에 축주(縮酒)할 수가 없어 천왕(天王)의 제사를 지내지 못하게 되었으니 과인이 이 죄를 묻노라." 하니, 초나라 굴완(屈完)이 답하기를 "조공을 바치지 않은 것은 저희 주군의 죄입니다. 어찌 감히 조공을 바치지 않겠습니까." 하고, 환공이

29 포상팔국(蒲上八國) : 가야시대 낙동강 하류 및 지금의 경상남도 남해안 일대에 있던 8개의 소국이다. 그 이름은 다 전하지 않으나 『삼국사기』 〈물계자전(勿稽子傳)〉에 보이는 골포국(骨浦國), 칠포국(漆浦國), 고사포국(古史浦國), 그리고 『삼국유사』 〈물계자전〉에 나오는 사물국(史勿國), 고자국(古自國), 보라국(保羅國) 등이다.

30 옥백(玉帛)의 우호 : 옥과 비단은 옛날 중국 제후들이 조근(朝覲)이나 빙문(聘問) 때에 가져오던 예물로, '방패와 창이 옥과 비단이 되다'는 표현은 적대관계가 우호관계가 되었음을 의미한다.

말하기를 "내가 군사를 이끌고 이곳까지 온 것이 어찌 나를 위해서겠는가. 우리 선군들께서 맺은 우호를 계승하기 위함이니, 나와 우호하는 것이 어떻겠는가?" 하니, 굴완(屈完)이 또 답하기를 "군주께서 우리나라에 왕림하시어 우리나라의 사직에 복을 구하시고 우리 주군을 거두어 주시는 것이 우리 주군의 바람입니다." 하고, 또 말하기를 "군주께서 덕으로 제후를 회유한다면 누가 감히 복종하지 않겠습니까." 하고는 마침내 결맹하였으니, 능히 웅걸한 초나라로 하여금 그 죄로 굴복시키고 예의로 굴복시켰다. 그러므로 제나라 환공의 소릉의 회맹이 천추토록 빛나는 것이다.

반면에 서구인의 경우 입술의 피가 채 마르기도 전에 식언하는 이가 있었다. 예컨대 서기 1525년-우리 대한 중종 19년 을유-에 프랑스왕 프랑수아 1세(Francis I)가 이탈리아를 침공하는 과정에서 독일 신성로마 황제 카를 5세(Karl V)의 포로로 잡혔고, 이듬해 1월 14일 왕도 마드리드 조약(Treaty of Madrid)을 맺었다. 그 요지는 세 가지다. '하나, 밀라노·제노바(Genova) 등 다섯 지역에 대해 프랑스왕이 감히 다시는 지배권을 다툴 수 없다. 둘, 부르고뉴 지방과 부속 소국에 대해 독일 군주-독일이란 게르만-에게 양도한다. 셋, 만약 조약을 준수하지 않고 혹시라도 부르고뉴 지방의 백성이 독일 군주의 명령을 받지 않는다면 프랑스왕은 다시 포로 신세를 감수한다.' 프랑스가 이렇게 조약을 체결하고 왕이 석방되어 귀국한 후에 끝내 앞서 맺은 조약의 내용을 모조리 다 폐기하고는 곤궁하고 다급한 처지에서 나온 것이지 진정으로 원하는 바가 아니라고 하였다. 이듬해 5월 마침내 로마교황 클레멘트 7세(clement Ⅶ, 1523~1534)를 만나 베니스·플로렌스 등 여러 나라의 수장들이 독일을 공격하기 위해 다시 코냑동맹(Lega di Cognac)을 맺었다.

1529년 8월 5일 캉브레 조약(Treaty of Cambrai)은 독일 군주의 누이 마르가레테(Margarita)가 프랑스왕의 모친 루이즈(Louise)와 의정한 까닭에 '부인들의 회맹'이라 명명되었는데, 이는 대개 빈 조약을 새로 추가 개정한 것이다. 그 요지는 여섯 가지다. '하나, 부르고뉴 등지는 프랑스에 귀속된다. 둘, 플랑드르 아르투아 등지는 독일에 양도한다. 셋, 다시는 이탈리아 소국의 지배권을 다투지 않는다. 넷, 프랑스가 이전에 이탈리아 소국들과 맺은 우호조약을 폐지한다. 다섯, 금 200만으로 수도 빈에 인질로 억류된 프랑스 왕자 2명의 몸값을 지불하고 귀국시킨다. 여섯 부르봉 공족(公族)의 구적(舊籍)과 그 관작과 산업을 반환한다.' 이 조약의 각 약관을 살펴보면 프랑스의 치욕이 너무 심하다. 여러 소국의 감시와 보호를 거듭해 프랑스왕에게 명시한 말은 믿을 수 없을 정도로 치욕이 더 심하다.

아, 프랑스여. 전쟁을 즐겨하고 침공을 좋아한 탓에 자신이 포로 신세가 되어서 신명에게 맹세하며 인질을 남기고 귀국하더니 곧 맹세를 어기고 전쟁을 지속하여 재앙을 초래하다가 끝내 뜻을 이루지 못하고, 도리어 부인들의 회맹을 통해 화해의 조약을 겨우 얻었도다. 이 어찌 나라를 소유한 지체로서 그 공법(公法)을 준수한 것이라 하겠는가.

그렇다면 우호국과 회맹하는 도리는 공법의 유무에 달린 것이 아니라 신의(信義)의 여하에 달려 있는 것이다. 그러니 어찌 제가의 분분한 이설을 철안(鐵案)처럼 여겨 고수할 수 있겠는가. (미완)

사설(史說) 漢 / 정교(鄭喬)

대저 군주라는 칭호가 생성된 유래는 아시아의 지나에서 비롯되었다. 즉 희황(羲皇)의 황(皇)·제요(帝堯)의 제(帝)·하(夏)의 후(后)·은(殷)과 주(周)의 왕(王) 등이 다 같은 경우이다. 오직 우리 동방의 경우 성인 단군(檀君)이 가장 먼저 나와 천명을 이어 표준을 세웠는데 역사가가 '군(君)'이란 칭호로 기록한 바 있으니 이것이 상고시대의 질박(質朴)한 풍속이었다. 지나의 고양(高陽)·고신(高辛)이 그 흥기한 지역으로 명명한 것과 일본(日本) 상고시대의 천조대신(天照大神)·인수이존(忍穗耳尊) 등의 칭호는 동일한 전철로 귀결된 것이다. 성인 기자(箕子)가 유경(柳京)인 평양을 도읍으로 삼고 지나 희씨(姬氏)의 주(周)와 더불어 '왕(王)'이란 칭호를 동등하게 칭하고 순서대로 군주가 된 것 또한 그러하였다. 그러니 마한·신라·고구려가 옛 칭호를 답습한 전례도 실로 자주독립(自主獨立)의 주권에 무방하다.

지나 진(秦)나라 영정(嬴政)이 처음으로 황(皇)과 제(帝)를 아울러 칭하니, 송(宋)나라 유학자 호씨(胡氏)가 그 잘못을 이미 논하였다. 그런데 이는 도모한 자마다 그 제도에 각자 차이가 있었기 때문이다. 신라(新羅)의 방언으로 차차웅(次次雄)·이사금(尼斯今)·마립간(麻立干) 등의 칭호가 있는데 이를 번역하면 바로 신군(神君)을 높여 높은 자리에 임한다는 의미이다. 그리고 또 서구 열국 프로이센과 오스트리아의 엠페러(Emperor)·러시아의 차르·터키의 술탄·페르시아의 샤(Shah)와 더불어 거의 다 번역하면 황(皇)과 제(帝)이니, 어찌 그 문자의 발음 차이로 인하여 또한 배척하여 폄하할 수 있겠는가. 영국의 킹(King)·이집트의 파라오(Pharaoh) 등은 모두 한문의 자의(字義)로 후왕(后王)의 칭호에 비견된다. 대저 '황(皇)'이라는 의미는 크다는 말이고, '제(帝)'라는 의미는 살핀다는 말이고, '왕(王)'의 의미는 천하에서 왕노릇한다는 말이다. 지나인은 덕업(德業)을 논하면 반드시 요(堯)·순(舜)을 칭송하지만 제요(帝堯)의 죽음을 "승하하여 죽었다[陟方乃死]" 하여 '붕(崩)'이라 하지 않았다. 당시 사관이 군주를 높이는 의의가 어찌 도리어 후대 사람만 못하였겠는가.

나는 예전에 서구의 영문을 살펴본 적이 있는데, 그 문자의 수가 거의 수십만 자나 되어서 전부 다 한문(漢文)이 지닌 여러 의미에 비견될 만하였는데도 불구하고, 붕(崩)·훙(薨)·졸(卒) 등의 표현이 없고 단지 '사(死)' 표현 하나만 가지고 군신(君臣)과 상하 간에 통용하고 있었다. 반복하여 생각해보니, 서구의 인문(人文) 역시 갖추어졌다고 하겠는데, 어찌 군주를 높이고 윗사람과 친한 의의가 아시아만 못하다고 할 수 있겠으며, 도리어 이를 가지고 그 문명 부강의 통치를 폄하할 수 있겠는가.

공자(孔子)의『춘추경(春秋經)』은 다른 나라 군주의 죽음을 '졸(卒)'이라 기록하고 노나라 군주의 죽음을 '훙(薨)'이라 기록하니 '훙(薨)'이란 표현이 여기서 처음 보인다. 이를 해석한 자는 '군주를 높이는 특필(特筆)'이라 하였는데, 이는 대개 노나라가 주나라의 번봉(藩封)이라 군주에게 의리를 다하고 왕실을 높이는 까닭에 '붕(崩)'이라 기록하지 않고 '훙(薨)'이라고만 기록한 것으로 열국과 구분하기 위함이라는 것이다. 주자양(朱紫陽)[31]의『강목(綱目)』에서 처음으로 특례(特例)를 세워서 제(帝)의 죽음을 붕(崩)이라 기록하고 후왕(侯王)의 죽음을 졸(卒)이라 기록하였다. 동한(東漢) 북향후(北鄕侯)만 특별히 훙(薨)이라 기록하였는데, 이는 아직 군주가 되지 못하였기 때문이었다. 그리하여 붕(崩)·훙(薨)의 구별이 마침내 지나 역사가의 준칙이 되었다. 그리고 김이상(金履祥)[32]의『전편(前編)』은 하(夏)·은(殷)·주(周) 모두 그 '왕'이란 호칭을 인습해 붕(崩)이라 기록했는데, 실로 별도의 표치를 세운 것은 아니었다. 동방의 역사가는 제(帝)를 붕(崩)이라 하는 설을 답습하며 왕(王)을 붕(崩)이라 하는 설을 따르지 않고 군주를 높이는 의리를 생각하지 않았다. 무엇 때문인가? 이는 식견이 넓지 못한 데서 나온 것이니, 왕

31 주자양(朱紫陽) : 주희, 즉 주자를 말한다. 주자(朱子)의 선조인 주송(朱松)은 안휘성(安徽省) 흡현(歙縣) 성남(城南)의 자양산(紫陽山)에서 글을 읽었다. 뒷날 주자는 그곳을 자양서실(紫陽書室)이라 부르고 자양(紫陽)을 자기의 별호(別號)로 삼았다.

32 김이상(金履祥) : 중국 송말원초(宋末元初)의 학자로, 자는 길보(吉父)이고, 호는 차농(次農)이다. 주돈이(周敦頤)와 정호(程顥)의 학문을 조종으로 삼아 의리(義理)를 궁구하였다.『자치통감전편(資治通鑑前編)』을 지었다.

자(王者)가 백성 위에 높이 자리한 바 그 죽음이 하늘에서 땅으로 떨어지는 것과 같기에 붕(崩)이라 칭한 의의를 알지 못하였기 때문이다.

나는 최근에 『대동역사(大東歷史)』를 찬술한 바 있는데, 조선(朝鮮)·마한(馬韓)의 왕의 경우 전부 붕(崩)이라 기록하고 삼국(三國)이 정립된 시기의 경우 조(殂)라 기록하여 분왕(分王)의 전례를 드러내었고, 신라 문무왕(文武王) 이후에 다시 붕(崩)이라 기록하여 대일통(大一統)의 의의를 드러내었는데 역사를 편찬하는 여러 동지들이 이 의례를 공유하였다. 삼국의 군주를 모조리 다 붕(崩)이라 기록한 경우도 있는데, 이는 각자 독립국이라는 의미를 부여한 것이다.

'폐하(陛下)'라는 말은 지나 진나라에서 비롯된 것이다. 주공(周公)이 성왕(成王)에게 고할 적에 '여(汝)라는 칭호가 있었다. 그렇다면 난폭한 진나라의 군주를 높이는 제도가 주나라의 태평성대보다 월등하다는 것인가. 하물며 초한(楚漢) 시대에 '족하(足下)'라는 칭호로 군주를 언급한 적이 있었으니, 군주를 공경하는 정성이 '전하'와 '폐하'의 사이에 있지 않는 것 또한 분명하다. 신라 선덕왕(善德王) 인평(仁平) 14년에 첨성대(瞻星臺)를 만들고 문무왕(文武王) 13년에 신력(新曆)을 처음 시행하였다. 생각건대 삼국시대에는 관측의 학문이 갖추어지지 않아서 지나의 역법을 취해 사용한 것임이 시의(時宜)에 적절하여 그렇게 되었을 것이다. 만일 이를 가지고 그 정삭(正朔)을 준수한 것으로 여긴다면 한(漢) 고조(高祖)가 진정(秦正)을 그대로 사용하고 태초(太初) 때 비로소 하정(夏正)을 사용한 것도 다 잘못인데, 구미 열국의 동일한 기원(紀元) 역시 어찌 비난할 수 있겠는가.

신라 법흥왕(法興王) 때 연호를 처음 세워 '건원(建元)'이라 하였고, 진흥왕(眞興王) 때 세 차례나 원년을 고쳤으니 개국(開國)·태창(太昌)·홍제(鴻濟)가 그것이고, 진평왕(眞平王) 때 원년을 건복(建福)이라 고쳤고, 선덕왕(善德王)·진덕왕(眞德王) 때도 모두 인평(仁平)·태화(太和)

라는 연호가 있었다. 전조인 고려 태조(太祖)가 창업(創業)할 때 천수(天授)라는 원년을 세웠고, 광종(光宗) 또한 원년을 광덕(光德)이라 고쳤다. 고구려(高句麗) · 백제(百濟)의 경우는 전하는 바가 없다. 다만 연호의 유무는 독립의 주권과 자주의 통치와는 전혀 관련이 없다. 지나 송(宋)나라 유학자가 한(漢) 무제(武帝)의 건원(建元)의 잘못을 이미 논하였다. 다만 이를 가지고 나라를 소유한 것으로 여기는 자라면 그 제도가 없어서는 안 된다. 그렇지만 일본 효덕천황(孝德天皇) 이전에 유럽의 로마 · 그리스 전성기나 영국 · 프랑스 · 독일 · 러시아 등 열강(列强) 모두 연호를 시행한 적이 없었는데, 어찌 이를 가지고 비난할 수 있겠는가.

아, 지금 세계에서 황제를 지극히 존귀한 지위와 칭호로 삼고 기원을 건정수통(建正垂統)의 전례로 삼지 않음이 없거늘, 오직 우리 한국의 대황제(大皇帝)만이 오대주 평등의 주권을 잡고 만세 독립의 기초를 정하여 황제의 존위에 오르고 광무(光武)라는 연호를 세우고 명시력(明時曆)을 시행하니, 아름답고 성대하다! 역사가라면 마땅히 대서특필하여 억만년 무궁한 업적을 삼가 축원해야 할 것이다.

경제학[33] / 유승겸(兪承兼)[34]

경제학이 무엇인지 설명하자면 재화 · 생산 · 분배 · 교역 · 소비 등 다섯 명사를 설명할 수 있어야 한다. 그러나 이를 상세히 기술하자면 수많은 세월을 허비해야 하는 까닭에, 그 대강령(大綱領)만 문답식 보기로

---

33 기사의 제목이 1호의 목차에는 '경제학문답'이라 표기되어 있으나, 이를 제외한 전호의 목차와 본문에는 '경제학'이라 되어 있으므로 통일하여 표기하였다.

34 유승겸(兪承兼) : 1876~1917. 유길준의 친족으로 게이오의숙을 졸업하고 일본 대장성(大藏省)에서 수습 경험을 하였다. 탁지부 서기관 등을 지내고 보성전문학교 등에서 출강했다. 일제강점기에 정읍 군수와 한성은행 부지배인 등을 역임하다 사망했다. 『최신경제교과서』와 『중등만국사』 등도 발간했다.

약술하고자 한다.

(문) 재화(財貨)란 무엇인가?

(답) 재화란 세속에 이른바 '부(富)'와 같으니, 한 마디로 말하자면 '가격이 존재하는 물건'을 말하는 것이다. 가격이 존재하자면 두 가지 요인이 있어야 하니, 첫째 수량이 한정된 것, 둘째 인생에서 필요한 것이 그것이다. 이 두 가지 중에 하나만 없으면 재화라고 할 수 없다. 예컨대 공기·햇빛 등이 인간에게 한 순간도 없을 수는 없으나, 천지간에 가득한 나머지 극소수 사람이 독점할 수 없는 까닭에 재화라고 할 수 없는 것이 그것이다.

(문) 생산이란 무엇인가?

(답) 생산이란 물건의 가치를 바꾸거나 그 형상을 바꾸거나 하여 인류의 수요에 제공하는 것이다. 대개 허구를 실존하게 하거나 없는 것을 있게 하거나 함은 사람의 힘으로 불가하니 단지 실제 물건의 위치나 형상만 바꾸는 것이다. 예컨대 농업과 공업이 물건의 형상을 바꾸는 것이고, 상업과 운수업이 물건의 위치를 바꾸는 것이 그것이다.

(문) 분배란 무엇인가?

(답) 분배란 물건의 생산 시에 단독의 힘으로 하지 않고 다수의 힘을 합치는 것이다. 예컨대 제조업이 자본가와 기술자의 연합이고, 농업이 지주와 소작인의 연합인 것이 그것이다. 지금 우리나라는 농·공·상업을 단독의 힘으로 운영하는 탓에 타인과 무관한 경우가 많으니 어째서인가. 전답의 경작을 통해 음식을 취하고 면직의 직조를 통해 의복을 취하며, 농업·공업 산물의 매각을 통해 여타 필수품을 매입하는 등을 단독의 힘으로 하니 어느 겨를에 그 기술의 숙련됨을 기대할 수 있는가. 그러한 까닭에 농부가 농

업하고, 공인이 공업하며, 상인이 상업하고, 사환이 사환함에 서로 분배하고 종사한다면 어느 정도 시일을 허비하지 않고 그 숙련됨을 볼 수 있다.

(문) 교역이란 무엇인가?

(답) 교역이란 우리의 여유 물품을 매각하여 우리의 부족 물품을 구매하는 것이다. 예컨대 갑・을・병・정 4인이 있고 이들의 주소가 각자 달라서, 갑의 재주와 갑의 지역이 갑품의 산출에 적합하고 을의 재주와 을의 지역이 을품의 산출에 적합하며 병의 재주와 병의 지역이 병품의 산출에 적합하고 정의 재주와 정의 지역이 정품의 산출에 적합하다고 가정한다면, 이 4인이 각자 장기로 적합한 지역의 물품을 산출하여 서로 교역하는 것은 각자 기술의 장단점과 지역의 적합성 여부에 구애되지 않고 단독의 힘만 쓰는 것과 얼마나 큰 차이가 있겠는가. 여기서 교역의 편리함을 알 수 있다.

(문) 소비란 무엇인가?

(답) 소비란 만물을 산출하는 목적이다. 그 의미는 재화를 사용하여 자신의 욕망을 충족시키는 것이다. 세상에서 소비와 소모를 동일하다고 말하는 자가 많으나 결코 다르다. 소비란 가옥・서화 등의 구매를 통해 욕망을 충족시키는 것이다. 소모란 양식・땔감 등 형질의 변화를 통해 욕망을 충족시키는 것이다.

농업의 대의(大意)[36]: 그 일반을 제시 / 조중응(趙重應)

옛 사람이 말하기를 "농업이 천하의 대본이라" 하니 참으로 그러하다. 동서고금을 막론하고 나라가 인민을 근본으로 삼고 음식을 천명으로 삼으니, 나라가 인민이 아니면 무엇에 의지해 설 수 있으며 인민이 음식이 아니면 무엇에 의지해 살 수 있겠는가. 무릇 음식이란 농업이 아니면 얻을 방도가 없으니, 농업이 실로 음식의 근본이다. 그러므로 말하기를 "크게는 국가가 그 부강한 사업을 도모하고자 하고 문명의 개화를 개명하고자 하더라도 농업을 경유하지 않을 수 없고, 작게는 인민이 그 생산의 생업을 왕성히 하고자 하고 민생고를 벗어나는 즐거움을 이루고자 하더라도 농업을 경유하지 않을 수 없다." 한 것이다. 만일 농업이 흥하지 않아서 식도(食道)가 곤란해지면 백성이 유리되어 사방으로 흩어지고 농토가 황폐해지고 천리가 적막해질 것이다. 그러면 토지가 비옥하더라도 불모의 사막과 차이가 없을 것이고, 인민이 많더라도 유리걸식의 일상이 곳곳마다 다 그러할 것이니, 국강(國强)과 문명은 고사하고 인민이 자신의 죽음을 구제하기도 부족할 것이다. 그러니 어느 겨를에 생(生)・락(樂)을 얻을 수 있는가.

혹자가 말하기를 "이는 상고 미개 시대의 우론(迂論)이다. 교통의 길이 크게 열려 세계의 만국이 그 유무를 서로 거래하는 오늘 같은 세상에서 국가의 부강과 인민의 산업을 증진시키고자 한다면, 그 역량을 상공업에 전용하여 재화만 대거 축적하면 된다. 그러면 세계의 재권(財權)이 자연히 수중에 들어와 천하의 상무(商務)를 조종할 수 있을 것이다. 그러면 곡식 같은 일용품은 굳이 구하지 않아도 사방으로 폭주하여 이루 다 먹을 수 없을 것이다. 하필이면 구구한 농업에 힘써서 수고만 많고 이익이 적음을 돌보는가." 하나, 이는 참으로 우물 안 개구리 같은 소견이다.

눈을 들어 앞서 이른 만국과 사방을 한번 볼지어다. 단지 또한 음식으로 생애를 삼는, 우리 민족 인류가 거주하는, 이 한 세계에서 벗어나

---

35 기사의 제목이 1호에는 목차와 본문의 제목에 '농업의 대의(大意)'라 되어 있지만, 2호의 목차에는 '농업의 대지(大旨)', 2호의 본문과 3호의 목차와 본문에는 '농업대지'라 각각 표기되어 있다. 표기는 상이하나 의미가 동일하므로, '농업의 대의'로 통일하여 표기하였다.

지 않는다. 만일 다 농업을 폐한다면 수많은 우리 인류가 장차 모조리 다 사라지게 됨은 굳이 지자(知者)가 아니라도 분명히 알 수 있다. 설령 한 걸음 더 양보하여 농업을 다 중단하고 열매와 짐승을 먹던 상고시대의 유풍으로 회귀하여 그 삶을 얻을 방도가 본래 있다고 하더라도, 화물이 태산처럼 축적되어도 무역의 필요성이 사라질 것이니 상공의 활용을 어찌 기다릴 수 있는가. 더구나 고대의 농업은 그 의미가 좁더니 지금의 농업은 그 의미가 넓어서, 세계에 현존하는 수많은 만물 중에 금・돌・광・물 등을 제외하고 수륙(水陸) 간에 가득한 동물・식물・날짐승・자맥류 중에 어느 하나도 농업의 범위에 속하지 않음이 없다. 그러므로 의・식・주 3대 요소부터 인간이 일용하는 온갖 물품이 다 농산물이 아니면 그 근원이 차단될 것이다. 이러한 까닭에 혹자의 설대로 일국의 금전・경제를 위하여 상공업을 첩경으로 삼아서 세계의 재화를 흡수하고자 하더라도 농업이 산출하는 원료물이 없다면 무슨 물건을 공업의 제조 재료로 제공하여 상업의 무역을 따를 수 있겠는가. 가령 다른 방도에 의하여 상공업을 처리하더라도 전국의 수많은 인민을 양육하기에는 도저히 어려울 것이다. (미완)

아모권면[36] 한 이응종(李膺鍾)

ㅇ 모든 아이의 어머니를 권면하다

대개 하나님께서 조성하신 만물 중에 가장 귀한 것이 사람이다. 사람을 자기 모습대로 내어서 복을 가득 주셔서 단 하루만 잠깐 피었다가

36 아모권면 : 아모권면은 비록 원문에 한자가 없지만 부제가 '모든 아이의 어머니를 권면하다'이고, 전체 내용 또한 '아이 어머니를 권면'하는 것이므로, '아모'는 '兒母'로 추정된다.

곧 말라버리는 꽃처럼 만들지 않고 불멸의 영혼을 주셨다. 이러한 까닭에 사람이 70년 내지 80년을 이 세상에서 살다가 다시 저 세상에 가서 영원히 사는 것이다. 단지 사람이 사는 이 세상은 영원한 세상에 들어가기 위해 배우는 학당이다.

아이가 태어날 때 부모의 마음이 열리기에 자신의 아이를 사랑하는 마음이 왕성해진다. 대개 아이는 하나님께서 내려주신 예물이다. 남녀를 불문하고 하나님이 다 자기 모습대로 살게 하는 영혼을 주셨다. 이러한 까닭에 하나님 앞에서는 남녀가 다 존귀한 것이다. 부모 된 자로서 어찌 즐겁고 감사하지 않겠는가. 하지만 이 세상을 살펴보면 여자보다 남자를 더 아끼고 여자가 태어나면 섭섭하게 생각하고 근심한 나머지 마치 무거운 짐을 진 것처럼 여기는 나라가 종종 있다. 대체로 살펴보건대 남녀를 동등하게 대하는 나라가 가장 강대하고 여자를 하대하는 나라가 약소해지기에 이러한 나라는 강대해질 수 없는 것이다. 부모가 아이를 사랑할 때 단지 사랑만이 아니라 또 자기가 도맡은 직분이 있음을 숙고하게 된다. 특별히 부모로서 도맡을 직분은 두 가지다. 첫째 아이 몸 간수, 둘째 양심 교육 등이 그것이다.

이 이하는 아이를 양육하는 대강만 거론한 것이다. 이를 살펴보면 각자 소임을 깨달을 수 있을 것이다.

아이의 어머니는 아이가 탄생한 때부터 사랑과 보호에 착수할 뿐 아니라 그 탄생 전에 미리 탄생 후를 대비해야 하니, 태모의 행동대로 아기가 그 영향을 받기 때문이다. 이러한 까닭에 매사 신중히 행동해야 하는 것이다. 가령 글을 안다면 좋은 책을 공부해야 하고, 글을 모른다면 아는 사람을 만나서 좋은 뜻을 많이 배워야 하고, 아름다운 생각을 해야 하고, 순량한 소리로 말해야 하고, 분노하지 말아야 하고, 책망하지 말아야 하며, 다투지 말아야 한다. 그러면서 아이를 진심으로 대하기를 대비해야 한다. 대체로 대접과 태중 교육을 잘 받은 아이는 차후

에 얌전한 사람이 되기 쉽다. (미완)

위생설[37] / 김경식(金璟植)[38]

무릇 위생이라 함은 질병을 예방하고 생명을 보호하여 질병이 많은 자를 무병하게 하고 수명이 짧은 자를 장수하게 하는 일대 방법을 이른다. 그런데 위생학은 의학의 일부에 불과하나 의학의 원인이 다 위생학에서 나오니 이 학문이 발달되면 의학이 없어도 된다. 환언하자면 이 학문이 발달되면 의학의 발달도 자연히 귀의할 것이다. 그러한 까닭에 촌설(寸舌)의 수고를 아끼지 않고 감히 약술하나, 학술과 실시(實施)가 달라서 난이도 차이가 있다. 학술의 경우 잡지로 다 서술하기 곤란하기에 여기서는 그 실시 방법만 진술하고자 한다. 이 문답의 예시를 여러분의 일람에 제공한다.

제1장 위생문답

(문) 거주할 가옥은 어떻게 해야 좋은가?

(답) 가옥은 고지대・남향이 좋다. 고지대는 부패한 공기가 올라가지 못하고 남향은 햇빛을 충분히 받아서 건습도가 적절하다. 또 가옥 인근에 수림을 재배할 필요가 있다. 이는 인류가 공기 중의 산소를 흡수하고 탄소를 배출하며 식물이 공기 중에 탄소를 흡수하고 산소를 배출하기에 공기의 교환이 편리하기 때문이다.

---

37 기사의 제목이 1, 2호의 목차에는 '위생문답'이라 표기되어 있다. 하지만 기타 호의 목차와 본문의 제목이 '위생설'이라 되어 있고, 서술방식 또한 문답식이 아니므로 '위생설'이라 통일하여 표기하였다.

38 김경식(金璟植) : 1902년 관립일어학교를 졸업하고 학교 교관을 지내다가 1906년부터 탁지부 주사로 근무하였다.

(문) 거처의 위생 상태는 상관이 없는가?

(답) 물론 청결한 편이 좋다고 하겠다. 불결하면 외관상 보기 싫을 뿐 아니라 실제로 위생과 관련이 있다. 대개 어떤 물건이든 간에 부패할 때 육안으로 볼 수 없는 미생물이라는 벌레가 발생한다. 거처에 부패물이 있으면 자연히 그 벌레가 호흡과 음식 중에 섞여 들어가 질병의 원인을 양성한다. 수시로 거처를 청소하여 청결을 유지할 필요가 있다.

지리문답[39] / 원영의(元泳義)

(문) 지리란 무엇을 말하는가?

(답) 지구의 이치를 추론하는 과학이다. 우리가 거주하는 세계가 곧 지구별이다.

(문) 성(星)이란 무엇을 말하는가?

(답) 태허(太虛)에 삼라(森羅)된 현상(現象)을 말한 것이다. 그 형체가 둥글고 그 거리가 멀기도 하고 가깝기도 한데 1초당 18만 6천 마일에 달하는 빛이 5~6년 지난 후에 우리 지구에 비치는 것도 있다. 그 열기가 몹시 커서 액체·기체가 있는데 위치가 혹 바뀌기도 하고, 또 무광체(無光體)가 태양빛을 흡수하여 밝기를 드러내기도 한다. 그 위치가 바뀌는 별을 여덟 유성(遊星)이라 하니 지구가 그 하나이다. 늘 일정한 곳에 있어 위치가 바뀌지 않는 별을 항성(恒星)이라 하니 태양도 그 하나이다. 태양 1개, 유성 8개, 위성

---

39 본 기사는 제목이 '지리문답'이지만 (문)(답)의 표기가 없다. 이는 '경제학문답' '동물문답' '식물문답' '광물문답'이 (문)(답)의 형식으로 되어 있는 것과 다르다. 본고에서는 편의상 1호~6호에 임의로 (문)(답)을 표기하였다. 아래 '심리문답'도 동일하다.

20개, 소행성 240여 개, 유성과 혜성 등을 합쳐서 명명하기를 '태양계(太陽系)'라고 한다. 위성(衛星)은 유성을 둘러 도니 달이 그 하나이다. 소유성(小遊星)은 목성·화성 사이에 있으니 직경이 300마일이다.

(문) 과학은 어떠한가?

(답) 지리를 강구하는 학문은 세 과목으로 구별되니, 수리지리학·자연지리학·정치지리학이 그것이다.

(문) 수리지리는 어떠한가?

(답) 지구의 형체·운동, 풍우한서(風雨寒暑)의 동이(同異), 경위도수(經緯度數) 정도 등을 아는 것이다.

(문) 자연지리는 어떠한가?

(답) 각 나라 산천과 해륙의 위치·형세와 토지·지질의 건습도, 척박함과 비옥함 등을 아는 것이다.

(문) 정치지리는 어떠한가?

(답) 각 나라 경계·연혁, 인민·종족, 풍속·물산 등을 아는 것이다.

심리문답 / 원영의(元泳義)

(문) 심리란 무엇을 말하는가?

(답) 인간의 정신현상을 연구하는 과학이다. 심(心)은 정신이고, 리(理)는 이론이다. 철학적 문제로 형이상이 정신이고, 물질 내로 형이하가 과학이다.

(문) 정신현상은 어떠한가?

(답) 물질적 현상과 대립으로 말한 것이며, 나의 직관과 내성으로 인해 지각한 바의 변화와 진정(進程)이다. 외부 세계의 만물 상태로 인

해 나의 지각을 맹아하여 나의 신경 내 정신 상태를 드러낸 것이다.

(문) 물질적 현상은 어떠한가?

(답) 천지만물이 내 신체 내의 신경을 감촉시켜 그 외부 세계의 만물 상태를 드러낸 것이다.

(문) 직관은 어떠한가?

(답) 직접 관찰이다. 비유하자면 마치 동풍(動風)을 보면 나무가 휨을 알고, 발전(發電)을 보면 차가 달림을 아는 것이다. 만일 나무가 휨을 본 후에 동풍을 알고, 차가 달림을 본 후에 발전을 안다면 이는 간접 관찰이다.

(문) 변화는 어떠한가?

(답) 비유하자면 마치 전기가 처음 발생할 때 그 진동을 이루다가 변해 불꽃을 발하고, 풍기(風氣)가 처음 발생할 때 그 청량을 이루다가 변하여 초목을 끊는 것과 같다. 지각의 변화가 무궁히 거듭 발생함이 이와 같다.

(문) 진정(進程)은 어떠한가?

(답) 비유하자면 마치 전기가 선 하나를 따라 백리·천리에 전달되고 풍기가 나무 하나를 따라 천 그루·만 그루에 보급되는 것과 같다. 사람의 정신도 그러하다. 구름이 일어남을 보면 비가 내릴 줄 알고, 비가 내림을 보면 날이 맑아질 줄 알고, 날이 맑아짐을 보면 태양이 나올 줄 알 것이다. 이는 지각이 점차 진전되어 극점에 도달하는 장래에 만일 정신과 변화와 진정이 없으면 곧 사물(死物)이 되는 것이다.

물리학[40] / 박정동(朴晶東)[41]

고(古)를 선호하는 자는 신(新)이 있는지 모르고 단지 "그 때가 되면 천지가 단절될 것이다"고 하고 신(新)을 선호하는 자는 고(古)를 익힐 줄 모르고 단지 "그 때가 되면 천지가 개벽할 것이다"고 하여, 고금(古今)이 서로 떨어짐에 원위(源委)가 도중에 끊어져 심지어 고(古)도 없고 신(新)도 없는 지경에 이르게 한다. 슬프다! 천지의 도가 어찌 일찍이 단절된 적이 있었던가. 이는 사려가 부족한 탓이다. 대개 소나무와 잣나무가 무성한 까닭은 옛 잎이 떨어지려 하면 곧 새 잎이 열리기 때문이고, 해와 달이 불변하는 까닭은 이전 광채가 다하려 하면 곧 이후 광채가 이어지기 때문이다. 금세의 이학(理學)은 고대 격치(格致)의 사실이다. 격치는 이 마음이 존재하는지 여부에 있다. 즉 마음이 보존되면 천지가 잘 자리잡고 만물이 잘 자라지만, 마음이 보존되지 않으면 천지가 가로막혀 엄동(嚴冬)이 되고 인문(人文)이 어두워져 장야(長夜)가 되니, 어찌 두렵지 않은가! 저 이치는 본래 존재한 것이지, 억지로 부여된 것이 아니다. 그러므로 한 사물에 한 자연이 있고 만 사물에 만 자연이 있어야 결국 일리로 귀결되는 것이다.

○ 물리학

우리가 목격한 삼라만상을 물체라 한다. 물체의 동정(動靜)과 변화를 연구하는 규칙을 학설이라 한다.

---

40 기사의 제목이 본문에는 '물리학론'이라 표기되어 있으나, 이를 제외한 전호의 목차와 본문에는 '물리학'이라 되어 있으므로 통일하여 표기하였다.

41 박정동(朴晶東) : ?~1919. 1897년 한성사범학교를 졸업하고 소학교와 사범학교 등의 교원이었다. 『기호흥학회월보』와 『교남교육회잡지』에 다양한 기사를 작성하고 『초등수신』, 『국제공법지』 등 다양한 서적을 역술했다. 말년에 시천교에서 활동하며 송병준과 연루되었다.

ㅇ 물체

지구상에 존재하는 만물은 그 상태와 성질의 변화가 무궁하다. 그런데 군(群)으로 나누고 류(類)로 모으면 크게 3체의 구별만 존재한다. 즉 고체·액체·기체가 이것이다. 대개 물체는 이 3종에서 벗어나지 않는다.

ㅇ 3체의 순환

고체란 금·돌·땅·나무 등 일체 견고한 것이고, 액체란 물·술·기름·수은 등 일체 유동하는 것이며, 기체란 공기·연기·수증기 등 일체 비산(飛散)하는 것이다. 이 3체는 온도의 관계로 서로 순환된다. 즉 고체가 액체로 변하거나 액체가 기체로 변할 때도 있고, 기체가 액체로 변하거나 액체가 고체로 변할 때도 있다. 지구상의 만물은 단지 이 3체의 상태로 발현된다.

동물문답[42] / 류제달(柳濟達)[43]

(문) 동물이라 하는 것은 어떤 것인가?

(답) 지구에 망라된 천연물 중에 감각력(感覺力)이 있고 독립된 운동을 영위하는 사물을 동물이라 칭한다.

(문) 동물학이라 하는 것은 어떤 학문인가?

(답) 천연물 중에 감각력이 있고 독립된 운동을 영위하는 사물의 구조·

---

42 기사의 제목이 본문에는 '동물학문답'이라 표기되어 있으나, 이를 제외한 전호의 목차와 본문에는 '동물문답'이라 되어 있으므로 통일하여 표기하였다.

43 류제달(柳濟達) : 1887~?. 1906년 관립일어학교를 졸업하고 학교 교관과 법부 법률 기초위원 등을 지냈다.

성질·생활의 상태와 인생(人生)과의 관계를 논하는 학문이다.

(문) 동물계에 어떤 대별(大別)이 있는가?

(답) 척추동물, 무척추동물 두 가지로 구별된다.

(문) 척추동물이라 하는 것은 무엇인가?

(답) 동물 중에 골격이 체내에 있어서 전신의 기초를 조성함에 신체의 중추에 척주(脊柱)가 있는 동물이다.

(문) 무척추동물이라 하는 것은 무엇인가?

(답) 동물 중에 골격이 없거나 골격이 체외에 있거나 하여 척주가 없는 동물이다.

(문) 동물계는 몇 부문으로 세분되는가?

(답) 척추동물·절족동물(節足動物)·연형동물(軟形動物)·연형동물(蠕形動物)·극피동물(棘皮動物)·강장동물(腔腸動物)·원시동물 일곱 부문으로 나뉜다.

(문) 이상 일곱 부문 중에 무엇이 척추동물이고, 무엇이 무척추동물인가?

(답) 일곱 부문 중 첫째 척추동물이 하나이고, 그 나머지 여섯 부문을 합쳐 무척추동물이라 한다.

식물문답[45] / 최재익(崔在翊)[46]

(문) 식물학이란 무엇을 말하는가?

(답) 식물의 외형과 내부의 구조 및 생활모양에서 비롯하여 그 형체에 따라 이를 분류하고, 그 고대부터 금세까지 지구상에 번식한 상태를 연구하여 농업·산림·약재 등에 응용하는 학문을 식물학이라 칭한다. 이 학문은 곧 박물학의 한 분과이다.

(문) 식물계의 의의를 선명히 제시하면 어떠한가?

(답) 대개 지구에 존재하는 식물의 종류는 자못 많아서 학자의 연구를 이미 거친 식물이 17만 종 이상이다. 그 형태도 지극히 많아서 크게는 우리 눈에 닿는 초목부터 작게는 현미경의 힘에 의지해 간신히 볼 수 있는 것까지 그 종별을 판별하기 어렵다. 그 성질도 역시 자못 번다하고 상이하여 혹 육식하기도 하고 유영하기도 하고 감각이 예민하기도 하고 곤충에게 화분・꿀을 제공하여 화분을 매개하기도 하고 과실・종자를 산포함에 특별한 방법을 활용하는 것도 있다. 따라서 사람이 이러한 사례를 유심히 관찰하면 꽃 하나 잎 하나도 생존에 필요한 이유가 있어서 갖추어졌음을 알 수 있다. 또 우리의 옷・음식・주거의 대부분이 식물성인 점과 인명을 빼앗는 여러 종의 질병도 식물이 근원인 점 등을 고려하면 점점 더 연구할 필요성이 생길 것이다. 이처럼 식물 전체에 관한 사항을 식물계라 총칭한다.

광물문답[47] / 최재익(崔在翊)

ㅇ 이과총론

(문) 이과(理科)란 어떤 학문인가?

---

44 기사의 제목이 본문에는 '식물학문답'이라 표기되어 있다. 이는 1호와 6호의 본문의 경우만 그러하고, 이를 제외한 전호의 목차와 본문에는 '식물문답'이라 되어 있으므로 통일하여 표기하였다.

45 최재익(崔在翊) : 1886~?. 1903년 관립일어학교를 졸업하고 관립영어학교에서도 수학하였다. 외국어학교 교관 등을 역임하고 일제강점기에는 경성고등보통학교의 교유였다.

46 기사의 제목이 본문에는 '광물학문답'이라 표기되어 있다. 이는 4호의 목차와 본문의 경우만 그러하고, 이를 제외한 전호의 목차와 본문에는 '광물문답'이라 되어 있으므

(답) 천연물의 성질과 천연현상의 변화를 관찰하여 이를 인간의 일에 응용하는 학문이다. 거듭 상세히 설명하자면 식물비료의 성질을 알아야 배양의 방법을 연구할 수 있고, 금속의 단단한 정도에 근거해야 기구를 제조함에 편리한 여부를 생각할 수 있고, 흐르는 물을 응용해야 수거를 운전할 수 있고, 전기를 이용해야 전신과 전등을 설치할 수 있는 것 따위를 말한다. 그러므로 이과학(理科學)의 진보에 따라 인류의 행복 증진이 매우 크다.

(문) 박물학(博物學)이란 무엇인가?

(답) 전반적으로 생활력의 유무에 구애되지 않고 천연의 물체를 개괄해서 그 동이(同異)를 구별하는 학과이다.

(문) 자연 현상이란 무엇인가?

(답) 해·달의 운행과 사철의 변화로 인해 지상에 흐르는 물이 있고 들판에 초목이 무성한 것처럼 천연적으로 자연히 드러나는 형상을 말한다.

(문) 자연의 삼계(三界)란 무엇을 말하는가?

(답) 동물·식물·광물을 자연의 삼계라 칭한다.

(문) 자연물을 몇 종류로 구별하는가?

(답) 유생물·무생물 두 종류로 구별한다. 동식물처럼 생활하고 사생영고(死生榮枯)의 변화가 있는 것을 유생물이라 칭한다. 광물처럼 사생소장(死生消長)의 변화가 없는 것을 무생물이라 칭한다.

(문) 유생물을 몇 종류로 구별하는가?

(답) 제1류는 여러 동물처럼 희노애락의 정감과 통증의 감각이 있어서 스스로 움직이는 것이다. 제2류는 여러 식물처럼 감각이 없어서 스스로 움직일 수 없는 것이다.

로 통일하여 표기하였다.

(문) 물체의 세 가지 상태를 질문한다.

(답) 금석・토목 등 그 일단을 지지하여 그 전체를 움직일 수 있는 것을 고체라 칭한다. 물・술・기름 등 유동하기 쉬운 것을 액체라 칭한다. 공기・수증기・연기 등 희박해서 날아가는 것을 기체라 칭한다.

○ 광물학

(문) 광물이란 어떠한가?

(답) 광물이란 천연의 무생물이다. 화학적 성분, 즉 미세한 분자까지 동일한 성질이 있는 것이다. 황금・은・흑연 따위를 칭한다.

(문) 암석이란 어떠한가?

(답) 암석이란 것은 지각을 구성하는 무생물 혹은 동식물의 잔재가 이학적 성분, 즉 두 가지 광물 이상의 혼합으로 조성된 것이다.

(문) 광물학이란 어떤 학과인가?

(답) 지각을 구성하는 광물・암석의 형상・성질・변천 등을 논의하는 학과이다. 즉 박물학의 한 과목이다.

(문) 광물은 고체만 속하는가?

(답) 광물은 고체에 한정된 것이 아니라 물・수은・석유 등 액체이면서 광물에 속하는 것도 있다.

(문) 형체로 광물을 구별하면 그 명칭이 어떠한가?

(답) 결정체・비결정체 두 종류로 구별된다. 결정체란 광물의 외형이 6면 혹은 8면 등 일정한 법칙에 따라 일정한 형상을 갖춘 것을 칭한다. 비결정체란 그 외형이 일정한 형상을 갖추지 못한 것을 칭한다.

수학 / 류석태(柳錫泰)

제1과 산술문답

제1편 정의

제1장 서언

(1) 수(數) : 수는 수효가 존재하여 계산하고자 하는 대상을 말한다. 즉 1에 1을 더하여 2, 2에 1을 더하여 3, 또한 1에서 반(半)을 빼어 반, 반에서 반을 빼어 반의 반이 됨과 같은 증감 변화의 법칙을 포함하고 계산할 수 있는 대상이 갖추어진 것으로, 1・2・3, 그리고 반 등을 수라 칭한다.

수의 주요한 뜻을 말하면 위의 사항과 같다. 다만 수는 사물을 대상으로 하고 사물은 수를 반드시 지니므로, 그 성립에 관해서는 사물을 연구하고 이치를 따진 후에 1이나 2, 혹은 3과 같은 수가 표명된다. 이를 분명히 말하자면, 사람 2명 혹은 책 3권 등처럼 그 사람 혹은 책이 있은 후에야 2명 또는 3권의 수가 이루어져 계산할 법칙과 대상이 갖추어지는 것이다.

(2) 명수(名數) 및 불명수(不名數) : 위와 같이 사람 2명 혹은 책 3권이 있어 2 혹은 3의 수가 사람이나 책이란 사물에 해당될 때는 2명 혹은 3권이라 하니 이를 명수(名數)라 칭한다. 그렇지 않고 사물과 분리되어 단순히 2 혹은 3이 될 때는 불명수(不名數)라 칭한다.

그런데 단순히 2 혹은 3 등으로 된 불명수는 대상에 따라 어떤 사물과 어느 장소를 막론하고 임의로 적용되는 것이다. 즉 직물 혹은 금액에 대하여 2척 혹은 3척이나 2원 혹은 3원이라 칭해도 무방한 경우가 있다. 그러므로 수에는 공용성이 있다고 일컫는 것이다.

(3) 단위 : 계산은 기본이 있어야 착오로 한숨이 나올 일이 없다. 수는 모두 1에서 시작되므로 1개를 기본으로 취하여 수의 단위로 정한다. 이에 백미 혹은 연필이 있어 그 수가 얼마인지를 셀 때는 1말〔斗〕, 혹은

1개를 단위로 칭한다.

그런데 백미 1말을 단위라 함은 이론상에 맞지 않는 경우가 있으나, 이는 유래·관습뿐 아니라 실질적으로 아주 잘 들어맞는다. 되〔升〕 혹은 섬〔石〕에 대해 논하자면 그 대소(大小)에 따라 초과되거나 부족한 영향은 사용상 불편한 경우가 으레 많을 것이다.-길이의 척(尺), 저울의 냥(兩)이 이에 해당-

(4) 정수(整數) 및 소수(小數) : 단위의 1개 혹은 몇 배에 적합한 수를 정수라 칭한다. 그렇지 않고 1개 혹은 몇 배 미만이고, 우수리가 있는 수를 분수 혹은 소수라 칭한다. 즉 1촌(寸), 1승(升), 반 등이 이것이다.

(5) 산술(算術) : 수에 관한 여러 성질과 계산에 관한 여러 방법을 연구하는 학문을 산술이라 칭한다.

제2장 명수법(命數法)

(6) 명수법 : 1을 1이라 하고 1보다 1이 많은 걸 2라 하고 2보다 1이 많은 걸 3이라 하며 또 1의 반을 반이라 함과 같이 문자로 그 수에 각각 이름을 정한 것을 명수법이라 칭한다.

(7) 기수(基數) 및 자릿수〔位次〕 : 1, 2, 3, 4, 5, 6, 7, 8, 9, 이 9개의 글자를 기수라 칭한다. 단(單), 십(十), 백(百), 천(千), 만(萬), 억(億), 조(兆), 경(京), 해(垓), 자(秭), 양(穰), 구(溝), 간(澗), 정(正), 재(載), 극(極), 항하사(恒阿沙), 아승기(阿僧祇), 나유타(那由他), 불가사의(不可思議), 무량수(無量數) 등 이 순서로 자릿수를 정하고 기수와 자릿수를 서로 교차시켜 적절히 부르면 수많은 명칭을 만들 수 있다.

각 자리의 수는 1에서 9까지로 제한하고 10에 이르는 동시에 1자리씩 바뀌어 나간다. 기본 자리부터 매 4자리씩 띄어서 1대원위(原位)라 칭하고, 억 이상의 명칭을 이에 적용한다. (미완)

각 1대원위 사이에는 그 이하 원위(原位)에 해당하는 명칭으로 십,

백, 천 등을 적절히 더하여 이를 부른다.

지문학(地文學)[47] / 박정동(朴晶東)

무릇 천지의 문(文)은 인문(人文)의 개명에 따라 개명된다. 미개한 상고시대에 혹자가 말하기를 '하늘이 둥글고 땅이 모나다', '하늘이 움직이고 땅이 가만히 있다', '땅이 바다 속에 있어 공기와 함께 부침(浮沈)한다', '천지는 계란과 같다' 하면서 일정한 논점이 없어서 학자의 의혹이 극심하였다. 그러다가 근대의 인문이 점차 개명되어 이를 실제로 관측하고 실지로 답사하여 위로는 일월성신(日月星辰)의 변화와 아래로 해륙산하(海陸山河)의 원위(源委)[48]를 일체 통괄하여 '지문(地文)'이라는 일종의 학설을 제기하니 세계 학자들이 일제히 이 설을 따르게 되었다.

대저 대지란 구형으로 집합된 일대 덩어리다. 그 표면에서 발하는 인력(引力)이 지극히 강대하여 마치 자석의 철침이나 호박(琥珀)의 섬개(纖芥)[49]처럼 지상의 만물을 끌어당겨 그 주위에 있는 각 사물이 지구 중심을 향해 바로 설 수 있다. 이것이 이른바 '동반구에 선 자와 서반구에 선 자가 그 방향이 각기 다르나 하늘을 이고 땅을 딛는 것은 동일하다'는 것이다. 현재 동・서양 열국이 항로로 교통하여 왕래함이 북〔梭〕과 같고 전선을 연결해 연락함이 그물과 같다. 우리가 이르는 '일대 덩어리'는

---

47 기사의 제목이 1호의 목차에는 '지문', 본문에는 '지문론'이라 표기되어 있으나, 이를 제외한 전호의 목차와 본문의 제목이 '지문학'이라 되어 있으므로 통일하여 표기하였다.

48 원위(源委) : 처음과 끝 또는 근원과 위세(委細)라는 뜻으로, 본말(本末)과 동일어이다.

49 자석의……섬개(纖芥) : 『논형(論衡)』「난룡(亂龍)」에 "호박(琥珀)은 지푸라기를 달라붙게 하고, 자석은 바늘을 끌어당기는 법이다〔頓牟掇芥, 磁石引針〕."라는 말이 나온다.

오늘날 호주머니 속과 같아서 해양 하나 육지 하나도 측량도에서 벗어난 것이 없다.

이제 지구가 원형임을 설명하자면 그 설이 자못 많다. 다만 실험 하나를 들자면 우리나라 동래(東萊)에서 출항하여 태평양으로 항해하는 여행객이 동쪽 한 방향으로 가면 일본해를 거치고 미국을 지나며 대서양을 건너고 인도양을 거치며 황해로 들어가 인천항에 정박한다는 사실은 우리가 수시로 목격하는 바이니, 이것이 지구가 원형이라는 증거이다.

교제신례(交際新禮)[50] / 서병길(徐丙吉)

ㅇ 현재 문명 각국의 통례(通禮)

무릇 예(禮)라는 것은 교제에서 필수적인 규범이다. 즉 친애와 공경과 겸양의 성심에서 일어나 질서를 바르게 하고 품위를 보존하게 하는 것이다.

구미(歐美)에서 실시하는 악수의 예는 실내·외를 불문하고 행하여 서로 경애하는 의사를 표함에 있다. 온화한 자세로 오른손을 서로 잡되, 연장자가 먼저 내밀지 않으면 감히 청할 수 없고, 손을 놓을 때도 연장자가 먼저 놓기를 가만히 기다려야 한다. 또 조급하거나 우악스럽게 해서는 안 되나, 지나치게 가벼운 악수도 실례가 된다. 질병으로 인해 오른손을 사용할 수 없는 경우에는 왼손을 내미는 것도 괜찮다.

예법을 행하는 것은 인물과 장소와 시기에 따라 여러 가지 구별이 있다. 친구와 상봉할 때는 악수하고 안부를 서로 묻는다. 교분이 그다지 깊지 않을 때는 악수를 하지 않고 묵례만 해도 괜찮다.

---

50 본문의 제목은 '교제상예경(交際上禮敬)'이라 표기되어 있으나, 이를 제외한 전호의 목차와 본문의 제목이 '교제신례'라 되어 있으므로 통일하여 표기하였다.

악수의 예를 행할 때는 말을 주고받든 아니든 상관없이 상대의 눈을 주시해야 한다. 다만 장갑은 벗지 않아도 무방하다.

실내에 들어갈 때는 반드시 모자를 벗고 통상 경례나 악수의 예를 행한다. 길에서는 오른손으로 모자를 벗고 눈을 주시하며 예의를 표하되, 만약 악수의 예를 행할 때는 왼손으로 모자를 벗는다.

나이 많은 부인은 의자에 앉아서 방문객의 경례를 받는 경우가 있으니, 이러한 경우에는 2·3보 앞에 서서 통상 경례를 행한다. 그런데 만일 부인이 손을 내밀면 다시 앞으로 나아가서 악수의 예를 행한다.

실내에 들어갔을 때 주인 부부가 모두 있을 때는 부인을 안다면 반드시 인사를 먼저 행한 뒤에 그 남편에게 향하고 그 다음으로 지인에게 인사한다. 그리고 그밖에 생면부지의 남녀가 동석해 있으면 그저 그들 각각의 눈을 주시하며 경례를 행하면 충분하다.

길에서 연장자를 만나서 대화에 응할 때는 반드시 모자를 벗는다. 다만 연장자가 모자를 착용할 것을 3회까지 권하면 잠시 착용하고 그 곁에 서 있다가 다시 모자를 벗어도 된다. 연장자와 동행할 때는 우측을 양보하여 다소 그와 뒤처져서 걷되 연장자에게 보조를 맞춘다. 길가나 야외, 그 밖의 연회에서 지인을 만났을 때는 소리를 높여서 그의 이름을 불러서는 안 된다. 세상에 간혹 타인의 주목을 받거나 타인에게 이름이 알려지는 것을 좋아하지 않는 이도 있기 때문이다. 그러니 조용히 다가가 소리를 낮추어 인사하는 편이 좋다.

유람할 때나 잔치에 모였을 때 서로 지인(知人) 앞을 자주 지나는 경우에는 처음에만 예를 행해도 된다.

어떤 사람에게 경례를 받든지 반드시 답례를 해야 하니, 가령 원수를 대할 때도 경례해야 한다. 그러지 않으면 도리어 자신의 야비한 인간성을 스스로 드러내는 격이 된다.

동양담셜[51] ㉻ / 한익교(韓翼敎)

○ 아침 잠꾸러기

호박꽃 피는 것을 보려 한들 아침 잠꾸러기라 볼 수 없는 고로, 하루는 밤을 새고 앉아서 아침을 기다리는데 밤중에 호박꽃이 활짝 피는지라 이제 피는 것을 보았다고 좋아하였더니 호박꽃이 즉시 다시 오므라들었다. 잠꾸러기가 이상히 여겨 말하기를 "어찌하여 그리 쉽게 시드느냐." 하니 호박꽃 말이 "네가 일어나 앉았기에 벌써 한 나절이 지는 줄 알고 피었더니 내가 잘못 피었다." 하였다.

○ 인색한 사람

인색하기로 소문난 한 사람이 있는데

인색한 이 : 상노야.

상노 : 예예예.

인색한 이 : 지금 모기장 칠 못을 박을 터이니, 못 박는 장도리를 이웃집에 가서 잠깐 빌려달라고 하여라.

상노 : 얻어왔습니다.

인색한 이 : 빌려주더냐.

상노 : 그 댁에서 "무슨 못을 박으신다더냐." 물으시기에 "모기장을 치신다 하셨으니 쇠 못이겠지요." 그리 말씀드린즉 그 댁 말씀이 "쇠가 서로 마주치면 조금이라도 닳을 염려가 있으니 빌려주지 못하겠다." 하옵디다.

인색한 이 : 으— 그런 몹시 인색한 놈이 어디 또 있단 말이냐. 하는 수 없다. 우리 것 꺼내 쓰자.

---

51 동양담셜: 동양담설(東洋談說)을 뜻하나, 내용이 순한글이므로 원본 그대로 표기하였다. 이하 동일하다. 1호 목차에 '동양답셜'이라 되어 있는 것은 오기이다.

ㅇ 시골 사람의 절 구경

일본 아사쿠사라는 곳에 절이 있는데 그 절 속에 두 부처가 있소. 그 두 부처의 이름은 시대신과 좌대신이라 하오.

시골 사람이 그 절 관세음보살한테 불공 드리러 와서

갑 : 이 부처님은 이름이 무엇인고.

을 : 이것은 시대신, 좌대신일세.

갑 : 으— 어느 편이 시대신이고 어느 편이 좌대신인가.

을 : 그래, 허— 분명히 가르쳐 달라고 하면 나도 말하기 어려우나 잘 기억하여두게.

갑 : 어느 편이 시대신인가.

을 : 시대신이 아닌 편은 좌대신이고 좌대신이 아닌 편은 시대신일세.

ㅇ 부자(父子) 귀머거리

가게 앞에 귀 먹은 자식이 있었는데 안에서 귀 먹은 아비가

아비 : 애… 아들아.

자식 : 예—

아비 : 지금 밖에 지나간 사람이 옆집 이서방이 아니냐.

자식 : 예— 그 사람이 아니올시다. 옆집 이서방이 지금 지나갔습니다.

아비 : 으… 그러냐. 나는 옆집 이서방이 지나간 줄 알았구나.

사조(詞藻) 漢 / 서상호(徐相浩)

객지 생활 중의 술회[客中述懷][53]

나 이제 늙었거늘 언제 물러나려나	吾將耄矣幾時退
재주야 있건 없건 상관하지 않으리.	才與不才關不關

비방과 칭찬을 남에게 맡기니 마음도 안정되고 毁譽任人心亦定
안위를 운명에 부치니 눈물도 이젠 마르네. 安危付命淚方乾
척계(隻溪)의 협곡 속에 천지는 넓고 隻溪峽裏乾坤大
만죽(萬竹)의 숲속에 일월은 한가롭다. 萬竹林中日月閒
어부와 목동이 서로 너나들이 하며 漁夫牧童相爾汝
복건(幅巾)에 여장(藜杖)[53] 짚고 서성거리네. 幅巾藜杖且盤桓

논평하여 말하다. "내가 머리에 이고 있는 것이 바로 나의 하늘이고, 내가 밟고 있는 것이 바로 나의 땅인데, 매우 작은 것을 근심하고 매우 작은 것을 구하는가? 어부와 목동의 삶이 넉넉하고 여유롭구나!"

아직 술을 끊지 못하다[未斷酒]

그대에게 묻노니 왜 아직 술을 끊지 못하는가? 問君何以未斷酒
초나라 가을 하늘 서릿달이 괴로워라. 楚國秋天霜月苦
노주(蘆洲)[54]에 물이 빠지고 기러기 그림자 외로운데
蘆洲水落雁影孤
천리의 진성(秦城)은 상포(桑浦)[55]와 가로막혔네. 千里秦城隔湘浦
가인(佳人)을 그려도 보질 못하니 佳人相憶不相見
비바람 이는 천 숲에 홀로 문을 닫았노라. 風雨千林獨閉戶

논평하여 말하다. "정치적 시련을 당해 유배 와서 숲속 집에서 임을

---

52 객지 생활 중의 술회〔客中述懷〕: 정철(鄭澈, 1536~1593)의 시이다. 아래의 〈아직 술을 끊지 못하다〔未斷酒〕〉, 〈이미 술을 끊다〔已斷酒〕〉도 동일하다.

53 여장(藜仗) : 명아주대로 만든 지팡이.

54 노주(蘆洲) : 갈대가 많이 자란 물가.

55 상포(湘浦) : 초나라 굴원(屈原)이 조정에서 쫓겨나 거닐다가 뛰어들어 자결했다는 소상강(瀟湘江)을 말한다. 따라서 여기서는 자신을 굴원에 비댄 것이다.

그리워해도 보지 못하네. 차라리 괴로이 술을 마셔 시름을 덜어버릴 지언정, 어찌 창자가 마르도록 꼿꼿이 앉아 있으리오. 겨우 술집에서 벗어나 다시 시인의 집으로 들어가네."

이미 술을 끊다[已斷酒]

그대에게 묻노니 어찌하여 벌써 술을 끊었는가?	問君何以已斷酒
술 속에 묘리가 있다지만 나는 모르겠네.	酒中有妙吾不知
병진년에서 신사년에 이르도록	自丙辰年至辛巳
아침마다 저녁마다 술잔[56] 들었지만	朝朝暮暮金屈巵
지금껏 마음 속 수성(愁城)을 깨지 못했으니	至今未下心中城
술 속에 묘리가 있다지만 나는 모르겠네.	酒中有妙吾不知

논평하여 말하다. "술 속에 묘리가 있다는 것을 사람들은 알기 어려운데, 이 시를 읽으면 술 속의 묘리를 알 수 있다."

어부[漁者]

어부가 물고기 없음을 한탄하니	漁者歎無魚
아마도 그대가 이치를 깨닫지 못해서이겠지.	恐君不解妙
물고기의 성질은 그대보다 교활하니	魚性巧於君
미끼만 삼키고 낚시에는 걸리지 않네.	呑餌不呑釣

논평하여 말하다. "졸렬하지 않다고 어찌 교묘한 것이겠나. 교묘함은 본디 졸렬함과 대(對)가 되어 생겨난 것이지만, 미끼를 삼키고 낚시 바늘

56 술잔: 원문인 '금굴치(金屈巵)'는 구부러진 손잡이가 달린 금제의 술잔이다.

을 삼키지 않는 것은 고기가 교묘한 것이 아니라 어부가 졸렬해서라네."

농부의 탄식[農者歎]

열 말 남짓 세금을 내라 하고	賦納餘十斗
관가에서 더디 낼까 괴로워하네.	官家苦嫌遲
가련타 한밤중의 탄식	可憐中夜歎
군왕은 어찌 알리오?	君王那得知

논평하여 말하다. "열 말의 곡식도 오히려 찧을 수 있는데, 한밤중 경루(瓊樓)[57]의 근심을 얻은 자가 얼마나 되랴."

소설 (1)

잠상태(岑上苔) 제1회 / 이해조(李海朝)

한식절에 가인이 망모(亡母)를 제사하니	寒食節佳人祭亡毋
천연동에 공자가 귀객(貴客)을 전별하다	天緣洞公子餞貴客

철(鐵)은 정(情)이 없는 것이고 자(磁)는 지(知)가 없는 것이다. 철과 자가 어찌 깊이 서로를 안 적이 있으며 자와 철이 어찌 깊이 정을 함께 한 적이 있는가마는, 한번 붙으면 떨어지지 못하는 것은 그 기미(氣味)가 서로 다르지 않기 때문이다. 하물며 천제(天帝)와 지존(地尊)과 악령(嶽靈)과 독신(瀆神)이 한 무리의 온화한 기운으로 수려(秀麗)하고 청숙

57 경루(瓊樓) : '옥으로 꾸민 누대'라는 뜻으로, 달 속에 있다는 옥으로 지은 궁전이다.

(淸淑)한 바탕을 아끼지 않아서 많지 않은 가인(佳人)과 재자(才子)를 부여함에랴. 영각(靈覺)의 성품이 있고 풍류(風流)의 성품이 있고 정치(情痴)의 성품이 있는 것인가. 포동(蒲東)의 염사(艶詞)와 광한(廣寒)의 기연(奇緣)[58]에서 서로 만나고 이별하고 생각하고 꿈꾸던 바가 단지 자와 철에 그치는 것이 아니다. 여기에 또한 좋은 춘사(春辭) 한 건이 있으니, 만천하의 다정한 이에게 바치고자 한다.

한성(漢城)의 동산은 낙봉(駱峰)이라 한다. 낙봉은 그다지 높지도 낮지도 않은 곳인데 옛 소나무와 맑은 모래가 그 한 편을 에워싸고 계절마다 꽃이 끊이지 않는다. 봉우리 아래에 김생(金生)이란 자가 살고 있었다. 서규(瑞圭)는 그의 명(名)이고 문상(文祥)은 그의 자(字)이고 안동인(安東人)의 성씨인데 대대로 으뜸가는 명문가다. 용모(容貌)가 준수하고 풍도(風度)가 절륜하여 나이 겨우 19세에 경(經)·사(史)·자(子)·집(集)에 통달하고 사조(詞藻)에 특히 뛰어났다. 중련시(中蓮試)에 장원급제하여 그 방명(芳名)이 경화(京華)를 진동하니 당대 극소수의 공경원로들이 다 그에게 딸을 시집보내기를 원하였다. 또 그에게 작호(綽號) 하나가 있었는데, 혹자가 그를 보면 반드시 영랑(英郞)이라 하고 혹자가 이를 들으면 반드시 영랑이라 하니 영랑이 성(姓)도 아니고 자(字)도 아니나 김진사(金進士)의 이칭인 줄 알겠다.

하루는 영랑이 춘정(春情)을 누르지 못한 나머지 어린 계집종에게 소소한 술을 요구하고 작은 나귀를 몸소 채찍질하여 한 걸음 한 걸음 흥인문(興仁門) 밖을 나서는데 당시 한식절(寒食節)이었다. 입에서 나오는 대로 동자(童子)를 부르며 말하였다. "동자야. 저 산은 무슨 산이냐. 저

58 포동(蒲東)의……기연(奇緣) : 중국 당나라 때 전기(傳奇) 소설 『앵앵전』은 장생(張生)과 앵앵(鶯鶯)의 비극적 사랑이야기이다. 그런데 장생이 최앵앵을 처음 만난 장소가 포동(蒲東)의 보구사(普救寺)이다. 그리고 광한루(廣寒樓)는 조선의 소설 『춘향전』에서 이도령과 춘향이가 처음 만난 곳이다.

물은 어디로 가느냐. 날씨가 너무 청량하다. 남포(藍袍)가 열기를 받아서 미세한 온기가 느껴진다. 수많은 남녀가 지전(紙錢)으로 귀신을 전별하니 산 아래가 수놓은 나한전(羅漢殿)이니, 노래 소리와 통곡 소리가 어지러이 일어난다."

소나무 아래 앉을 곳을 찾아서 몇 잔이나 통쾌하게 술을 마시고 멋대로 가고 멈추니 이 심신(心身)이 다 양춘(陽春)의 분자이다. 남은 해가 서편으로 기우는 광선을 내뿜으니 산허리가 활발한 돛대 마냥 어지러이 흔들림에 단지 성에 들어간 자만 보이고 성을 나가는 자가 보이지 않는다.

얼굴에 맹렬히 치는 향풍(香風)이 한바탕 불어오니 10년 간 형창(螢牕)에서 독서하던 이를 놀래킨다. 홍진(紅塵)이 일지 않음에 신발이 오이 끝 같고 동풍(東風)이 흔듦에 허리가 가녀린 버들가지 같다. 모습이 우뚝한 바 가을 물의 부용(芙蓉) 같고 손이 가녀린 바 봄 산의 신궐(新蕨) 같다. 시종의 복가(福家)를 불문하고 손바닥 위의 진주와 가슴 속의 미옥 같은 나이 대략 이팔청춘의 아씨 같다. 이에 생각하였다. '너는 이 세상에 나서 얼마나 많은 장부들을 보았나. 나처럼 가증스런 연소자는 본 적이 거의 없을 것이다. 낯선 객을 만나자 길을 피해 지나니 눈빛이 오가는 사이에 저녁이 깊어지는지라. 한 걸음 멀어짐에 애 태우고 다섯 걸음 멀어짐에 늙게 한다. 너는 염라졸(閻羅卒)이 영혼을 잡아 육신을 버리는 것 같고, 너는 전선침(電線針)이 전체를 당겨 껍데기를 남기는 것 같다. 너는 무슨 소체(酥體)이기에 부착력이 너무 강력하여 장부의 정신을 다 붙게 하는가.' 하고는 배회함에 길에 서서 동자와 약속하였다. "동자야, 너는 산을 보고 무엇을 알고 물을 보고 무엇을 하였나. 정신을 수습하고 기구를 정리하라. 호박(琥珀) 술잔은 남기지 마라. 호련(瑚璉) 채찍이 여기에 있다. 푸른 나귀도 내 모르는 바다. 내 그녀에게 가서 특별히 기이한 경치를 찾아보겠다."

그녀가 5척 멀어지면 내가 3척 나아가고 그녀가 3척 나아가면 내가 2척 물러난다. 산수가 한바탕 도는 곳에 별천지가 있으니 인간계가 아니다. 수양버들이 촌락을 이룸에 방초가 길을 막아서 바위를 돌아가니 반쯤 굽은 대나무 문에 이르렀다. 쪽빛 적삼과 붉은 치마가 보이니 꾀꼬리가 수양버들을 떠나 적막한데 물고기가 푸른 물에 깊이 들어가는 격이었다. 곧 문 앞에 가서 두드리니 개 짖는 소리가 나고 신발 끄는 소리가 나더니 잠시 후에 주인 할멈이 구부정하게 나왔다.

나는 말하였다. "나는 본래 동성인(東城人)으로 경치를 감상하며 이곳에 왔다가 날이 저문 줄도 몰랐소."

나는 물었다. "이곳은 동성과 거리가 대략 몇 리요?"

할멈이 답하였다. "대략 5리 정도입니다."

나는 물었다. "이곳은 지명이 무엇이오?"

할멈이 답하였다. "천연동(天然洞)입니다."

나에게 장의(張儀)나 소진(蘇秦) 같은 언변이 있어도 더 이상 말할 수 없을 것 같았다. 이에 홀로 쓸쓸히 마을 어귀로 나설 때 시 한수를 읊었다. "산수가 굽이진 곳에 특별히 촌락이 있으니 날리는 아지랑이 우는 새 너무나 어지럽다. 천연동 속에서 천연히 끊기니, 늘어진 복숭아 가지가 객혼을 뒤흔든다." (미완)

내보(內報)

○ 김두원(金斗源) 씨 : 함경남도 원산에 거주하는 소금 상인 김두원 씨가 지난해 소금 1,088통을 일본 기무라 겐타로(木村源太郎)에게 사기를 당하여 빼앗긴 사건은 세상 사람들이 이미 다 아는 바이거니와, 외부(外部)와 일관(日館)에 거듭 원통함을 호소하여도 끝내 귀결이 나지 않

아 다시 통감부에 다섯 차례 호소하였다.

○ 부유(腐儒)[59]에 불과한 관장(館長)〔腐儒舘長〕: 양산(梁山)에 거주하는 강□호(姜□鎬) 씨가 경전의 일부 내용을 자기의 의견대로 첨삭·개정하여 성균관에 보냈는데 '공자 이후에 초유의 변고(變故)'라고 관장(館長)이 학부(學部)에 보고하였다 한다. 우리는 강씨가 첨삭한 취지를 미처 파악하지 못했으나 이로써 우리나라 학계의 독립(獨立)을 거의 바랄 수 있을 것이다.

○ 거액 소비 : 『경성일보』에 따르면 우리 조정에서 일본 흥업은행(興業銀行)으로부터 차입한 1천만 원 중 1백만 원 가량을 이미 소비하였다고 한다.

○ 여권 발급 : 우리나라 관민이 외국에 여행하고자 하면 지금부터 통감부에서 증서를 발급해야 한다는 해당 부령(府令)을 9월 12일 관보에 번역·게재하였다.

○ 광무 9년에 재일본 오사카 조폐국에서 주조한 본국 화폐 집합 시험표

• 무게 공시(供試)

종류	개수	무게	1000개의 무게	1000개의 화폐법 무게
반환(半圜) 은(銀)	702	2,522문(匁). 80	3,572문.73	3,594문.20
20전 은	1,000	1,437.82	1,437.82	1,437.70
5전 백동(白銅)	1,000	1,244.00	1,244.00	1,244.10
동(同)	1,000	1,243.44	1,243.44	1,244.10
1전 청동(靑銅)	301	572.16	1,900.86	1,900.80
반전(半錢) 청동	401	381.38	951.07	950.40

59 부유(腐儒) : 원문은 '腐憒'로 되어 있으나 '腐儒'의 오기로 보아 고쳐 번역하였다.

• 순도[品位] 공시

종류	순도(천분율)	화폐법의 순도(천분율)
반환(半圜) 은(銀)-용해 중 도가니에서 채취한 시험 조각-	800.0	800.0
20전 은-동(同)-	799.0	800.0

○ 일화(日貨) 한국 도착 : 우리 한국 화폐 조례를 발포함으로 인해 일본 오사카 조폐국에서 신화(新貨)를 제조 중인데, 일화 20환 금화 5만 환과 10환 금화 5만 환이 제일은행에 도착하였다고 한다.

○ 내부(內部) 훈시 : 내부에 대신, 협판, 지방국장 및 참여관이 열석(列席)하고 지방관에게 다음과 같이 훈시하였다.

1. 신(新) 관제 제정의 대요(大要)
1. 내부대신의 훈령 3개 조항의 대요
1. 참서관(叅書官) 이하 직원의 검토에 관한 대요
1. 서기 이하 고용인의 정원을 초과하지 못할 것과 세무・경무・법무는 직원을 따로 둘 것
1. 부윤・군수 등 소속 관리 감독에 관한 것
1. 외국과 외국인에 관한 사무는 이사와 상의하고 그 사유를 보고할 것
1. 은결(隱結)・은호(隱戶)는 발견될 때마다 본부로 보고할 것
1. 도(道)・부(府)・군(郡) 관 소유 전답을 조사하여 보고할 것
1. 서채(書債) 등 이속(吏屬)의 예납(例納)은 도(道)・부(府)・군(郡)의 관청에서 거두어들이고 그 액수를 보고할 것
1. 이상 3개 항목의 수입은 금고에 임치(任置)하고 해당 금액의 지출은 본부(本部) 대신의 허가를 받을 것

1. 면장 이하의 집무 상황은 우선 현 상황을 그대로 따르되 그 실상을 본 대신에게 보고할 것
1. 지방교육 사무를 보고할 것
1. 농공상(農工商)의 번성과 민폐(民弊)를 두절하는 방법은 지방 정황을 참작하여 의견을 제출할 것
1. 정부 제반 법령과 본부 훈령과 주무 각부의 훈령 실행에 노력할 것

외보(外報)

○ 전차 요금 반대 : 9월 6일 발 도쿄 전보에 따르면, 시가 전차 요금 인상 반대회가 혼고자(本鄕座)에서 열려 선언서가 가결되었고, 지난밤 시내 각처에서 다수의 폭도가 운행 중에 있는 전차 백여 대를 파괴하였는데, 경계가 엄중하였으나 가해자가 다수여서 제지하지 못했다고 한다.

○ 삼국동맹 : 9월 8일 발 런던 전보에 따르면, 독일·오스트리아·이탈리아 삼국동맹 개정 협의를 열었다 한다.

○ 단발 중지 : 베이징 전보에 따르면, 청나라 출양대신(出洋大臣) 짜이쩌(載澤) 공, 샹치헝〔尙其亨〕 씨가 정치를 개혁하려면 우선 단발·양복부터 필요하다는 내용을 상주(上奏)했으나, 서태후가 진노하여 중지되었다고 한다.

○ 현직 관리의 유학 : 현재 청나라 유학생으로 일본에서 경찰 사무를 전문 수학하는 자만 7백여 명인데, 그중에는 도대(道臺)[60] 등 현직(現職)

60 도대(道臺) : 벼슬 이름으로 도원(道員)의 별칭이다. 명나라 때 포정사(布政使)의 보좌관으로 관할구역 내의 지역과 금전, 양곡 등을 담당하였다. 청나라 건륭(乾隆) 18년(1753)에는 한 지역〔省〕 내의 부(府)와 현(縣)의 정무(政務)를 주관하게 하고, 전 지역의 제학(提學)과 둔전(屯田) 등의 전문 사무를 주관하게 하면서 '병비(兵備)'

을 지니고 학식・경력을 겸비한 이름난 인사가 많다고 한다.

○ 함경・평안의 선구 : 도쿄에서 온 벗이 전한 소식을 들으니, 일본에 유학 중인 우리나라 여학생이 30여 인인데, 함경・평안 두 도의 사람이 과반이라 한다.

○ 위안(袁) 씨의 입헌 창도 : 베이징 전보에 따르면, 위안스카이(袁世凱) 씨가 입헌에 관한 서적을 다수 편집・인쇄하여 각 성(省)에 반포하였다고 한다.

○ 청나라의 대각성 : 청나라가 최근에 내외 대세를 감찰하고 정치개혁에 유의한다는 사실은 세상 사람들이 이미 다 아는 일이거니와, 출양대신이 조정에 복귀한 후에 우선 관제를 개정하고 문명국 제도를 본받아 입헌 내각을 조직한다고 한다.

○ 혁명 운동 : 9월 11일 발 베를린 전보에 따르면, 폴란드 혁명당의 운동은 점차 과격해져 관병(官兵)과 수차례 충돌이 있었는데 양측의 사상자가 상당히 많았다고 한다.

○ 한국 척식(拓殖) : 9월 13일 발 도쿄 전보에 따르면, 나카노 부에이(中野武營), 아사노 소이치로(淺野總一郎) 등의 발기로 자본금 5백만 원으로 한국척식회사라는 것을 설립할 계획인데 수일 내에 주주(株主)를 모집한다고 한다.

○ 홍콩 폭풍 : 상하이 전보에 따르면, 홍콩에서 이달 18일에 폭풍과 큰비로 함선 중 침몰한 것이 11척이고, 해안가에 얹힌 것이 25척이고, 파손된 것이 4척이며, 익사자는 천여 명 정도 된다고 하고, 기타 손해는 현재 조사 중이라 한다.

○ 헌정 반대 : 청나라 왕원사오(王文韶), 루좐린(鹿傳霖) 2인은 입헌에 반대한 이유로 정계에서 제명하였다고 한다.

라는 직함을 덧붙이고, 그 장관을 모두 '도원(道員)'이라고 불렀는데 그것을 속칭 '도대', 높여 부를 때는 '관찰(觀察)'이라고 했다.

○ 지린(吉林) 개방 : 9월 19일 베이징발 전보에 따르면, 청나라 정부에서는 지린을 개방하고자 하여 현재 준비 중이라고 한다.

○ 최대 회사 : 영국 런던 노스웨스턴(Northwestern) 철도회사는 그 자본금액이 12억 2천 1백만 원인데, 그 세입이 1억 4천 750만 원에 달하여 세계주식회사 중에 최대라 한다.

○ 미국·쿠바 관계 : 쿠바 공화국에 역도가 일어나 대통령 파나마 씨를 공격한 사건은 열국(列國)이 주시하는 일이거니와, 그 가운데 특히 미국이 직접 관계가 있기에 육·해군을 출동시켜 역도와 수 차례 교전을 벌였고, 그 후 육군경(陸軍卿) 태프트(William H. Taft) 씨를 파견하여 대통령 및 역도 수령과 평화 조건을 상의 중인데, 미국은 만일의 준비로 군함 수 척과 육군 병사 수천 명을 급히 파견하였다고 한다.

현상(懸賞) 한자놀이

여기 한자놀이 문제를 제출하여 널리 해답을 구하오니, 자기 사상을 세상에 발표하고자 하시는 뜻있는 여러분들은 해답을 본사로 투고하십시오.

(1) 한자놀이 1개를 바르게 푼 분들에게 본 잡지 1권을 보내드릴 터이니, 해답 밑에 몇 호를 원하는지 기입하십시오. 만약 몇 호를 원하는지 기입하지 않으면 다음달 분 잡지를 보내드리겠습니다.

(2) 답만 적고 해석이 없으면 오답과 동일시하겠습니다.

(3) 해답을 봉투에 넣어 밀봉하고 거주지·성명을 상세히 적고 겉봉 성명 아래에 '한자놀이 풀이'라 명백히 적어 보내주십시오.

(4) 여럿이 연명(連名)하여 동봉하거나 엽서나 쪽지에 해답을 적으면 무효입니다.

(5) 해답의 접수 기한은 이달 20일까지니 기한을 넘기지 마십시오.

○ **문제**

제1 : 보아도 이름을 몰라 남더러 묻는 새 (한 글자로)

제2 : 말 타고 달리다가 다쳤도다 (한 글자로)

축사

하늘이 조화로운 기운을 배태(胚胎)하여 하나의 한반도를 생성하였으니, 그 정신과 기세가 하나의 소년이다. 소년이 소년의 사업을 성취함은 어디서 연유하는가? 그 정신과 기세를 배양하는 소년한반도 잡지가 이것이다. 한반도의 소년이 소년한반도 잡지를 읽고, 소년한반도의 정신과 기세를 독려하여 소년한반도의 고유한 직무를 수행하면, 오늘의 소년한반도는 장래의 장년한반도가 되어서 하늘의 희망을 널리 드날릴 것이다. 그러므로 오늘의 소년한반도 잡지를 축하하며, 장래의 장년한반도 잡지를 또 축하하고자 기약하는 것이다.

찬축(贊祝)

무릇 사물이 세상에 나옴에 고유한 생명이 있으니, 이 생명을 완전히 보존하기 바람은 사물의 상정(常情)이다. 그러므로 각기 그에 적당한 천연적 형체를 구비한 것도 있고 기예를 소유한 것도 있는 것이니, 게의 집게발 내지 소의 뿔 같은 천연적 형체나 여우의 지혜 내지 원숭이의 기교 같은 천연적 기예가 생명을 보전할 만한 방어물이 될 수 있다.

그렇다면 만물의 영장이라 칭하는 우리는 능히 이러한 방어물을 천연적으로 구비하고 있는가? 아니다. 우리의 형체는 지극히 연약한 탓에 여름이면 베옷을 입고 겨울이면 갖옷을 입으며, 목마르면 마시고 배고프면 먹는 행위를 중단할 수 없다. 또 우리의 기예에 천성적으로 영리한 재능이 간혹 있으나, 지금 만국이 교통함에 우승열패하고 약육강식하는 생존경쟁의 시대를 맞이해서 유치한 천연적 능력으로 도저히 생명을 보전할 수 없다. 뿐만 아니라 국민이면서 국민답지 못하고 국가면서 국가답지 못해서 반드시 우월한 자 내지 강성한 자의 손에 의해 다 죽을 것이다.

그렇다면 무엇을 기다리고 무엇에 의지해야 이 망측한 재앙을 면할 수 있는가. 부득불 적당한 방어물을 준비해야 할 것이다. 물론 우리의 형체는 천연적 구조이니 뜻이 있어도 이룰 수 없음은 두말할 필요가 없으나, 필요한 기예에 의지하여 이러한 재앙을 모면하고 무궁한 행복을 누려야 할 것이다.

그렇다면 기예는 무엇을 통해 얻을 수 있는가. 이는 고금의 세대와 동서의 지역을 막론하고 지식을 통하지 않으면 얻을 수 없다. 생각건대 우리 형제는 다 이러한 방어물을 완전무결하게 준비할 수 있는가. 아니다. 지식이 애매-평균-하고 학술이 멸렬-평균-하여, 해외의 수모가 거듭 이르고 국내의 재앙이 거듭 생겨서, 오상(五常)이 거의 망하고 사업(四業)이 부진하여 인민의 생활이 곤란하고 국가의 운명이 위급하여 장차 어느 지경이 될지 모르겠으니, 어찌 두렵지 않은가!

이러한 시기에 이르러 선각자가 교구(矯捄)의 방책을 강구하여 동포의 행복과 국가의 진흥을 도모함이 곧 국민 된 의무이다. 이에 우리는 이 잡지를 발간하여 오로지 지식의 발달에 종사하여 국가의 문명을 증진하고 동포의 행복을 누리게 하도록 노력할 것이다.

사장 양재건(梁在謇) 총무 조진태(趙鎭泰)

찬술원 양재건(梁在謇) 원영의(元泳義) 정교(鄭喬)
조중응(趙重應) 박정동(朴晶東) 이인직(李人稙)
이응종(李膺鍾) 이해조(李海朝) 서상호(徐相浩)
김경식(金瓊植) 류석태(柳錫泰) 서병길(徐丙吉)
이범익(李範益) 한익교(韓翼教) 류제달(柳濟達)
최재익(崔在翊)

광무(光武) 10년 11월 1일 창간 매월 1회(1일)

- 정기발행(대금 새 화폐 15전)
- 임시사무소 돈화문(敦化門) 앞 사립 보광학교(普光學校) 내
- 저작자 소년한반도사
- 발행대표자 양재건(梁在謇)
- 발매소
  - 황성(皇城) 중서(中署) 포병(布屛) 밑 남쪽 가 37통 6호 김상만(金相萬) 서포(書鋪)
  - 황성 중서 파조교(罷朝橋) 남쪽 가 박문서림(博文書林) 주한영(朱翰榮)
  - 대광교(大廣橋) 동쪽 가 9리 상전(床廛) 건너편 서포(書鋪) 고유상(高裕相)
  - 전동(磚洞) 프랑스어학교 앞 호외지(號外地) 대한매일신보사(大韓每日申報社)
  - 돈화문(敦化門) 앞 사립 보광학교 내 본사 임시사무소
- 인쇄소 남서(南署) 회동(會洞) 박우물골 보문관(普文舘)

정오(正誤)

목차

〈정오 1〉

면	행	
2	상 9	'답'은 '담'의 오자
2	상 15	'使'자 아래에 '에' 탈자
3	상 2	'을國'은 '國을'의 오자
3	하 11	'菉'은 '綠'의 오자
5	하 5	'之艸' 아래에 '兮' 탈자
6	상 15	'治'자 아래에 '病' 탈자
7	하 7	'五'자 아래에 '十' 탈자
7	하 11	'般'자 아래에 '姓' 탈자
8	상 5	'一'은 'ㅣ'의 오자
14	상 14	'王'은 '日'의 오자
15	하 9	'圖'는 '國'의 오자
16	상 15	'之陽'은 '陽之'의 오자
16	하 10	'率'자 아래에 '皆' 탈자
17	하 16	이라 아래에 '物件이' 탈자
18	상 5	'지'는 '치'의 오자
18	하 2	'含'은 '合'의 오자
21	상 5	'底'자 아래에 '히' 탈자
22	하 12	'言하' 아래에 '며'는 '면'의 오자

〈정오 2〉

24	하 8	'形' 아래에 '이'는 '而'의 오자
25	하 13	'而'는 '이'의 오자
26	상 3	'自'자 아래에 '然' 탈자
27	상 8	'이'는 '과'의 오자
28	상 3	'活'자 아래에 '에' 탈자
28	상 5	'其'는 '且'의 오자
32	하 4	'라이'는'이라'의 오자
33	하 6	'ㄹ塊'는 '塊ㄹ'의 오자
31	상 8	'議'는 '義'의 오자
33	상 1	'事'자 아래에 'ㅣ' 탈자
33	하 14	'恒阿'에 '阿'는 '河'의 오자
35	상 5	'이'는 '가'의 오자
35	하 10	'敬'은 '答'의 오자
36	하 7	'어더'는 '갓다'의 오자
38	상	'客中述懷全者'는 삭제
38	상 10	'繼'는 '斷'의 오자
40	상 14	'時'는 '是'의 오자
41	상 12	'前'자 아래에 '에' 탈자
41	하 4	'고'는 '도'의 오자
42	상 5	'一四三七'은 '一、四三七'의 오자
45	하 1	'吉林開放'은 一字引上

광무 10년 | 메이지(明治) 39년 12월 25일 | 제3종 우편물 인가

광무 10년 10월 23일 내부(內部) 인가(認可)

광무 10년 12월 1일 간행

(매달 1회(1일) 정기 발행)

소년한반도

제2호

광고

광무 10년 10월 23일 내부(內部) 인가(認可)
매달 1회(1일) 정기 발행 -대금 새 화폐 15전-
사장 양재건(梁在謇) 총무 조진태(趙鎭泰)

『소년한반도』라는 잡지는 대한제국의 독립기초와 자유정신과 평등주의로써 국민적 뇌수를 자양하는 신경의 원소이고 교육계의 학리(學理)를 발명하는 해상의 등대이니, 애국사상이 있는 국민동포는 계속 구독하여 주시기 바람.

- 임시사무소 돈화문(敦化門) 앞 사립 보광학교(普光學校) 내
- 저작자 소년한반도사
- 발행대표자 양재건(梁在謇)
- 발매소
  - 북서(北署) 안국방(安國坊) 대안동(大安洞) 동화서관(東華書館) 김흥연(金興淵)
  - 황성(皇城) 중서(中署) 포병(布屛) 밑 남쪽 가 37통 6호 김상만(金相萬) 서포(書舖)
  - 황성 중서 파조교(罷朝橋) 남쪽 가 박문서림(博文書林) 주한영(朱翰榮)
  - 대광교(大廣橋) 동쪽 가 9리 상전(床廛) 건너편 서포(書舖) 고유상(高裕相)
  - 전동(磚洞) 프랑스어학교 앞 호외지(號外地) 대한매일신보사(大韓每日申報社)
  - 돈화문(敦化門) 앞 사립 보광학교 내 본사 임시사무소
- 인쇄소 남서(南署) 회동(會洞) 박우물골 보문관(普文舘)

목차

소년한반도 제2호

광고

○『만세보(萬歲報)』는 우리 대한제국 각 신문 중에 박력이 특히 대단하고 이상(理想)이 깊고 넓으며 또한 민생고를 찾아내는 능력과 만국의 파란만장한 변천을 관찰하는 안광(眼光)이 새로운 국면을 따로 열었다 할 것이고

▲본보(本報)는 침침한 암흑시대에 맑은 밤의 종소리를 들음과 같을 것이고

▲본보는 애국 사상이 지면에 맺혀 있으며 우리 제국의 만세로 국민의 목적을 세우고자 하는 것이니 독자는 한층 더 확인하시길.

- 만세보 드림

광고

○『대한매일신보(大韓每日申報)』는 국내 여러 신문 중 가장 넉넉한 부수로 발간하고 해외 각국에서 최고등급의 신문으로 인정하는 것으로

▲이 신문의 성질은 시국에 대한 강직한 변론과 국가의 문명기관과 인민의 발달기초에 가장 깊이 주의하는 것이고

▲이 신문은 해외 전신(電信)과 세계 기문(奇聞)과 정계의 동정과 인민의 괴로움을 신속히 탐지하여 남김없이 기재하고 있으니

▲국가 사상과 국민 의무와 독립주의가 있으신 여러분께서는 구매하여 애독하시기를 간절히 바람.

- 대한매일신보사 드림

주권(主權)을 논하다 / 양재건(梁在謇)

주권이란 일국의 정신이 이를 통해 의지하는 것이다. 그러므로 국가를 논하는 자는 반드시 주권을 해명해야 하는 것이다. 블룬칠리(Bluntschli)[1]의 주권론이 있는데, 그 요지가 다섯 가지다.

(1) 주권이란 독립되어 속박되지 않는 것이니 행여 다른 종류의 권력에 복종될 수 없는 것이다.

(2) 주권이란 국가의 위력(威力)이다. 따라서 마땅히 인격의 국가나 국가의 수장에게 귀결되어야 한다. 그 나머지 지방단체나 법원・의원 등은 다 국가에 예속된 일종의 기관이니 주권과는 무관하다.

(3) 주권이란 지극히 높은 것이다. 주권자가 이를 점거하여 국내에 있는바 온갖 권력 위에 자리하는 것이다.

(4) 주권이란 통일이다. 국내에 두 개의 주권이 있을 수는 없다.

(요의) 주권의 통일성은 '군주국'에서 가장 보기 쉽다. 즉 다른 종류의 정치 체제에도 다 그러하나, '공화 정치'의 경우 국민 전체가 그 주권자가 되고, '귀족 정치'의 경우 귀족 의회가 그 주권자가 되며, 영국의 '입헌 정치'의 경우 국군(國君)과 의원이 연합하여 그 주권자가 되니, 이러한 것이 그 사례이다.

(5) 주권이란 제한이 있는 것이다. 즉 주권이 국법의 권리로 성사되는 경우도 있고, 국법의 의무로 제한되는 경우도 있다.

블룬칠리의 주권론은 장 보댕(Jean Bodin)[2]・루소(Jean-Jacques Rousseau)

---

1 블룬칠리(Bluntschli) : Johann Kaspar Bluntschli(1808.3.7~1881.10.21)이다. 스위스의 법학자・정치가. 취리히・뮌헨・하이델베르크의 각 대학에서 교수를 지내고, 스위스에 국제법연구소를 설립하여 총재가 되었다. 전문분야는 사법・국제법・국가학 등 매우 광범위하며, 특히 국가학 분야의 '국가유기체설'로 유명하다. 저서에 『근대국가론』 등이 있다.

2 장 보댕(Jean Bodin) : 1530~1596. 프랑스의 종교 개혁기의 법학자이자 사상가이다. 『국가론』을 저술하여 절대왕정을 지지하는 사상적 근거를 제공한 것으로 알려

두 사람의 오류를 논박 정정하여 그 진상을 구한 것이니, 그 국가학에 대한 공로가 가장 지대하다.

장 보댕-프랑스 사람으로 16세기에 태어났다-이 말하기를 "주권이란 무궁하고 무한한 국권이다."라 하고, 또 말하기를 "법률이란 '주권자'에 의해 그 효력을 얻는 것이다. '주권자'가 법률에 의해 그 권능을 얻는 것은 아니다."라 하니, 이 설의 경우 국가의 수장을 국가 전체와 혼동하여 논한 것으로, "짐이 곧 국가다."라고 한 루이 14세(Louis XIV)의 잘못된 논리가 나온 유래이다. 이 설은 이미 타기(唾棄)된 지 오래라 굳이 여기서 더 논변할 필요는 없다.

루소가 말하기를 "주권이 주치자(主治者)에게 없고 공민(公民)에게 있으니, 공민 전체의 의향이 곧 주권이다. 주권은 타인에게 양도할 수 없고, 또 타인에게 위임할 수 없는 것이니 설령 국회에 위임하더라도 정당하지 않다. 사회의 공민이어야 그 주권의 사용권을 늘 취득 유지할 수 있어서, 현행 헌법을 변경하고 전래된 실정법상 권리를 개정하되 오로지 바라는 대로 할 수 있다."고 하니, 블룬칠리가 평하기를 "루소의 설이 전제 군주의 주권을 바꾸어 전제 국민의 주권으로 대신하게 한 것이다."고 하였다. 그러나 전제 군주의 주권에 비록 폐단이 많다고 하나 그래도 이로써 국가를 성립할 수는 있거니와, 전제 국민의 주권은 이미 성립된 국가를 해산시키는 결과를 초래할 뿐이다. 이를 제외하고 소득이 또 있겠는가? 없을 것이다.

앞서 루소가 말하기를 "주권이 주치자(主治者)에게 있지 않고 공민(公民) 전체에 있다."고 했으나, 공민 전체의 의견이 끝내 일치될 수도 없고 끝내 분간할 수도 없으니, 이는 주권이 끝내 정착될 수 없는 것이다. 주권이 정착될 수 없거늘 공민 중에 일부가 함부로 말하기를 "내 뜻이 곧 전체

져 있다.

의 뜻이다." 하면서 주권을 절도한다면, 이는 대혁명의 재앙이 일어나는 원인이 된다. 공민의 의향은 일정하지 않고 늘 변하는데 그 틈을 노려 그 일부가 또 함부로 말하기를 "내 뜻이 곧 전체의 뜻이다."라 하면서 주권을 공략한다면, 이는 대혁명의 재앙이 지속되는 원인이 될 거이다.

블룬칠리가 보댕과 루소를 아울러 힐난한 까닭은 그 뜻이 여기에 있다. 이에 다시 주권의 원칙을 거듭 논한 바가 이상과 같다.

성질 - 계속 - / 원영의(元泳義)

대개 천하의 이치는 무궁하고 일인의 지력은 유한하므로, 순임금이 사기종인(舍己從人)하시고 공자께서 일정한 스승이 없으면서 집대성하여 모두 동양의 대성인이 되셨다. 이제 이 학회 또한 그 '사기종인'의 사상을 지니고 문명 학술에서 각자 그 장점으로 서로 본받아서 '집대성'하는 고도의 경지에 이른다면, 이 학회가 순임금·공자 같은 일대의 본받을 만한 단체가 될 것이다. 이와 같은 단체 법인의 학문을 가지고 사업에 응용한다면, 온 천하를 손바닥 위에서 움직일 수 있을 것이다. 일국을 강성하게 하는 법은 노자의 이른바 '마치 작은 생선을 삶는 것 같다〔如烹小鮮〕'[3]는 것이니, 국혼을 일깨움에 무슨 어려움이 있겠는가? 그렇다면 학문이란 무엇을 말하는가. 구학문과 신학문이 있다. 그러나 구학문을 수양하는 자는 신학문을 배척하고, 신학문을 수양하는 자는 구학문을 배척하니, 어찌 우리 국민이 단결되기를 바랄 수 있겠는가.

대저 신·구학문이 경제·법률·의학·지식·농업·공업 6대 학문에서 벗어나지 않으나 동양의 경우 온갖 학문 부류의 복잡함이 있는 까닭에, 그 폐단과 습속에 따라 서로 충돌하다가 각자 진리를 전하지

3 마치……같다 : 『노자』 제61장에 보인다.

못하고 외면만 답습하여 쇠퇴부진한 지경이 되니, 어찌 한심하지 않은가. 이제 그 폐단을 바로잡기 위해 문명국의 학술을 수입하지 않을 수 없다. 그러므로 신학문의 졸업자 · 교육자 및 그 밖에 동일한 수준이 되는 자들로 이 학회를 조직한 것이다.

이제 구학문의 부패를 제거하고 새로운 분위기를 두뇌에 주입하여 국가의 정신과 기백을 양성하고 소년이 전진할 강력함과 반도가 원만할 팽창력으로 지구상에 태극기를 한번 휘날릴 모든 능력을 이 학회의 잡지에 포함시켰다. 그러니 우리 소년한반도 동포는 눈을 밝게 뜨고 담을 크게 펼쳐서 이 잡지의 성질을 함양하여 문명의 극도에 도달하도록 기약해야 한다.

자수(自修)를 논하다 - 계속 - / 양재건(梁在謇)

"통치자는 늘 천체의 운행과 서로 다투어 부단한 경쟁을 한다."-근대 철학자의 격언-

천체 운행의 성질은 종종 인류의 소망과 서로 어긋나는 까닭에 그 반항력이 극심하고, 또한 향상 진보하는 인류의 미성(美性)이 또 현재의 지위에 안주하지 못하게 한다. 이에 인간의 평생 수십 년이 역류하는 물길에 배를 띄운 것과 같아서 하루도 쉬지 않는 것이고, 또한 이는 단지 개인만 그런 것이 아니라 크게는 온 민족에 달하고 또 크게는 전 세계에 달하여 다 이 궤도에 따라 나날이 힘쓰는 것이다. 그 희망이 갈수록 커지고 그 의지가 갈수록 커지는 까닭은 그 불우함을 만난 경우가 필시 갈수록 중해져서이다. 이는 비유하자면 작은 시내를 건너는 자 · 큰 강을 건너는 자 · 큰 바다를 건너는 자로 비교해보면, 그 어려운 정도가 늘 그 겪은 경계의 범위와 서로 호응되는 것과 같다. 이는 사리상 실로 그러한 것이니 괴이할 것이 없다.

고금 천하의 수많은 성패가 이와 같이 분분하여 한 가지가 아니다. 요컨대 그 어떻게 성공하고 어떻게 실패하는가 하면, 단언컨대 '기백[4] 있는 자가 성공하고 이와 반대인 자는 실패한다.'고 하겠다. 대개 인생 여정에서 대략 역경(逆境)이 열에 예닐곱을 차지하고 순경(順境)도 열에 서넛을 차지한다. 그런데 그 순경과 역경 또한 늘 서로 번갈아 일어나서 대소사를 막론하고 반드시 거듭된 반항력이 있으니, 그 반항력이 크든 작든 간에 요컨대 반드시 이를 피할 수는 없는 것이다.

그 의지력이 박약한 인사는 애초에 굳이 말하기를 "나는 이렇게 하고 싶었다."고 하면서, 그 뜻이 천하의 중대사를 쉽게 여기다가 갑자기 반항력이 일어나면 졸지에 그 뜻이 사라진다. 그 다음으로 박약한 인사는 일시의 객기에 편승하여 이 제일의 관문을 통과하되 거듭된 좌절에 물러난다. 다소 강건한 자는 대여섯 번의 좌절에 물러난다. 이와 같이 그 일이 커질수록 그 겪는 좌절이 늘어나서 그 물러나지 않기가 어려워지니, 지극히 굳건한 자가 아니면 끝까지 능한 경우가 없다. 실로 좌절하되 물러서지 않는다면 작은 역경 후에 반드시 작은 순조로움이 생기고, 큰 역경 후에 반드시 큰 순조로움이 생겨서, 뿌리가 서로 얽힌 듯한 고난이 이미 깨져서 끝내 결자해지(結者解之)할 날이 있는 것이다.

방관자는 한갓 그 성공만 흠모하여 여기기를 '이는 거의 행운이라 하늘이 그를 총애하여 복을 내린 것이라'고 하고, 또 여기기를 '나는 고난에 걸린 탓에 성취가 저자만 못하다'고 하니, 그 이른바 '고난'과 '행운'이 저자도 다 나와 같은데 저자가 능히 이 고난을 정복하고 이 행운을 이용한 여부가 곧 저자의 성공과 나의 실패가 갈린 이유임을 어떻게 알겠는가. 또 배 모는 일에 비유하자면, 스무 날 만에 천리를

---

4 기백 : 원문은 의력(毅力)인데, '굳센 의지', '끈기', '기력' 등의 뜻으로 풀이된다. 여기서는 '기백'으로 번역하였다. 이하 동일하다.

가는 자는 그 사이에 바람과 조수가 혹 순조롭기도 하고 혹 거스르기도 하는 경우가 늘 뒤섞이거늘, 저자는 견고한 인내력으로 그 역경을 무릅쓰고 돌파한 후에 조용히 그 순조로움을 얻는다. 반면에 우리는 혹 이를 겪으면 곧 되돌아가고 또 2~3번 반복하여 고난을 거듭하다 되돌아가니 저쪽 해안가에 끝내 이를 수 없는 것이다. 공자께서 말하기를 "비유컨대 산을 만들면서 마지막 흙 한 삼태기를 붓지 않아 산을 완성시키지 못하고 그만두는 것도 내가 그만두는 것이며, 또 비유컨대 평지에 흙 한 삼태기를 부어 산 만들기를 시작했더라도 그걸 만들어가는 것은 내가 만들어 가는 것이다."[5]고 하였다. 맹자가 말하기를 "무슨 일을 하는 것은 비유하면 우물을 파는 것과 같으니, 우물을 아홉 길이나 파더라도 샘에 이르지 않고 그만두면 오히려 우물을 버리는 것이다."[6]고 하니, 성패의 운수는 여기서 볼 따름이다. (미완)

교육신론 - 계속 - / 원영의(元泳義)

교육의 성질은 의학과 같다. 의학은 인체의 건전성을 요구하는 것이고, 교육은 인심의 건전성을 강구하는 것이니, 윤리와 사회로 목적을 세우고 심리와 생리로 방법을 정하여 이 네 가지 학문으로 혼합 내지 보조의 규범을 구성한다. 그 형식으로 살펴보면, 형체만 겨우 갖춘 내용에 이목구비와 뇌수・장기의 형체를 부여한 후에야 비로소 완전한 신체가 이루어진다. 인간의 사상이 간단한 데서 시작하여 복잡한 데로 나아가면 태산 같은 철안(鐵案)이 되어서 변할 수 없다. 이에 개인의 사상이 발달하는 시기를 이하에 구분한다.

---

5 비유컨대……것이다 : 『논어』「자한(子罕)」 18장에 보인다.

6 무슨……것이다 : 『맹자』「공손추상(公孫丑上)」 16장에 보인다.

1세까지 영아기이니, 감각과 직각(直覺)의 시기이다. 2세부터 8세까지 유아기이니, 지각과 개념의 시기로 유치원에 있을 때이다. 9세부터 15세는 성동기(成童期)이니, 개념과 판단의 시기로 소학교에 있을 때이다. 16세부터 18세까지 청년기이니, 추론의 시기로 중학교 내지 고등학교에 있을 때이다. 19세부터 24세까지 성인기이니, 새로운 이상이 발달할 시기로 대학교에 있을 때이다. 무릇 이 다섯 시기에 따라 교육의 질서를 순순히 연결한 후에야 비로소 완전한 인격의 위치에 오르게 될 것이다.

일반 사상의 성질을 논하자면, 지(智)・정(情)・의(意) 세 가지로 지식을 발달시킨다. 즉 사물의 변별을 지(智)라고 하고 경우의 감촉을 정(情)이라 하고 일체의 희망을 의(意)라고 한다. 과학 실제에 대한 한 단서를 특별히 거론하자면 지(智)가 요소가 될 것이다. 지의 성질은 진실의 해명뿐이다. 진실의 해명이란 무엇인가. 첫째는 오관(五官)에 따라 사물에 감동하는 것이니, '감각' 내지 '직각'이라 한다. 둘째는 마음(心)으로 사물에 감동하는 것이니, '지각'이라 한다. 셋째는 지각에 따라 그 보통 성질을 추론하는 것이니 '개념'이라 한다. 넷째는 그 개념으로 일종의 명수(名數)를 구성하는 것이니 '판정'이라 한다. 다섯째는 판정의 관계로부터 일종의 신론(新論)을 각별히 부연하는 것이니 '추론'이라 한다. 이 다섯 가지 작용이 인간의 심의(心意)에 관통 숙달되면 매사에 진상을 얻을 수 있을 것이다. 이로 인하여 선현이 미처 발명하지 못한 점을 확장하면 곧 새로운 이상이 발달되는 것이다.

사상이란 간단한 데서 시작하여 복잡한 데로 나아가는 것이다. 인간 심의(心意)의 선천・총합・활동・통일의 온갖 성질은 지식의 원리이니 형이상의 형식이 되고, 온갖 분석・수동・판단의 여러 단계는 관념의 연합이니 자연적 내용이 된다.

관념동화(觀念同化)의 근저는 지식의 원리에 있고, 그 순서는 관념연합법에 있다. 관념연합법으로 말하자면, 첫째는 일치율(一致律)이니 자신이 자신의 친근함을 생각하여 타인의 친근함에 미치는 것이다. 둘째는 비율례(比律例)이니 흑백과 선악의 성질이 상반되어 타인으로 하여금 서로 비교하는 관념을 일으키게 하는 것이다. 셋째는 근사율(近似律)이니 나폴레옹을 떠올린 자가 이로 인하여 알렉산더·진시황·한무제까지 미치는 것이다. 이 세 가지 원칙으로 인하여 사상이 발달되는 것이다.

구관념이 신관념과 동화되는 상태가 있다. 이제 일군의 관념이 두뇌에 주입되어 만일 옛것의 영향력이 새것보다 강력하면 필시 서로 충돌되다가 충돌이 극에 달하면 끝내 뒤섞여 다 새것으로 변화되는 까닭에 동화되어 융회를 이루게 된다. 그리고 융회되고 나면 흥미진진해져 대단히 유쾌한 온갖 흥미가 번갈아 일어나게 된다. 그러므로 교육의 비결은 그 흥미를 계발할 따름이다. 교육자는 이 점에 유념해야 한다.

고험(考驗)의 흥미와 교제(交際)의 흥미가 있다. 고험의 흥미를 논하자면 사물과 그 관계를 연구하는 것은 실험과 추론의 흥미이고, 사물의 선악과 미추를 판단하는 것은 심미의 흥미이다. (미완)

자제에게 신학문을 가르치다 - 계속 - / 양재건

저 어린 청년으로 말하자면, 심신을 수양하여 성기의(誠其意)·정기심(正其心)으로 발하여 격물치지(格物致知)에 순종하여 수신(修身)·제가(齊家)·치국(治國)·평천하(平天下)의 도에 이르게 하려면[7] 그 기본이 청년기부터 배태되어야 한다. 다만 이러한 학문은 도덕과 더불어 서로 연관되어 병행되는 것이다. 그러니 대개 학문에는 두 가지 길이 있으니, 무본(無本)의 학문과 유본(有本)의 학문이 이것이다. 무본(無本)

7 심신을……하려면 : 『대학(大學)』의 '팔조목(八條目)'을 활용한 것이다.

의 학문이란 어린 청년에게 오관(五官)[8]의 영교(靈巧)를 숙달시켜 묘용(妙用)을 이루게 할 따름이다. 이러한 교육은 사람의 권력을 완전하게 하고 제조를 정교히 하며 재배를 잘하게 하고 교역을 편하게 함으로써 민생을 이롭게 하는 것이니, 실로 그 효과만 분명히 말하면 이견이 없을 것이다.

무릇 인간으로서 역량·재능·식견이 있는 자는 그 행사가 역량·재능·식견이 없는 자와 비교할 수 없다. 그런데 무본(無本)의 학문을 교육받는 자는 혹 이로 인하여 선감화 되는 경우도 있겠으나 또한 이로 인하여 악감화 되는 경우도 생길 것이니, 실로 인간에게 학문이 있되 덕량이 없으면 그 악업이 쌓이게 된다. 이는 비유하자면 도적에게 학문이 있으면 그 적지(賊智)를 증진시키는 것과 같으니, 학문이 있되 덕량이 없으면 그 폐해가 이 지경이 되는 것이다.

문학(文學)의 드넓음과 심오함이 곧 유본(有本)의 학문이다. 이는 단지 사람에게 역량·재능·식견이 있게 할 수 있을 뿐 아니라 사람에게 품행·성정·도덕이 온전해져 지선(至善)에 머물도록 감화시킬 수 있다. 이처럼 무본(無本)의 학문은 유본(有本)의 학문과 명백히 다른 것이다.

18세기 중엽 독일의 대철학자 칸트(Kant) 선생이 말하기를 "사람이 그 자유의 선의를 스스로 유지한다면 천하의 공익으로 이보다 큰 것이 없을 것이다." 하였다. 그러므로 자유란 자이자(自以自)를 목적으로 삼고, 자이자(自以自)를 법령으로 삼는 것이다. 오직 이 법령을 실로 준수할 수 있는 자여야 비로소 그 자유를 실로 소유할 수 있는 것이다. 실질로써 말하자면, '자신이 자신에게 명하여 자신 이외에 견제되지 않게 하고 자신의 양지(良知)가 편안한 상태를 관철되게 하는 것이라' 하겠다. 이러한 까닭으로 이 유본의 학문을 강구하는 자가 실로 진아(眞我)의 자유

8 오관(五官) : 다섯 가지 감각 기관으로, 눈, 귀, 코, 혀, 피부를 이른다.

이외의 사물을 그 목적으로 삼는다면, 설령 선언(善言)이 있다고 하더라도 노예의 학문 내지 민적(民賊)의 학문됨을 끝내 면하지 못할 것이다.

자유란 한토(漢土)의 옛 성인인 요순이 전수한 심법(心法)이니, 요순이 사망한 이래로 이 학문도 아울러 다 사라졌다. 그런데 18세기 초기에 이르러 롤랑 부인이 이를 창도하니, 그에 따라 화답한 자가 나폴레옹·메테르니히·마찌니·코슈트·비스마르크·카밀로·가리발디·칸트 등이 그들이다. 실로 이 유본지학을 강구하여 자신의 자유를 온전히 하고 자신의 직덕(直德)을 수양할 수 있는 자는 보존될 것이고, 이와 반대로 하는 자는 망하게 될 것이다. 이에 우선 이어서 우리 자유모(自由母)를 기록한다.

ㅇ 자유모(自由母) - 계속 -

살피건대, 플루타르크는 로마인으로 기원후 450년에 태어났다. 그가 저술한 『영웅전』은 총 58편인데, 모두 그리스·로마의 군인·대정치가·대입법가에 관한 것으로 전세계의 전기 중에 제일의 걸작이니, 그 만인을 감화 고무시키는 그 역량의 위대함이 비할 데가 없다. 근세의 위인으로 나폴레옹·비스마르크 등이 다 이를 몹시 좋아하여 평생 이대로 따르며 읽지 않은 적이 단 하루도 없었다.

늘 책 속에 파묻혀서 그 책 속의 호걸을 자신과 견주고, 늘 부모를 따라 교당에 가서 기도할 때마다 반드시 이 책을 가지고 가서 몰래 읽었다. 그러면서 종종 2천년 전 스파르타·아테네에서 태어나지 못한 신세를 한탄하며 책을 덮고 눈물을 삼켰는데, 부모가 말려도 금할 수 없었다. 그녀의 형제·자매 6인이 불행히도 다 요절한 탓에 롤랑 부인의 소년기의 생애는 극히 적막하였다. 이렇게 적막한 까닭에 갈수록 더 책속에서 친구를 찾으려 하였으니, 그 감정이 나날이 증진되고 그 이상이 나날이 심오해진 것이다.

그녀는 후에 남편인 롤랑에게 편지 한 통을 보내 전하기를 "첩의 다정다감함은 거의 천성이 그러한 것이지요. 고독한 교육을 통해 생장하면서 감정이 집중됨에 갈수록 더 깊어져서 가곡(歌哭)이 무궁하고 애락(哀樂)이 모여들었지요. 보통 여자아이라면 유희에 분주하고 음식에 기뻐할 시기거늘, 첩은 종종 천지를 바라봄에 늘 일생 무궁한 감회가 있는 것 같았지요."라고 하니, 이로써 이 소녀의 기이한 기상을 그 일부나마 엿볼 수 있다.

그녀의 열성은 우선 종교에 집중되었다. 11세에 부모에게 청하여 수녀원에 들어가서는 교리(敎理)를 배웠고, 그로부터 1년 만에 수녀원에서 나와서 외조모 집에 살았고, 그로부터 1년 만에 귀가하였다. 그녀의 자애・겸손・민첩・지혜로 인하여 온 집안이 그녀를 아끼고 친우가 그녀를 흠모하였다. 이와 같이 몇 년간 평화로운 세월을 보냈다.

비록 그러하나, 그녀의 외적 생애는 평화로운 듯했으나 내면 정신은 홀연히 일대 혁명의 뜻이 일고 있었다. 당시 프랑스 정계 혁명의 선봉이 될 이른바 '사상계 혁명'이란 것이 이미 조금씩 출몰하여 이 여성 호걸의 탄생 전에 일어났다. (미완)

사회학 / 이인직(李人稙)

사회학이란 사회에 관한 우리의 지식을 포함한 것인데, 혼돈되어 있는 여러 재료의 집합체에 부기된 명칭이다. 경제학은 사회학의 한 부문이고, 신학은 사회개선의 신종교에서 설교한 것이다. 그런데 이 신과학은 19세기 말엽에 와서, 법률과 도덕에 사회의 진정한 기초를 두고 국가의 진정한 직능을 해명하고 가족의 진정한 의의를 설명하는 데 이르렀다. 하지만 그 형식이 여전히 변화하고 고정되지 않아서 아직 특정된

과학 분야가 되는 단계에 이르지는 못하였고, 사이비한 과학의 한 계통이 된다는 추측만 있다.

스펜서(Herbert Spencer)는 사회라는 말을 가지고 사회적 제도의 기원과 발전에 대하여 연구하는 것이라고 정의하였고, 루쓸노[9]는 사회의 기원에 대한 연구라고 정의하였는데, 이를 확장하여 인종학・인류학의 대부분을 포괄하였다. 이와 같이 이설 간의 차이가 많다. 또 아메리카에서는 이 명칭을 몹시 혼동해서 사용하고, 사회의 혁신을 목적으로 삼는 사회적 상태에 대한 모든 연구를 가리킨 것이라 하였다. 그렇다면 마땅히 그 과학의 영역을 확정해야 하니, 그 과학 간의 관계를 결정하지 않아서는 안 되는 것이다. 그러므로 사회학 연구는 사회적 단체가 무엇인지 확정하고 사회현상의 특수한 부류를 고찰하여 탐구해야 한다고 하겠다.

ㅇ 사회란 무엇인가

사회학이란 사회의 과학성을 요구하는 것이다. 그렇다면 다음과 같은 의문이 생긴다. 즉 사회란 것은 무엇이고 연구할 대상이 되는 사회란 것은 무엇인가. 현재 수많은 논자들이 사회라는 말을 임의대로 사용하여 일각에서 인류를 의미하기도 하고 또 가족을 의미하기도 하고 혹은 인종을 의미하기도 하고 또 사교를 의미하기도 하는 사례가 있다.

대저 사회를 한 유기체로 사유하는 자는 앞선 사항에 대해 가장 부주의함이 있지 않겠는가. 그 이른바 유기체라는 것은 때로는 세계 전체를 포괄하기도 하거니와 간혹 그 의의의 변경에 주의하지 않고 이로써 일정한 목적을 위해 결합한 사람들의 작은 단체라고 하기도 한다. 이와 같은 까닭에 독자로 하여금 불분명하게 하고 혼동하게 하는 지경에 빠

9 루쓸노 : 미상이다.

지게 한다. (미완)

국제공법 - 계속 - 漢 / 정교(鄭喬)

공법가(公法家)는 맹약(盟約)을 중시한다. 양국(兩國)이 친목하여 그 사직을 편안히 하고 그 인민을 회유하여 군사를 서로 더하지 않도록 하려면 맹약의 예가 있어야 한다. 맹약은 신뢰의 수레이다. 국군(國君)이 회맹(會盟)하여 우호를 보이고 연향(宴享)하여 친목을 보인다. 그러므로 신뢰가 없으면 맹약이 반드시 무너지고 맹약이 없으면 신뢰를 밝힐 수 없으니 맹약을 무너뜨리는 자는 다른 나라 사람이 반드시 미워하고, 맹약을 구하면서 정직하지 않은 자는 다른 나라 사람이 반드시 수치로 여기는 것이다. 맹약은 신뢰와 기만의 기미다. 맹약하기 전에 전쟁하면 장차 맹약을 구하려 하고, 죽기로 전쟁한 뒤 맹약하면 장차 전쟁을 양성하려 한다. 그러므로 태만하면 노리고 불화하면 일어나니, 태만한 틈을 타 노리는 것은 우리가 맹약에 태만했기 때문이고 불화한 틈을 타 일어나는 것은 우리가 맹약에 불화했기 때문이다. 맹약에 태만한 자는 적국이 반드시 노리고 맹약에 불화한 자는 적국이 반드시 일어나는 것이다. 그러한 까닭에 '신뢰와 기만의 기미'라 한 것이니 반드시 맹약하려 하는 까닭에 신뢰로 지키는 것이고 반드시 맹약을 무너뜨리려 하는 까닭에 기만에 부치는 것이다.

맹약을 신뢰로 지킨 사례는 중국 제(齊) 환공(桓公)의 규립(葵立)의 회맹과 진(晉) 도공(悼公)의 박(亳)의 회맹이 이것이다. 제 환공이 신뢰를 지켜서 예(禮)로 문식하고 의리를 지녀서 지(智)로 통하였다. 그러므로 의상(衣裳)으로 회맹한 자가 아홉이고 병거(兵車)로 회맹한 자가 넷으로 능히 그 왕실을 존숭하여 제후들의 으뜸이 되고 한 지역을 호령하여

도로에 원망하는 말이 없어서 환공의 평생토록 제나라 국경에 전란이 없었던 것이다. 진 도공이 12국의 제후들과 회맹할 적에 범선자(范宣子)가 말하기를 "재서(載書)를 신중히 작성하지 않으면 반드시 제후를 잃을 것이다." 하고는 맹약을 맺었다. 그 재서는 다음과 같다. "온년(蘊年)하지 말 것이며, 옹리(壅利)하지 말 것이며, 보간(保姦)하지 말 것이며, 유특(留慝)하지 말 것이며, 재앙을 구제할 것이며, 호오(好惡)를 함께 하여 왕실을 도울 것이다. 누구라도 이 명을 범한다면 사신(司愼)·사맹(司盟)·명산(名山)·명천(名川)·군신(群神)·군사(群祀)·선왕(先王)·선공(先公)·7성(姓) 12국(國) 조상의 밝은 신이 벌을 내려 그 백성을 잃게 하고 그 임금을 죽이고 그 씨족을 멸망시켜 그 국가를 망하게 할 것이다." 하였다. 여기서 온년(蘊年)이란 한해의 곡식을 비축하여 분배하지 않는다는 말이고, 옹리(壅利)란 산천의 이익을 독점한다는 말이고, 보간(保姦)이란 죄인을 숨긴다는 말이고, 유특(留慝)이란 악인을 보내지 않는다는 말이다. 도공은 능히 위덕(威德)으로 제후들을 편안히 회유할 수 있어서 세 차례나 군사를 일으키자 초(楚)나라가 전쟁하지 못하고 정(鄭)나라가 다시는 배반하지 않아서 무려 24년 동안이나 남북을 안정시킬 수 있었으니, 아 훌륭하도다.

맹약을 기만에 부친 사례는 신라(新羅) 웅진(熊津)의 회맹과 중국 진(晉) 문공(文公) 하양(河陽)의 회맹이 이것이다. 신라 문무왕(文武王) 3년에 왕이 백제 왕자 부여융(扶餘隆)과 함께 웅진의 취리산(就利山)에서 회맹하였는데 당시 중국 당(唐)의 웅진 도독 유인원(劉仁願)이 회맹에 동참하였다. 그 서사(誓詞)는 대략 다음과 같다. "부여융은 그 제사를 지키고 그 고토를 보전한다. 신라에 의지하여 길이 여국(與國)이 되니 예전의 유감을 서로 잊고 평화롭게 지낸다." 이 서사를 보면 하늘에 질정하여 변하지 않고 금석에 관철하여 쇠하지 않는다고 할 만하다. 그런데 몇 년 지나지 않아 맹약이 와해되자 부여융이 감히 고국으로 들어가지 못하고 고구려에 기치(寄治)하니, 맹약의 불신이 무엇이 이보다 심하겠는가. 진 문공 하양의 회맹은 거짓되고 바르지 않으니 신하의 신분으로 군주를 부른 것이다. 그러한 까닭에 공자께서 『춘추경(春秋經)』에 대서특필하기를 "천왕(天王)이 하양(河陽)에서 사냥하였다." 한 것이니 이는 문공의 심보를 주벌하고 주나라 왕실의 쇠퇴를 한탄한 것이다.

서기 1815년 11월 5일에 오스트리아・영국・프로이센・러시아 등이 파리에서 조약을 맺었다. 그 제1조항에 "쿠퍼(Cooper Island) 등 일곱 도서 지역을 자주국으로 변경하고 영국이 보호한다." 하고, 제2조항에 "해당국 역시 영원히 영국 후계 군주들의 특별한 보호 하에 있다." 하고, 제3조항에 "해당국의 정치 증감은 반드시 영국의 지도를 받아야 하고 영국은 반드시 해당국에 감독을 파견해 관할해야 한다." 하고, 제5조항에 "해당국 인민의 이익은 영국이 반드시 보호해야 하고 해당국의 포대는 영국에게 점거권이 있다." 하고, "해당국의 장졸은 반드시 영국 장교의 지휘를 받아야 한다." 하는데, 그 나머지 조항은 다 기술할 수 없다. 살피건대 이 도서 지역은 오랜 기간 아일랜드(Ireland)에 속하였고, 이후에 프랑스의 정복을 거쳐 터키와 러시아가 다시 군사를 합쳐서 전후로 약탈하여 터키와 러시아의 보호에 의존하였고, 이후에 프랑스와 교환하자 다시 영국의 보호에 의존하니, 쿠퍼(Cooper Island)가 아침에 진나라가 되고 저녁에 초나라가 되는 신세가 참으로 애처로운 일이다. 이렇게 이미 자주를 허락한 후에 다시 보호를 칭한 것은 공법의 역사에서 전대미문의 일이었다. 내정의 감독은 간섭이 심한 것이고 포대의 점거는 압제가 심한 것이니, 영국이 유럽 열방의 거벽(巨擘)이면서 약소국을 멸시하고 교활한 짓을 자행한 바가 이와 같다. 프로이센과 러시아가 회맹에 동참하고도 조용히 단 한 마디도 없었으니 후대 사람이 이 회맹을 두고 신뢰를 지킨 것이라 여기겠는가, 아니면 기만에 부친 것이라 여기겠는가. 아, 필시 박아한 군자가 있어서 질언(質言)할 것이다. (미완)

사설(史說) - 계속 - 漢 / 정교(鄭喬)

역사가의 중대한 법칙은 다음과 같다. 첫째, 계통(系統)을 해명하는 것이다. 정통(正統)이란 한 구역을 통일하여 정치와 명령이 나오는 것이고 민의가 동의하는 것을 의미한다. 우리나라의 경우 단군(檀君)·기자(箕子) 이래로 마한·신라·고려를 거쳐 대한제국에 이르기까지가 그것이니, 이른바 계통이 아래로 정해져 인도(人道)가 밝혀진다는 것이다. 정통이 없다는 것은 영토를 분할하여 각자 한 지역을 점거하여 백성마다 그 군주가 있고 나라마다 그 정치가 있다는 말이다. 우리나라의 경우 신라·고구려·백제 3국이 정립하던 시기 같은 것이 그것이다. 중국의 경우 요(堯)·순(舜)·하(夏)·은(殷) 이래로 한(漢)을 지나 송(宋)·명(明)에 이르기까지 정통(正統)의 세대라 할 수 있다. 반면에 육조(六朝)의 분열과 오계(五季)의 질흥(迭興)은 정통이 없는 시대이니 화란이 연이어 일어나고 백성들이 도탄에 빠짐이 심하였다. 서구(西歐)의 경우 그리스 문명·로마 전성기 이래로 영국·독일·러시아·프랑스 열강에 이르기까지 역사가들이 자세히 언급하지만 통계에 관한 설이 전혀 없으니, 이는 사법(史法)의 큰 결함이다.

둘째, 세년(歲年)을 기록하는 것이다. 국군(國君)이 즉위하면 원년과 정월을 반드시 크게 기록한 것은 체원거정(體元居正)[10]의 의의에 나아가 그 대일통(大一統)을 밝히기 위한 것이다. 그러므로 우리 한국과 중국의 역사에서 이 의의를 반드시 준수한 것은 만고불변의 의론이라 할 수 있다. 서양사의 경우 단지 기원전·기원후를 기록하고 다시 개월을 기록할 뿐이니, 이는 세(歲)가 위에서 베풀어져 천도(天道)가 밝혀지는 의의에 어두운 것이다.

---

10 체원거정(體元居正) : 임금이 천지의 원기(元氣)를 근본으로 삼아 항상 정도(正道)에 입각해서 정치를 행하는 것을 말한다.

셋째, 즉위를 기록하는 것이다. 정통이 있는 세대인 경우 반드시 창업한 군주와 계승한 군주를 '즉위(卽位)'라고 기록한다. 정통이 없는 세대인 경우 '칭(稱)'이라 하기도 하고 '립(立)'이라 하기도 하고 '자립(自立)이라 하기도 하여 전부 사건에 따라 기록하는데, 이는 찬탈의 죄를 성토하기 위한 것으로 정명(正名)으로 분별하여 의리를 밝힌 것이다. 백제의 온조(溫祚)·중국의 한(漢) 왕망(王莽)·조비(曹丕) 같은 부류가 그것이다. 서양사의 경우 프랑크의 피핀이 자신의 군주를 유폐시키고 루이스의 세 아들이 군부를 구금하고 영토를 다투는 등의 부류에서 응징한다는 말이 단 하나도 없으니, 장차 어떻게 삼강(三綱)을 부지하여 인륜의 표준을 정립할 수 있겠는가.

넷째, 붕(崩)과 조(殂)를 구별하는 것이다. 정통이 있으면 붕(崩)이라 기록하고 정통이 없으면 조(殂)라 기록한 것은 포폄을 엄격히 하여 여탈(予奪)의 의의를 보이기 위한 것이다. 우리나라 역사에 조선의 태조 문성왕·마한의 무강왕·신라의 문무왕 이후를 다 붕(崩)이라 기록하고 신라의 남선(南鮮) 고구려의 유리(瑠璃) 백제의 시조를 굳이 조(殂)라 기록하고 중국 한(漢)·당(唐)·송(宋)·명(明)의 경우 붕(崩)이라 기록하고 남북(南北)·오대(五代)의 경우 조(殂)라 기록한 것이 그것이다. 서양사의 경우 붕(崩)과 조(殂)의 구별이 애당초 없고 단지 '사(死)' 자 하나만 가지고 그 군신과 상하에서 통칭하니 그 곤월천추(衮鉞千秋)[11]의 의의에 무엇이 있겠는가.

다섯째, 찬탈과 시해를 엄격히 하는 것이다. 신하가 군주를 시해하고 아들이 부친을 시해하는 짓은 천지가 용납할 수 없는 것이고 귀신과 사람이 공분하는 것이다. 신라의 눌지(訥祇)·고구려의 명림답부(明臨答夫)·백제의 해구(解仇)·중국 신(新)의 망(莽)·진(晉)의 소(昭)·수

---

11 곤월천추(衮鉞千秋) : 고대에 곤의(衮衣)를 하사하여 칭찬하고, 부월(斧鉞)을 주어서 징벌의 뜻을 나타낸 데서, 관리를 포폄(褒貶)함을 가리킨다.

(隋)의 광(廣)・양(梁)의 우규(友珪) 등이 대강 이러한 경우이다. 나는 앞서 영문(英文)을 읽고 거기에 '붕(崩)' 자가 없음을 가소롭게 여긴 바 있다. 그런데 기이하게도 시(弑) 자가 있기에 그 역사서를 읽어보니 군주가 시해를 당했을 때 단지 '암살(暗殺)' 등의 자를 사용하였을 뿐 그 이른바 '시(弑)' 자를 사용하지는 않았다. 아니면 그 애초에 인문이 갖추어지지 않았는데 아시아에 와서 통교한 후에야 비로소 한자를 본받은 것인가. 어찌 그 글자가 있으면서 그 의미를 쓰지 않을 수 있는가.

아, 최근 100년의 기간을 거슬러 보면 러시아・터키・이탈리아의 시해된 군주가 각 1명씩이고 페르시아 군주 1명이고 오스트리아 왕비 1명이고 그밖에 약소국 군주 12명이다. 어찌 군주가 시해된 재앙이 구미 지역에서 이리도 끊이지 않고 많았는가. 그러니 어떻게 난신적자(亂臣賊子)를 주벌할 수 있는 의의를 그 신하에게 고하는 자를 얻어서 삼강을 부지할 의의를 강구할 수 있었겠는가.

경제학 / 유승겸(兪承兼)

ㅇ 욕망(欲望)은 경제(經濟)의 근원

대저 인류가 이 세상에서 살아감에 첫째 의식주부터 그밖에 수많은 방면까지 늘 부족한 감정이 있는 까닭에, 우리는 늘 그 부족함을 충족하려는 소망이 있으니, 이 소망을 지칭하여 '욕망'이라 한다. 만일 인류가 이 욕망을 충족하지 못하면 그 생존과 번영을 기약할 수 없는 까닭에, 늘 그 욕망을 충족하고자 함에 영영급급(營營汲汲)[12]한 활동이 있으니 이것이 곧 '인류의 경제'라는 것이다. 그러나 세상에 이른바 '사회경

12 영영급급(營營汲汲): 명예나 이익을 얻기 위해 몹시 아득바득하고 급하게 지내는 것을 의미한다.

제' 혹은 '국민경제'라 하는 것이 있는데, 이는 무엇을 이르는가. 이는 사회와 국가를 조성하는 민중이 일정한 질서를 따르고 정당한 규칙에 따라서 그 욕망을 충족시키려고 부지런히 활동하는 모든 행위를 총칭하는 것이다.

현대 사회에서 인류의 욕망은 그 종류가 자못 많기에 이를 일일이 다 열거할 겨를이 없으니, 그 일정한 관찰점을 근거로 분류하겠다. 지금 독일 경제학자 빌헬름 로셔(Wilhelm Roscher)[13] 씨의 분류에 의하면 자연적 욕망·지위적 욕망·사치적 욕망 세 가지가 있다. 이 분류의 기인(基因)은 생활 관계의 완급 정도에 있다. 그 이른바 자연적 욕망이란 의식주에서 필요한 것을 말한다. 만일 이를 충족시키지 못하면 곧 건강을 해치고 생명을 잃게 된다. 지위적 욕망이란 각 사람의 지위에 따라 그 품격을 보유함에 필요한 것을 말한다. 만일 이를 충족시키지 못하면 곧 사회적 체면을 잃게 된다. 사치적 욕망이란 자신의 직분에 상응하지 못하는 것을 말한다. 그러한 까닭에 이 욕망은 건강과 생명에 필요한 것도 아니고, 사회적 지위에 필요한 것도 아니다. 그러니 만일 이 욕망을 충족한다면 작게는 그 일신과 일가의 패망을 초래할 수 있고 크게는 일국과 사회의 쇠퇴를 초래할 수 있다. 이는 기왕의 역사적 증거를 찾을 필요 없이 지금 우리나라의 실정을 살펴봐도 자명한 일이다.

이상은 로셔 씨가 분류한 욕망의 구별에 의하여 논한 것이다. 그러나 사치적 욕망과 지위적 욕망은 분명히 구별하기 어려운 것이다. 즉 어느 정도까지 지위적 욕망이고 또 어느 정도 이상이 사치적 욕망인지는 사실상 모호하여 분간하기 자못 어렵다. 즉 혹 갑(甲)에게 사회적 지위와

---

13 빌헬름 로셔(Wilhelm Roscher) : 1817~1894. 라이프치히 대학 교수로 그의 『농업경제론』이 일본에 번역 소개되었다. 『대한협회회보』 6호의 「고대의 정치학과 근대의 정치학」에서 안국선은 로셔를 아담 스미스와 함께 경제학의 대가로 소개하고 있다.

품격의 보유에 필요한 욕망이라 하더라도 혹 을(乙)에게 사치적 욕망이 되는 경우도 종종 있는 사실이다. 여기서 진일보하여 논하자면 그 자연적 욕망과 지위적 욕망도 명확히 구별할 수 없는 점이 있다. 혹자에게 적당한 지위적 욕망이라고 하더라도 이 자보다 다소 지위가 높은 자에게는 그 지위와 품격의 보유에 충분하다고 할 수는 없는데, 사실상 그 의식주에서 필요한 정도로 자연적 욕망이라고는 할 수 있다. 그러므로 자연적 욕망이라 함도 사람에 따라 상이점(相異點)이 자못 있다.

국가학 / 이각종(李覺鍾)[14]

ㅇ 서언

국가학은 국가의 원리와 그 진화의 양상 및 관계를 연구하는 학문이다. 자고로 제국(帝國)에서 성군(聖君)이 연이어 출현하여 인정주의(仁政主義)를 활용한 까닭에 전국이 일제히 도덕의 범위 내에 있었다. 하지만 지금은 시세가 일변하여 사회 현상의 여러 관계가 날이 갈수록 복잡해져 가니 우리는 그에 따라 연구를 더할 필요가 생긴 것이다. 우리 일반 인민의 국가사상이 여전히 부족한 점에 대해서는 필자가 한탄하는 바이나 이 또한 의심할 바 없다. 사람이 금옥이 귀중품임을 모르면 귀중히 여길 생각이 없는 것처럼 우리 일반 인민의 국가사상이 부족한 이유는 국가가 무엇인지 모르기 때문이다. 그러니 국가학 연구가 어찌 한층 더 긴급한 일이 아닌가. 그러므로 이에 우리가 보통 긴급히 필요로 하는 바에 제공하고자 이 책을 편찬한 것이다. 이는 수년 전 독일

---

14 이각종(李覺鍾) : 1888~?. 대구에서 출생하고 보성전문학교를 거쳐 와세다대학교를 졸업하였다. 1910년대부터 일제강점기 내내 일제에 적극 협력하여 『시국독본』 등을 저술하였다. 『실용작문법』 등 계몽적 성격의 서적도 편찬하였다.

하이델베르크 대학 정교수 옐리네크(Georg Jellinek)[15] 씨의 학설을 기본으로 삼고, 일본 법학가 미나미 히로시(南弘) 씨의 번역문과 그밖에 수많은 학설을 참고한 것이다. 전편을 7장으로 분류하여 제1장 국가의 정의, 제2장 국가의 본질, 제3장 국가의 시인(是認)에 대한 학설, 제4장 국가의 성립과 소멸, 제5장 역사적 국가의 주요 체용(體用), 제6장 국가의 종류, 제7장 국가와 법률 제도 등으로 순서대로 편찬하였다.

제1장 국가의 정의

국가의 정의에 대해서는 학자마다 논지가 달라서 아직 일치하지 못하였다. 다만 이제 보통 널리 통용되는 설만 들어서 거듭 분석 설명하고자 한다.

국가란 일정한 인민과 토지에 근거하여 고유의 통치권을 행하는 주체로 그 성립이 확고한 바를 이른다.

제1절 국가는 일정한 인민과 토지에 근거함

이에 인민을 국가 성립의 요소로 인정하는 것은 곧 국가 통치권의 주체됨에 있어 인민이 기본이어서이다. 즉 어느 정도 인원이 있은 후에야 상호 관계가 발생하고 상호 관계가 있은 후에야 통치할 필요가 발생하기 때문이다. 그러니 인민이 없으면 통치 관계가 발생하지 않거니와 그와 동시에 국가라는 명칭이 없음도 자명한 사실이다. 역사 기록을 살펴봐도 아테네인·코린트인은 인민의 통계 내지 공동단체를 국가-폴리스-라고 칭하였다. 즉 인민이 국가의 요소 중에 가장 중요하다는 사상이 일찍이 있었던 것이다. 그렇다면 이 인민의 수량은 어느 정도가 되어야 괜찮은가. 이는 절대 한도를 정할 수는 없다. 현재 각국 인구수의

15 옐리네크(Georg Jellinek) : 1851~1911. 법학자이자 하이델베르크대학 교수이다.

차이가 있으나 최저한도의 수도 친족 단체의 범위를 초월하여 민족 관계가 발생하지 않으면 안 된다.

프랑스인 루소 씨가 말하기를 "일국의 인구는 만인이면 족하다."고 하나, 이는 중세 봉건시대의 경우 안전을 보장할 수 있어도, 지금 같이 각국이 병립하여 넓은 영토와 많은 인민으로 강한 병사와 튼튼한 갑옷을 비축하여 서로 자웅을 겨루는 시대인 경우 결코 그 존립을 보장할 수 없다. 이에 단지 정치적 경제적 방책으로 다수의 자국민 확보에 전력함이 각국의 동일한 욕망이다. 토지는 곧 그 영역을 이른다. 영역이란 통치권을 행하는 지리적 한계이다. 그런데 이를 요소로 인정한 이유는 어디에 있는가. 대개 자고로 통치권을 토지 소유권과 동일시하니, 그리스인의 국가 관념에 국토국가, 즉 '랜드슈타트(Landstadt)'라는 말로 통치권이 토지와 수반된다는 사상이 있었다. 고금의 역사를 관찰컨대 국가로 칭할 수 있는 통치 조직이 있는 사회는 대체로 인류의 정주사회(定住社會)에서 벗어나지 않는다. (제1회)

농업의 대의 - 계속 - / 조중응(趙重應)

또한 재력을 지극히 후하게 하여 모든 국내 인민을 족히 부양시키더라도 사람의 생명에서 가장 중요한 의식(衣食)의 원료는 오로지 외국에 의존해야 할 것이다. 이는 전국의 생명을 들어서 타국의 압제를 받게 하는 것과 같기에 그 위험성이 너무 많다.

이제 한 사례를 들자면, 영국의 경우 상공업이 지극히 번성하여 그 부유함이 천하의 공업을 독점하며 상권(商權)을 총람(總攬)하고 그 강성함이 동서 해상권을 장악하여 온 세계를 마음대로 활보할 수 있음은 우리도 다 아는 바이다. 다만 그 본국의 경우 기후가 고르지 않고 토지가 몹시 척박하여 비록 그 여력을 농업에 전력해도 끝내 좋은 결과를 얻기 어려운 와중에, 다시 인구 초과의 우려를 면하지 못하여 결국 자국의 농산물로 그 의식(衣食)의 공급을 충당할 수 없다. 그러한 까닭에 다른 나라와 각 식민지에서 식료품을 수입하여 그 부족량을 보충하면 타국의 풍년과 흉년이 곧 그 국내와 직접적 이해관계가 되어 불편이 막심할 뿐 아니라, 만일 유사시에 외국 수입의 교통이 단절되면 10일 이내로 전국의 식량이 고갈되는 사태가 일어날 것이다. 이러한 까닭에 그 모든 인민의 은우(隱憂)와 유식한 당국자의 고심이 대단히 극에 달하여, 늘 그 평화주의로 무사하기 바라고 선박의 제조와 항해업의 장려로 운수 교통의 편리에 힘쓰는 것이다. 그러나 이 또한 일시적 방편에 불과하니 고질적 병인을 바로잡기 끝내 어렵다.

오호라! 이처럼 세계 최고의 철광·해군력·광대한 영지 등 3대 부강한 특권으로 온 세상을 호시탐탐 엿보면서 타국에 굴복할 일이 없으면서, 그 국가 생존의 근본만은 타국의 조종을 면하지 못하는 이유는 다름이 아니다. 이는 그 국가·인민의 경제 기초를 농업으로 설정하지 않은 탓이다. 하물며 그 나머지 상공업도 번성하지 못하고 농업도 온전하지 못한 나라야 더 말해 무엇 하겠는가. 현재 영국과 대등한 열강을 들자면, 프랑스·독일·러시아·미국이다. 이 네 나라는 혹 온전한 농업국도 있으나, 상공업에 전념한 나라도 농업을 중시하여 이로써 자국 내 실력을 굳건히 할 기초를 확립하고, 그 실력의 충만 팽창을 통해 상공업의 방도에 다시 활용하여 외국과의 이익 경쟁을 이룬다. 그러니 그 외부력이 점차 진전될 날이 곧 그 내부력도 더욱 견고히 하고, 내부력이 점차 견고해질 때 곧 그 외부력도 점차 견고히 하여 그 표리(表裏)와 본말(本末)을 무궁히 서로 보조 순환하게 한다. 이는 비유하자면 마치 목근을 배양하여 지엽을 무성히 하는 것과 같고 수원(水原)을 함양하여 지류를 넓히는 것과 같다. (미완)

아모권면 - 계속 - ⓗ한 / 이응종(李膺鍾)

아이를 진심으로 대하기를 대비하자면, 아이에게 필요한 의복과 용품을 미리 갖추어야 한다. 예컨대 저고리・몸 싸매는 배가리개・기저귀・이불・버선 등이 그것이다. 제 아무리 가난한 어머니라도 의복과 담요를 두 벌씩은 미리 갖추어야 하고, 기저귀는 열 벌씩 마련해야 한다. 다만 돈이 많으면 뜻대로 할 수 있다. 또 기름과 가루를 미리 준비해야 하니, 기름의 경우는 외국의 바세린이란 기름이 가장 좋고 깨끗한 돼지기름도 괜찮다. 가루의 경우는 여러 종류가 있으나 메밀가루가 가장 좋다. 부드러운[16] 수건에 싸서 매어 두고 매일 아기에게 사용해야 한다.

아기가 태어날 때는 하느님께서 내려주신 예물임을 명심하고 감사한 마음으로 잘 받아라. 또 아이가 태어날 때는 큰 직분도 함께 오는 것임을 자각하고 삼가 잘 지켜야 함을 명심하라. 또 아이의 교육에 대한 속담 몇 마디가 있으니 잘 배우기 바란다. 이 속담은 다음과 같다. '만물이란 적소가 있으니 적소에 만물을 두어라.[17] 만사란 적기가 있으니 적기에 만사를 행하라.'

ㅇ 음식 먹이는 법

아기에게 매일 끓여 식힌 물을 한 수저씩 먹이면 입병이 잘 나지 않는다. 먹이는 음식은 어머니의 젖이 가장 좋다. 어머니의 젖이 없다면 유모를 골라 쓰는 편이 좋다. 유모를 택하지 못한다면 서양에서 아기를 위해 만든 젖이 있으니 그 젖을 사서 먹일 수도 있다. 다만 그 가격이 유모보다 비싸고 그 젖만 가지고는 아기가 생존하기 어렵다. 아이를

---

16 부드러운 : 원문은 '섬귄'인데, 이는 '부드러울 섬(纖)'의 관형격 표현으로 이해된다.

17 만물이란……두어라 : 원문에는 "곳이 있으니 모든 것을 둘 곳이 있으니 그곳에 모든 것을 두어라."인데, 문맥상 '곳이 있으니'가 중복된 것으로 보아 앞의 것을 생략하였다.

먹이는 방법은 때를 정해서 먹여야 하니, 3삭까지는 2시간에 1회씩 먹인다. 3삭부터 8삭까지는 3시간에 1회씩 먹인다. 1돌 후에는 1일에 5회씩 먹이고 밤에는 숙면을 취하게 한다. 어금니가 나기 전에는 다른 음식을 먹이지 말아야 한다. 어금니 나는 것이 음식을 먹는 징표이다. 3살 전에 음식 먹이기를 시작한다면, 가장 조심할 것은 단단한 무와 백채 등을 먹이지 말아야 한다. 이는 연약한 위장이 단단한 음식을 소화시키지 못하기 때문이다. 이러한 까닭에 먹이면 병들고 해를 입기 쉬워진다. 또 사탕을 과하게 먹이는 행위도 해롭다. 아이에게 가장 좋은 음식은 반숙 계란·죽·고깃국·충분히 삶은 닭고기 등이 가장 유효하고 유익하다. 그밖에 여러 좋은 음식이 많은데, 다만 조심히 먹여야 한다. 2살 후에는 매일 조금 과실을 먹이는 편이 좋다. (미완)

위생설 / 김경식(金璚植)

제2장 음식물의 부분

1. 음식물의 분량 : 음식물의 분량은 연령·직업·기품의 정도에 따라 증감된다.

(1) 음식물이란 신체 발육의 원료이다. 유소년 시기는 신체 여러 부위의 발달을 위해 다량의 음식물이 필요하고, 성장한 후에는 신체 여러 부위의 성장이 필요하지 않기에 식료품도 비교적 증가되지 않는다.

(2) 음식물이란 신체 소모를 회복시키는 것이다. 노동 시 신체 여러 부위의 소모가 많은 까닭에 다량의 식료품이 필요하므로 노동의 정도가 감소하면 식량도 자연히 감소된다.

(3) 음식물이란 체온을 발생시키는 원료이다. 한랭할 때 신체 여

러 부위의 열 손실이 많아서 다량의 식료품이 필요한 까닭에 여름철이 겨울철보다 식량이 적게 든다.

(4) 식사량이 과도하면 위가 압박을 받아 혈액의 대부분이 몰리고 신경의 대부분이 전력으로 작용하는 까닭에 몸 전체에 상당한 무기력감을 조성한다. 따라서 보다 많은 업무를 하고자 할 때 식사량을 적게 하는 것이 좋다.

2. 음식물의 종류 : 음식물의 종류는 연령・계절・날씨에 따라 변경됨을 짐작할 수 있다. 여름철 소아는 채식이 적당하고 겨울철 노인은 육식이 적당하다.

3. 식사의 방법 : 적당한 시간에 음식을 먹는다. 단 사람 중 명칭은 달라도 소년・건강한 사람・노동자의 경우 활발한 소모기능이 있기에 하루 몇 차례 식사해도 무방하다. 다만 그 횟수가 과다하면 위장이 피로해져 결국 질병의 원인을 키우게 된다.

(1) 음식물의 온도가 너무 뜨겁거나 너무 차가운 것은 좋지 않다. 너무 뜨거울 때는 입 점막—안가죽—이 상하고, 너무 차가울 때는 소화기를 냉각시켜 소화기능을 저해한다.

(2) 정신을 과로하게 하거나 신체를 격렬히 움직이게 하고 즉시 식사하는 행위는 매우 부적절하다. 이는 혈액이 신경 내지 근육의 일부로 흘러 들어갈 때 갑자기 음식물이 위로 들어가 다량의 혈액을 요구하기 때문이다. 이와 동시에 식후에 즉각 정신 내지 신체를 격렬히 쓰는 것도 몹시 유해하다.

(3) 전신과 소화기가 쇠약할 때 자극이 없는 부드러운 음식물이 필요하다.

4. 음식물의 근원 : 식물(植物)은 무기물—활동이 없는 것-에서 음식물을 취하여 녹색〔綠色〕[18]의 잎에서 전분을 생성하고 이를 다시 변화시켜 온갖 유기화합물을 생성한다. 동물은 직접 내지 간접으로 식물을 음식

물로 삼는다. 그러한 까닭에 식물이 없을 시 전혀 성립될 수 없다.

5. 음식물의 원료 : 음식물이 될 만한 물질은 4종이다. 무기물・함질소물(含窒素物)・함수탄소(含水炭素)・지방이 이것이다.

(1) 무기물 중 가장 중요한 물질은 물과 식염이다. 물은 가장 중요한 물질로 신체의 2분의 1 이상이 물로 이루어졌다. 물 이외에 온갖 염류가 필요한데, 식염은 특히 부족해서는 안 된다.

(2) 함질소물 중 가장 중요한 물질은 단백질이다. 곡류・계란・우유・근육에 함유되어 있어 가장 필요하다.

(3) 함수탄소는 전분・사탕 등이다. 채소・과실 중에 함유되어 있다.

(4) 지방은 버터・우유 등에 함유되어 있고 또 근육・종자(種子) 등에 함유되어 있다.

노동에 종사하는 장년의 1일 필수 식사량을 간략히 언급하면 이하의 표와 같다.

물	80냥	쭝
염분	8전	쭝
단백질	3량 1전	쭝
지방	1량 5전	쭝
전분	13량 3전	쭝
계 98량(兩) 7전(錢) 쭝(重)		

18 녹색(綠色) : 원문은 '絲色'이나, 綠色의 오기로 보아 고쳐 번역하였다.

지리문답 - 계속 - / 원영의(元泳義)

(문) 대저 이 세 과목의 변화 여부는 어떠한가?

(답) 수리지리는 불변하는 것이고, 자연지리는 시간에 따라 조금 변하는 것이고, 정치지리는 크게 변하는 것이다. 대개 수리의 경우 혼돈이 개벽된 이래로 적도・황도・묵도의 한계와 회전・순환의 이기(理氣)가 본래 일정함이 있어서 시종 무궁한 까닭에 '불변한다'고 하는 것이다. 자연의 경우 또한 천지가 개벽한 이래로 고하(高下)・건습(燥濕), 장단(長短)・광협(廣狹), 대소(大小)・험이(險夷)가 각자 일정한 위치가 있되 간혹 수시로 지진・해일, 산사태・가뭄, 구릉과 계곡의 이동이[19] 있는 까닭에 '조금 변한다'고 하는 것이다. 정치의 경우 구역의 명칭이 나뉘거나 합하거나 인습하거나 개혁하거나 하고, 세계의 생민이 옮겨지거나 정착되거나 흩어지거나 모이거나 하며, 고금의 풍속이 보존되거나 변하거나 예전대로이거나 새로워지거나 하니[20], 이러한 부류는 일시의 견문으로 지적할 수는 없는 까닭에 '크게 변한다'고 하는 것이다.

(문) 지구란 무엇을 말하는가?

(답) 그 전체의 원형이 구와 같은 까닭에 '지구'라 한다.

(문) 그것이 원형임을 어떻게 아는가?

(답) 그 증거는 네 가지다. 해수면 선박의 은현(隱見), 5대양 항로의 환회(環回), 수평선 주위의 환요(環繞), 월식 때 그림자의 원형 등이 그것이다. 가령 어떤 항해사가 저 대양으로 출항하는데, 정해진 방향이 애당초 없이 아득히 표류하여 끝없이 가면 자연히 본래

19 구릉과……이동이 : 원문은 '陵移谷選ᄒᆞᆷ이'인데, '谷選'은 '谷遷'의 오기로 보아 고쳐 번역하였다.

20 예전대로이거나……하니 : 원문은 '或染或新ᄒᆞᄂᆞ'인데, '染'은 '舊'의 오기로 보아 고쳐 번역하였다.

바다로 결국 돌아오니 이것이 첫 번째 증거이다. 해안에 서서 멀리 오는 선박을 바라보면 그 돛대가 희미하게 보이다가 점차 가까워지면 그 선체도 다 보이니 이것이 두 번째 증거다. 혹 아득한 벌판으로 가거나 드높은 정상에 오르거나 하여 최대한 사방을 멀리 바라보면 하늘을 감싸는 둘레가 고리 같으니 이것이 세 번째 증거이다. 월식 때 지구의 그림자가 달 표면을 덮어 가림이 필시 원이니 이것이 네 번째 증거이다. 이 네 가지 증거에 의하여 궁구해보면 고인의 달걀설이 헛되지 않다고 여길 것이다.

(문) 구학문의 '천원지방(天圓地方)'이란 무엇을 말하는가?

(답) 이는 속사(俗士)의 오해이다. 대개 그 '방(方)'이란 만물이 형태를 부여받음에 일정한 방(方)이 있다는 것이지 그 체(體)를 말한 것이 아니다. 옛날 단거리(單居離)가 '천원지방'을 물으니 증자(曾子)께서 답하기를 "하늘이 둥글고 땅이 네모나면 네 귀퉁이를 가릴 수 없다."고 하셨다.

(문) 지구는 무엇에 의지하는가?

(답) 공허(空虛)에 의지하여 태양의 구심력과 자신의 원심력으로 서로 끌어당기면서 사시(四時)와 주야(晝夜)로 부단히 운동한다.

(문) 구학문의 '천동지정(天動地靜)'이란 무엇을 말하는가?

(답) 이 역시 속사(俗士)의 미숙함이다. 대개 그 '정(靜)'이란 의착(依着)된 만물의 정지 상태를 지칭한 것이다. 주자(周子)께서 말하기를 "정(靜)이 극에 이르면 동(動)이 된다."고 하고, 주자(朱子)께서 말하기를 "하늘이 밖에서 운행하고 땅이 그에 따라 돌지 않는지 누가 알랴."고 하고, 정자(程子)께서 말하기를 "하늘이 운행하면서 땅이 멈춘 적은 없다."라고 하셨다.

(문) 그 운동은 어떠한가?

(답) 공전(公轉)·자전(自轉)이 있다. 공전은 태양의 궤도를 일주로 순

환하여 사계절이 되는 것이다. 자전은 자신을 선회하여 태양을 마주하면 낮이 되고, 태양을 등지면 밤이 되는 것이다. 오직 남・북극만 운동하지 않는다.

심리문답 - 계속 - / 원영의(元泳義)

(문) 활동하는 방법은 어떠한가?

(답) 심리학은 물질계에서 물리학과 대립되어 인간 자신의 내면에 관한 모든 학문을 위한 원칙을 제공한다. 그 과학의 연구법은 내성법・관찰법・실험법 3종으로 관철된다.

(문) 내성법은 어떠한가?

(답) 나의 정신을 직관하는 것이다. 만일 무단히 웃고 무단히 찡그리면 자신의 정신을 직관하지 못하는 것이다.

(문) 관찰법은 어떠한가?

(답) 아동 심리로 타인의 정신 작용을 관찰하는 것이다. 쟁기・보습을 보면 신농씨(神農氏)의 정신작용을 지각하고, 역사를 보면 나폴레옹의 정신작용을 지각하는 등이다.

(문) 실험법은 어떠한가?

(답) 물리학의 정신으로 기계적 실험에 대해 특이한 경우를 분명히 인지하되 시계처럼 1시에 1회 타종할 때부터 12시에 12회 타종할 때까지 역력히 침착하게 지각하는 등이다.

(문) 심리학의 원칙은 어떠한가?

(답) 물질계에서 물리학과 상대되어 인간 자신의 내면에 관한 모든 학문을 위한 원칙을 제공한다. 대개 인생에서 반드시 해야 하는 일이 있으므로, 인격상 마땅히 해야 하는 일을 학문의 필수로 삼아

야 하고, 학문함에 반드시 물질계의 물리학을 궁구해야 한다. 만유(萬有)의 물리가 곧 정신유일(精神惟一)에 다 귀결된다.

(문) 정신이란 무엇을 말하는가?

(답) 정신이란 형상도 없고 자취도 없어서 분명히 말하기 어렵다. 구학문은 '마음에 깃든다'고 하고 신학문은 '두뇌에 깃든다'고 하여 그 논의가 다르나 정신이 깃든 곳은 곧 마음이다. 그러나 다만 구학문은 마음이 오장 내에 있는 줄로 인식하고 신학문은 마음이 곧 두뇌라고 인식한다. 대개 그 두뇌가 장애물과 부딪힘에 정신이 혼란해지니, 이는 정신이 깃든 마음이 곧 뇌수라는 증거임이 명확하다. 그 본원(本原)의 이상으로 궁구하면, 정신이 깃든 곳이 이미 둘이 아니니 정신현상의 유일문이 되고 또 의식의 주체가 된다.

(문) 의식의 주체란 무엇을 말하는가?

(답) 의(意)는 사상의 방향이고, 식(識)은 구별의 묵계(默契)이다. 그런데 정신은 의식의 거처이고, 의식은 정신의 작용이다.

물리학 - 계속 - / 박정동(朴晶東)

○ 역론(力論)

력(力)이란 물체에서 발현되는 고유한 것이다. 물체의 대소를 막론하고 물체가 있으면 력도 있다. 물체와 력은 선후의 구별이 없다.

력은 물체에서 발생되어 이 물체가 저 물체를 견인하고 저 물체가 이 물체를 견인하여 서로 애력(愛力), 즉 인력(引力)을 발현하고 또 동종의 물질도 그 세부, 즉 분자 역시 서로 견인하여 혹 견고한 금석 등이 된다.

지체(地體)란 온갖 물질이 취합되어 거대한 구형이 된 것이고 또 천체(天體)의 해・달・별도 서로 견인한다. 그러므로 이를 우주 간의 보통 인력이라 칭하는 것이다.

○ 인력의 실험

두 가는 바늘을 한 그릇의 수면에 띄우되 다소 거리를 띄울 때 서로 견인력을 일으켜 두 바늘이 점차 밀접해진다. 이러한 견인력은 수면 밖에서도 발생하나 그 장소의 마찰로 인하여 제대로 발현되지 못하다가 수중에 뜨면 곧 그 견인력을 발현하게 되는 것이다.

대개 여타 가벼운 물체도 수중에 뜨면 서로 견인하여 한 위치로 모이는 것이 보통이다. 그러니 인력의 강약은 체적(體積)의 대소・중량과 관련이 있다.

○ 중력

중력은 지구와 물체 간의 견인력에서 기인한다. 지구는 그 구형의 중심을 경유하여 주위 표면으로 발하는 인력이 강대하고, 물체도 지구를 인양하려는 힘이 있으나, 대개 지구상에 존재하는 물체는 지구의 체적과 인력에 비할 바가 없으므로 각 물체가 다 지구에 의해 견인되어 지구 표면의 주위에 부착되는 것이다. 그러므로 보통 물체가 지면에서 잠시라도 떨어지면 수직방향, 즉 지구의 중심으로 하락하는 것이니, 이를 중량(重量)이라 칭한다. 이 중량을 지각함에는 물체의 낙하 현상을 지탱하자면 그 낙하력과 동등한 힘이 요구되니, 이를 가지고 물체의 중량을 측량하는 것이다.

동물문답 - 계속 - / 류제달(柳濟達)

(문) 척추동물의 의의는 알거니와 절족동물・연체동물・연형동물(蠕形動物)・극피동물(棘皮動物)・강장동물(腔腸動物)・원시동물의 구별은 어떠한가?

(답) 무척추동물도 수많은 차이가 있어서 각기 구별할 수 있다. 첫째 체형이 수많은 환절(環節)[21]로 구성되어 외피가 강하여 외골격을 조성하고 마디가 있는 다수의 다리를 갖춘 동물을 절족동물이라 한다.

둘째 체질이 유연하여 골격이 없고 좌우동형(左右同形)이며 환절이 없고 체벽(體壁)[22]의 일부가 '외투막'이란 폭넓은 주름살 무늬를 조성하여 신체를 감싼 동물을 연체동물이라 한다.

셋째 좌우동형인 하등동물을 연형동물이라 한다.

넷째 신체에 등과 배의 구별만 있고, 대개 전후좌우의 구별이 없고 체벽 중에 석회질의 골편(骨片)이 있는 동물을 극피동물이라 한다.

다섯째 신체가 방산동형(放散同形)이고, 체면에 석회질의 골판(骨板)이 없는 수산물을 강장동물이라 한다.

여섯째 몸이 지극히 미세해서 현미경 수준의 하등동물을 원시동물이라 한다.

(문) 동물학 연구가 인생에 어떤 이익이 있는가?

(답) 두 가지 이익이 있다. 첫째는 실지 응용상의 이익이다. 우리 의식주에 필요한 재료를 얻으려면 천연물을 반드시 구해야 하는데 동

---

21 환절(環節) : 곤충이나 누에, 지렁이 따위와 같은 동물의 몸을 이루고 있는, 고리 모양의 마디.

22 체벽(體壁) : 동물의 피부에 있어서 외배엽 즉 외세포 층으로부터 형성된 피부로서 표피, 진피 및 기저막으로 구성된 부분.

물은 천연계의 대부분을 점유한 것이다. 그러한 까닭에 각 동물의 구조와 습성 등을 연구하고 이를 이용하여 의술・농업・산림・수산 등 각 방면에 대한 이익을 얻을 수 있는 것이다. 둘째는 사상상의 이익이다. 인류는 동물의 한 종류이다. 각 동물의 어떠한 이법(理法)에 대해 알지 못하면 인류가 어떠한 위치인지 어떠한 관계인지 알기 어렵다. 그러한 까닭에 다른 동물을 연구할 필요가 있는 것이다.

(문) 지구상 동물의 수는 얼마나 되는가?

(답) 동물은 위치에 따라 종류가 다른데 지구상 어느 방면이든 동물이 없는 곳은 없다. 단지 우리가 현재 목격하여 잘 아는 동물만도 30여만 가지 이상이다.

(문) 척추동물은 형상과 습성이 다 같은가?

(답) 같은 척추동물도 형상과 습성이 다 다르다. 이를 분류해서 포유류・조류・파충류・양서류・어류 다섯 종류로 구성된다.

(문) 포유류는 특성이 어떠하고 여기에 속하는 동물은 무엇인가?

(답) 이는 신체 골격이 내부에 있어 전신의 기초가 되고 근육이 이에 부착되고 피부가 그 외면을 감싼 동물인데, 그 가운데 특별히 털로 전신을 덮고 피가 따뜻하며 태반으로 낳음에 유즙으로 새끼를 포육하는 동물을 말한다. 개・고양이・말・소 등이 이에 속하고 우리 인류도 이에 속한다.

(문) 그렇다면 척추동물 중에 포유류에 속하는 동물의 성질과 그 생활의 상태를 알고자 한다. 포유류의 경우 대개 털이 전신을 덮었다고 하니 털로 덮인 동물에 대해 묻노라. 원류(猿類) 중에 성성(猩猩)이란 동물은 어떠한가? (미완)

식물문답 - 계속 - / 최재익(崔在翊)

(문) 식물은 몇 종으로 대별(大別)되는가?

(답) 현화식물(顯花植物)・은화식물(隱花植物) 2종으로 대별된다. 현화식물은 배・매화・복숭아・살구처럼 꽃이 있는 식물이 그것이다. 은화식물은 고사리・해초처럼 꽃이 없는 식물이 그것이다.

(문) 현화식물은 몇 종의 구별이 있는가?

(답) 피자식물(被子植物)・나자식물(裸子植物)로 구별된다. 꽃 중앙에 씨방이라 칭하는 부분이 있는 식물을 피자식물이라 칭하고, 씨방이 없는 식물을 나자식물이라 칭한다.

(문) 쌍떡잎식물과 외떡잎식물의 구별은 어떠한가?

(답) 피자식물의 종자가 맹아될 때 떡잎 두 매를 생성하는 식물이 쌍떡잎식물이다.

(문) 교목(喬木)이란 무엇인가?

(답) 다년간 생존하고 길이가 길며 줄기 하부에 가지를 기르는 경우가 희소한 수목을 교목이라 칭한다.

(문) 관목(灌木)이란 무엇인가?

(답) 교목에 비해 나무 길이가 짧고 줄기 하부에 가지를 기르는 횡목을 관목이라 칭한다.

(문) 식물 뿌리는 영구히 고사(枯死)하지 않는가?

(답) 뿌리가 1년 만에 고사하는 것, 2년 만에 고사하는 것, 다년간 고사하지 않는 것 등이 있다. 그러므로 식물을 1년생・2년생・다년생 식물 3종으로 구별한다.

(문) 초류(草類)와 화류(禾類)의 구별은 어떠한가?

(답) 초류는 연약한 줄기가 있는 식물이니 나물류・잡초류를 칭한다. 화류는 중간이 비고 마디가 있는 식물이니 벼・보리 등의 종류를

칭한다.

(문) 내장류(內長類)와 외장류(外長類)의 구별법을 묻는다.

(답) 매년 줄기 외부에 신질(新質)을 생산하는 식물을 외장류라 하는데, 소나무·매화나무·복숭아나무 등이 그것이다. 줄기 내부에 신질을 생산하는 식물을 내장류라 하는데, 벼·보리·옥수수·대나무 등이 그것이다.

광물문답 - 계속 - / 최재익(崔在翊)

(문) 화학성에 따라 광물을 몇 종류로 구별하는가?

(답) 금속광물·비금속광물로 구별된다. 금·은·동·철·납·아연 등이 금속광물이고, 석회 등이 비금속 광물이다.

(문) 원소광물과 화합광물의 구별은 어떠한가?

(답) 단일한 원소로 조성된 광물과 다수의 원소가 서로 화합해 조성된 광물이 있다. 전자를 원소광물-단체광물(單體鑛物)-, 후자를 화합광물-복체광물(複體鑛物)-이라 칭한다.

(문) 광물의 광택은 어떻게 구별하는가?

(답) 광물은 광택의 상이성으로 금속광택·비금속광택 두 가지로 구별된다. 비금속광택 중에 수많은 종류가 있다.

(문) 암석과 광물의 구별은 어떠한가?

(답) 세속에서 큰 돌을 암(岩)이라 하고 작은 돌을 석(石)이라 하거나 혹은 무른 돌을 암이라 하고 단단한 돌을 석이라 한다. 그러나 광물학적으로 산악과 평지를 막론하고 지반을 구성하는 것은 작은 조각도 암석이라 칭하고 수석(岫石)을 구성하는 것은 광물이라 칭한다.

(문) 조암광물(造岩鑛物)이란 무엇인가?

(답) 2종 이상의 광물이 결합해 구성된 광물을 조암광물이라 칭한다.

(문) 광물의 경도(硬度)·단구(斷口)란 무엇인가?

(답) 광물의 단단하고 무른 정도를 경도라 한다. 광물이 깨진 단면을 단구라 한다.

(문) 광물의 벽개(劈開)란 무엇을 말하는가?

(답) 대개 결정성 광물로 벽렬성(劈裂性)이 있을 때, 이를 벽개라 칭한다.

(문) 동질이정(同質異晶)의 광물이란 무엇을 말하는가?

(답) 광물이 동일한 성분으로 조성되면서 서로 완전히 다른 형상의 결정이 되는 것이 있으니, 이를 동질이정 광물이라 칭한다.

(문) 광석(鑛石)이란 무엇인가?

(답) 대개 금속은 다른 광물에 포함되어 산출되니 그 광물을 광석이라 칭한다.

(문) 광물의 투명체·불투명체의 구별은 어떠한가?

(답) 광물의 종류에 따라 광선이 통과되는 것과 그렇지 않은 것이 있다. 전자를 투명체, 후자를 불투명체라 칭한다.

공학 / 상호(尙灝)[23]

○ 한반도 소년들아 '시대를 알라'

바람이 쓸쓸히 불고 달빛이 말갛게 빛나거늘 마루 끝에 왔다갔다 기둥에 기대어 위태롭게 서서 위를 우러러 보고 아래를 굽어 보니 만물의

---

23 상호(尙灝) : 1879~1948. 1906년 도쿄제국대학을 졸업하고 대한유학생회 회장을 지냈으며 대한제국 농상공부 기사 등을 역임하였다. 일제강점기에는 각지의 군수와 중추원 참의 등을 역임하고 친일인명사전에 등재되었다.

소리가 다 고요하고 천지가 텅 빈 것 같았다. 이윽고 약현(藥峴)의 종소리[24]가 강산에 진동하고 기차의 기적 소리가 하늘을 찢는 듯하다. 아아, 이는 과연 무슨 뜻인가. 때늦은 시간에 사방의 이웃이 조용한 것은 상업(商業)・공업(工業)이 부진하여 인민의 생활이 곤란하고 국가의 재정이 부당함을 식자에게 알리는 듯하다. 이역만리 길을 멀다고 여기지 않고 대양(大洋)을 건너 와서 수시로 끊임없이 울리는 교당의 종소리는 우리나라 인민이 학식이 천박하고 사상이 유치하여 세상의 형편을 전혀 모르고 어지럽게 취생몽사하고 있음을 연민하는 듯하며, 쓸쓸하고 고요한 3천리 강산을 남북으로 종횡하고 위세가 맹렬하여 질풍처럼 나는 듯한 외국인의 기차는 민력의 쇠잔함과 국운의 곤란함을 능멸하는 듯하였다. 다르게 말하면 가련한 한반도 산천이여. 유독 유망한 소년을 배출하여 고상한 사상을 품고 세계의 문명과 학술을 학습하여 원대한 목적을 기도하여 동서고금에 전대미문의 대사업을 성취하여 대한민족의 천연적 특성을 세계 각국에 널리 알리기를[25] 열심히 바라는 것 같다.

아 소년들아, 너희의 책임이 참으로 막중하다. 옛일을 참고하고 오늘날을 배워서 부패한 사회를 소생시키는 것도 너희의 책임이고, 문명한 신학술을 습득하여 농업・공업・상업을 발달시키는 것도 너희의 책임이고, 빼앗긴 온갖 권리를 회수하는 것도 너희의 책임이고, 무너진 국운을 만회하는 것도 너희의 책임이고, 천부적인 자유의 행복을 누리는 것도 너희의 책임이고, 이 외에도 너희의 책임이 많으니, 어찌 중대하지 않다고 하겠는가. 또한 한 마디 말로 기밀을 누설하기를 "우리 한반도 또한 강산은 여전하나 시대가 변하였다. 그러니 지금부터 근면하게 전도유망한 활동을 일삼는 인물을 환영해 사랑하고 지원해야 하고, 나

---

24 약현(藥峴)의 종소리 : 약현에는 1892년에 건립된 우리나라 최초의 서양식 교회인 '약현 성당'이 있다.

25 널리 알리기를 : 원문은 '公怖'이나 '公布'의 오기로 보아 고쳐 번역하였다.

태하게 유희적 오락을 일삼는 자유를 미워하여 물리쳐 망하게 해야 한다." 하였다. 또한 물 하나를 사이에 두고 아침저녁으로 왕래하는 일본국의 경우 인구의 증가가 매년 60만인 까닭에 10여년이나 노력하여 학교를 졸업해도 출세할 지위를 얻기 어려워 고심하고 노력하는 자가 무수히 많다. 그리니 만일 차질이 생긴다면 4천여 년의 조국이 하루아침에 곧 다른 국가의 소유가 될 것이다. 우리 대한국민이 된 자로서 어찌 신중해야 하지 않겠으며, 어찌 두려워해야 하지 않겠는가. 모든 생각이 여기에 미치니 천하가 광활하나 내 생각은 오직 우리 독립뿐이다. 그런데 바꾸어 생각해보면 서양의 속담에 "영웅이 시대를 만들고 시대가 영웅을 만든다." 했으니, 기쁘다 이 시대여. 장차 불세출의 영웅호걸을 무수히 배출하겠다.

사랑하는 우리 소년들아, 지금 이 시대를 너희가 과연 알고 있는가. 하늘이 너희의 수완을 빌려서 4천년 동안 함양한 우리 대한민족의 훌륭한 특성을 세상에 발휘하려 하여 오늘 이러한 좋은 시대를 너희에게 부여하고 또 너희의 앞날에 무한한 자유를 부여하였다. 조선 팔도 전역이 다 무너지고 상하층 백성이 흩어졌거늘, 도피한 인민들을 소집하여 거북선을 발명하고 제조하여 일본 역사상 전무후무한 대영웅이라 불리던 도요토미 히데요시(豊臣秀吉)로 하여금 평생의 야심을 이루지 못하게 한 일로서 동서고금에 유명한 충무공(忠武公) 이순신(李舜臣) 같은 대영웅이 되는 것도 너희의 자유이고, 신세계를 건설하여 영국의 포악한 압제에서 벗어나고 공화정치를 창시하여 세계문명에 새로운 면목을 드러내며 억조창생의 만년 대계를 공고히 한 워싱턴(George Washington) 같은 만고의 위인이 되는 것도 너희의 자유이고, 잃은 영토를 수복하고 어지러운 정치를 정리하여 수십 개의 열방을 프로이센의 왕관 아래에 통합시킨 비스마르크(Bismarck) 같은 대정치가가 되는 것도 너희의 자유다. 그렇다면 진실로 뜻을 세워서 전력을 다할 수 있다면 무슨 일인들

이루지 못하겠는가. 모든 생각이 다 여기에 미치니 심신이 상쾌해지고 풍광이 시원해진다.

○ 사상을 개조하라

시대는 천재일우의 좋은 시대이고 목적의 선택은 무한한 자유로 구애될 것이 전혀 없다. 그런데 너희로 하여금 원대한 목적을 달성시켜 이 시대의 희망을 저버리지 않게 함은 과연 무엇인가. 이는 다름이 아니라 고상한 사상만 있을 뿐이다. 대저 사상과 사람의 관계가 정부와 국가의 관계와 완연히 같아서 나라에 백성이 있고 영토가 있어도 정부가 부패하여 활동력이 전혀 없으면 도리어 야만족의 부락만 못하고, 사람에게 정신이 있고 신체가 있더라도 사상이 비열하여 향상심(向上心)이 전혀 없으면 무덤 속의 해골과 다름이 없다. 그렇다면 우리나라 인민의 사상은 어떠해야 하는가라고 한다면, 예전에는 이토록 비루하지 않았지만 예로부터 쇄국주의를 고수한 탓에 호불호를 불문하고 외국의 인사와 물품을 꺼리며 배척하는 사상이 굳건하다. 외국에 대한 지식이 전혀 없는 탓에 국가에 대한 관념이 매미 날개보다 얇고 집안에 대한 일념이 비단 실보다 두터우니 지금도 출세하면 굳이 가문의 이름부터 밝힌다. 국가의 쇠퇴와 패망은 아랑곳하지 않고 제 집안의 부유와 영달의 추구를 이 세상 제일의 행복으로 알고 있으니, 아아 가련한 일이다. (미완)

수학 - 계속 - / 류석태(柳錫泰)

1에 1이 많으면 2, 다시 1이 많으면 3, 이같이 점차 많아져 9에 이르고 다시 1이 많아지면 10이라 칭하며 10에 1이 많을 때는 11이라 칭하고 다시 1이 많으면 12, 다시 1이 많으면 13, 이렇게 점점 많아져 19가 된다. 다시 1이 많을 때는 20이라 하고, 30 · 40에서 90에 이르고, 이에 10이 다시 많으면 즉 10이 10인 까닭에 100이라 칭하여 한 자리를 더 올라간다. 100에 10을 천(千)이라 하고, 1000에 10을 만(萬)이라 한다. 이 이상에도 10에 한 자리 더 올라가는 방식은 동일하다. 2만, 3만에서 9만에 이르고 여기서 또 만이 또 많을 때는 10만이 되어 또 한 자리 올라간다. 10만에 10이면 100만이 되고, 100만에 10이면 1000만이 되고, 1000만이 10이면 억(億)이 된다. 이 이상도 모두 일정한 원칙을 따른다.

1자리	단(單)
2자리	십(十)
3자리	백(百)
4자리	천(千)
5자리	만(萬)
6자리	십만
7자리	백만
8자리	천만
9자리	억(億)
10자리	십억
11자리	백억
12자리	천억
13자리	조(兆)
14자리	십조
15자리	백조
16자리	천조
17자리	경(京)

경(京) 다음도 이 전례를 따르나 세상에서 사용하는 경우가 드물기

때문에 여기서 거론하지는 않는다.

십 자리 이상의 수를 명명할 때는 기수(基數)를 먼저 하고 자리를 그 다음에 두어 부른다. 가령 스물인 수를 명명하자면 '이십'이라 칭하고 또 백씩 셋이 있을 때는 '삼백'이라 칭한다. 나머지도 모두 이와 같다.

십 자리 이상에서[26] 같이 동수를 명명할 때는 그중에 수량이 많은 수를 우선 하고 순서대로 내려가며 칭한다. 가령 동일한 현묵(玄墨) 10개와 또 3개가 여기 있어 명명하고자 할 때는 13개라 한다.

이상 명칭 및 자릿수는 정수(整數)에만 사용되는 사례이다. 소수(小數)에 관한 명수법(命數法)은 후편으로 넘긴다.

제3장 기수법(記數法)

(8) 기수법 : 문자로 수를 표기하는 방법이다. 편의를 위해 기호로 대용한다.

숫자의 기호는 복잡다단하다. 즉 지나식·로마식·아라비아식·대사식(大寫式)·옛날식·상용식(商用式) 등이 있다. 다만 현재 세계 여러 나라에서 보통 채용하는 방식은 아라비아식이다.

아라비아식으로 수를 대용하는 기호는 '123456789'이니, 하나에서 아홉까지 순차로 적용한다. 또한 0[27]이란 기호가 있는데 '영(零)' 혹은 '공(空)' 자에 대용한 것이다. 이는 어느 자리를 불문하고 기록할 수가 없는 상태를 표시하기 위함이다. (미완)

---

26 십 자리 이상에서 : 원문은 '二位以上에'인데, 직역하면 '2자리 이상에서'이다. 2자리는 곧 십(十)자리 이므로, 문맥에 맞게 번역하였다.

27 0 : 원문에는 '( )'라고 되어 있으나, 0의 오식으로 판단하여 고쳐 적었다.

지문학 - 계속 - / 박정동(朴晶東)

이 학설에 따라 지구 전체를 구분하여 북극・남극이란 일점을 발현하고 중간을 에두르는 일대를 적도선(赤道線)이라 칭한다. 이 적도는 춘분・추분의 일광이 바로 비추는 까닭에 지구에서 기후가 가장 더운 지방이다. 적도 지방을 열대라 칭한다. 적도에서 벗어나 남북으로 진행할수록 기후의 온도가 점차 감소하여 양극에 달하면 빙산만 퇴적되어 있다. 양극과 지구 중심을 관통하는 일직선, 즉 양극의 직경을 지축(地軸)이라 한다. 적도부터 양극까지 적도와 평행선으로 각기 90도를 구획하여 위선(緯線)이라 한다. 북극에서 지구 표면을 따라 남극에 달하는 선을 자오선, 즉 경선(經線)이라 한다. 이와 같이 주위로 360도를 구획한다.

적도부터 남북 각 23도 반에 달하면 이 선은 일광의 회귀선(回歸線)이다. 북회귀선은 하지에 일광이 바로 비추고, 남회귀선은 동지에 일광이 바로 비추어 남북이 한기와 열기를 교환한다. 우리나라의 위치는 북회귀선 이북에 근접해 있기에 기후의 온도가 우리에게 적합하여 지식 발달과 양육 발전에 가장 적절하다.

지문학은 지구 창조 초기부터의 연혁, 수화(水火)의 상전(相戰), 태양계와의 관계, 인력(引力) 등의 온갖 상태 등을 총괄하여 지문학이라 한다. 이 책은 지구의 온갖 사실과 수많은 현상을 구별하여 네 편으로 구분한다. 제1편은 지구의 연혁이고 제2편은 수화의 상전이고 제3편은 구형(球形) 표면의 인력이고 제4편은 천체와의 관계이다.

제1편

제1장 지구의 연혁

지구는 상고 창조 초기에 무량한 태허(太虛) 사이에 기류(氣流) 덩어리 하나가 뭉쳐 거대한 구형이 된 것이다. 그 온도가 대단히 높고 그 현재 발견된 물질이 70여 종 원질(原質) 등이다. 외면 주위의 열기가 점차 감소되면서 전체가 액화(液化)된 까닭에 용적 또한 감소되었다. 그 이후로 그 표면의 온도가 또 감소되면서 외피가 응고되어 이른바 '지각(地殼)'이라는 외피가 되니 토지가 이것이다. 이 지각은 무한히 두꺼운 것이 아니고 해변 평지에서 지면을 뚫고 들어가면 50마일에 불과하니, 그 이하는 무량한 고열을 지닌 액체만 있다. (미완)

교제신례 - 계속 - / 서병길(徐丙吉)

ㅇ 방문 - 계속 -

(1) 인류는 사교적 동물이니, 잠시라도 방문의 예를 갖추지 않아서는 안 된다. 이를 크게 나누면 문안, 감사 표현, 작별 인사, 귀가 보고, 축하, 흉례(凶禮), 공무, 기타 보통 방문 등이 있다.

(2) 방문의 예를 행할 때는 반드시 명함을 건넨다. 그 명함지는 순백의 두꺼운 종이를 사용하고 글자체는 한자의 경우 해서(楷書)로 적고, 서양 문자의 경우 초서(草書)로 적되, 활판이나 석판에 인쇄한다. 직무상 방문인 경우는 관직, 훈품(勳品)[28], 성명 등을 기재한 명함을 사용한다.

(3) 주인과 그 부인 혹은 그 가족을 동시에 방문하는 경우에는 그 명수만큼 명함을 각각 1장씩 건넨다. 부부의 이름으로 초대를 받은 뒤 감사의 예를 행할 때는 그 부부에게 각각 1장씩 건네되, 이러한 경우 초대를 받은 자도 부부 동반이면 남편은 명함 2장을 건네고 그 부인은 주부에게만 명함 1장을 건네는 것이 일반적이다.

(4) 황족을 방문할 때는 구비된 장부에 자필로 이름을 적고 명함을

28 훈품(勳品) : 훈관(勳官)과 통용되며, 작호(爵號)만 있고 직무상의 일이 없던 벼슬.

건넬 필요는 없다.

(5) 공무 등 용건이 있는 방문 외에는 면회를 요구해도 장시간 한담(閒談)을 삼가고, 잠시만 머물다 떠나는 것이 좋다.-구미 사람은 이 시간을 20분 이내로 여기는 듯하다-

(6) 보통 방문은 시간을 정하여 행한다. 만약 식사 시간에 방문했다가 평소 교제하지 않은 자라는 이유로 배척될 수도 있기 때문이다. 구미 사람은 정해진 영접 시간 외에 부인에게 갈 때는 오전 11시 전에, 남자에게 갈 때는 오전・오후를 불문하고 식사 시간만 피하여 방문하면 된다.-구미 사람의 조식은 오전 8~9시 사이, 점심은 오후 1시 혹은 1시 반, 석식은 오후 8시 전후가 일반적 관습이다-

(7) 출산, 결혼 그 밖의 축하 방문은 매 아침나절에 행하되 장시간 머물지 않는 것이 좋다. 단 향연(饗宴)의 초대를 받았을 때는 이 제한이 없다.

(8) 흉례 방문에는 복장을 간소히 하고 화려한 장신구는 결코 착용하지 말아야 한다. 특별히 친밀한 사이가 아니면 면회를 요구하지 않는 것이 좋고, 사망 조문에는 비애의 감정을 환기시키는 담화나 그밖의 잡담을 삼가야 한다.

(9) 장제(葬祭) 때 상례주관자〔護喪者〕는 걷는 것이 예법이다. 다만 묘지가 멀리 떨어진 경우에는 거마(車馬)를 탈 수도 있다. 그러나 출관(出棺)・착관(着棺) 때는 모두 반드시 걷는 것이 마땅하다.

동양담설 ㊒ / 한익교(韓翼教)

ㅇ 신 술[澁酒]

길 가는 중이 산골길을 가다가 술집에 들어가서 술 데울 동안에 오줌을 누러 술집 뒤곁에 들어갔더니 부엌 옆에 발가벗겨 결박해 놓은 사람이 있는 고로 깜짝 놀라 도로 나와 주막 주인더러

중 : 영감님.

주막 주인 : 어… 왜 그러나.

중 : 뒤곁 부엌 옆에 결박해 놓은 사람은 무슨 까닭인 줄은 모르나 여러 사람을 구원하는 것이 불가의 본의라 내 청으로 용서하여 주시오.

주막 주인 : 용서하지 못하겠네. 그놈을 용서하여 주었다가는 이 술장사가 방해될 터일세. 그놈이 내 집 술을 먹으면서 상을 찡그리며 하는 말이 "이렇게 신 술은 먹어본 일이 없다." 하고 뱉어 버렸으니 만일 그런 말을 다른 데 가서 소문내면 내 집 술을 사 먹을 사람이 없을 터라 이런 놈은 올 1년은 불가불 결박하여 두겠네.

중 : 아, 그러합니까.

주막 주인 : 술이 데워졌으니 와 자시게.

중 : 잔에 따라 주시오… 고맙습니다. 하며 한 모금 훌쩍 마시더니 상을 찡그리며 하는 말이

중 : 영감님, 결박하여 두신 김에 나도 마저 결박하여 주시오.

ㅇ 소복(小僕)의 의사(意思)

상전 : 소복아.

소복 : 예……

상전 : 너— 팥경단 두어 개 주랴.

소복 : 예… 주시면 먹겠습니다.

상전 : 그 대신 심부름 갔다 오되 윗말 김동지 댁에 이것을 갖다 드려라. 그 떡은 지금 먹지 말고 갔다 와서 먹어라.

소복 : 예… 그렇지마는 이 팥경단을 보이는 데 두면 다른 아이들이 집어먹을 염려가 있으니 어디든지 보이지 않는 데 두겠다.

아… 이곳에 이렇게 두면 모르겠지. 팥경단을 접시에 담아 살강에 올려놓고 통으로 가려놓으면 남에게 이를 염려 없다. 내가 보면 팥경단이지만 다른 사람이 보면 영락없는 개구리로 보겠다. …서방님, 갔다 오겠습니다.

상전 : 아이들의 의사지만 다른 사람이 보면 개구리로 알 터라 하니 우습다. 그 팥경단은 치우고 개구리를 눌러 두면 제가 도리어 놀랄 터이니 내 한번 속여 보리라 하고 실없는 상전이 개구리를 잡아서 팥경단과 바꾸어 놓았더니 조금 있다가 소복이 다녀와서

소복 : 서방님, 갔다 왔습니다.

상전 : 너 수고 많이 하였다. 어서 가서 팥경단 먹어라.

소복 : 그렇지, 이렇게 둔 것을 누가 알 수 있나. 내나 알지. (가려놓았던 통을 비키며) 내다, 나는 아는데, 그렇게 뛰면 팥경단아 너로 아나. 너무 뛰지 말아. 팥고물 다 떨어진다.

ㅇ 염치없는 사람

불난 집에 가서 여러 목탄, 불등걸을 부등가리에 떠다놓고

주인 : 따뜻하니 불을 쬐어라.

두 번째로 불 뜨러 보냈소.

주인 : 왜 못 가져왔느냐.

하인 : 무섭디다. 골을 내며 하는 말이 "사람이 왼통 타서 죽게 된 집 불을 가지러 오는 놈이 있단 말이냐." 하며 주지 아니합디다.

주인 : 천하에 인색한 놈이다. 그만두어라. 이담에 우리 집이 타더라도 불커녕 재티도 못 가져가게 하겠다.

사조 [漢] / 서상호(徐相浩)

벼를 동냥하는 중[乞禾僧]

포대는 어디 있는가, 승려야　　包帒何處僧
벼를 동냥하러 다니기를 쉬지 않네.　　乞禾行不息
남에게 빌려 자기 한 몸 생활을 꾀하니　　借人以資身
직접 씨를 뿌려 먹는 것이 어떠한가?　　何如自種食

논평하여 말하다. "승려는 매번 속인들에게 승려가 되기를 권하지만 승려에게 속인이 되기를 권하는 것만 못하다. 사람이 모두 승려가 되면 구걸할 곳이 없으니."

가을의 강[秋江]

높은 산은 높아도 찾을 수 있고　　高山高可尋
깊은 강은 깊어도 끝이 있지만　　深江深可極
세상 사람들의 마음은 비할 데가 없구나　　不比世人心
지척이라도 헤아리기 어려운 것임을.　　咫尺難可測

논평하여 말하다. "호랑이를 그리고자 하면 가죽은 그릴 수 있지만 뼈대는 그리기 어렵고, 사람을 알고자 하면 얼굴은 알 수 있지만 마음은 알기 어려우니, (아무리 높은) 산도 높지 않고 (아무리 깊은) 강도 깊지 않다고 말할 만 하도다."

병아리[鷄雛]

암탉이 열 마리 새끼를 거느리고　　雌鷄領十雛
벌레들을 쫓아가며 쪼는데　　啄啄虫蟻逐

수탉이 와서 높이 나는 솔개를 경계시키니 雄來警高鳶
일시에 풀 사이에 엎드리네. 一時草間伏

논평하여 말하다. "어미는 품고 아비는 보호하는 것이 사물의 자연스런 이치이다. 사람을 교육하는 데도 때때로 급선무가 있다."

즉석에서 지은 2수[即事 二首]

밥상머리에 남은 밥알 한 알 床頭遺一粒
떼 지어 몰리는 파리떼 群嘬集蒼蠅
얻은 거라곤 단지 이것밖에 없는데 所得祗如是
도리어 사람들의 미움을 받네. 却爲人所憎

논평하여 말하다. "작은 이익을 탐하고 큰 의리를 잃는 자들은 보잘것 없는 무리이자 돈에만 급급한 무리이다."

누에가 뱉은 뽕나무는 실이 되고 蚕吐桑爲絲
벌이 빚은 꽃은 꿀이 되는데, 蜂釀花爲蜜
종신토록 향기로운 꽃을 캐도 終年採芳菲
호랑나비는 실체가 없네. 蝴蝶羌無實

논평하여 말하다. "사농공상은 각기 그 때가 있지만, 부귀영화는 어찌 자취가 있으리오."

저녁 풍경[夕景]

박꽃이 핀 작은 집에 수 개의 별들이 떨어지고 匏花小屋數星垂
이슬 내릴 때 풀벌레 소리 흩어지네. 散草虫聲玉露時

때마침 불어오는 가을바람은 거미와 약속한 듯　西風似與蜘蛛約
텅 빈 처마 끝을 향해 불어와 붙어있던 실을 끊네.　吹向虛簷接斷絲

논평하여 말하다. "박꽃 핀 밤에 집에 있는 이 사람은 누구인가. 홀로 처마 끝에 매달린 거미를 마주하고 있자니, 배는 불룩 경륜(經綸)이 담겨 있네."

늦은 가을 즉석에서 짓다[深秋卽事]

산골 집 동지(冬至)에 해 저물기를 재촉하고　峽屋初寒日日催
검은 구름은 비도 내리지 않고 또다시 배회하네.　黑雲無雨更徘徊
떼 지은 까마귀는 서풍의 힘에 기대 날며　群鴉憑伏西風力
앞산 나뭇잎을 몰아오네.　驅得前山木葉來

논평하여 말하다. "'용호와 같은 기이한 책략[虎略龍韜]'을 몇 번을 읽고, 이것이 한 명의 병선(兵仙)이 나오게 된 출처라고 생각했다."

새벽에 일어나 앉아[曉月起坐]

떠들고 노래하는 건넛마을 깊은 곳에　人語人歌隔巷深
새벽녘에 꾸다 만 꿈이 아직도 선연하다.　曉來殘夢尙沉沉
동방은 점점 밝아져 종소리도 멈추는데　東方漸白鍾聲斷
장안의 명리심(名利心)만 모두 열리네.　啓盡長安名利心

논평하여 말하다. "천태산 신선이 좌선하고 상전벽해 물외의 이야기를 하는 것은 대체로 본령이 이와 같다."

정자 버드나무[亭柳]

오리정 가의 버드나무	五里亭畔柳
봄이 왔으되 누구의 봄인가?	春來爲誰春
긴 가지 이미 꺾여	長條折已盡
임을 맞이하고 또 임을 보내네.	迎人亦送人
서산의 측백나무에는 미치지 못하지만	不及西山栢
푸른 몸통은 눈 속에서도 푸르네.	青青雪中身

논평하여 말하다. "버드나무를 사랑하여 버드나무를 꺾는 것은 사랑이 아니다. 산속의 측백나무를 버리니, 버리지 않는 것이 공경이지."

두포의 가을 기러기[杜浦秋鴻]

먼 포구에 흰 구름 없이	極浦無白雲
푸른 하늘 맑기가 거울과 같네.	碧天明似鏡
사이좋게 짝지은 기러기 어디로 가나	□□何處鴈
빛이 비친 가을 강은 맑기도 하다.	照影秋江淨
어느 저녁 서풍이 불어오고	一夕吹西風
높이 나는 기러기는 병풍처럼 펼쳐 날아가네.	高飛綱羅屛

논평하여 말하다. "무리의 범위를 힘껏 뛰어나오는 것은 본디 쉬운 것이 아니다. 만 리 서풍에 날아가는 한 마리 기러기."

소설 (2)

ㅇ 잠상태(岑上苔) 제2회 / 이해조(李海朝)

한식절에 가인이 망모(亡母)를 제사하니	寒食節佳人祭亡母
천연동에 공자가 귀객(貴客)을 전별하다	天緣洞公子餞貴客

시를 읊고 나서 안장에 앉아 침묵하니 사람만 떠나지 마음이 떠나지 않는다. 푸른 나귀야! 너는 올 때는 무겁더니 갈 때는 가볍나. 나의 뇌리를 묶어 내어 할멈의 사립문에 매는구나. 분분한 새가 지저귀고 어둠이 겹친다. 많은 산호와 구슬도 다 염두에 두지 않더니 가슴이 다 량량(凉凉)해 어디서 잃었는가.

이 동자가 아무 생각 없이 채찍을 더하니, 반 이랑 정도 되는 진사댁 초당에 이르렀다. 어머니가 기다린 지 오래되었다. 이에 말하였다. "너는 나이 어린 수재(秀才)이다. 무슨 일로 만유(漫遊)하고 무슨 일로 취하고 무슨 일로 늦어서, 이 어미의 기다림을 허비하게 하느냐."

영랑이 자량(自諒)하며 말하였다. "어머님을 속이는 것은 하늘을 속이는 짓이라 하늘을 속이는 짓을 어찌 감히 할 수 있겠습니까마는 당일 광경을 곧장 떨치기 어려워서요."

그러고는 동문서답으로 애매모호하게 말하였다. "지금 만유한 날은 좋은 시절이고 만유한 짝은 좋은 벗이고 만유한 곳은 명승지라. 여기저기 완상하다가 저도 모르게 날이 저물었습니다."

어머니가 삼분 원신(圓信)하고 칠분 관서(寬恕)하고 십분 자애(慈愛)하고는 계집종을 질책하였다. "진지를 대령하라."

영랑이 억지로 관용(寬容)하고 계심(戒心)하여 두 무릎을 거두어 큰 소반을 대하니, 숙취에 머리가 무겁고 생각은 병풍 앞 등불 뒤에 있는

듯 없는 듯한데 너무나 허약한 체질이 온종일 겪은 바람과 햇볕에 너무나 피곤해져 백옥반(白玉飯)도 알알이 다 모래 맛이요, 어증(魚繒)과 저초(猪醋)도 비린내를 견딜 수 없으며, 수애(水艾)와 신채(新菜)도 참으로 쓰다.

식사가 끝나자 다과가 대령되고 다과가 끝나자 어머니와 대화하였다. 어머니가 말하였다. "너 겹옷 그리 춥지 않지. 오늘 날씨는 다소 따뜻하더라. 초당의 서편에 있는 채마밭에 종자를 뿌리고 연당(蓮塘) 우물의 살얼음을 일일이 다 걷어내었다. 어떤 태숙(台叔)이 와서 너를 찾더니 다행히도 네가 취한 모습을 보지 않고 돌아갔다. 술이 과하면 식사가 줄어든다. 너 저녁 식사가 너무 냉담하더라. 함부로 술 마시지 말고 나를 걱정시키지 마라. 너 피곤하냐. 일찍 자고 일찍 일어나야 한다."

영랑이 현금(懸衾)을 풀고 촉점(觸簟)을 펴고 협침(篋枕)을 놓아 차례로 어머니의 침소를 편안히 하고, 어머니를 정성껏 모시라고 계집종에게 부탁하고는 소등을 가지고 초당에 돌아가 누웠다.

오늘은 가절(佳節)이자 악절(惡節)이고 저자는 가인(佳人)이자 악인(惡人)이라 어머니의 훌륭한 자제를 그르쳤다. 그러고는 눈을 깜박임에 저 천연동의 초목이 다 꽃을 가득 그린 족자라 냉금(冷衾)을 전전함에 추운 이부자리에서 뒤척이며 깨지도 못하고 자지도 못한다.

신선이 동천(洞天)에 돌아가면 그래도 구름과 향기가 남지마는 저 대사립문을 한번 닫음에 자취가 사라지고 후회와 노고만 남는지라 내일의 식사가 오늘 냉담해졌고 내일의 밤잠이 오늘 궁색해졌다. 풍채를 줄이고 허리를 줄이고 독서의 맛을 줄여서 불치병이 나날이 심해지니 삼령(蔘苓)도 소용 없고 추환(芻豢)도 소용 없다. 어머니에게 수많은 시름과 근심을 끼치고 집안 하인들을 수없이 분주하게 한다.

내보[29]

ㅇ 지방구역 정리

지난 9월 24일에 반포한 칙령은 다음과 같다.

제1조. 지방구역은 별표(別表)와 같이 정리한다.

제2조. 별표 중 비입지(飛入地)는 갑군(甲郡)의 땅이 을군(乙郡)을 침범한 것을 말함이니, 토지가 있는 군에 속하도록 한다. 두입지(斗入地)는 병군(丙郡) 토지가 정군(丁郡)을 침범한 것을 말함이니, 인근의 군으로 이속(移屬)하도록 한다.

제3조. 본령은 반포일로부터 시행한다.

제4조. 종전 지방구역에 관한 여러 규정 중 본령에 저촉되는 것은 아울러 폐지한다.

ㅇ 별표 - 경기(京畿) -

경기(京畿)				
부군명 (府郡名)	원면 (原面)	이거면 (移去面)	내속면 (來屬面)	현면 (現面)
양주(楊州)	34	신혈면(新穴面)→고양 산내면(山內面), 청송면(靑松面)→포천	광주(廣州) 비입지: 초부면(草阜面)	32
포천(抱川)	10		양주 두입지: 산내면, 청송면	12
영평(永平)	7			7
연천(漣川)	5		철원 두입지: 관인면(官仁面)	6

29 기사의 제목이 본문에는 '내지잡보(內地雜報)'라 표기되어 있으나, 이를 제외한 전호의 목차와 본문에는 '내보'라 되어 있으므로 통일하여 표기하였다.

마전(麻田)	5		장단(長湍) 두입지: 장동면(長東面), 강동면(江東面) 적성(積城) 비입지: 하북면(河北面)	8
삭녕(朔寧)	7			7
개성(開城)	14	대남면(大南面), 소남면(小南面) → 장단		12
풍덕(豐德)	8			8
장단(長湍)	20	장동면, 강동면 → 마전	개성 두입지: 대남면, 소남면	20
파주(坡州)	12			12
적성(積城)	5	하북면 → 마전		4
고양(高陽)	8		양주 두입지: 신혈면	9
교하(交河)	8			8
김포(金浦)	8			8
통진(通津)	12			12
양천(陽川)	5			5
강화(江華)	17			17
교동(喬桐)	4			4
인천(仁川)	12	이포면(梨浦面) → 남양(南陽)		11
부평(富平)	16			16
과천(果川)	7			7
안산(安山)	6		광주(廣州) 두입지: 성곶면(聲串面), 월곡면(月谷面), 북방면(北方面)	9
남양(南陽)	13		수원 두입지: 팔탄면(八灘面), 분향면(汾鄕面), 장안면(長安面), 초장면(草長西), 압정면(鴨汀面), 오정면(梧井面) 인천 비입지: 이포면	20
시흥(始興)	6			6

수원(水原)	40	팔탄면, 분향면, 장안면, 초장면, 압정면, 오정면 → 남양 오타면(五朶面) → 진위(振威) 광덕면(廣德面)의 신흥포(新興浦), 신성포(新星浦), 가산면(佳産面)의 삼도오동(三島五洞) → 아산(牙山)	양성(陽城) 비입지: 율북면(栗北面), 서생면(西生面), 감미동면(甘味洞面), 승양면(升良面) 직산(稷山) 비입지: 언리면(堰里面), 외야곶면(外也串面), 안중면(安中面)[30] 평택(平澤) 비입지: 소북면(少北面)	41
진위(振威)	13		수원 두입지: 오타면 양성 두입지: 소고니면(所古尼面)	15
양성(陽城)	18	율북면, 서생면, 감미동면, 승양면 → 수원 소고니면 → 진위		13
안성(安城)	24			24
죽산(竹山)	14		양지(陽智) 비입지: 제촌면(蹄村面)	15
이천(利川)	15			15
음죽(陰竹)	8	무극면(無極面) → 음성(陰城)		7
여주(呂州)	14		원주(原州) 두입지: 강천면(康川面), 지내면(池內面)	16
양근(楊根)	10			10
지평(砥平)	8			8
용인(龍仁)	16			16
양지(陽智)	11	제촌면→죽산		10
광주(廣州)	21	초부면→양주 성곶면, 월곡면, 북방면→안산		17
가평(加平)	6			6

30 안중면(安中面) : 원문에는 '安面'으로 되어있으므로, 바로 잡아 번역하였다.

ㅇ 내부령(內部令) 제12호

제1조. 각 도 경무서, 동(同) 분서(分署), 동 분파소(分派所)의 경찰관리 배치 정원을 다음과 같이 정한다.

ㅇ 부칙

제2조. 본령은 반포일로부터 시행한다.

제3조. 종전 부령(部令)에서 본령에 저촉되는 것은 아울러 폐지한다.

ㅇ 지방 경찰서 · 분서 · 분파소 경찰관 배치 정원 표

관할경무명 (管轄警務名)	분서명 (分署名)	분파소 (分派所)	경무관, 총순(總巡), 권임(權任), 순검(巡檢)
경기 경무서			11221
		용인(龍仁) 분파소	4
		영등포(永登浦) 동(仝)	6
		과천(果川) 동	4
		죽산(竹山) 동	4
		양성(陽城) 동	4
		안산(安山) 동	4
		양천(陽川) 동	4
		통잔(通津) 동	4
		시흥(始興) 동	4
		안성(安城) 동	6
		진위(振威) 동	6
		남양(南陽) 동	6
		김포(金浦) 동	4
		부평(富平) 동	4
	개성(開城) 분서		1423

		고랑포(高浪浦) 분파소	6
		풍덕(豐德) 동	4
		적성(積城) 동	4
		교하(交河) 동	4
		포천(抱川) 동	4
		강화(江華) 동	6
		삭녕(朔寧) 동	6
		연천(漣川) 동	4
		파주(坡州) 동	6
		고양(高陽) 동	4
		양주(楊州) 동	6
		영평(永平) 동	4
		교동(喬桐) 동	4
		마전(麻田) 동	4
		장단(長湍) 동	6
	여주(驪州) 분서		129
		음죽(陰竹) 분파소	4
		지평(砥平) 동	4
		가평(加平) 동	6
		이천(利川) 동	6
		양근(楊根) 동	4
		광주(廣州) 동	6
		양지(陽智) 동	4

외보

○ 부인의 활동 : 10월 25일 도쿄 발 전보에 따르면, 영국에서 의원 선거권의 부여를 창도하는 부인 30명이 의원을 습격하여 시위운동을 행하였기에 경관이 포박하였다고 한다.

○ 동맹 부인(否認) : 이달 30일 샌프란시스코 발 전보에 따르면, 영국·프랑스·이탈리아 3국이 동맹을 체결한다는 풍설을 들은 독일은 강경한 태도로 이를 부인한다고 한다.

○ 대학 폐교 : 페테르부르크 대학은 학생의 시위운동으로 인하여 폐교되었다고 한다.

○ 일·미 관계 : 미국 대통령은 샌프란시스코 지역에서 야기된 배일(排日) 문제를 조사하기 위하여 상무경(商務卿)을 파견하고 일본인에게 조약상 상당한 권리를 부여하라고 훈령하였다. 그리고 동 대통령은 "캘리포니아 주 사람이 의연히 중앙정부 관헌의 명령에 복종하지 않으면 나는 1904년 일·미 조약을 수행하는 의무로 제반 방법을 다하겠다."고 했다 하고, 중앙재판소가 교육문제 '일본 아동의 출교(出校)를 거절하는 것'에 대해 샌프란시스코 관헌의 의사와 상반되는 판결을 선고할 때는 배일의 폭도가 일어날 우려가 없지 않다고 한다.

○ 사형 폐지 : 프랑스 내각은 사형 폐지안을 가결하였다 한다.

○ 교육가의 영예 : 일본 문부대신 마키노 노부아키(牧野伸顯) 씨는 소학교 교육 공적상(功績狀) 규칙에 의하여 11월 3일에 전국 내 소학교[31] 교육가에게 선장(選奬) 공적상 및 보통교육 장려금 각 150원씩을 수여하였다고 한다.

○ 일·영 동맹과 미국 : 일본이 미국과 전쟁할 기미가 보이는데,

---

31 전국 내 소학교 : 원문은 '全國內山學校'인데, '山'은 '小'의 오기로 보아 고쳐 번역하였다.

영국이 일본을 위해 방어할 규정이 일・영 동맹 협약 중에 있는가 하는 하원의원의 질문에 대하여, 그 나라 외상(外相)은 일・영 동맹 협약의 일반적 성질상 어떤 나라든지 전쟁에 이르지 않게 하는 것이 목적이라고 답하였다고 한다.

현상(懸賞) 한자놀이

여기 한자놀이 문제를 제출하여 널리 해답을 구하오니, 자기 사상을 세상에 발표하고자 하시는 뜻있는 여러분들은 해답을 본사로 투고하십시오.

(1) 한자놀이 1개를 바르게 푼 분들에게 본 잡지 1권을 보내드릴 터이니, 해답 밑에 몇 호를 원하는지 기입하십시오. 만약 몇 호를 원하는지 기입하지 않으면 다음달 분 잡지를 보내드리겠습니다.

(2) 답만 적고 해석이 없으면 오답과 동일시하겠습니다.

(3) 해답을 봉투에 넣어 밀봉하고 거주지・성명을 상세히 적고 겉봉 성명 아래에 '한자놀이 풀이'라 명백히 적어 보내주십시오.

(4) 여럿이 연명(連名)하여 동봉하거나 엽서나 쪽지에 해답을 적으면 무효입니다.

(5) 해답의 접수 기한은 이달 20일까지니 기한을 넘기지 마십시오.

ㅇ 지난 문제 해설

제1 : 보아도 이름을 몰라 남더러 묻는 새

〈해설〉 '계(鷄)' 자이다. 어째서인가. 보아도 이름을 모르기에 남더러 물어 '어떠-奚-한 새-鳥-요'라 하니, '어찌 해-奚-' 변에 '새 조-鳥-'를 한 '닭 계-鷄-' 자이다.

위의 해답자 : 농포동(農圃洞) 김대집(金大集)

제2 : 말 타고 달리다가 다쳤도다

〈해설〉 '상(裳)' 자이다. 어째서인가. 말 타고 달렸다 하니 '馳馬'요 다쳤다 하니 '傷'이다. 馳(치), 馬(마), 傷(상) 3자를 합하고 음만 취하여 한 글자로 만들면, 즉 '치마 상-裳-'이다.

위의 해답자 : 농포동 김대집, 농포동 윤정구(尹貞求)

○ 새로운 문제

제3 : 비가 그치더니 해 지자 달 넘어가고 평양 연광정 앞 물이 서북 변을 둘러쌌다. (한 글자로)

제4 : 바로 쓸 때는 적더니 돌아 베끼니까 얼마쯤 늘었도다. (두 글자의 사물명)

찬설(贊說)[32] 漢

'소년한반도'는 무엇을 이름한 것인가. 일찍이 『주역(周易)』「감괘(坎卦)」에 이르기를 "노성(老成)에 위치한 것은 어른도 어린이도 아니다. 어린 것은 험한 어려움을 만나도 잘 흘러갈 수 있으니, 전진하는 무리는 소년처럼 영화로우리라."라 했다. 지금 한반도는 4천년의 역사가 있거늘 이를 '유치(幼稚)라' 해서는 안 된다. 또 사물이 극에 달하면 변하게 마련이라 한창 진전될 단계가 있거늘, 이를 '노성(老成)이라' 해서는 안 된다. 그러니 여기서 생존하고 여기서 경쟁하며 여기서 발전하고 여기서 흥기하여 장차 부단한 복을 일으켜 갈수록 더 성장해야 한다.

32 찬설(贊說) : 목차에는 축사(祝辭)라고 되어 있다.

이를 일러 '소년한반도'라 한 것이다. 경주 최씨의 후예인 영년(永年)이 이에 『소년한반도』를 찬술하고 『소년한반도』를 축사하나니, 소년 형제들이여 영화로워라!

최영년(崔永年)[33]

33 최영년(崔永年) : 1859~1935. 소설가·언론인·친일반민족행위자로, 본관은 경주(慶州), 자는 성일(聖一), 호는 매하(梅下)이다. 필명으로 매하산인(梅下山人)·매하산인(賣下山人)·매하생(梅下生)을 사용하였으며, 신소설 『추월색(秋月色)』의 작가인 최찬식(崔瓚植)이 아들이다.

특별대광고

현재 출간된 서적 교과용

『소물리학(小物理學)』	각 책 당 대금 50전
『대동역사략(大東歷史畧)』	1 책 당 30전
『초등소학(初等小學)』	각 질(帙) 당

• 발매소
- 중서(中署) 돈화문(敦化門) 앞 국민교육회 사무소
- 포병(布屛) 밑 김상만(金相萬) 서포(書舖)
- 파조교(罷朝橋) 남쪽 가 주한영(朱翰榮) 박문서림(博文書林)
- 광통교(廣通橋) 고유상(高裕相) 서포
- 대안동(大安洞) 김흥연(金興淵) 동화서관(東華書舘)
- 종로(鍾路) 대동서시(大東書市)

광고

○『황성신문(皇城新聞)』은 우리 제국에서 창간된 지 가장 오래된 신문으로 우리 인민의 성질을 포착하는 능력이 풍부하고 순수한 국민 자격의 기관이니 독자 여러분은 특별히 인정할 것이오

▲ 이 신문의 성질이 고상하고 천연적이어서 대한인의 풍속과 문물과 언어와 이상과 역량이 이를 관측한 붓끝에서 유출하니 그 진상을 발견할 것이며

▲ 이 신문을 구독하시는 여러분께서는 국민적 이상이 두터울 것임을 굳이 두말할 필요가 없거니와 경향(京鄕)을 막론하고 애독하시는 동포는 대한 국민의 지위를 잃지 않을 것으로 확신함.

- 황성신문사 드림

광무 10년 | 메이지(明治) 39년 12월 25일 | 제3종 우편물 인가

광무 10년 10월 23일 내부(內部) 인가(認可)

광무 11년 1월 1일 간행

(매달 1회(1일) 정기 발행)

소년한반도

제3호

특별대광고

현재 출간된 서적 교과용

『소물리학(小物理學)』	각 책 당 대금 50전
『대동역사략(大東歷史畧)』	1 책 당 30전
『초등소학(初等小學)』	각 질(帙) 당 1환 50전

• 발매소
- 중서(中署) 돈화문(敦化門) 앞 국민교육회 사무소
- 포병(布屛) 밑 김상만(金相萬) 서포(書舖)
- 파조교(罷朝橋) 남쪽 가 주한영(朱翰榮) 박문서림(博文書林)
- 광통교(廣通橋) 고유상(高裕相) 서포
- 대안동(大安洞) 김흥연(金興淵) 동화서관(東華書館)
- 종로(鍾路) 대동서시(大東書市)

사고(社告)

대금	1책	15전
	반년분	80전
	1년분	1환(圜) 50전

○ 주의

구독하고자 하시거든 정가와 우편요금을 함께 환금(換金)하여 송부해 주십시오.

환금은 반드시 등기로 보내주십시오.

선금이 다하면 해당 호를 발송할 때 '진(盡)' 자를 기록하고 날인하오니 주의하여 보시고 계속 송부하여 주십시오.

광고료

매행 18자	보통 10전	특별 12전
반 페이지	보통 1환	특별 1환 15전
1 페이지	보통 2환	특별 2환 10전

본사의 광고부는 영업과 기타 제반 공익상에 관한 광고료의 위탁을 담당해서 사람의 이목에 새겨지도록 좋고 아름답게 간행하며 또 요금도 세계광고 중에 제일 값싸고 안전함은 독자 여러분이 당연히 스스로 아실 것입니다.

목차

소년한반도 제3호

광고

○『황성신문(皇城新聞)』은 우리 제국에서 창간된 지 가장 오래된 신문으로 우리 인민의 성질을 포착하는 능력이 풍부하고 순수한 국민 자격의 기관이니 독자 여러분은 특별히 인정할 것이오

▲ 이 신문의 성질이 고상하고 천연적이어서 대한인의 풍속과 문물과 언어와 이상과 역량이 이를 관측한 붓끝에서 유출하니 그 진상을 발견할 것이며

▲ 이 신문을 구독하시는 여러분께서는 국민적 이상이 두터울 것임을 굳이 두말할 필요가 없거니와 경향(京鄕)을 막론하고 애독하시는 동포는 대한 국민의 지위를 잃지 않을 것으로 확신함.

- 황성신문사 드림

광고

○『대한매일신보(大韓每日申報)』는 국내 여러 신문 중 가장 넉넉한 부수로 발간하고 해외 각국에서 최고등급의 신문으로 인정하는 것으로

▲ 이 신문의 성질은 시국에 대한 강직한 변론과 국가의 문명기관과 인민의 발달기초에 가장 깊이 주의하는 것이고

▲ 이 신문은 해외 전신(電信)과 세계 기문(奇問)과 정계의 동정과 인민의 괴로움을 신속히 탐지하여 남김없이 기재하고 있으니

▲ 국가 사상과 국민 의무와 독립주의가 있으신 여러분께서는 구매하여 애독하시기를 간절히 바람.

- 대한매일신보사 드림

조선개국 503년 12월 12일
봉천승운(奉天承運) 대황제 폐하

서고문(誓告文) 漢

개국 503년 12월 12일 감히 황조(皇祖)와 열성(列聖)의 영령에 고합니다. 생각건대 짐(朕) 소자는 어린 나이부터 우리 조종(祖宗)의 크나큰 기틀을 계승하여 준수한 지 이제 31년이 되었습니다. 오직 하늘을 공경하고 두려워하며 또한 우리 조종을 때로 본받고 때로 의지하여 수많은 고난을 여러 번 겪으면서도 그 실마리를 실추하지 않았는데, 짐 소자가 이것을 감히 천심을 잘 누린 덕이라고 할 수 있겠습니까? 진실로 우리 조종이 돌보아주고 도와주었기 때문입니다. 오직 위대한 우리 태조께서 우리 왕실을 처음 만드시고 우리 후인을 열어주신 지 503년이 지나 짐의 대에 이르러서는 시운이 크게 변하고 인문이 활짝 열리며 우방(友邦)이 진심으로 도모하고 조정의 논의가 협동하게 되었습니다. 자주독립이 바로 우리 국가를 공고히 하니 짐 소자가 어찌 천시(天時)를 받들어 우리 조종의 유업을 보전하지 않으며 어찌 감히 분발하고 갈고 닦아 우리 선인의 공적을 더욱 빛내지 않겠습니까? 이어서 지금부터 다른 나라에 의지하지 말고 널리 국운을 융성하게 하며 백성의 복지를 조성하여 자주독립의 기초를 공고히 할 것입니다. 그 방도를 생각해보면 혹 구습에 구애되지 않고 안일함에 익숙해지지 않으며 우리 조종의 큰 계책을 잘 따르고 세상의 형세를 살펴보며 내정을 개혁하고 적폐를 바로잡는 것입니다. 짐 소자는 이에 장차 14조의 홍범을 하늘에 계신 우리 조종의 영령에 서고(誓告)하여 이 조종이 남긴 업적을 우러러 보면서 능히 공적을 쌓는 데 이르도록 하여 혹시라도 감히 어기는 일이 없도록 하겠으니, 밝은 영령께서 강림하여 살펴주기 바랍니다.

1. 청나라에 의존할 생각을 차단하고 자주독립의 기초를 확립한다.

1. 왕실의 전범(典範)을 제정하여 대위(大位)의 계승 및 종척(宗戚)의 본분과 의리를 밝힌다.

1. 대군주가 정전(正殿)에 행차하여 정사를 봄에 정무를 친히 각 대신에게 자문하여 의결하며, 후비와 종척이 이에 간여할 수 없다.

1. 왕실의 사무와 국정의 사무는 반드시 분리하여 서로 혼재되지 않게 한다.

1. 의정부 및 각 아문(衙門)의 직무와 권한을 분명하게 제정한다.

1. 인민의 세금은 모두 법령에서 지정한 비율을 따르고 함부로 명목을 더하여 징수를 남발해서는 안 된다.

1. 조세와 과징금 및 경비 지출은 모두 탁지아문(度支衙門)을 통해 관할하게 한다.

1. 왕실의 비용은 솔선해서 절감하여 각 아문과 지방관의 모범이 된다.

1. 왕실의 비용 및 각 관부의 비용은 1년치 예산을 미리 정하여 재정의 기초를 확립한다.

1. 지방관제(地方官制)를 신속하게 개정하여 지방관리의 직권을 제한한다.

1. 국내의 총명하고 준수한 자제를 널리 파견하여 외국의 학술과 기예를 전수받아 익히도록 한다.

1. 장관(將官)을 교육하고 징병법을 사용하여 군사 제도의 기초를 확정한다.

1. 민법과 형법을 엄격하고 분명하게 제정하여 감금과 징벌을 남발하지 못하게 하여 백성의 생명과 재산을 보전한다.

1. 인재를 등용할 경우 가문과 지역에 구애되지 않고, 인사를 구할 경우 조정과 재야에 두루 미쳐서 인재 등용의 길을 넓힌다.

개국 503년 12월 12일 (완)

자수(自修)를 논하다 - 계속 - / 양재건(梁在謇)

소년한반도여, 소년한반도여! 자수(自修)란 무엇인가? 내가 자수라 함은 하나면서 둘이고 둘이면서 셋이다. 무릇 그 자수란 그 시선을 높여서 의기양양해 함을 이르는가? 아니다. 두 발굽을 한데 모아 궁둥이를 괴고 앉아 크게 침을 삼킴을 이르는가? 아니다. 월단(月旦)에 삼반(三班)을 행하고 주야로 장구(章句)를 행하는 자를 이르는가? 아니다. 내가 말하는 자수란 고상 순결의 애국심과 견고 불굴의 기백으로 갈아도 닳지 않고 물들여도 검어지지 않아서[1] 우리 20세기 소년한반도를 세우는 것이니, 이를 '자수'라 한다.

봉천승운(奉天承運) 대황제 폐하께서 하청(河淸)의 운수에 응하시고 독립(獨立)의 기초를 세우시며 육대주의 평등권을 장악하여 대중에게 크게 경계하심에 대조선 개국 503년 12월 12일에 「홍범(洪範) 14조」로 하늘에 계신 우리 황조 열성들의 영령에 아뢰셨다.

이 서고야말로 우리 소년한반도 유신(維新)의 계명(誡銘)이고 우리 2천만 민족의 신경계이니, 이전(二典)·우모(禹謨)[2]도 이보다 낫지 않고 상송(商頌)·주고(周誥)도 타가(他家)의 일이라, 생각건대 우리 「홍범 14조」는 우리 소년한반도의 지침이라 하겠다. 그러니 부친이 이로써 자식에게 가르치고 스승이 이로써 제자에게 일러주어 준수하여 잃지 말고 길이 대대로 보배로 여겨야 한다.

---

1 갈아도……않아서 : 『논어』「양화」의 "갈아도 얇아지지 않고, 물들여도 검어지지 않는다〔磨而不磷, 涅而不緇〕."를 차용하였다.

2 이전(二典)·우모(禹謨) : 요전(堯典)·순전(舜典)과 〈대우모(大禹謨)〉를 말한다.

「홍범 14조」 실행·미행 일람표

1. 청국에 의존하는 생각을 차단하고-이행- 자주독립의 기초를 확립한다.-비록 이행하나 변수가 있음-

1. 왕실의 전범(典範)을 제정하여 대위(大位)의 계승 및 종척(宗戚)의 본분과 의리를 밝힌다.-확실히 이행-

1. 대군주가 정전(正殿)에 행차하여 정사를 봄에 정무를 친히 각 대신에게 자문하여 의결하며, 후비와 종척이 이에 간여할 수 없다.-아직 미이행, 아직 미이행-

1. 왕실의 사무와 국정의 사무는 반드시 분리시켜 서로 혼재되지 않게 한다.-잠시 나뉘었다가 곧 합쳐짐-

1. 의정부 및 각 아문(衙門)의 직무와 권한을 분명하게 제정한다.-비록 이행하나 착오가 있음-

1. 인민의 세금은 모두 법령에서 지정한 비율을 따르고 함부로 명목을 더하여 징수를 남발해서는 안 된다.-장오(贓汚)[3]가 끊이지 않음-

1. 조세와 과징금 및 경비 지출은 모두 탁지아문(度支衙門)을 통해 관할한다.-남용도 있고 누락도 있음-

1. 왕실의 비용은 솔선해서 절감하여 각 아문과 지방관의 모범이 된다.-낭비가 아직 많음-

1. 왕실의 비용 및 각 관부의 비용은 1년치 예산을 미리 정하여 재정의 기초를 확립한다.-실행-

1. 지방관제(地方官制)를 신속하게 개정하여 지방관리의 직권을 제한한다.-유명무실-

1. 국내의 총명하고 준수한 자제를 널리 파견하여 외국의 학술과 기

3 장오(贓汚) : 관청의 재산을 빼돌리거나 백성의 재물을 부정하게 취득한 죄를 '장오죄'라 한다. 『경국대전』에 따르면 장오죄를 저지른 사람의 자손은 과거 응시 기회를 박탈하고 주요 관직에 임명하지 못하는 등 매우 엄하게 다스렸다.

예를 전수 받아 익히도록 한다.-겨우 책임만 면함-

1. 장관을 교육하고 징병법을 사용하여 군사 제도의 기초를 확정한다.-전혀 아님-

1. 민법과 형법을 엄격하고 분명하게 제정하여 감금과 징벌을 남발하지 못하게 하여 백성의 생명과 재산을 보전토록 한다.-아직 실효가 없음-

1. 인재를 등용할 경우 가문과 지역에 구애되지 않고, 인사를 구할 경우 조정과 재야에 두루 미쳐서 인재 등용의 길을 넓힌다.-문구만 갖춤- (미완)

교육신론 - 계속 - / 원영의(元泳義)

실험의 흥미란 이화학(理化學)을 궁구하되 형식의 적견(的見)이 없는 의문점이 생기다가 기계의 실험을 통해 별안간 자각하는 부류이다. 추리의 흥미란 여러 가지 문제를 계산하여 결과에 부합시키고 이 법칙을 미루어서 다른 수에 적용하되 또한 그렇게 결합됨을 내심 신기하게 여겨서 스스로 기뻐하는 부류이다. 심미의 흥미란 문구(文句)를 퇴고하다가 가자(佳字)를 얻어 전구(全句)가 약동성을 얻으면 무릎을 치며 탄복하는 부류이다.

교제의 흥미를 논하자면, 사람에 관한 것은 동정과 사회의 흥미이고 신에 관한 것은 종교의 흥미이다. 동정의 흥미란 의지(意志)가 부합하는 자를 만나서 형제처럼 즐겁게 대화를 나누거나 좋은 배필을 얻어서 금슬의 즐거움을 형언할 수 없는 부류이다. 사회의 흥미란 수많은 사람이 단체를 조성하여 공익의 복리와 생활의 방법을 서로 논의하고 서로 도우면서 일신의 외로움을 잊고 추구하는 즐거운 감정에 결합하는 부류이다. 종교의 흥미란 혹 공자·맹자를 존경하거나 예수를 믿거나 하면서 각자 그 진리를 자득하여 다른 즐거움이 없는 진심어린 복종에 스스로 금할 수 없는 부류이다.

이상 관념 연합에 관한 세 가지 법칙과 여섯 가지의 흥미는 그 실마리에 따라 사상의 발달을 조장한다는 것에 주의해야 한다.

한 사람의 사상과 발달을 구분하는 다섯 시기에 대해서는 제1호에서 논하였다. 다만 여기에 또 세 가지 한계가 있다. 재능의 우열과 선악의 차이가 있을 뿐 아니라 그 성취의 여부는 실로 한계를 넘을 수는 없다. 하나는 자연적 한계이니, 농아와 장님과 유전병이 있는 자는 가능한 한계에 마음대로 도달할 수 없는 것이다. 또 하나는 인위적 한계이니, 전체 기관의 타고난 미선(美善)이 있되 집안의 부득이한 사유로 인하여 마음대로 진취할 수 없는 것이다. 또 하나는 학교의 한계이니, 그 재질의 가능성이 학계에서 처음에서 끝까지 도달하기를 생각하여 억제하고 구속하며[4] 감화되고 귀정(歸正)하여 정해진 한계에 이르도록 하면 이는 마치 그 과실이 처음 맺어져 점차 비대해지고 일광을 많이 받아서 그 성장에 미침에 누런빛을 드러내는 것처럼 학업을 성취함에 그 영화(英華)가 외면에 발달되는 것이다. 그러나 졸업은 단지 그 학교에서 정한 한계에 도달한 것일 뿐이니, 불가불 계속 연구하여 인격이 극도에 달한 연후에야 비로소 완전인(完全人)이 될 수 있다.

교수의 원리를 논하자면, 첫째, 관념연합법(觀念聯合法)를 따르는 것이다. 피차의 유사성에 따라 그 원인을 즉각 깨달을 자에게는 근사율을 활용하고, 피차의 일치성에 따라 그 보통 성질을 개념할 자에게는 일치율을 활용하고, 피차의 대조와 비교에 따라 그 차이를 지각할 자에게는 대비율을 활용하는 것이다. 둘째, 그 흥미를 계발하는 것이다. 교수할

4 구속하며 : 원문은 '구동(拘東)'이나 '구속(拘束)'의 오기로 보아 고쳐 번역하였다.

때 늘 유쾌히 하여 괴로운 줄 모르게 하고 흥미가 없는 사물을 모조리 다 피하고 어떠한 사물이든 흥미가 있어도 한쪽으로 구애되게 해서는 안 되고 물러나 자신을 반성하여 여흥을 발하게 하는 것이다. 셋째, 심의(心意) 발달의 순서를 따르는 것이다. 명물(名物)을 먼저 보여준 후에 언어로 가르치되, 이미 안 바를 통해 모르는 바에 이르게 하고, 어떤 사물을 이해하지 못하면 다른 사물을 또 보여주어서는 안 되고, 실물의 구체적 의의의 대략을 우선 거론한 후에 그 허상의 복잡함에 이르게 하고, 매사를 감각할 때 진리(眞理)를 명시하여 그 지각을 원활히 발동하게 하고, 만물의 전체와 일부를 보여주어 그 관계를 전론(專論)하고, 피차간에 비교될 특이점을 보여주어 정확한 개념을 일으키고, 수많은 현상을 추론하여 요지를 판단하는 의식에 귀납시켜 반복 연역한 후에 원인과 결과를 사고시켜 자신의 새로운 사상을 발휘토록 하는 것이다. (미완)

자제에게 신학문을 가르치다 - 계속 - / 양재건(梁在謇)

제1장 천시(天時)

ㅇ 일월(日月)

고대인은 해와 달을 신으로 섬겼다. 그러다가 그리스의 석학 탈레스(Thales of Miletus)[5]가 등장하여 해와 달을 신으로 섬기던 설을 크게 배척하고, 또 태양이 성체(星體)임을 해명하였다. 즉 해는 곧 수증기로 변한

---

5 탈레스(Thales of Miletus) : BC 640경~BC 545경. 고대 그리스의 철학자로 밀레투스 학파의 창시자이다. 수학과 천문학에 관한 많은 업적을 남겼는데, 대표적인 업적으로는 천문학을 이용해서 일식을 예언하였고 이집트 쿠푸 왕의 피라미드의 높이를 측정한 것으로 유명하다.

열화(熱火)이니 이는 자생명체(自生明體)이고, 달은 곧 지구와 거리가 가장 가까운 유성(遊星)의 하나이니 이는 지구의 궤도를 순환하는 암체(暗體)로 빛을 받아서 빛나는 것이라 차생명체(借生明體)라고 한 것이다.

이탈리아 천문학자 갈릴레오(Galileo Galilei)가 잠심 연구하고 망원경을 발명하여 이 망원경을 가지고 태양 내의 흑점의 존재를 발견하고 달 표면에 수많은 산이 겹쳐져 있음을 깨우쳤다. 그 이후로 학자들이 해와 달의 본체에 대해 더 해명하였다. 태양의 크기는 지구의 150배 이상이면서 그 중량이 지구보다 월등히 적고, 또 달은 건조한 대륙이라 그 표면에 산・골짜기가 있되 강・호수・바다가 없고 아울러 한 방울의 물이나 한 조각의 구름도 없으며 공기도 없다고 한 것이다. 갈릴레오의 망원경 발명으로 인하여 해와 달의 관측이 마치 손바닥 위에 놓고 즐기는 것과 같게 되니 그 공로가 참으로 크다.

ㅇ 일식(日蝕)・월식(月蝕)

그리스의 석학 탈레스는 서기 기원전 585년에 리디아와 메디아 간의 태양을 관측하여 일식・월식의 출현을 예언하였다.[6] 일식・월식의 예지는 이것이 그 시초이다.

ㅇ 자유모(自由母) - 계속 -

이 시기가 되자 즐거움이 넘쳐나서 이 평화로운 가정의 문틈을 파고드니, 저 신경이 가장 예민한 일개 소녀에게 일종의 장건하고 고상한 원동력이 부지불식간에 길러져 버렸다. 그녀는 독서궁리(讀書窮理)를 일삼다가 유전・권위・관습 등이 사회 부패의 근원임을 자각하고 날이

6 그리스의……예언하였다 : 헤로도토스의 『역사(Historiae)』에 의하면 '탈레스는 기원전 585년 5월 28일에 일식이 일어나며 리디아와 메디아의 전쟁이 이 일식으로 인해 종결될 것이라고 예언하였다.'고 한다.

갈수록 더 이를 증오하고 더 이를 파기할 방도를 모색하였다. 그리고 일종의 자유 독립으로 문호에 의지하지 않고 무지를 숨기지 않는 기개가 늘 있었다. 이에 그 혁명이 먼저 종교에서 일어났다. 그녀는 전래된 황홀불경(荒惚不經)의 기적에 대하여 가장 먼저 힐난을 가하여 그것이 허탄망령된 것임을 확정하고, 또 한편으로 회의파(懷疑派) 철학설을 읽고서 허론(虛論)이 실리(實理)를 대적할 수 없음을 깨달으니, 마침내 그녀는 16~7세 무렵이 되어서 종교나 미신의 망상을 일소(一掃)하였다. 대개 그녀의 아주 남다른 기개는 실로 도리에 부합하지 않는 것으로 인식하면 설령 뇌진만균(雷震萬鈞)의 무력으로 임하여도 그 뜻을 빼앗아서 소신을 굽히게 할 수 없는 것이니, 이는 그녀의 특성이 그러하기 때문이다. 그 이후로 이 연약한 일개 소녀의 몸으로 온갖 어려움에 임하여도 의심하지 않고 생사(生死)에 처하여도 굴하지 않아서 이 어두운 프랑스, 대혁명 속에서 일종의 찬란한 문명의 꽃을 피우게 한 바는, 다 이 정신과 이 기백이 이룬 것이다. (미완)

사회학 - 계속 - / 이인직(李人稙)

○ 사회의 정의(定義)

사회의 정의라고 하는 것은 이전 회(回)에서 '사회라는 것은 다소 항구한 관계 속에 함께 생활하는 여러 사람의 한 단체'라고 정의한다는 설에 이미 갖추어놓은 설명이 있으므로 이 순서에는 넣지 않는다.

○ 사회와 사회적 관계

사회라는 말은 '사회적 단체가 존재하는 큰 형체를 가리키는 것인데 사회가 이들 작은 단체와는 다르다'는 설에 이미 갖추어놓았으므로 이

순서에는 넣지 않는다.

○ 사회적 단체 연구의 중요성

사회와 사회생활의 결과 위에 진화론을 응용해 사회단체를 연구의 대상으로 삼는 것은 중요한 바이다. 대체로 이 단체는 개인과 다르지 않은 점도 있으나, 생존의 수단을 통해 상호 경쟁하는 것은 개인보다는 여러 단체에 존재하니, 이는 그 성원들이 자연법칙의 세력을 마주해 각자 자신을 보호하기 때문이니, 이러한 법칙에서 실로 존재 여부가 이미 결정되기도 한다.

그러나 단체와 단체의 알력에는 이러한 여러 법칙이 십분 행해짐을 볼 수 있을 것이니, 즉 기후 및 물적 환경의 세력이 개인의 생활에 영향을 끼치는 것과 같은 것이 그것이다. 또 단체의 크고 작은 활동 및 세력에 영향을 주며, 혹은 이와 같은 원시적 사회로부터 전환되어 개화의 영역에 도달한 사회를 보게 될 것이다. 한 단체의 구성원이 각자 자신을 지키는 것에 따라 한 단체와 한 단체 사이에 경쟁이 생기게 된다.

대체로 국가의 큰 직무능력은 내부의 규리(睽離)와 외부의 공격에 대해서 백성을 보호하는 것이다. 이와 같은 일체의 사회적 제도는 선하거나 악한 각종의 사람들을 한 사회적 단체로 결합시킨다. 그 단체는 서로 대적하는 경쟁자와 경쟁하는 한 단위라서 자연도태의 여러 법칙이 이 사회적 단체에 행해지며, 이 단체는 사회진화 과정에 중요한 단위이다. (미완)

국제공법 - 계속 - 漢 / 정교(鄭喬)

무릇 나라가 나라 됨이란 마땅히 우뚝이 독립된 형세가 있어서 천하에 다른 나라가 또 없는 것 같지만, 자주·독립·평행 3대권(大權)이 반드시 존재한다.

그 자주권이라 함은 곧 일국의 정권(政權)에 속하는 바로, 국외로는 이웃나라와 교제하고 국내로는 스스로 백성의 통치를 주관하여 타국에 의해 제약되지 않는 것이다. 예컨대 신료의 출척(黜陟)·재부(財賦)의 출납·병제(兵制)의 연혁·학술의 갱신·형법의 관맹(寬猛)·농공(農工)의 교졸(巧拙) 등을 마음대로 결단하여 타국의 빛이 추호도 없는 것이다.

그 독립권이라 함은 곧 일국의 정령(政令)이 반포하는 바와 권위가 제어하는 바로, 타국의 간섭을 용납하지 않는 것으로 자주권과 서로 표리가 되는 것이다. 예컨대 조약의 체결, 통상, 결전, 화의, 부강의 강구, 토지 개척 등에 대해 타국의 간섭이 결코 없는 것이다.

그 평행권이라 함은 곧 그 위망(威望)과 예의(禮儀)가 서로 동등하다는 말도 아니고 그 왕래하여 교접할 때 만사에 열국과 동일함을 기필한다는 말도 아니라 그 일국이 소유한 권리가 곧 만국이 공유한 바라는 말이니, 전제(專制)·입헌(入憲)·공화(共和)의 정치체제가 없어도 우열을 정할 수 있고 대소·강약의 차등이 없어도 증감을 정할 수 있는 것이다.

국가가 있으면 이 3대권이 있으니, 이야말로 동서양 지구 육대주 고금 불변의 상도(常道)이다. 이것이 있은 후에야 비로소 상천(上天)이 부여한 중직을 자임할 수 있고 하민(下民)이 우러러보는 존위에 군림할 수 있으니, 3대권의 의의가 크다고 하겠다. (미완)

사설(史說) - 계속 - 漢 / 정교(鄭喬)

여섯째, 적종(嫡宗)을 서열하는 것이다. 천하를 일가로 삼은 자가 정적(正嫡)으로 전수하는 것은 계통(系統)의 의리를 중시하고 조종(祖宗)

의 업적을 계승하는 방도이다. 형이 사망하여 아우가 계승하는 것도 난세의 근본과 지엽이 되어 쟁탈의 기미를 일으키는데, 어찌 여성의 자질로 거룩한 임금의 치세를 전할 수 있겠는가.[7] 신라의 선덕여왕과 진덕여왕은 다 현성한 군주면서도 음거존위(陰居尊位)의 설[8]이 있었고, 지나의 한치(漢雉)와 당조(唐曌)[9]도 빈계사신(牝鷄司晨)[10]의 비난을 면하지 못하니, 사관들이 다 기년(紀年)을 주(註)로 나누어 기록하는 것으로 부양억음(扶陽抑陰)의 지극한 의리를 드러낸 것이다. 서구의 프랑스 왕국은 여자를 즉위시킬 수 없다는 살리카(Lex Salica) 율법을 제정하여 수백 년 동안 이어지니, 서구인이 이를 찬미하였다. 그런데 시대가 내려올수록 풍속이 야박해져서 서기 1738년에 프랑스와 오스트리아 두 나라가 오스트리아 수도 빈에서 조약을 체결하는데, 그 별도의 약관에 의하면 오스트리아 군주 카를 6세가 아들이 없다는 이유로 장녀인 마리아 테레지아(Maria Theresia)의 즉위를 건의하고 이를 명명하기를 프라그마티셰(Pragmatic Sanction)[11]라 하였는데, 이를 풀이하면 가족법이다. 이에 프랑스 군주가 그 건의를 승인하여 감보(監保)하니 서구의 여

---

7 어찌……있겠는가 : 원문은 '烏可以巾幗之質垂衣裳之治乎哉'인데, 건괵(巾幗)은 여자들이 머리를 꾸미기 위하여 사용한 쓰개의 하나로, '여성'을 이르는 말이고, 의상지치(衣裳之治)는 거룩한 임금의 치세(治世)를 말한다. 문맥에 맞게 의역하였다.

8 음거존위(陰居尊位)의 설 : 음(陰)이 존위(尊位)에 거함은 비상한 변고라는 설.

9 한치(漢雉)와 당조(唐曌) : 한치는 여태후(呂太后)를, 당조는 측천무후(則天武后)를 가리킨다.

10 빈계사신(牝鷄司晨) : '암탉이 새벽에 먼저 운다'는 뜻으로, 남편을 제쳐놓고 부인이 집안일을 마음대로 처리함을 말한다.

11 프라그마티셰(Pragmatic Sanction) : 1713년 제정된 국사조칙(國事詔勅)으로, 상속받을 남자 상속인이 없을 경우 통치자의 딸이 상속하며, 딸도 없을 경우에는 누이가, 누이도 없을 경우엔 고모가 상속하도록 하는 등 살리카법을 폐지하고, 준살리카법으로의 전환을 규정한 법령이다. 신성로마제국 내에 여러 공작, 후작, 선제후들이 이에 반발하였으나 카를 6세의 무력에 의해서 국사조칙을 승인하게 되고, 그의 장녀인 마리아 테레지아 여대공이 추정상속인이 되었다. 이는 나중에 오스트리아 왕위 계승 전쟁의 원인이 되었다.

러 나라들도 전후로 허락하였다. 영국의 엘리자베스·앤·스코틀랜드의 메리 등도 모두 여자가 왕위를 계승한 것으로 태연히 상도가 되었다. 그 말류의 폐단이 마침내 거인멸증(莒人滅鄫)[12]의 재앙을 이루니 어찌 이루 다 탄식할 수 있으랴.

일곱째, 출분(出奔)을 비난하는 것이다. 국군(國君)의 존귀함으로 필부의 미천함을 본받아서 사직의 의리를 사수하지 못한 것은 몹시 치욕스런 일이다. 그러므로 고구려의 봉상왕(烽上王)·백제의 의자왕(義慈王)·지나의 당 현종·덕종 등에 대해 다 기록하여 천시한 것이다. 프랑스 루이 16세의 경우 전쟁을 선호한 나머지 식미(式微)의 노래[13]를 길이 지었고, 근래 하와이 여왕의 경우 그 나라가 미국에 병탄된 까닭에 원수의 나라에 가서 속박의 후회를 유념하지 않고 창기의 부류가 되기를 달가워하였으니 비록 기후(紀侯)가 영원히 조국을 떠난 일로 그녀를 책망할 수는 없으나 어찌 그리도 구차히 치욕을 입고서 부끄러운 줄 전혀 몰랐던가. 아!

여덟째, 항멸(降滅)을 폄하하는 것이다. 그 군친(君親)을 배반함을 항(降)이라 한다. 아군을 버리고 적군으로 가는 것은 신하된 의리로 할 수 없는 짓이고, 반역을 용납하고 투항을 권유하는 것은 군주된 자로서 할 수 없는 짓이다. 이러한 까닭에 초나라가 망명인을 용납한 일을 좌씨가 비난하였고 조나라가 조약(祖約)을 주벌한 일을 『강목』이 의롭게 평하였으니, 적당한 때를 얻어 한나라에 보답하려는 이릉(李陵)의 마음과 치욕을 참고 복수를 생각한 강유(姜維)의 뜻도 마침내 천년토록 반장군(叛將軍)과 항도독(降都督)이란 오명을 면하지 못하였으니, 어찌 두렵지

12 거인멸증(莒人滅鄫) : '거씨 사람이 증씨 집안을 멸족한다'는 뜻으로, 춘추시대 증자(鄫子)가 거공(莒公)의 자식을 취하여 후사를 삼아서 제사를 지내게 했는데, 이성(異姓)이 제사를 주관한 것은 궁극적으로 본 집안을 멸족한 것이라 하였다.

13 식미(式微)의 노래 : 『시경(詩經)』「패풍(邶風)」의 편명으로, 고국으로 돌아가고 싶은 마음을 읊은 시이다.

않을 수 있는가. 기이하도다, 서구인의 투항하는 전례여! 적진에 임하여 패배하거나 성을 지키다가 위태로워진 자는 반드시 백기를 먼저 들고 그 우두머리가 된 자가 그 몸에 두른 도검을 풀어 주면 역시 풀어 주어 죽이지 않고 군중에 두거나 감옥에 가두고 화친을 기다려 돌려보내는 경우도 있고 재물을 받고 돌려보내는 경우도 있다. 그러면서 그 난리에 임하여 목숨을 바치는 의리를 장려할 수 있겠는가. 자신을 잊고 나라에 헌신하는 인물 또한 어떻게 많이 얻을 수 있겠는가.

아! 그 가묘와 사직을 훼손함을 일러 멸(滅)이라 한다. 지나의 제(齊) 환공은 비록 존왕(尊王)의 공이 있으나 그 담(譚)을 멸함에 수난(首亂)의 죄를 면하지 못하였다. 근세 서구인은 타국을 멸할 적에 그 인종을 섬멸함을 기약하고서야 그친다. 북아메리카 구릿빛〔銅色〕 인류를 대접한 전례를 살펴보면, 백금으로 사람의 머리 하나를 산 것을 알 수 있다. 이것이 진실로 오늘날 황인종의 토대가 되었으니 어찌 경계하고 두려워하지 않겠는가.

동서양의 역사 역시 다 갖추어졌다 하겠다. 우리 동국의 경우 김문열(金文烈)의 『삼국사기(三國史記)』·석연일무극(釋然一無極)의 『삼국유사(三國遺事)』·정문헌(鄭文憲)·정문성(鄭文成)의 『고려사(高麗史)』·서거정(徐居正)·최부(崔溥)의 『동국통감(東國通鑑)』·오운(吳澐)의 『동사찬요(東史纂要)』·임상덕(林象德)의 『동사회강(東史會綱)』·홍여하(洪汝河)의 『동국통감제강(東國通鑑提綱)』·『휘찬여사(彙纂麗史)』·유계(兪棨)의 『여사제강(麗史提綱)』·안정복(安鼎福)의 『동사강목(東史綱目)』 등이 있다. 지나의 경우 사마천(司馬遷)의 『사기(史記)』·반고(班固)의 『한서(漢書)』·진수(陳壽)의 『삼국지(三國志)』·범엽(范曄)의 『후한서(後漢書)』·방교(房喬)의 『진서(晉書)』·심약(沈約)의 『송서(宋書)』·소자현(蕭子顯)의 『남제사(南齊史)』·요사염(姚思廉)의 『양진서(梁陳書)』·위수(魏收)의 『북서(北書)』·이덕림(李德林)의 『북제서(北齊書)』·영호덕(令狐德)

의 『주서(周書)』·이연수(李延壽)의 『남사(南史)』·『북사(北史)』·위징(魏徵)의 『수서(隋書)』·위술(韋述)의 『구당서(舊唐書)』·송기(宋祈)의 『신당서(新唐書)』·구양수(歐陽脩)의 『오대서(五代書)』·탈탈(脫脫)의 『송사(宋史)』·『요사(遼史)』·『금사(金史)』·송렴(宋濂)·왕위(王褘)의 『원사(元史)』·왕홍서(王鴻緖)의 『명사(明史)』 등이 있다. 서구의 경우 그리스의 헤로도토스·크세노폰·로마의 살루스티우스·타키투스·오비디우스·대의 니콜라이(Nicolai)·밀맨〔密曼〕·칼리니(calini)·크로트〔巨魯特〕·미국의 윌리엄 스윈튼(William Swinton) 등이 있다. 전대의 치란·안위·흥폐·존망의 행적과 군자와 소인의 출처·진퇴의 사적·기강과 풍속의 성쇠의 기괄(機括)·설관분직(設官分職)의 소밀정편(疎密正偏)·병제(兵制)의 연혁우열·재부(財賦)의 본말원류·학술의 흥망성쇠·종교의 숭벽구별(崇辟區別)·형법(刑法)의 번간관맹(繁簡寬猛)을 기재하되 혹 편년체로 하기도 하고 기전체로 하기도 하니, 이는 모두 후대 사람의 귀감이 될 만한 것이다. (미완)

경제학 - 계속 - / 유승겸(兪承兼)

이상의 논의로 보자면, 저 '낭비와 절검(節儉)'이라는 구별도 분명히 할 수는 없을 것이다. 그러니 이는 각 사람과 각 계급에 따라 서로 다르지 않을 수 없는 것이고, 그에 따른 사치품과 필요품의 구별 등도 절대 하늘이 정한 것이 아니다.

예컨대 술·담배 등의 물품은 대개 사치품으로 명명된 것으로 각국 정부가 공통으로 과중한 세금의 부과를 일반적 원칙으로 삼은 것이다. 이는 실로 대체적으로 논하자면 아직 불가한 바가 없지만 그 사치와 필요의 한계는 분명히 논단할 수는 없다. 즉 그 술·담배 두 물품이 혹자의 입장에서 사치품이라 여길 수 없는 경우도 있는 것이다.

가령 혹자에게 술·담배 두 물품이 없으면 그 건강과 생명을 유지할 수 없는 경우, 이것이 이 자에게 필수품이 된다고 함에 의심의 여지가 없을 것이다. 혹은 어느 나라·사회의 사람이 다 이 자와 같다면 참으로 탄식할 처지이나, 또한 그 나라·사회에 있어서는 그 두 가지를 공히 필수품이라고 할 수 있을 것이다. 대저 이러한 부류의 필요가 발생하는 원인은 본래 나쁜 습관으로 인한 것이기는 하나, 이는 별도의 문제이니 이 경제론에서 굳이 그 선악·정사(正邪)를 판단할 바는 아닌 까닭에 이에 대한 의론은 후일로 미룬다. 그런데 저 음주와 흡연의 습관의 호오(好惡)는 차치하고 이 욕망을 충족시키지 못하면 곧 생활하지 못하는 자가 있다고 한다면, 이 자에게는 술·담배도 이 경제상 필요품이라 인식하지 않을 수 없는 것이다.

이상 논한 바에 의하면 로셔 씨의 구별은 채용할 수 없는 설이다. 그렇다면 또 다른 적당한 구별을 다시 찾자면 곧 육체적 욕망과 정신적 욕망 두 가지가 있다. 이제 이 의의를 대략 설명하자면 대개 다음과 같다.

그 육체적 욕망이라 함은 곧 굶주린 자가 음식을 구하려고 하고 목마른 자가 음료를 떠올리려 하며 추운 자가 의복을 얻으려고 하는 등을 말하는 것이다. 이 욕망은 그 수량과 성질에서 인류와 금수 간에 큰 차이가 있다. 대저 인류는 채소·곡식·과일 및 생선·조류·육고기 등을 섭취해도 아직 부족한 한탄을 면하지 못하는데 저 소·말은 단지 꼴·풀만 먹어도 만족한다고 하고, 또 인류는 궁실(宮室)에서 지내는데 날짐승은 둥지에서 살고 길짐승은 동굴에서 살고, 또 인류는 화식(火食)하는데 금수는 생식하고, 또 인류는 의복을 짜고 땔감을 피워 굳이 온기를 취하는데 금수는 그럴 필요가 전혀 없는 것이 그러하다.

인류의 육체적 욕망은 그 수량과 성질에서 금수와의 차이가 이와 같을 뿐 아니라 또한 그 정도 역시 거의 한계가 없는 것이다. 예를 들어 말하자면 음식을 이미 얻고 나면 또 취함과 배부름을 원하고, 의복을 이미 얻고 나면 또 가벼움과 따뜻함을 구하고, 초라한 초가집이라도 거처를 이미 얻고 나면 또 드넓은 기와집을 재차 짓고자 하는 것 등이 그러하다.

또한 정신적 욕망이라 함은 곧 불초자(不肖者)가 현(賢)을 사모하고 부덕자(不德者)가 인(仁)을 기대하고 우자(愚者)가 지(智)를 바라고 나자(懶者)가 근(勤)에 힘쓰고 약자(弱者)가 강(强)을 바라는 것 등을 말하니, 이러한 욕망은 단지 인류에 한하여 존재하는 것이다. 만일 인류가 이러한 욕망을 충족시키고자 한다면 반드시 그 지기(志氣)가 활발해지고 생각이 심원해지고 심신이 담백해지고 조행(操行)이 고결해질 것이다. 만일 그 지기가 활발하지 못하다면 나태와 퇴보의 비운을 면하지 못할 것이다. 생각이 심원하지 못하다면 비록 활발한 지기로 전진해도 늘 착오가 많아서 최초의 희망을 이루지 못하고 낙심하고 퇴축(退縮)되어 세상 사람에게 무지와 무능이란 불명예의 평판을 얻게 될 것이다. 심신이 담박하지 못하고 조행이 고결하지 못하다면 오직 이득만 추구하고 오직 세력만 쫓아서 세상 사람에게 천박 비굴한 자 내지 사악 패덕한 자라는 악평을 얻게 되고, 그 이름이 사회에서 용납될 수 없게 될 것이다. 만일 사람이 이러한 경우를 당한다면 그 육체가 설령 충분한 욕망을 이루었다고 하더라도 그 정신이 이미 기갈(飢渴)의 병통을 얻어서 그 증상이 매우 위독해지니 사망을 면하지 못할 것이다. 이와 같다면 육체의 욕망을 설령 충족할 수 있더라도 무슨 쾌락이 있을 수 있는가.

또한 혹 욕망을 크게 구별하여 생존적 욕망과 개화적(開化的) 욕망 두 종류로 논하거나 개인적 욕망과 사회적 욕망으로 구별하는 경우도 있다. 그 생존적 욕망은 육체적 욕망과 동일한 것이고, 개화적 욕망은 정신적 욕망과 동일한 것이다. 개인적 욕망은 단지 자기 일신만 이롭게 하고자 하는 것이고, 사회적 욕망은 각 개인이 국가·법률·종교 등의 힘에 의존하여 일반의 안녕과 질서를 유지하고 국익과 민복을 증진시키고자 하는 것을 말한다.

이상의 논의로 보자면 일정한 관찰점에 따라 온갖 명칭으로 분류할 수는 있으나, 내가 채용한 바는 앞서 언급한 '육체적 욕망과 정신적 욕망'이라는 것이다. 만일 현재 사회에서 우리의 육체적 욕망이 없다고 가정한다면 재화의 생산과 재화의 분배와 재화의 교역을 발달 증진시켜 물질적 문명의 복락(福樂)을 얻을 수 없을 것이다. 또 단지 육체적 욕망만 주로 하고 정신적 욕망이 없다고 가정한다면 인의와 도덕의 마음을 고취 진흥시켜 심리적 문명의 영화를 얻을 수 없을 것이고, 이와 아울러 물질적 문명을 저해하여 육체적 욕망도 충족시킬 수 없을 것이다. 이러한 까닭에 욕망이 경제의 근원이라 하고 또 경제라 함이 사회와 국가를 조성하는 민중이 일정한 질서를 따르고 정당한 규칙에 의하여 그 욕망을 충족시키고자 함에 부지런히 활동하는 모든 행위를 이른다고 한 이유이다. 그러므로 우리는 육체와 정신이 서로 표리 관계가 되어서 자기 일신의 행복과 국가 전체의 안락을 기도해야 하는 것이다.

법학 / 석진형(石鎭衡)

『소년한반도』 잡지는 현재 교육에 종사하는 뜻있는 대가(大家)가 한반도 8만 9천 방리(方里) 강역 내 2천만 동포들로 하여금 현재 온 세계의 대세를 통달하게 하고 학계의 요지를 터득하게 하여 각 개인 행위의 근본이 되는 교육의 침로(針路)를 지시해 주고 한 시대의 경종을 이루어 주어 국가의 백년대계를 수립하고자 하는 유일한 기관[14]이다. 이러한 까닭에 각 대가의 입론과 해설이 지극히 정성스럽고 정교하여 의혹을 남기지 않고 대의를 드러내어 독자들에게 한번 펼쳐 보게 하면 그칠 줄 모르게 해서 서쪽 하늘로 해가 떨어짐에 뜻을 둔 강개한 선비가 극맹(劇孟)의 집에서 서로 만나는 것과 같은 감각이 일어나게 하니, 참으로 언론계의 좋은 말상대이고 학계의 좋은 접장(接長)이다. 이러한 대가들의 언론의 무대에서 나 같이 식견이 적은 무리가 일장 언설을 어찌 감히 내어서 독자에게 잠시라도 유익한 감각이 생기게 할 수 있겠는가. 그러나 다행히도 그 사회의 선지자·선각자가 버리지 않고 하찮게 여기지 않는 견권(繾綣)한 우의(友誼)로 인해 법학에 대한 문답식 언론의 저술을 부탁받았다. 그러므로 부득이 법학에 대한 몇 가지 언론을 지어서 대가의 고평(高評)을 기다리고자 한다.

그러나 원래 법학이란 몹시 복잡다단한 탓에 그 법학 전체를 두루 통달한 자도 능히 의혹을 남기지 않고 다 설명할 수 없거늘, 하물며 나처럼 식견이 적은 연구자가 어찌 능히 다 해명할 수 있겠는가. 따라서 온갖 법률을 강의로 설명하는 방식은 여기서 피하기로 하고, 법학계에 산재된 문제에 대해 일일이 들어 설명하거나, 법리와 유관한 시사문제에 대해 의견을 첨부하여 단편으로 설명하고자 하니, 독자 여러분께서 허용해주신다면 나에게는 영광이며 참으로 다행일 것이다. 문제는 별도로 채택하여 다음 호에 게재하고자 한다.

국가학 - 계속 - / 이각종(李覺鍾)

따라서 일정한 영역이 없으면 국가로 칭할 수 없다. 그런데 토지의 면적도 국가가 되기에 충분한 인민의 거주에 상응함을 요하나 이 또한 한도가 없다. 가령 아시아 지역 국가는 평균 1평방리(平方里)당 45~6명

---

14 기관 : 원문은 '기궐(機闕)'이나, '기관(機關)'의 오기로 보아 고쳐 번역하였다.

이 거주하나, 유럽은 그보다 밀도가 높아서 60여 명이 거주하고, 또 국가 간에도 인민의 발달에 따라 다르기에 이는 도저히 확정할 수 없는 것이다. 대저 인민과 토지의 수량과 면적은 국가의 부강과 쇠약의 2대 원인이다.

인민과 토지가 국가 성립의 요소가 됨은 앞서 서술한 바와 같거니와, 이 인민과 토지 간에 반드시 일정하게 영구히 존재하는 관계와 의사가 있어야 한다. 그러므로 일군의 모험가 중에 절해고도(絶海孤島)에 둔거(屯據)하거나 산야수초(山野水草)에 표박(漂泊)하면서 도적질을 일삼는 자에게 일정한 인민과 토지가 있고 또 명령권을 행하는 두령(頭領)이 있더라도 또한 국가로 칭할 수는 없는 것이니, 이는 원래 영구히 존재하는 관계와 의사가 아직은 없기 때문이다.

제2절 국가는 고유의 통치권을 행하는 주체임

통치권이란 무엇을 말하는가. 우리도 국가 통치권이 있는지는 다 알지만 그 본질을 설명하기 자못 곤란하다. 필자가 이를 설명하건대, 통치권이란 국가의 통일과 통치에 필요한 강제 명령의 권력이니, 다른 종류의 인격자-국내의 일반법인과 자연인-의 의사를 한정하여 이를 강제하는 의사 외면의 범위를 이른다. 그러므로 국가가 통치권의 주체라고 할 때 국가는 의사를 갖춘 인격자가 된다는 의의가 있는 것이다. 그런데 국가 됨은 통치권의 주체가 되는 정도로 만족하지 않고 여기서 한 걸음 더 나아가 그 통치권이 고유한 것임을 요한다. 고유함이란 우리나라의 원시사회가 자연적으로 진화한 결과 고유한 정치단체를 조성하여 오늘에 이른 것처럼 천연적으로 성립되고, 타종 인격자의 의사에 기인하여 향유하는 권력이 아님을 지칭하는 의의이다. 그러므로 지나 봉건제도 시대의 제후의 봉역(封域)과 입헌국가 내 지방자치단체-부·군·면·촌의 자치체-는 통치권의 주체라고 할 수 없는 것은 아니나,

그 이른바 통치란 국가로 칭하는 인격자의 의사에 기인해야 비로소 향유할 수 있는 것이다. 그러므로 이는 고유한 통치권의 주체라 할 수는 없으니, 이로 인해 국가로 칭할 수는 없는 것이다. (미완)

농업의 대의 - 계속 - / 조중응(趙重應)

그 누적된 역량이 반석(盤石)·태산(泰山)처럼 우뚝하여 움직이기 어렵고, 점진된 형세가 바람·조류(潮流)처럼 거세어서 막기 어렵다. 그러므로 이제 한창 구미 열강의 세력이 하늘을 뒤흔들고 땅을 말아내듯 절대무적의 운수가 있는데, 이는 사실 각자 국내의 한 사람 한 집안의 농민 경작을 권장하여 산업의 근본을 배양 발달시킨 공효에서 나온 것이다.

화두를 돌려 우리 동양으로 논하자면, 그 전래된 관습은 서구 열국보다 온전한 농업 세계이다. 서계(書契) 이전은 아득히 멀어서 상고할 수 없으나, 문자가 창제된 이후로 어느 경전이든지 수록된 바가 농설(農說)이 아니며 어느 역사서든지 논한 바가 농사(農事)가 아니며 보통 시인묵객(詩人墨客)의 음풍농월(吟風弄月)이 다 농담(農談)이 아니던가.

가장 오래전에 개국한 지나-한토(漢土)-·한국·일본 3개국은 그 농업에 대해서는 혹 그 전습(傳習)·정치·학식으로 그 우열·성쇠의 차이를 면할 수는 없지만, 최대의 급무이자 가장 중요하게 힘써야 함에 있어서는 다 같은 결과로 귀결된다. 그 과거를 거슬러 생각건대, 각기 건국한 이래로 지금까지 국가의 유지와 인민 보존도 다 여기서 연유하니, 장래 희망인 부강 도모와 문명 발달도 다 여기에 의존할 것이다. 그렇다면 동서고금의 자연적 지극한 이치가 부합하여 농업을 천하의 대본이라 함이 전 세계의 명론(名論)이다.

그러나 만사란 알기는 어렵지 않고 행하기가 어려우니 공언은 보탬이 없고 실행이 중요하다. 지금 한국의 농업 현황에 대하여 고금을 상고컨대 전(前) 왕조 이전을 막론하고 지금 황조가 용흥(龍興)한 이후로 국가 경영의 대계와 백성 통치의 대업이 농업을 주로 하여 모든 정치상·사회상 온갖 사물(事物)이 다 이것에 의지하고 있다. 즉 궁중 정사의 근심도 이것에 있고 묘당 정사의 시행도 이것에 있고 지방 장관의 행정도 이것에 있는 것이다. 이에 그 근면한 도리에 노력한 까닭에 권농관(勸農官)을 중앙정부에 배치하고 지방 즉 향촌 각 면소에 권농속원(勸農屬員)을 분담 배치하여 농업의 이익을 집집마다 일깨운 것이니, 가히 그 훌륭한 법도가 지극히 구비되었다고 할 수 있다.

열성조(列聖朝)의 지극 성대한 인덕(仁德)으로도 부족하다고 여겨서 교외에 농단(農壇)을 설치하고 만승(萬乘) 지존의 지위로 필부의 소일을 수행하여 적전(藉田)에 친경(親耕)을 수행하니, 이 시기에는 시절이 화평하고 해마다 풍년이며 집집마다 넉넉하고 사람마다 풍족하여 실컷 먹고 배 두드리는 즐거움으로 국가의 태평성세를 구가하였다. 그러나 근래에 이르러 내외로 변고가 많고 홍수와 가뭄이 자주 일어나 농업이 부진함에 국가 재정이 군색하고 민생 산업이 곤란하니, 이는 무슨 연유로 그러한가.

대한처럼 기후가 적당하고 토지가 비옥한 나라에서 관습의 오랜 경험과 문명의 새 학술을 서로 참고하여 2천만 대중으로 하여금 전국의 농업을 흥기시킨다면, 당장의 곤경을 면하는 정도에 그치지 않고 부강의 대업을 이룰 수 있을 것이다. 그럼에도 불구하고 이러한 천혜의 낙토(樂土)를 이용하지 않고 덧없이 세월을 허비하다가 그 종말을 수습하지 못하는 지경이 된다면 어찌 애석하지 않겠는가. 대한의 인사들이 이러한 시기에 분발 진작(振作)하기 간절히 바란다.

아모권면 - 계속 - ⓗ / 이응종(李膺鍾)

ㅇ 몸 간수 하는 법

날마다 따뜻한 방에서 온수로 아기를 목욕시켜야 한다. 목욕시킬 때 목욕물의 온도를 파악하기 어려우니 팔을 걷어 팔꿈치를 물에 담가보면서 적당한 온도를 확보해야 한다. 목욕통이 있으면 아기를 통에 넣어 잘 붙잡고 수건과 좋은 비누로 잘 씻은 뒤 큰 수건으로 감싸고 몸을 조금씩 열어 말리고, 마르는 대로 덮어주며 가루-모밀-를 온몸에 발라줘야 한다. 만일 목욕통이 없으면 아기를 안고 잘 씻어준다. 목욕한 지 1시간이 지나기 전에는 밖으로 내보내지 말아야 한다. 만일 아기 피부가 짓물렀으면 잘 씻기고 구비해둔 기름-피마자-을 잘 발라줘야 한다. 또 머리를 깨끗이 씻겨주되 머리카락 속살까지 깨끗이 해야 한다. 어릴 때 잘 씻겨주면 더러운 때가 크게 없어진다. 만일 더러운 때가 크게 있으면 밤에 기름을 많이 발랐다가 아침에 비누와 온수로 잘 씻기면 없어진다. 또 매일 잘 씻기지 않으면 태독이 나기 쉽고, 귓속과 귀 뒤를 잘 관찰하여 씻기지 않으면 헌데[15]가 나기 쉽다. 그러니 매일 깨끗한 물과 수건으로 잘 씻겨줘야 한다.

또 인체 중에 가장 귀한 부위는 눈이다. 그러니 목욕한 물로 씻기지 말고 깨끗한 그릇에 깨끗한 물과 깨끗한 수건으로 씻겨줘야 한다. 만일 희미한 기운이 있으면 더 잘 씻기고, 순색이 아니고 불편한 병증이 발생한 것 같으면 시급히 좋은 의원을 찾아가서 진찰받고 의원의 처방대로 약제를 써야 한다. 부모가 아기 눈에 대해 부주의하여 눈병의 발생을 대수롭지 않게 여기다가 의원이 고칠 수 있는 것도 고칠 수 없게 되고 소경이 되는 경우가 많으니, 이 어찌 부모의 잘못이 아닌가. 아기

---

15 헌데 : 부스럼 또는 종기를 일컫는 경상도 지방의 사투리이다.

눈에 햇빛을 많이 쪼이다가 소경이 되는 경우도 많다.

또 아기를 업다가 부주의한 탓에 아기 목이 좌우로 흔들리거나 뒤로 젖혀져 해를 입는 경우는 지극히 해롭다. 예전에 여러 댁을 상종하며 들어가 본 적이 있다. 당시 아기를 더러운 강보에 싸서 뉘였는데 팔·다리·온몸이 더러워 헌데가 많이 나고 방에서 냄새가 많이 났었다. 그럼에도 아기 아버지는 깨끗한 옷을 입고 길거리에서 친구와 놀고 쓸데없는 긴 수작만 일삼되 아기가 불결하다는 염려와 불쌍하다는 생각이 전혀 없었고, 아기 어머니도 어찌나 게으른지 내외의 가사를 거의 하지 않고 한가한 모습으로 동무나 찾으면서 허탄한 말과 헛된 일만 공론하고 생계도 전념하지 않고 하나님이 내려주신 아이를 돌보지 않아서 귀하고 깨끗한 아기를 더럽고 천한 모습이 되게 하니, 참으로 애석한 일이었다. 더구나 여아인 경우 멸시하여 잘 돌보지 않고 병들어도 대수롭지 않게 여긴다. 이는 모두 하나님 앞에 큰 죄이다. (미완)

지리문답 - 계속 - / 원영의(元泳義)

(문) 그것이 운동하지 않는 증거는 어떠한가?

(답) 남·북극은 지구의 추축(樞軸)이라 동지 초야에 한번 관찰하면 온갖 별이 점점 올라가고 점점 내려가되, 정북방 별 하나만 전동(轉動)하지 않으니 이것이 북극성이다.

(문) 전동(轉動)의 방향은 어떠한가?

(답) 그 전동이 서쪽에서 동쪽으로 가니, 세상 사람이 해와 달이 서쪽으로 가는 것만 보고 지구가 동쪽으로 자전함을 자각하지 못한다. 비유하자면 마치 쾌속선에 앉았을 때 단지 언덕과 구릉이 움직인다고만 느끼는 것과 같다.

(문) 전동하는 이유는 무엇인가?

(답) 태양과 지구의 견인력에 따라 전동하지 않을 수 없다. 비유하자면 마치 밧줄을 장대 끝에 매달고 돌멩이를 밧줄 끝에 매달아 손에 쥐고 한번 휘두르면 돌멩이가 회전하는 것과 같다. 즉 태양광선이 지구표면에 도착함에 마찰전기를 발생시켜서 광선이 먼저 도달한 곳이 이를 반발하고 나중에 이른 곳이 이를 흡인하여 부단히 회전하는 것이다.

(문) 광선(光線)은 어떠한가?

(답) 동쪽 창문에 여러 구멍이 있으면 아침에 태양광이 입사(入射)되는 현상이 광선과 같다.

(문) 구체의 크기는 어떠한가?

(답) 태양보다 125만 배 작고, 남북극의 거리가 직경 7899여 마일이고, 적도의 거리가 직경 7925마일이고, 둘레가 2만 4899마일이고, 면적이 1억 9700만 마일이고, 부피가 26억만 마일이고, 이 비중은 동등한 수토(水土)로 비교하면 흙이 물의 5배이니 표면은 흙이 물의 2배이고 이면(裏面)은 흙이 물의 3배이다.

(문) 이면의 흙이 물보다 3배 무거운 까닭은 무엇인가?

(답) 지하에 금・은・동・주석・철・돌이 함유되어 있기 때문이다. 최초에 전체 열액(熱液)이 끓어오르다가 그 지각이 점점 냉각되어 고체가 된다. 그런데 표면 250마일에서 깊이 들어가 250마일에 도달하면 그 열기가 그대로라 융액(融液)이 있다.

(문) 지각(地殼)은 어떤 형상인가?

(답) 그 융액이 냉축(冷縮)됨에 마치 울퉁불퉁한 말린 유자 모양 같은 산수(山水)가 되어 남북이 편평하고 동서가 불룩하다. 대개 지체가 늘 자전하는 까닭에 남・북극 근방의 흙이 점차 유입되어 둘레가 점차 커진 것이다.

(문) 지하의 열기는 어떤 증거가 있는가?

(답) 그 증거는 세 가지다. 하나는 분화산(噴火山)이니 그 분화구에서 불꽃·연기가 서로 분출되고 그 분화가 극렬할 때 즙액이 솟구치는데 이 산은 섬나라에 가장 많다. 또 하나는 광산(鑛產)이니, 지질의 분석을 위해 굴착함에 53피트에 도달하면 화씨온도계가 고열로 인해 단번에 상승한다. 또 하나는 온정(溫井)이니, 지하로 물이 들어가서 열을 받아 끓어오른다.

(문) 경위도수(經緯度數)란 무엇을 말하는가?

(답) 남북의 직선을 경(經)이라 하고 동서의 횡선을 위(緯)라고 한다. 그 경위를 영국 사천대(司天臺)[16]에서 측정한 까닭에 사천대의 동반구 직선을 동경선이라 하고 서반구 직선을 서경선이라 한다. 위도의 오도(五道) 중앙인 적도에서 북반구 횡선을 북위선이라 하고 남반구 횡선을 남위선이라 하니, 경은 180도이고 위는 360도이다.

(문) 위도의 오도(五道)란 무엇을 말하는가?

(답) 남북 양극 간의 정중의 권선(圈線)을 적도(赤道)라고 하니 양극과의 거리가 각 90도이다. 적도 북쪽은 북황도라 하고 더 북쪽은 북흑도라고 하고, 적도 남쪽은 남황도라 하고 더 남쪽은 남흑도라 한다. 이 오도 중에 북황도는 하지에 태양이 이곳에 이르러 남으로 회귀하는 까닭에 혹은 북회귀선이라 하고 남황도는 동지에 태양이 이곳에 이르러 북으로 회귀하는 까닭에 혹은 남회귀선이라 하며, 황도와 적도의 교차점을 분점이라고 하니 태양이 이곳에 이르면 곧 봄과 가을이 나뉜다. 태양의 직조(直照)와 사조(斜照)로 인해 기후의 오대(五帶)가 있는 것이다.

---

16 사천대(司天臺) : 사천대는 천문에 관한 일을 맡아보던 관청으로, 곧 천문대를 말한다. 영국 사천대는 경도의 기준인 그리니치(Greenwich) 천문대를 가리킨다.

(문) 오대(五帶)란 무엇을 말하는가?

(답) 적도에서 남북으로 각 23도 28분까지 도합 46도 56분을 열대라고 하니 태양의 직조(直照)로 인해 극히 덥다. 열대 북쪽으로 43도 2분까지 북온대라 하고 열대 남쪽으로 43도 2분까지 남온대라 하니 이 양 온대는 태양의 사조(斜照)로 인해 추위와 더위가 균일하다. 양 온대에서 양극까지 각 23도 반은 태양광이 멀어질수록 비스듬해져서 극히 추운 까닭에 북쪽을 북한대라 하고 남쪽을 남한대라고 한다. (미완)

심리문답 - 계속 - / 원영의(元泳義)

(문) 유일문(惟一門)이란 무엇을 말하는가?

(답) 정신현상이 나감에 귀일(歸一)되고 물질현상이 들어옴에 통일되는 까닭은 정신이 유일(惟一)하기 때문이다.

(문) 귀일(歸一)과 통일(統一)은 어떠한가?

(답) 유일한 정신에 귀의하고 유일한 정신에 통달함을 말한다. 만일 정신이 둘이라고 한다면, 한 정신이 이 외물에만 명달(明達)하여 저 외물에는 어두워지고 또 한 정신이 저 외물에만 명달하여 이 외물에는 어두워진다. 이와 같다면 귀로 듣고 눈으로 본 바가 서로 통할 수 없는 것처럼 정신현상이 단절되어 융회관통(融會貫通)할 수 없다. 이러한 까닭에 귀일과 통일의 증거는 세 가지다. 첫째 동시사상(同時思想)의 유일, 둘째 총결심(總決心)의 유일, 셋째 하나가 소멸하면 모든 현상이 다 소멸함이 그것이다.

(문) 동시사상의 유일은 어떠한가?

(답) 정신현상이 비록 복잡하나 그 본원은 유일한 정신으로 사상을 운

용하는 것이다. 가령 대추나무를 생각할 때 대추나무 생각만 있고 버드나무를 생각할 때 버드나무 생각만 있으니 그때 다른 사물을 아울러 생각할 수 없는 것이다.

(문) 결심의 유일은 어떠한가?

(답) 수많은 물상(物象)이 왕래에 따라 온갖 사상이 따라 일어나되 그 결과가 결국 유일한 정신으로 결정되는 것이다.

(문) 하나가 소멸하면 모든 현상이 다 소멸함이란 무엇을 말하는가?

(답) 하나가 곧 나이다. 무릇 천만 인이 자신을 가리킬 때 다 나라고 하고, 만물도 다 그러하다. 즉 그 수가 천만이라도 각자 나라고 하니 단지 유일일 뿐이다. 이로써 보건대 내가 없으면 만물이 없으니 현상이 어디 있겠는가.

(문) 그렇다면 유일한 정신이 수많은 육체의 작용에 제공되면서 곤란이 없는 것은 어째서인가?

(답) 정신작용이 물질작용을 초월하기 때문이다.

(문) 초월이란 무엇을 말하는가?

(답) 육체는 시기와 처지를 확정한 후에야 비로소 작용이 있으니 물질도 그러하다. 전기(電氣)를 논하자면 그 기운이 에테르라는 공기에 의지한 후에야 그 전달을 이룰 수 있고, 현상이 시계를 근거한 후에야 그 속도를 발현할 수 있다. 그런데 정신은 의지할 곳도 없고 근거할 때도 없이 순식간에 천만리 밖과 천만년 위와 천만세대 아래로 사상을 운용함에 지장이 없다. 이는 물질작용을 초월하기 때문이다. 그러므로 육체작용에 제공하기 어려운 것이다.

(문) 그렇다면 정신이란 옛 개인처럼 물질계를 초월하여 정신계로 도래함이 동일하다. 그런데 고금(古今)의 현우(賢愚)가 다른 까닭은 무엇인가?

(답) 정신이 육체에 들어오면 변화된다. 비유하자면 마치 정천(井泉)·

강하(江河)를 오직 물이라 통칭하되, 더러운 도랑에 들어가면 흐려지고 깨끗한 개울에 들어가면 맑아지는 것과 같다. (미완)

물리학 - 계속 - / 박정동(朴晶東)

ㅇ 분자(分子)의 응집력과 부착력

물체의 분자는 물체의 최소 부분을 다시 미세하게 분해하여 얻은 것이니, 각 분자는 그 물체의 성질이 아직 존재하며 그 구성의 원질(原質)이 각기 있다. 이 분자의 인력을 분별하여 동종의 분자가 서로 밀접하려고 하는 작용력을 응집력(凝集力)이라 한다. 이종의 분자가 서로 견인하려고 하는 작용력을 부착력(付着力)이라 한다. 그런데 응집력만 논하자면 고체 분자는 응집력이 강한 탓에 서로 결고(結固)되고, 액체 분자는 응집력이 적은 탓에 서로 유리(流離)되며, 기체 분자는 응집력이 전무할 뿐 아니라 서로 충돌(衝突)되어 비산(飛散)된다.

ㅇ 원자의 화합력

원자는 분자를 거듭 분해하여 얻은 것이다. 즉 이 원자는 어떠한 방법을 막론하고 거듭 분해할 수 없다. 원자는 서로 화합하여 분자를 조성하는 것이다. 그러므로 각 원자도 밀접하려고 하는 작용력이 있으니, 이를 화합력(化合力)이라 한다. 이제 이 원자의 종류를 세어보건대 그 수가 70여 종이다. 이 70여 종은 만물을 조성하여 전 세계에 삼라만상을 발현하는 것이다. 금·은·동·철·납·수소·산소 등은 70여 종 중에서도 가장 두드러진 것이다.

○ 힘의 작용 · 동정(動靜)

물체는 힘을 더하지 않으면 운동하지 않는다. 일차 운동한 물체에 다른 힘을 또 더하면 가속운동을 한다. 그리고 이 힘과 동등한 힘을 반대 방향으로 더할 때 도로 정지된다. 대저 운동과 정지는 그 근방의 사물을 비교하여 위치의 변화 여부를 관찰하여 인지해야 한다. 예컨대 기차 내부에서 기차의 속도를 자각하지 못하는데, 이는 그 내부의 사물만 주시하는 까닭에 모든 사물이 다 정지한 것처럼 보이나, 기차 밖의 산천을 살펴보면 자신과 기차가 함께 가고 있음을 알 수 있다.

동물문답 - 계속 - / 류제달(柳濟達)

(답) 오랑우탄〔猩猩〕은 동인도 보루네오에 서식하니 몸길이가 대략 4척이고 피부가 검으며 붉은색 긴 털이 뒤덮고 성질이 술을 좋아한다.

(문) 사자는 어떤 동물인가?

(답) 아프리카 · 중국 지역에 서식하니 전신이 담갈색으로 모래색과 같고 성질이 용맹하여 금수의 왕이라고도 불린다.

(문) 호랑이는 우리나라에 있는데 표범도 있는가?

(답) 우리나라는 온대지방이다. 표범은 원래 열대지방에서 서식하니 있을 리 없다.

(문) 고양이의 눈동자가 수시로 변화함은 무엇 때문인가?

(답) 고양이는 혹 전수(電獸)라고 한다. 그 눈동자가 변화되는 이유는 태양광선을 받기 때문이다. 그러한 까닭에 아침에 태양열이 적을 때 둥글다가, 정오가 되어서 태양열이 심할 때 바늘처럼 가늘어지고, 오후에 이르러 점차 태양열이 줄어들면 다시 원래대로 둥글어진다.

(문) 수달은 형상이 어떠하고 인생에 어떤 이익이 있는가?

(답) 수달은 물속에 서식하는데, 형상이 노란 족제비와 흡사하고 발가락 사이에 물갈퀴가 있는 동물이다. 수달 가죽은 방한 용도로 활용된다.

(문) 속언에 "곰이 혀로 핥으면 뼈가 드러난다." 하는데, 무슨 이유로 그러한가?

(답) 곰만 그러한 것이 아니라 대개 육식류의 공통된 성질이다. 이는 혀의 표면에 무수한 갈고리 형태의 작은 돌기가 있어서 핥는 지점의 근육이 벗겨지는 것이다.

(문) '곰이 동면한다'고 하는데, 인류처럼 수면하는 것인가?

(답) 그렇지 않다. 곰이 동절기가 되어서 먹지 않고 움직이지 않는 행위를 동면이라 칭한다.

(문) 해달이라 불리는 동물은 어떤 것인가?

(답) 해달은 빙해에 서식하는데 형상이 삵과 흡사하다. 모피가 방한 용도로 활용되는데 그 가치가 몹시 귀하다.

(문) 해수류(海獸類) 중에 '물개'라는 동물은 형상이 어떠한가?

(답) 물개는 체형이 실뭉치-목화솜뭉치-와 흡사한데 머리가 둥글고 눈이 크며 귀와 꼬리가 매우 작고 사지가 지느러미·물갈퀴와 흡사하며 전신이 검게 암갈색을 띤다.

(문) 바다표범이라는 바다짐승은 무슨 연유로 바다의 표범이라 불리는가?

(답) 바다표범은 머리가 개와 흡사한데 앞다리가 짧고 뒷다리가 물고기 꼬리처럼 갈라지며 털색이 회백색에 검은 얼룩이 있는 동물이다. 그 얼룩무늬가 표범과 흡사하다고 하여 바다표범이라 한 것이다.

(문) 기제(奇蹄)·우제(偶蹄)는 어떻게 구별하고 그에 속한 동물은 무엇인가?

(답) 기제는 굽 1개만 있는 동물로 말의 일종이고, 우제는 굽 2개가 있는 동물로 소·양·사슴의 일종이다.

(문) 노새는 혼종이라 하니 과연 그러한가?

(답) 그렇다. 나귀 수컷과 말 암컷을 교합시켜 산생된 것이다. 특히 기력이 강장하여 사람이 사용하기에 유용한 것이다.

(문) 코뿔소의 형상은 어떠한가?

(답) 코뿔소는 형상이 수우(水牛)와 흡사한데 높이가 5~6척에 달하고 코와 이마 사이에 뿔 2개가 있는데 1개가 길고 1개가 짧으며 뿔의 성질이 손발톱과 흡사하다. 이 동물은 아시아·아프리카 열대지방에 서식한다.

(문) 코뿔소가 수우와 흡사하다 하니 코뿔소를 속어에서 수우-물소-라고 칭한 것이 아닌가?

(답) 코뿔소와 수우는 이종(異種)이다. 수우는 원래 인도 지방 야생 소이니 보통 소보다 체형이 크고 털이 거칠어 청회색을 띠며 뿔이 투명하여 온갖 기물을 만드는 것이다. 코뿔소를 물소, 수우를 물소로 병칭하는 것도 오해인 듯하다. (미완)

식물문답 - 계속 - / 최재익(崔在翊)

(문) 십자과식물(十字科植物)이란 무엇인가?

(답) 배추·무 등의 꽃은 다 십자형이 되는 까닭에 이를 십자과 식물이라 칭한다.

(문) 장미과식물이란 무엇인가?

(답) 오얏·매화·복숭아·배·능금·해당화 등은 장미와 흡사한 까닭에 이를 장미과식물이라 칭한다.

(문) 송백과식물이란 무엇인가?

(답) 교목(喬木) 중에 소나무·전나무·삼나무 등은 서로 흡사한 점이 많은 까닭에 이를 송백과식물이라 칭한다.

(문) 가지과식물(茄子科植物)이란 무엇인가?

(답) 가지·담배 종류를 가지과식물이라 칭한다.

(문) 대마과식물이란 무엇인가?

(답) 대마·모시 종류를 대마과식물이라 칭한다.

(문) 화목과식물(禾木科植物)이란 무엇인가?

(답) 벼·보리·수수·옥수수 종류를 화목과식물이라 칭한다.

(문) 국화과식물이란 무엇인가?

(답) 민들레·삽주·우엉·해바라기 종류를 국화과식물이라 칭한다.

(문) 콩과식물(荳科)이란 무엇인가?

(답) 대두·적두·싸리·등나무 종류를 콩과식물이라 칭한다.

(문) 양치류(羊齒類)란 무엇인가?

(답) 고사리류는 다 꽃이 없고 잎·수염뿌리·지하 줄기를 갖추고 있고 잎의 이면에 아포(芽胞)라는 것을 생성하니 이러한 종류를 양치류라고 칭한다.

(문) 목적과(木賊科)란 무엇인가?

(답) 목적류는 꽃이 없고 줄기에 마디가 있으며 마디마다 칼집 모양의 잎을 갖추고 있고 또 아포를 생성하는 바 있으니 이를 목적류라 칭한다.

(문) 선태류(蘚苔類)란 무엇인가?

(답) 이끼 종류를 선태류라 칭한다.

(문) 조류(藻類)란 무엇인가?

(답) 다시마·미역·김 종류를 조류라 칭한다.

(문) 균류(菌類)란 무엇인가?

(답) 송이(松茸) 종류를 균류라 칭한다.

(문) 수나무와 암나무의 구별은 어떠한가?

(답) 수목(樹木)의 종류에 따라 자・웅화(雌雄花)가 각 그루에 생성되는 사례가 있다. 암꽃만 있는 수목을 암나무라 칭하고 수꽃만 있는 수목을 수나무라 칭한다.

(문) 낙엽목이란 무엇인가?

(답) 대저 나뭇잎이 가을마다 시들어 떨어지고 봄철에 다시 생성되는데 이러한 수목을 낙엽목이라 칭한다.

(문) 상록목이란 무엇인가?

(답) 소나무처럼 잎이 사철 내내 푸르고 수년간 생존하는 수목을 상록목이라 칭한다.

(문) 식물의 수정작용이란 무엇인가?

(답) 곤충이 꽃의 꿀을 흡입하려고 꽃 사이로 날 때 어떤 꽃의 꽃가루를 다른 꽃의 암술머리에 붙게 하여 자방(子房)에 열매를 맺히게 하는데 이를 수정작용이라 칭한다.

(문) 수목의 나이테란 무엇인가?

(답) 줄기를 가로로 자르면 크고 작은 테두리가 층층이 생성된 형태를 볼 수 있으니 이를 나이테라 칭한다. 나이테를 생성하는 식물은 외장류(外長類) 수목에 한한다.

(문) 수(髓)란 무엇을 말하는가?

(답) 수목 줄기를 가로로 자르면 그 중앙에 유연한 부분이 있으니 이를 수라고 칭한다. 이 또한 외장류 수목에 한하여 생성된다.

(문) 수목이 겪은 연수(年數)를 파악하는 방법이 있는가?

(답) 나이테는 매년 한 차례씩 그 외곽으로 테두리 하나씩 더 생성하는 까닭에 이 나이테 수를 계산하면 그 수목이 겪은 연수를 알 수 있다.

광물문답 - 계속 - / 최재익(崔在翊)

(문) 광물의 점성이란 무엇인가?

(답) 광물 중에 파쇄하기 쉬운 것, 구부리기 어려운 것, 늘어나는 성질이 많은 것 등이 있다. 이를 점성이라 통칭한다.

(문) 탄성이란 무엇을 말하는가?

(답) 운모(雲母)처럼 구부려도 원형으로 복귀하는 성질을 탄성이라 칭한다.

(문) 광물의 물리적 성질과 화학적 성질은 어떠한가?

(답) 광물의 형상·빛깔 등에 속한 것을 물리적 성질이라 한다. 그 성분 등에 관한 성질을 화학적 성질이라 한다. 우주에 있는 온갖 물체는 이 두 가지 성질을 다 갖추고 있다.

(문) 광물의 감정에 무엇을 응용하는가?

(답) 단단함과 유연함을 파악할 경우 경도계(硬度計)를 표준으로 삼는다. 비중을 시험할 경우 비중계(比重計)를 사용한다.

(문) 경도는 어떻게 측정하고 경도계는 누가 정한 것인가?

(답) 경도를 측정하려면 경도계로 표준이 되는 광물 10종 가운데 1종과 시험하고자 하는 광물을 서로 마찰시켜 그 단단함과 유연함을 검정한다. 경도계는 모스(Mohs) 씨가 정한 것이기에 모스경도계라 칭한다.

(문) 비중은 어떻게 측정하며 비중계는 누가 처음 만든 것인가?

(답) 광물의 비중은 그 광물과 동일한 용적의 물의 중량을 얻어 그 중량을 1로 하고 광물의 중량과 비교한다. 통상 비중을 측정할 경우 욜리(Jolly) 씨의 용수철 비중계를 사용한다.

(문) 금속광물의 성질은 어떠한가?

(답) 금속광물은 대개 유황·산소·탄산 등과의 화합으로 인해 외관이

비금속 같은 것이 적지 않으나, 무게가 무겁고 광택이 강하며 일종의 금속광택을 이루고 투명하지 않다.

(문) 야금술이란 어떤 방법인가?

(답) 광석에서 순수한 금속을 분리하는 방법이다.

(문) 녹청(綠青)이란 무엇인가?

(답) 금속이 공기 중에 수분과 접하면 자연히 녹이 발생하니 이를 녹청이라 한다. 이 물질은 사람에게 몹시 유해한 까닭에 식기로 놋그릇을 사용해서는 안 된다.

(문) 금속의 전성(展性)·연성(延性)이란 무엇인가?

(답) 대개 금속은 그 성질이 연약한데, 이를 펼치면 박(箔)이 되니 이 성질을 전성이라 칭한다. 이를 늘리면 가는 줄이 되니 이 성질을 연성이라 칭한다.

(문) 무엇을 화성암이라 칭하는가?

(답) 지하에서 고열로 용해된 용암이 지각이 분할된 곳에서 유출되어 냉각되어 구성된 것을 화성암이라 한다.

(문) 수성암이란 무엇인가?

(답) 유기물이나 무기물이 물밑에 침적되어 구성된 암석을 수성암이라 칭한다.

(문) 광물의 풍화란 무엇인가?

(답) 암석이 공기 중에 있어 오랜 기간이 지나면 추위와 더위를 겪으며 바람에 닳고 비에 씻긴다. 그러면 몹시 견고한 암석도 부지불식간에 조성이 느슨해져 붕괴되는 지경이 되니 이를 풍화라 칭한다.

(문) 수식(水蝕)이란 무엇을 말하는가?

(답) 암석이 단지 공기 중에서 부서질 뿐 아니라 수중에서도 부서지니 이를 수식이라 칭한다.

(문) 무엇을 침적(沈積)이라 말하는가?

(답) 암석이 풍화나 수식으로 인해 자갈이 되었다가 다시 서로 마찰되어 원형이 되었다가 다시 자잘하게 부서지면 모래・점토 등이 된다. 이것이 흐르는 물과 함께 흘러가다가 무거운 것은 가까운 곳, 가벼운 것은 먼 곳에 도달하고 물밑으로 침식되어 모래는 모래층, 자갈은 자갈층이 되고 흙도 층이 되니 이를 침적이라 칭한다.

(문) 광물의 효용은 어떠한가?

(답) 광물은 그 종류가 동식물처럼 많지는 않으나 인류에게 유용한 것이 많다. 가령 우리 생활에 잠시도 없어서는 안 되는 공기와 물을 비롯하여 해・달・별・지구 등에 이르기까지 다 광물의 관할이다. 매일 사용하는 그릇과 모든 기계도 금속류로 된 것이 많고, 우리가 거주하는 가옥은 고사하더라도 약재류・염색분・퇴비과 등을 살펴보면 광물에 속한 것이 많다. 그러므로 일일이 다 그 효용성을 거론하지 않더라도 광물의 유용성을 알 수 있다.

(문) 광물과 식물의 관계는 어떠한가?

(답) 한마디로 말하자면 식물은 광물의 공기・물・토양으로 인해 생존한다. 이로서 보건대 양자 간의 관계가 지대함을 알 수 있다.

(문) 광물과 동물의 관계는 어떠한가?

(답) 위 항목의 설명에 의하면 광물과 식물의 관계가 지대함을 알 수 있다. 그러나 동물은 대개 식물을 통해 자체를 생존하고 식물은 광물을 통해 생존하는 까닭에, 광물과 동물의 간접적 관계가 중대함을 알 수 있다.

(문) 인류와 광물의 관계는 어떠한가?

(답) 광물계에 속한 것이 생물에게 미치는 관계가 지대하다는 사실은 구구절절 웅변을 요하지 않아도 자명한 것이다. 그 가운데 큰 사례를 들어 간략히 논하자면, 공기・물・빛・열이 인류 뿐 아니라 여러 생물에게 잠시도 없어서는 안 되는 것이고, 인류가 이 세상

을 살면서 의식주의 원료를 광물계에서 구하는 경우가 많다. 그러므로 광물의 성질을 연구하여 관련성을 알고, 그 이용법을 강구하여 유용물을 지하에 묻어두지 않고 온종일 발굴하여 사회의 공공이익을 증진시키는 것이다. 그렇다면 광물계는 인류에게 없어서는 안 되는 지대한 관계가 있다고 할 수 있다.

공학 - 계속 - / 상호(尙灝)

○ 사상을 개조하라 -계속-

제비와 참새는 불이 장차 자신에게 미칠 것을 알지 못하고 편안히 서로 즐거워한다.[17] 가령 국가가 하루아침에 멸망하면 어느 곳에서 집안을 보전하며 어느 곳에서 자신을 보전하겠는가? 현재 세계는 각국이 서로 통하고 진화하는 힘이 점점 극도에 달하여 사람은 많고 땅은 좁은 결과로 우승열패(優勝劣敗)의 생존경쟁이 날로 더욱 격렬하다. 국가라 명명하지 않으면 세계에 설 수가 없기에 전 국민이 단체를 결성하여 마음과 힘을 하나로 모아 국가를 보전하는 것은 일의 형세가 임박해서 부득이 한 것이다. 그런데 이미 지나간 것은 말할 것도 없고 지금 이후로도 자기를 이롭게 하고 집안을 이롭게 하는 사상을 불가불 배척하려 한다. 이외에도 비열한 사상이 비일비재하다. 시험삼아 말해보면, 낫 놓고 기역자도 모를 만큼 무식함에도 선조에 힘입어 관작(官爵)에 탐욕을 부리며, 열 손가락도 꼼짝하지 않을 만큼 게으름에도 부모에게 의지하여 일생을 덧없이 보내며, 공적인 것을 통해 사적인 이익을 도모하

17 제비와……즐거워한다 : 처마 밑에 사는 제비와 참새는 편안한 생활에 젖어 위험이 닥쳐오는 줄도 모르고 조금도 경각심을 갖지 않는 것을 비유한다. 『공총자(孔叢子)』에서 유래되었다.

며, 세력에 힘입어 약자를 위협한다. 심할 때는 내국민에 대해서는 조그마한 원망이라도 반드시 보복하면서 외국인에 대해서는 아비를 죽인 원수가 있더라도 원수 갚는 것을 감히 마음에 일으키지도 못하며, 한마디 말도 함부로 하지 못한 채 두려워서 물러나 움츠려버리는 사상은 일일이 열거하기 힘들 정도다.

원컨대 우리 소년 여러분이여. 이처럼 비열하며 악착같은 사상은 결단코 모두 뽑아버려라. 너희는 신제국을 건립할 인물이니 이 지옥 같은 나쁜 국면을 탈출하고 신선한 세계의 공기에서 생장하라. 아! 드넓은 푸른 바다를 한 조각의 작은 배로 건너오려고 하는 그대들아. 원기・용기・정력・체력・자영(自營)・자수(自修)・인내・분투・지성(至誠)・불굴・유쾌・활발・민첩 등을 너희 배에 가득 실어라. 동서를 막론하고 영웅이니 위인이니 일컫는 자도 본래 별다른 사람이 아니라 고상한 사상으로 학문에 힘써 지성과 열심(熱心)으로 대업을 성취한 자이다. 너희도 너희의 책임을 잠자는 사이에도 잊지 말고 세계 신학문을 성심을 다해 힘써서 각각 하나의 업을 이루어 국운을 흥왕(興旺)하게 하고 세계 제일등 국민이 된다면 어찌 영웅이 아니겠으며 또한 남아의 쾌사(快事)가 아니겠는가. 생각이 여기에 미치니 어깨가 들썩거리며 흥이 일어나는 줄도 모르다가 정신을 차려보니 하늘 가운데 밝은 달은 휘영청 밝아 천지를 독점하고 있구나.

○ 목적을 정하라

고상한 사상이 사실에 드러나게 하려면 부득불 목적을 확정하는 것이 필요하다. 세상 사업이 가지각색이기 때문에 이것을 생각하고 저것을 생각함에 호의부정(狐疑不定)[18]하지 말고 목적을 확실하게 정하라.

---

18 호의부정(狐疑不定) : 여우가 의심이 나서 결정을 못한다는 뜻으로, 여우는 천성이 의심이 많아 얼음 위를 건널 때도 얼음 밑에서 물소리가 나는지를 들으면서 건넌다고

뿌리・줄기・가지・잎은 경중이 있지만 필요함은 똑같으니, 뿌리가 없으면 발달하지 못하며 줄기가 없으면 존립하지 못하며 가지가 없으면 번성하지 못하며 잎이 없으면 영양(營養)하지 못한다. 따라서 나무는 뿌리가 있고 줄기가 있고 가지가 있고 잎이 있어야 이에 완성될 수 있다. 그렇다면 물(物)이 본말이 있는 연후에야 물이 이에 완성되며, 일이 시작과 끝이 있은 연후에야 일이 이에 성취된다. 나라의 사농공상(士農工商)이 나무의 뿌리・줄기・가지・잎과 같아서 똑같이 중요하고 똑같이 신성하여 귀천의 구별이 없는데 우리나라는 성현의 진정한 의도는 이해하지 못하고 말끝마다 반드시 말하기를 "군자는 근본에 힘쓴다." 고 하여 사(士)만 존숭하고 농상공은 경멸한다. 그러나 다행히 농(農)은 "농업은 천하의 큰 근본이다."라는 한마디 말 덕분에 겨우겨우 천대를 면하긴 했으나 공상은 지극히 천한 것으로 대우한다. 아! 무한한 공상의 이로운 사업에는 힘쓰지 않고 유한한 토지에 유치한 기예로 농업에 힘을 쓰니 어찌 가난하지 않을 수 있겠는가? 지금은 상공업이 발달하여 사와 농이 상과 공에 대해 오히려 손색이 있도다.

동서양에 웅비하는 영국으로 말하자면 7일만 곡물을 수입하지 못하면 전국이 기아를 감당하지 못하지만 조금도 괴로움을 느끼지 않고 안락한 행복을 누리는 것이 상공이 아니었으면 어찌 할 수 있었겠는가? 우리나라도 공상을 발달시키고 농업을 개량하면 백성의 흡족과 나라의 부강을 어찌 얻지 못한다고 걱정하겠는가? 그렇다면 사랑하는 우리 소년 여러분이여. 사농공상을 막론하고 너희가 좋아하는 목적을 확정하라.

목적을 정한 후에는 장차 어떻게 해야 하는가? 옛말에 이르기를 "뜻이 있는 자는 일이 마침내 이루어진다." 하니 이는 만고의 금석(金石) 같은 말이며 그 실제 사례가 비일비재하다. 눈앞의 소소한 집안일과

한다. 『술정기(述征記)』에서 유래되었다.

연연하는 애정에 구애되지 말고 마음먹은 대로 쾌연히 일어서서 일위지수(一葦之水)를 건너가 학업을 성취하고 돌아오라. 개인이 문명하면 국가가 문명하는 것이니 이와 같다면 일 년이 지나지 않아 우리나라도 세상에 당당한 독립국이 될 것이다. 생각이 여기에 미치니 보신각 종소리가 둥둥 울려 세계를 진동하더라.

상업학 / 이범익(李範益)[19]

왕년에 프랑스・러시아・스웨덴・독일 등이 프로이센 땅을 분할하고자 하여 프로이센을 공격함에, 프로이센은 100만의 병사를 상실하고 수억의 재화를 소진하였다. 그러나 프리드리히 대왕(Frederick the Great)의 강직 근면한 태도와 우방의 지원이 있었기 때문에 국력이 이전의 배나 융성해져 국가가 태평하고 백성이 번영할 수 있었다. 그리고 지난해 일러전쟁 때 선혈이 시내를 이루고 시신이 산처럼 이어져 그 참담한 정황에 모발이 송연하나, 포츠머스 조약(Treaty of Portsmouth)이 체결됨에 일본은 군략상 실업상 온갖 문명이 발달하고 러시아는 건국 이래로 초유의 헌법이 제정되어 국회가 소집됨에 이르렀다. 다만 이러한 전쟁은 도리어 국가의 이익이 있을 뿐 아니라 일시적인 사안에 불과하다. 반면 지금의 이른바 '만국상전(萬國商戰)'은 격렬한 전투가 끊임없이 지속되어 우수한 자는 부강의 행복을 누리고 열등한 자는 쇠퇴의 비관을 드러내다가 그 최후에 백성을 노예로 삼게 하고 국토를 무위로 돌리니, 그 관계의 중대함이 어찌 일시적 전쟁과 동급으로 논할 수 있는가? 그러

19 이범익(李範益) : 1883~?. 1902년 관립일어학교를 졸업하고 교관으로 근무하다 러일전쟁에 통역으로 종군했고 이후 탁지부와 농상공부에서 근무했다. 일제강점기에는 각지의 군수 및 총독부 사무관을 거쳐 도지사를 역임했다. 해방 후 반민특위에 기소되고 한국전쟁 때 납북되었다.

므로 열국이 심오한 학리와 신기한 규율로 상업에 근면한 것이니, 이것이 지금 영·미가 부강을 이룬 원인이다.

우리나라는 자고로 상업을 천시한 탓에 상업이 무엇인지 창도하는 자가 있으면 곧장 모리배(謀利輩)로 칭해져 세속의 비난을 면하지 못하거늘, 이를 경영하여 그 발달을 도모할 자가 어찌 있을 수 있는가? 이러한 까닭에 상업에 종사한 자가 그저 사회의 하등에 불과하여 어리석게 학리(學理)에 무지하고 아득하게 상기(商機)에 통달하지 못하여 종래의 누습에만 익숙하다. 그러한 까닭에 상인의 덕의(德義)가 퇴폐되어 신용의 관념이 천박할 뿐 아니라 학술의 응용이 불완전하므로 실패가 빈번하니, 이 상전의 시대에 처하여 국가의 빈약을 어찌 면할 수 있는가? 저 양양희희(穰穰熙熙)[20]하게 오직 이익만 추구하는 사방 이웃의 상전대(商戰隊)가 우리의 무방비함과 무능함을 모멸하면서 차츰차츰 침탈함에 전국 상권이 그들의 수중에 다 들어가 버리니, 이 어찌 장차 국가의 장래에 어떠한 영향을 미치지 않을 수 있는가?

근래에 이를 개탄하고 우려하는 당국 관리와 민간 지사가 온갖 기관을 설비하고 상업의 진흥을 장려하는 것은 국가를 위해 축하하는 바이다. 그러나 상인의 기능을 양성하고 문명의 자격을 구비하여 상업계의 심기를 쇄신하고 양성(良性)·양능(良能)을 무성하게 파종하지 않는다면, 박탈된 상권을 만회하고 쇠약해진 국위를 발휘할 수 없을 것이다.

이에 나는 어려운 시국을 목격하여 이에 유익한 서적을 참고하고 우리나라의 현 실상을 증빙하고는, 제1 상업 및 상인의 특성, 제2 자본 및 신용, 제3 매매 및 운송, 제4 화폐무역 및 위환(爲換), 제5 창고영업,

---

20 양양희희(穰穰熙熙) : 이익 추구를 위해 시끄럽고 번잡하게 오가는 모습을 형용한 말이다. 『사기』 권129 「화식열전(貨殖列傳)」에 "천하가 희희함은 모두 이익을 위해 오는 것이요, 천하가 양양함은 모두 이익을 위해 가는 것이다〔天下熙熙, 皆爲利來, 天下壤壤, 皆爲利往〕."라고 한 데서 온 말이다.

제6 은행, 제7 취인소(取引所), 제8 수형(手形), 제9 보험, 제10 개인 및 단체영업, 제11 상업규정, 제12 상품의 감정 및 하조(荷造), 제13 파산 등으로 논술하고자 한다. 다만 우리나라에 상법의 제정이 아직 없으므로, 온갖 규범을 다 일본의 상법에 준거하였다.

수학 - 계속 - / 류석태(柳錫泰)

가령 표기할 수가 '육천사백삼십오'라면 우선 그 자릿수가 얼마인지를 계산한 후에 단십백천 등을 우측부터 좌측까지 아래에서 위로 도달하게 가로로 기록하고, 각 자리에 해당하는 수를 본 자리 아래에 기호로 표기하니

천 백 십 단

6 4 3 5

이와 같고

만일 표기할 수가 '육천사백단오'라면 십 자리 수는 없기 때문에 그 자리 아래에는 (0)을 표기하니

천 백 십 단

6 4 0 5

이와 같다.

여기에 숙련되면 단십백천 등의 자리는 생략하고, 단지 숫자로만 표기할 것이니

육천사백삼십오는 6435

육천사백영오는 6405 이와 같이 된다.

(9) 독수법(讀數法) 숫자로만 표기된 수를 읽는 방법을 말한다.

247659283 이렇게 표기된 수를 읽으려면, 가장 우측 끝 '3'이란 부

호 아래 '단'자를 표기하고, 여기서부터 좌측으로 한 자리씩 계산해 가면서, 매 4자리씩 나누어서 만·억·조 등에 대원위(大原位)의 명칭을 순서대로 표기하고, 좌측에서 우측으로 읽는다.

2 4 7 6 5 9 2 8 3

억 　　만 　　단

이렇게 표기한 뒤 '이억사천칠백육십오만구천이백팔십삼'이라 부른다. 이 방식에 숙달되면 만·억 등을 표기하는 대신에 점(·) 하나를 그 우측 아래에 찍어 표기하고, 이 점 개수대로 대원위를 추가하여 적당한 명칭으로 부른다.

-문제-

다음과 같이 명명한 수를 표기하라.

(1)칠천이백영구 (2)삼억사천삼백오십일만육백팔십오

답 (1)7209 (2)3.4351.0685

아래와 같이 표기한 수를 읽어라.

(1)4.0057.0386 (2)25.0500.0390

답 (1)사억오십칠만삼백팔십육 (2)이십오억사백만삼백구십

제2편 사칙(四則)

제1장 가법(加法)

계산법의 범위는 각기 그 수의 변화에 따라 존재하고 각기 다른 율칙(率則)이 수천수백가지나 된다. 그러므로 우리가 이것을 학습하고자 한다면 '그 가운데 어떤 법칙부터 우선 강구해야 좋은지'라는 관념이 반드시 있어야 한다. 비록 그러하나 나누고 합하고를 비교하는 방법과 면체(面體)와 방원(方圓)의 비율에 주로 활용되는 계산법은 가감승제(加減乘

除)의 사칙이고, 이 사칙 중에 가법이 한층 더 중요하고 근사하다. 그러므로 이것이 계산법의 입문이 되는 것이다.

(10) 가법이란 수가 탄생된 초기부터 동시에 만들어진 것이다. 또한 어떤 법에 따른 무슨 수를 막론하고 이 원리는 다 내포되어 있다.

가령 1에 1을 더한 것이 2가 되고, 2에 1을 더한 것이 3이 되니, 이렇게 2가 되고 3이 되는 경우는 가법을 우선 반드시 거치는 것이다.

이를 바꿔 말하자면, 두 가지 이상으로 분리된 여러 가지 수를 몇 개든 간에 서로 합쳐서 한 가지 수로 만드는 방법이라 하겠다.

예컨대, 갑과 을이란 두 수를 합하여 병이란 하나의 수를 얻을 때는 그 갑과 을을 합치는 방법을 수의 가법이라 칭한다. 이를 합친 후에 병이 된 것을 가산의 합이라 일컫는다.

가령 갑이라는 상자의 금 8원과 을이라는 상자의 금 6원을 서로 합쳐서 병이라는 상자에 옮겨 넣을 때는 그 병이라는 상자에는 갑이라는 상자의 8원과 을이라는 상자의 6원이 더해진 합 14원이 되는 것이다.

ㅇ 문답 및 연산식

(문) 어떤 수를 불문하고 두 가지 이상이 있을 경우 가법을 사용하는가?

(답) 수는 사물에 존재하는데, 사물은 종류와 목적과 형상이 각기 다른 것이다. 그러니 가법은 종류와 목적과 단위가 동일한 경우에 사용한다.

지문학 - 계속 - / 박정동(朴晶東)

ㅇ 지각(地殼)의 3대적(大跡)

지각이란 앞서 서술한 바와 같이 무한히 두꺼운 것이 아니라, 그 내부에 열액(熱液)을 포장하는 일종의 구(球) 같은 것이다. 그러나 지각의 조직은 몹시 복잡하여 70여 종의 원질과 각 원질의 화합물로 집성되어 있고, 또 지각의 상부에 종종 동식물의 형적(形跡)이 남아 있다. 금세에 지각의 탐사를 위해 상·중·하 세 부분으로 구분하였다. 즉 외면에서 직하(直下)하여 한리(韓里) 약 50리까지 '지각의 상부'라 하고, 상부에서 다시 직하하여 50리까지 '지각의 중부'라 하고, 중부에서 다시 직하하여 50리까지 '지각의 하부'라 한다. 지각의 상부에 대한 탐사는 자세하여 그 탐사객의 발견이 종종 신뢰할 만하다. 그밖에 다른 두 부분도 탐사한 바 있다.

상부는 지면과 가장 근접한 층대로 동식물의 형적이 발견되니 이를 3층으로 구분한다. 즉 상층은 근고대적(近古大跡)이라 하고, 중층은 중고대적(中古大跡)이라 하고, 하층은 상고대적(上古大跡)이라 한다.

○ 제1 근고대적

근고대적의 경우 인체가 암석이 되어서 골격이 뚜렷한 것, 짐승류 전체도 암석이 되어서 형상이 여전한 것이 종종 발견된다. 이는 인류와 짐승류가 지하에 매몰됨이 극히 깊어서 누출된 기운이 전혀 없으니 그 신체 중에 본래 있는 회질(灰質)이 지열을 받은 지 오래 지속된 까닭에 응고되어 암석이 된 것이다. 또 점차 들어갈수록 근대에 없는 거대 짐승의 형적과 그밖에 온갖 알아볼 수 없는 금수의 골상(骨狀)이 많다.

○ 제2 중고대적

중고대적의 경우 인류와 짐승류의 형적이 없고 어류의 형적만 남아서 암석이 된 것과 그밖에 곤충의 형적만 있다. 어류·곤충류는 인류·금수류보다 먼저 생성되었으니, 아마도 중고 때는 인류·금수류가 전

무한 듯하다.

○ 제3 상고대적

상고대적의 경우 동물의 형적이 없고 초목과 이끼의 형적만 남아서 석문(石文)이 단지 초목의 지엽과 이끼의 형상을 띠고 있다. 여기서 더 깊이 들어가면 식물의 형적도 없고 단지 모래뿐이다.

위생설 - 계속 - / 김경식(金瓊植)

○ 공기와 호흡

어류가 수중에서 생활하듯이 인류는 공기 중에서 생육한다. 이 공기의 호흡이 1분당 8회로 가정하면 하루당 2만 5천 820여 회이니 그 양이 만여 되나 필요하다. 공기의 구성은 산소가 5분의 1이고 질소가 5분의 4 미만이고 탄소가 만분의 4이고 수증기를 다소 포함한다. 그러나 식물은 일광력(日光力)을 통해 탄소를 흡수하고 산소를 배출하며 동물이 이에 미쳐서 산소를 흡수하고 탄소를 배출하니 이 호흡작용의 기관은 동물의 폐가 된다. 그러나 호기(呼氣)는 흡기(吸氣)보다 온난하고 수증기를 대거 포함하며 그 가운데 냄새와 가스가 다소 포함된 것 외에 현저한 차이는 산소의 감량과 탄소의 증량이다. 지금 그 양을 비교하면

백분율	산소	질소	탄소[21]
흡기	20.81	79.15	0.04
호기	16.01	79.55	4.38

21 탄소 : 원문에는 '炭酸'으로 되어 있으나, '炭素'의 오기로 보아 고쳐 번역하였다.

앞의 표와 같다. 호기에 산소의 감소량은 겨우 4분의 1에 미치지 않으나 탄소의 증량은 108배 정도에 달한다.

인류가 식물을 단절하면 기왕 신체에 저축한 자양분과 원래 조직을 소비하는 까닭에 그래도 20여 일간 생명을 지속하나, 만일 공기의 호흡을 단절하면 단 5분 이내로 생명을 잃는다. 비유하자면 지금 한창 연소 중인 숯덩이를 소화기 속에 투입하고 그 덮개를 덮으면 그 화염의 소멸을 즉각 볼 수 있는 것과 같다. 이와 같이 인류도 밀실 속에 오래 머물러 실내 공기 중의 산소를 소진하면 즉시 생명을 잃으니, 이를 질식이라 한다.

대개 질식의 원인은 공기 교환이 부족하여 산소의 양의 감소로 비롯된다. 우리나라 가옥 건축 방식은 실내에 연돌이 없어서 이러한 위험이 희소하나 서양의 가옥 건축 방식은 온돌이 없고 실내에 난로를 구비한 까닭에 이러한 위험이 종종 있다. 또 말하자면 혹 산소의 양이 많다고 하더라도 탄소의 양이 만분의 7 -보통 만분의 4- 이상에 달하면 이미 신체에 이상이 나타나 두통과 현기증이 발생하고 구토를 일으키니 이것이 탄소중독이다.

탄소중독은 환기법이 부족한 까닭에 탄소가 만분의 7 이상에 달하여 흡기를 불결하게 하는 원인이다. 이는 많은 사람이 밀집된 유연장(遊宴場)·교회장(敎會場) 등의 장소 혹은 마른 우물·토굴 등지에서 발생한다. 이는 다름이 아니라 집회장으로 말하면 인류가 산소를 호흡하고 탄소를 배출하는 것 외에 냄새와 가스를 유발하여 공기를 불결하게 하고, 마른 우물·토굴 등지는 장시간 탄소가 누적되어 충만하기 때문이다. 또 광산 부근에 유독가스가 있고 연못·저수지 등지에 '장기(瘴氣)'라는 유해가스가 있어서 건강을 해친다. 대체로 말하자면 도시 공기는 시골 공기보다 불결하고 주간 공기는 야간 공기보다 신선하며 육지 공기는 해상 공기보다 오염되어 있다.

그러므로 우리가 한순간도 단절할 수 없는 공기의 호흡은 그 구성 요소를 선택할 필요가 있다. 이 방법에서 가장 주의할 점은 비강으로 호흡하고 구강으로 호흡하지 않는 것이다. 어째서인가? 구강으로 호흡할 경우 공기 중에 포함된 먼지・벌레 등을 흡입하여 인후・폐장 등에 질병을 유발하기 쉽다. 비강은 천연적 호흡기관이라 후각이 있어서 유취유해(有臭有害)한 가스를 차단하고 또 코털이 있어서 먼지와 독충을 방어하고 점막을 갖추고 있어서 건조한 공기에 수분을 부여하여 인후・폐장 기관의 질병을 예방한다.

교제신례 - 계속 - / 서병길(徐丙吉)

(10) 타인을 방문하되 그 사람이 부재중이거나 면회를 원치 않을 경우에는 명함 상단을 바깥쪽으로 접어서 올려 둔다. 조례(弔禮)로 방문한 때는 안쪽으로 접어서 올려 둔다.

(11) 방문자가 하인의 안내를 받아 응접실에 들어갈 때는 모자와 외투 등을 왼팔에 걸쳐도 무방하나, 실외에 걸어두는 것이 괜찮다.

(12) 방문자는 주인의 허락이 없이 의자에 앉거나 책상에 둔 담배를 취해서는 안 된다.

(13) 여관에 머무르고 있는 사람을 찾아갔는데 만약 부재중이거든 자기의 명함에 그 사람의 성명과 존칭을 기재하고 구두로 방문한 의사를 남겨두거나 하여 예의(禮意)를 전하도록 하여 착오가 없도록 해야 한다.

(14) 먼 지역으로 여행할 때는 명함에 고별(告別)이라 기재하고, 돌아올 때의 체류일과 숙소를 함께 적어서 자신과 타인의 편의를 도모해야 한다.

(15) 연회, 만찬회 등에 감사를 표하기 위한 방문은 그 당일을 계산

하여 1주일 내로 가야 한다. 이러한 방문은 면회를 요구하지 않고 명함만 건네고 돌아오는 것이 관례이다.

(16) 소개장을 받고 사람을 방문할 때는 자신의 명함과 소개장을 건네되 면회를 요구하지 않고 돌아오는 것이 관례이다. 방문을 받은 자가 방문한 자의 면전에서 소개장을 자세히 읽을 수 없는 탓에 그 처리와 대우의 방법이 헷갈릴 수 있기 때문이다.

○ 응접

(1) 응접은 관급(官級)과 장유와 남녀 등 신분에 알맞게 대하기 위해 문 밖이나 문 안에서 맞이하여 들인다. 혹 실내에서 방문자를 대하면 반드시 기립하여 몇 발자국 앞으로 나아가서 온화한 표정으로 기쁘게 맞이하여 들이고 자리로 가게 한 뒤에 자신도 의자에 앉아 응대한다. 그러면서 엄격하거나 딱딱한 상태를 느끼지 않도록 하고, 근심과 걱정을 외모에 드러내지 말고 모든 일에 주의해야 한다.

(2) 많은 손님을 접대할 때는 여러 사람들에 대해 편파적 태도가 없도록 한다. 만약 경애(敬愛)의 차등이 자연스레 없을 수 없는 경우에는 멀고 소원한 이를 후하게 대하고, 가깝고 친근한 이를 가볍게 대하며, 지위가 낮은 자를 공경하고 예우해야 한다. 이것이 사람을 접대하는 요지이다.

일본 정당을 논하다 / 양재건(梁在謇)

인류 집단에 어째서 당(黨)이 있는가. 당이란 호걸지사가 독립 자유의 기개를 갖추어서 사람에 따라 부앙(俯仰)하는 행위를 경시하고 나와 부합하는 자를 내가 찬성하고 나와 부합하지 않는 자를 내가 반대하여 목적의 소재를 일통함에 찬성자도 있고 반대자도 있어서 정사에 시행하는 것이니, 마침내 그 명칭을 특별히 정하기를 '정당(政黨)'이라 한 것이다.

전제국가의 경우 그 흥기할 적에는 흡사 봄 동산의 풀과 같아서 그 성장을 보지 않아도 날마다 성장하는 바 있으니, 이는 명철한 군주가 위에 있고 훌륭한 재상이 보좌하는 시기가 되어야 비로소 볼 수 있다. 그러나 그 쇠퇴할 적에는 독부민적(獨夫民賊)이 위에 군림하되 홀로 이기고 무리가 지며 홀로 간교하고 무리가 어리석어 어리석은 수많은 무리가 감히 이동(異同)하지 못한다. 그러한 까닭에 그러한 나라에는 이른바 정당이 없는 것이다. 그러니 우연히 몇몇 호걸지사가 있어도 그 소행을 다 따르지 않으면 곧 군이 주륙(誅戮)하고 금고(禁錮)하기를 마치 한나라의 당고(黨錮)[22], 송나라의 원우(元祐)[23]·경원(慶元)[24], 명나라의 동림(東林)[25], 우리 대한의 노소남북(老少南北)·시파(時派)·벽파(僻派)·완고당(頑固黨)·개화당(開化黨) 등의 부류처럼 한다. 이것이 우리 역사에서 탄식할 만한 사실이다. 반면 문명국가는 언당(言黨)을 꺼리지 않아서 여러 정당이 각기 기치를 세우고 정계에서 경쟁하니, 서양 각국 중에

---

22 당고(黨錮) : 후한 말기 환관들이 정권을 전담하자, 이응(李膺)·진번(陳蕃)·두무(竇武) 등이 탄핵하였는데, 환관들이 도리어 이들을 당인(黨人)으로 지목하여 죽이고 많은 사람이 종신 금고형(禁錮刑)을 받은 일을 가리킨다.『후한서(後漢書) 권67』「당고열전(黨錮列傳)」

23 원우(元祐) : 북송 철종(哲宗) 원우 연간에 왕안석(王安石)의 신법(新法)을 반대하여 구법(舊法)을 주창하던 조신(朝臣)들의 세 붕당(朋黨)인 낙당(洛黨)·촉당(蜀黨)·삭당(朔黨)으로, 일명 '원우 삼당(元祐三黨)'이라 한다.

24 경원(慶元) : 송 영종(寧宗) 경원 연간에 주희가 당시의 권신(權臣)인 한탁주(韓侂冑)를 탄핵하자 그의 사주를 받은 심계조(沈繼祖)·여철(余嚞) 등이 주희의 관작(官爵)을 삭탈하고 승상 조여우(趙汝愚) 등을 축출하여 도학자의 등용을 금한 일을 말한다.『송사(宋史) 권37』「영종본기(寧宗本紀)」

25 동림(東林) : 명나라 신종(神宗) 때, 고헌성(顧憲成) 등이 동림서원(東林書院)에서 시국에 대한 비판과 토론을 전개하였다. 이들을 일컬어 동림당이라 하였다. 당시 환관으로 세력을 잡고 있던 위충현(魏忠賢)을 중심으로 한 반대 세력들이 당옥(黨獄)을 일으켜 이들을 탄압하였다.『명사(明史)』231「고헌성열전(顧憲成列傳)」

당으로 나라를 세우지 않음이 없다.

서풍〔歐風〕의 선동이 일본에서 배태(胚胎)되자 일본은 게이오(慶應)·메이지(明治) 이후로 영해(瀛海)의 신산(神山) 삼도(三島) 가에서 나부끼듯 정당의 기치가 즐비하여 당적의 당원이 진퇴(進退)를 함께 함에 다 고개를 들고 눈썹을 펴며 국시(國是)를 진언하지 않음이 없었다. 그 정당의 번성함이 유럽에 있는 상황이야 굳이 다 진술할 겨를이 없거니와, 대저 인류로서 다 평등권을 가지고 똑같이 국민이 되었으니 다 정당에 참여할 의무가 있다. 이것이 정당이 설립된 공리(公理)이다.

그러나 무유(瞀儒)·비부(鄙夫)가 대도에 무지한 탓에 도리어 저 도당이 대거 수립되고 문호가 각자 나뉘게 되어서 급급해져 번갈아 근심하게 되었으니, 정무(丁戊) 이래 목봉(木棒)의 정략(政略) 등이 이것이다. 이것이 주나라 백양씨의 이른바 "백성의 입을 막는 것은 시내를 막는 것보다 심하다. 물이 막혔다가 터지면 무수히 사람을 해칠 것이다."[26]는 것이다. 백성도 이와 같다. 10년 내로 제방이 터져 이루 다 막을 수 없듯이 어지럽게 떠들면서 각자 자신이 옳다고 여기는 것만 옳게 여기니, 그 형세가 참으로 그러하다. 그러나 만일 그 목적이 잘못이 아니라면 또한 무슨 해가 되겠는가. 각자 자신이 옳다고 여기는 것을 옳게 여기고 각자 자신이 그르다고 여기는 것을 그르게 여긴 후에 공시공비(公是公非)가 점차 커져서 장기간 췌마(揣摩)[27]한다면, 추호의 사의도 그 사이에 허용될 수 없게 되니 이것이 정당의 진상(眞相)인 것이다.

일본 메이지유신 이후로 지금까지 당파의 변경(變更)에 대해 그 원류

---

26 백성의……것이다 : 주(周)나라 여왕(厲王)인 호(胡)가 백성들의 비방이 많아지자 백성을 감시토록 하니, 백성들이 말을 하지 못하고 눈짓만 할 뿐이었다. 그러자 여왕은 "내가 비로소 비방을 그치게 했다〔吾能弭謗矣〕."라고 하니, 소공(召公)이 이 말을 해주었으나 여왕은 끝내 듣지 않았다. 『사기(史記)』 권4 「주본기(周本紀)」

27 췌마(揣摩) : 상대방의 마음을 헤아려 이에 맞게 설득해서 목적을 달성하는 것을 말한다.

(源流)와 시말(始末)을 이루 다 헤아리기는 어렵다. 다만 그 대강을 요약하고 그 요지를 발췌하여 우리 2천만 동포가 세운 소년한반도에 제공하여 지침으로 삼게 하고자 한다. 저 목봉의 정략에 얽매인 어리석인 유자와 비루한 사람으로서 아직 죽지도 않고 정계에 뻔뻔한 얼굴로 남은 자가 부지기수이다. 부디 그 여치 같은 소견과 메추라기 같은 사욕을 가지고 아웅다웅 시끄럽게 다투지 말라. 그리고 저 당을 꺼리고〔忌黨〕·당을 두려워하고〔畏黨〕·당을 피하는〔諱黨〕 간사한 계책과 비술(秘術)·압제력(壓制力)이 좋은 묘목과 훌륭한 이삭에(嘉苗瑞穗)에 미쳐서, 우리 소년한반도를 어둡고 적막한 마도귀굴(魔途鬼窟)로 전락시키지 말라. (미완)

인생의 쾌락 / 이범익(李範益)

무릇 인생의 쾌락은 어디에 있는가? 높은 모자와 관을 쓰고 묘당(廟堂)에 우뚝이 앉아 많은 관료들을 나아가고 물러가게 하고 한번 찡그리고 한번 웃는 것으로 천만 인을 기뻐하거나 걱정하게 하는 것은 정치가의 쾌락이다. 기름진 고기와 곡식·비단바지·살찐 말·가벼운 수레로 하루저녁의 흥취로 천금을 아까워하지 않는 것은 부호가의 쾌락이다. 숲 아래에서 독서하고 바위 사이에서 옥을 안고서[28] 담박한 지의(志意)로 한 시대를 흘겨보는 것은 학자의 쾌락이다. 곳간과 과수원 사이에서 고기와 땔나무를 상대하여 몇 잔의 탁주로 담소를 나누며 주고받는 것은 야옹(野翁)의 쾌락이다. 부귀의 즐거움은 활발하고 호사스러우며 학

28 옥을 안고서 : 초(楚)나라 사람 변화(卞和)가 박옥(璞玉)을 왕에게 바쳤다가 돌로 오해를 받고 고초를 당하였던 고사에 의거하여, 세상에 알려지지 않은 재능을 비유하는 말이다.『한비자(韓非子)』「화씨(和氏)」

자의 즐거움은 고상하고 맑으며 야옹의 즐거움은 한가하고 농밀하여 그중에 어떤 즐거움이 인생의 진정한 쾌락이 되는지는 각기 해당되는 자의 자기 마음에 달려있어 타인이 감히 입을 놀리기 어렵다. 하지만 이를 사회의 보통에 호소하여 그 영향이 국가 전체에 파급되는 이익을 도모하여 연구해보면 도리어 이 외에 평범한 집안에 있다는 것을 발각(發覺)하게 될 것이다. 어째서 그러한가?

부부・형제가 서로 친목하여 아버지는 자애하고 자식은 효도하며 남편은 온화하고 아내는 유순하며 형은 우애하고 동생은 공경하여 온화하게 단란한 즐거움이 있으며 화목하게 기쁨의 평화가 있다. 따라서 한 집안의 봄빛이 사방 이웃에 파급되고 사회에 대하여 불의한 행동이 없고 국민의 의무를 다하며 세속에 부침(浮沈)함이 없어서 일가가 화기애애함에 독립의 봄에 늘 있는 것이니, 일가의 독립이 곧 국가의 독립이다. 그렇긴 하나 이 즐거움은 어떠한 가정에 있냐고 묻는 자가 있다면 생계가 독립되고 개인의 덕이 원만한 가정이 아니면 안 된다고 흔쾌히 대답할 것이다. 이와 같은 민족은 국가의 훌륭한 백성이고 사회의 뛰어난 인사라서 일국의 부강을 도모하고 사회의 문명을 논하여 동포의 행복을 증진하고 국가의 기초를 공고히 할 수 있을 것이다.

오늘날 우리 대한의 현상을 관찰컨대 이런 종류의 인민이 수가 매우 적어 생계는 갈수록 더욱 곤란해지고 개인의 덕은 점점 부패함에 이르렀다. 국가인민의 안녕과 질서를 보전하기 매우 어려움에도 불구하고 희망을 원대한 곳으로 헛되이 달려 크게 요구하는 그 목적은 으레 쾌락에 있으니 과연 자기가 흠모하는 쾌락을 능히 향유할 수 있을까?

요행히 옛날의 청운이 생각대로 성취되어 기린각(麒麟閣)[29] 위에 들어가 나란히 설지라도 의외로 즐거움이 적고 괴로움이 많음을 예상할

29 기린각(麒麟閣) : 한 선제(漢宣帝) 때 곽광(霍光) 등 공신 11인의 초상화를 그려 걸어 놓았던 공신각(功臣閣)의 이름이다.

수 있을 것이다. 지금 정치가로 하여금 비방과 영욕은 고사하고 입을 닫고 말하기 어려워하는 괴로움과 터럭처럼 다스리기 어려운 근심이 전신에 얽혀있어 야밤에 외로이 앉아 두려움에 흐르는 땀이 등을 적시고 머리카락이 하룻밤 사이 다 새어버릴 듯함을 알게 할 것이다. 그러나 인생의 즐거움은 각기 달라서 야옹의 담박하고 한가로움을 깔보는 자도 있고 학자의 고상함을 즐거워하는 자도 있으며 파란만장한 벼슬길과 정치를 평생의 즐거운 자리로 아는 자도 있으나 오직 우리들은 국가의 현상을 살펴 나라를 세운 근본을 한 가정의 독립에서 구하는 것이다. 따라서 생계가 독립되고 개인의 덕이 원만한 사군자(士君子)와 짝을 이루어 인생의 즐거움을 즐기고자 한다.

대한문전(大韓文典)[30]

○ 문전의 대의(大意)

문전은 인간의 사상을 글로 나타내는 방법을 가르치는 것이니, 언어론(言語論)과 문장론(文章論)의 2편으로 구분된다.

○ 언어론

언어는 사람의 사상을 소리로 나타낸 것이다. 언어는 8종으로 구분되니, 다음과 같다.

명사: 이름하는 말　　대명사: 대신 이름하는 말

30 대한문전(大韓文典) : 1909년 출간된 유길준의 문법서로 단행본 간행에 앞서 『소년한반도』에 먼저 연재되었다. 친족 유승겸이 이 잡지에 적극 참여한 것과 관계가 있는 것으로 추정된다.

동사: 움직이는 말　　　　형용사: 형용하는 말
부사: 붙이는 말　　　　후사(後詞) : 토 다는 말
접속사: 연잇는 말　　　　감탄사: 감탄하는 말
천 마디 말과 만 가지 말이 이상 8종에서 벗어나지 않는다.

ㅇ 명사

명사(名詞)는 사물명의 사(詞)를 말한다. 2종으로 구분되니, 보통명사와 특별명사가 이것이다. 보통명사 중에 무형명사(無形名詞)와 변체명사(變體名詞)의 2종이 있다.

보통명사란 동일한 종류 간에 통용되는 사물명의 사를 말한다. 이제 그 예를 설명해보면

사람·나라·산·물 등과 같은 류이다. 이를 해석해보자면 사람은 어떠한 사람이든지 나라는 어떠한 나라든지 피차 모두 사람 및 나라라고 하며, 또 산은 땅의 높은 곳이기에 어디에 있든지 모두 산이라 하고, 물은 작은 것은 시내·개울이고 큰 것은 강·바다라 해도 모두 물이라 하니, 이처럼 같은 종류의 사물에 보통으로 공용되는 명사를 이른다.

무형명사란 그 형체가 없어서 볼 수 없는 것을 듣거나 느끼거나 맛보거나 인지하는 사물명의 사를 말한다. 이제 그 예를 들자면

소리·추위·미움 등과 같은 류이다.

변체명사는 동사나 형용사에서 변하여 명사체가 된 것을 말한다. 이제 그 예를 들자면

동사로부터 변하여 명사가 된 것

원 동사 'ㅁ'으로 변체된 것, '기'로 변체된 것:

기뻐, 기쁨, 기쁘기, 성내어, 성냄, 성내기, 무너져, 무너짐, 무너지기

원 형용사 'ㅁ'으로 변체된 것, '기'로 변체된 것:

푸른, 푸름, 푸르기, 높은, 높음, 높기, 두터운, 두터움, 두텁기

이상과 같은 두 변체는 'ㅁ' 받침이나 '기'가 붙음으로 인하여 명사의 체가 된다. 이외에 '지', '치' 등의 글자가 붙음으로 인해 변체가 되는 경우도 간혹 있으나, 이는 모두 '기'의 여파이다.

사조 漢 / 서상호(徐相浩)

그림에 쓰다[題畫]

갈대며 버들이 가을 강에 가득하고　　蒹葭楊柳滿江秋
강가의 청산이 여주(汝州) 같구려.　　江上青山似汝州
동남쪽 떠나는 외기러기 눈으로 보내니　　目送東南孤雁去
사람마냥 선 석양의 누각이 창망해라.　　蒼茫人立夕陽樓

논평하여 말하다. "화격(畫格)에 일찍이 '오현금을 손으로 타기는 쉽지만 기러기를 눈으로 보내기는 어렵다.' 하였는데, 지금 그 어려움을 묘사해 내었다. 바로 '하늘의 한 기러기요, 석양의 외로운 나그네'가 그것이다."

너른 들판[平蕪]

너른 들판 푸른 비단결 같은데　　平蕪如錦綠紋波
제비며 잠자리 천천히 지난다.　　燕子蜻蜓得得過
어느새 비낀 석양이 후박(厚薄)을 나눔이 한스러워　　却恨斜陽分厚薄
한 승려 돌아갈 제 집착함이 많아라.　　一僧歸處着偏多

논평하여 말하다. "비낀 석양은 본래 후박의 차이가 없다. 다만 해를 향한 꽃과 나무가 쉬이 봄이 되는 것뿐이다."

매미 소리를 듣다[聞蟬]

못 둑 마른 버들에서 매미 소리 들리는데 沼堤枯柳聽蟬鳴
빈산에 가을이 드니 이슬 기운 맑아라. 秋到空山露氣淸
세월을 애석히 여김이 무엇이 너만 하랴? 解惜光陰誰似汝
지는 놀 머물게 하고자 많은 소리 허비하네. 欲留殘照費多聲

논평하여 말하다. "매미가 어찌 세월을 애석히 여기리오. 시를 지은 자가 세월을 애석히 여긴 것이다. 허다한 심력을 허비하고 이제 백발노인이 되었으니."

바라본 대로[隨望] - 6언 -

비둘기 단정히 마주 앉아 있고 鳩兒對坐端正
제비 비스듬히 나뉘어 날아가네. 燕子分飛閃斜
언덕 위 닫힌 문 적막한데 原上閉門寂寂
배꽃 한 그루 어느 댁인가? 梨花一樹那家

논평하여 말하다. "바라본 시선이 처량하고 옛집 풍광이 적막하다. 대낮에는 좋은 꽃이요 석양에는 향풀이다."

두서없이 읊다[雜詠]

농부는 산 저문 줄 모르고, 農夫不識山暝
잠 깨니 옷 차가워 술 다 깨었네. 睡起衣凉酒醒
가지 끝에 조각달 비껴 날고, 樹抄斜飛片月
도랑에 삼성(三星) 거꾸로 누워 있네. 溝中倒臥三星

논평하여 말하다. "술 깨어 옷 차갑고 달 지고 삼성 비끼는 등은 농가의 진경(眞境)이다. 시심은 넘치나 표현이 거칠다."

소설 (3)

잠상태(岑上苔) 제3회 / 이해조(李海朝)

한식절에 가인이 망모(亡母)를 제사하니 寒食節佳人祭亡毋
천연동에 공자가 귀객(貴客)을 전별한다 天緣洞公子餞貴客

이 종의 이름은 의동(意同)이라 하니 총명한 성품이다. 그는 지난 춘광(春光)을 상상하고 낭군의 거동을 내심 헤아린다. 그러고는 생각하였다. '9리나 되는 긴 거리 수많은 집마다 '보도자항(普渡慈航)'이란 편액이 다 붙어있건마는 화타와 편작도 어찌 내 참된 진찰만 하겠는가. 내 우리 낭군을 위해 회소산(回甦散) 한 첩 달여 드리겠다.'

심야에 인정등(人定燈)이 켜졌을 때 초초(悄悄)히 당에 들어와 앉아 말하였다. "낭군님! 평소 호방하여 농담을 잘하시고 기상이 탁월하여 얽매인 바 없으시더니, 한식가절에 근심하고 슬퍼하며 남모르는 근심이 생겨서 몹시 초췌한 모습이 이 지경에 이르렀는지요. 무슨 생각이 있기에 흡사 벙어리가 황백(黃栢)을 맛보는 체하는 양 자신의 심(心)이 자신의 지(知)를 섬기는지요. 낭군님 낭군님! 낭군의 일신이 비록 묘소(渺少)하시나 명백히 공동체니, 하나는 우리를 길러주신 어머님의 고락이 낭군께 달려 있고 하나는 죽은 이를 섬기기를 산 이를 섬기는 것 같이 하는 바 아버님의 향화(香火)가 낭군께 달려 있고 하나는 성천자(聖天子)께서 제위에 계시니 훗날 장군과 재상의 지위를 드나들며 종사(宗社)를 돕고 나라를 바로잡는 사업 또한 낭군께 달려 있거늘, 무슨 시름이 있기에 몹시 초췌한 모습이 이 지경에 이르렀는지요. 낭군님, 낭군님! 만만 진중(珍重)하소서."

영랑이 처연히 깨달은 바 있더니 한참이 지난 뒤 억지로 대답하였다. "천연동(天緣洞), 천연동이다."

의동이 낮은 소리로 말하였다. "소인이 이제 알았습니다. 이 어찌 어려운 일이며 이 어찌 애태울 일인지요. 마근(磨勤)의 계책을 시도하기를 청하나니, 낭군께서 기꺼이 받아들이실지 모르겠습니다."

영랑이 말하였다. "의동아! 자신을 비워 남을 받아들이는 데에 대인이 능하다고 하였다. 계책이 과연 효험이 있다면 어째서 나를 위해 제시하지 않는가.

의동이 번민함과 황망함이 없이 서서히 공수(恭手)하며 말하였다. "낭군께서 좋은 술과 안주를 장만하여 며칠 여가를 간청하소서. 그러면 곧장 천연동에 가서 그 할멈을 방문해 청정한 방 한 칸을 빌리고 '전별할 객이 있다' 하여 맞이하라고 소인에게 분부하소서. 소인이 수삼 회 왕래하며 온종일 복명하기를 '귀객이 일찍이 전별인에 의해 술에 취하여 다음날에나 출발한다고 합니다' 하겠습니다. 그러면 낭군께서 곧장 할멈에게 자리를 청하여 술과 안주를 차려 먹고 마시기를 권하되 반점이라도 성색(聲色)을 드러내지 마시고, 다음날도 오늘처럼 하고 그 다음날도 다음날처럼 하소서."

그러면 첫째로 은혜를 생각할 것이고 둘째로 친근히 대할 것이고 셋째로 필시 의심할 것입니다. 은혜를 생각하면 필시 보답을 생각할 것이고 친근히 대하면 필시 후대를 생각할 것이고 의혹을 품으면 필시 질문이 있을 것이니, 그 질문할 때 서서히 정연하게 흉금을 토로하소서. 그러면 그때 할멈이 설령 식견과 풍미가 없는 촌 할멈이라도 타산이 오가는 사이에 거의 구제하려고 할 것입니다."

영랑이 무너지듯 베개를 베고 누워 홀연 무지하다가 흔쾌히 침구를 밀치고 높직이 안석에 기대고는 말하였다. "의동아! 총명한 성품이요 기특한 식견이다. 예전에 내가 독서할 때 네가 내 책상에서 왕왕 이해한 바 있었는데 참으로 총명하고 기특한 아이다. 내 너를 천금의 문권으로 속량하고 내 너에게 일대의 문장을 가르쳐서 너의 하해 같은 은덕을 널리 펼치도록 하여 결단코 명예로운 장부가 되게 할 것이다."

의동이 말하였다. "황감합니다."

영랑이 말하였다. "흔쾌하도다."

의동이 말하였다. "황공합니다."

영랑이 말하였다. "두말할 것 없다. 나는 너와 같이 대부인의 복음(福蔭) 하에서 성장하였으니, 신분은 노비와 주인이나 정리는 벗이요 지혜는 선생이요 은혜는 생불이니 두말할 것 없다."

의동이 몸을 굽혀 말하였다. "개는 한낱 미물이지만 주인을 알아봅니다. 하물며 소인이 비록 천출이나 낭군의 형창(螢窓) 하에서 섬겨서 대강이나마 의리를 압니다. 그러니 낭군이 침상에 누운 채로 한이 깊어지고 병이 깊어져서 머리와 허리로 깊어진 시름과 병세를 징험하는 모습을 보고서 어찌 감히 월인(越人)이 진인(秦人)을 대하듯 소원히 여기면서 반절의 계책을 내지 않을 수 있는지요. 인혜(仁惠)의 우로(雨露)는 본래 천심(天心)에 있거니와 노비의 말을 실천하고자 하신다면 조속히 방침을 도모하소서."

영랑이 말하였다. "의동아! 내 큰 지혜는 너에게 한참 미치지 못하나 자질구레한 타산은 그런대로 용강풍설(龍崗風雪)이라 내 흉중에 담아두었으니 이유를 불문하고 잠시 기다려라." 그러고는 유모를 재촉해 머리를 빗고 서시(西施)마냥 단장하고 세수를 마치더니 짧은 막대 짚고 구불구불 북당으로 갔다.

모친이 진심으로 놀라 기뻐하며 말하였다. "내 아이야! 너 병났는데 이제 기운을 차렸느냐. 머리는 언제 그리 일찍하고 세수는 언제 그리 일찍했나. 바람 쐬지 말고 안에 들어와 앉아라."

영랑이 앞에 나아가 꿇어앉아 말하였다. "소자의 병증이 가볍지 않고 중한지라 조석을 넘길 수 없어서 모친의 슬하에서 불효자의 죄명을 영원히 속죄하지 못할까 두렵습니다. 아침에 어떤 의원이 와서 진찰하고 머리맡에서 깊이 생각하고는 소자에게 말하기를 '병이 내경(內經)에 있는지라 심장이 답답한 것은 화기가 성하여 수기가 쇠한 탓이고 위장이 허한 것은 목기가 성하여 토기가 쇠한 탓이니, 지장암(地藏巖) 아래 영천(靈泉)을 사흘간 복용하여 화기를 가라앉혀 토기를 돕지 않는다면 화타와 편작의 귀신 같은 솜씨라도 고칠 수 없습니다.' 하니, 소자가 베개를 베고 누워서 찬찬히 생각하니 증상에 맞추어 약제를 처방하는 것이 과연 용렬한 의원이 태화탕(太和湯)을 가미하는 것과는 다릅니다. 그 지장암이란 곳이 별세계가 아니라 바로 동문 밖에 있으니 길이 몹시 가까워 고작 몇 리입니다. 원컨대 모친께서 저에게 사흘간 말미를 주신다면 의동・의원과 함께 그 영천(靈泉)을 방문하여 일표(一瓢)의 물을 통쾌히 마시고 만종(萬種)의 근심을 모조리 씻겠습니다."

모친이 찌푸린 눈썹을 반쯤 펴고는 영랑의 등을 손수 어루만지며 말하였다. "아아! 늙은 과부 주제에 죽음이 두렵다. 네 식사가 줄면 나도 줄고 네 침소가 편안하면 나도 편안하니 내 고락이 다 너에게 달려있다. 그러니 너를 이롭게 한다면 네가 해야지 내 어찌 인색하게 굴겠는가. 앞서 너의 문이 대낮에도 쓸쓸히 닫혀 있고 기울어진 침상에서 인사불성할 때 내 문후가 있는데 네 응답이 없으니 내 불길한 생각이 금세 일어나 시름에 답답하고 눈이 아득하였지. 참으로 훌륭한 의원이다. 네 선조께서 천우신조(天佑神助)를 내려 이런 의원을 보내주셨도다. 훌륭한 의원이여 내 황금(黃金) 만 일(鎰)과 백벽(白璧) 천 쌍으로도 그 산과 바다 같은 은혜를 갚기 어렵겠다. 주관(酒串)은 의동이 지니게 하고 청려(靑驢)는 그 의원이 타게 하고 남장(藍帳)의 교자(轎子)는 네가 직접 타서 몸조리 잘해라. 바람 쐬면 안 된다."

영랑이 명을 받들어 재배하고 물러나서는 의동을 불러 홍(紅) 여덟 청(靑) 일곱을 적당히 지휘하더니 넓은 무늬에 검은 깁으로 된 복건을 쓰고 은색으로 새로 지은 모시 도포를 입고 유록색 가에 자주색으로 수놓은 신발을 신고 교자에 타고 동문 밖으로 나섰다. 그러고는 생각하였다. '세월이 얼마나 지났는데 일점홍(一點紅) 보이지 않나. 긴 둑과 짧은 언덕에 온통 푸른 장막이다. 그 가운데 향풍(香風)이 예전에 사람을 번뇌하게 하더니 이제 그 사이로 꾸우꾸우 황조(黃鳥)가 몹시 지저귄다. 천연동 어귀는 어디 있느냐. 예전에 왔던 영랑이 이제 또 왔노라.' (미완)

내보 - 계속 -

충청북도(忠淸北道)				
부군명 (府郡名)	원면 (原面)	이거면 (移去面)	내속면 (來屬面)	현면 (現面)
충주(忠州)	38	금목면(金目面), 생동면(笙洞面), 맹동면(孟洞面), 법왕면(法旺面), 소탄면(所呑面), 지내면(枝內面), 대도곡면(大島谷面), 두의곡면(豆衣谷面), 사다산면(沙多山面), 천기음면(川岐音面), 감미동면(甘味洞面), 거곡면(居谷面) → 음성(陰城) 불정면(佛頂面) → 괴산(槐山)		25
제천(堤川)	8			8
청풍(淸風)	8			8
단양(丹陽)	8			8
영춘(永春)	6			6
괴산(槐山)	12		충주(忠州) 두입지: 불정면	13

연풍(延豊)	5			5
음성(陰城)	4		충주 두입지: 금목면, 생동면, 맹동면, 법왕면, 소탄면, 지내면, 대도곡면, 두의곡면, 사다산면, 천기음면, 감미동면, 거곡면 음죽(陰竹) 두입지: 무극면(無極面)	17
진천(鎭川)	15			15
청주(清州)	30	주안면(周岸面)→회덕(懷德), 수신면(修身面)→목천(木川), 덕평(德坪)→전의(全義)		27
청안(清安)	6			6
문의(文義)	7	평촌(坪村)→회덕(懷德)		7
보은(報恩)	12		청산(青山) 비입지: 주성면(酒城面)	13
영동(永同)	8		옥천(沃川) 비입지: 양내면(陽內面), 양남면(陽南面)	10
황간(黃磵)	6	남면(南面)→금산(金山)	금산 두입지: 황금소면(黃金所面)	6
옥천(沃川)	11	양내면, 양남면→영동 주성면→보은		9

충청남도(忠淸南道)				
부군명(府郡名)	원면(原面)	이거면(移去面)	내속면(来屬面)	현면(現面)
공주(公州)	26	구즉면(九則面), 탄동면(炭洞面), 천내면(川內面), 유등천면(柳等川面), 산내면(山內面)→회덕(懷德)		21
회덕(懷德)	7		공주 두입지 : 구칙면, 탄동면, 천내면, 유등천면, 산내면 청주 비입지 : 주안면[31] 문의(文義) 비입지 : 평촌	14[32]

진잠(鎭岑)	5			5
은진(恩津)	14		여산(礪山) 두입지: 채운면(彩雲面)	15
연산(連山)	10		전주(全州) 비입지: 양양소면(良陽所面)	11
석성(石城)	9			9
노성(魯城)	11			11
부여(扶餘)	10			10
한산(韓山)	9			9
서천(舒川)	11			11

○ 경무구역(警務區域) - 계속 -

관할경무명(管轄警務名)	분서명(分署名)	분파소(分派所)	경무관, 총순(總巡), 권임(權任), 순검(巡檢)
충청북도 경무서			11221
		음성(陰城)분파소	4
		청풍(淸風)동	4
		연풍(延豊)동	4
		제천(堤川)동	6
		영춘(永春)동	4
		단양(丹陽)동	4
		괴산(槐山)동	6
	청주(淸州)분서		129
		청안(淸安)분파소	4
		문의(文義)동	4

31 주안면 : 원문에는 '岸周面'으로 되어있으나, '周岸面'의 오기로 보아 고쳐 번역하였다.

32 14 : 원문에는 '十三'로 기재되어 있다. 내속면 수가 14개이므로 바로잡아 번역하였다.

		회인(懷仁)동	4
		진천(鎭川)동	6
	청산(靑山)분서		129
		보은(報恩)분파소	4
		옥천(沃川)동	6
		영동(永同)동	6
		황간(黃磵)동	4
충청남도 경무서			11221
	홍산(鴻山)분파소		6
	임천(林川)동		4
	서천(舒川)동		4
	한산(韓山)동		4
	은진(恩津)동		6
	석성(石城)동		4
	부여(扶餘)동		4
	노성(魯城)동		4
	연산(連山)동		4
	남포(藍浦)동		6
	비인(庇仁)동		4
	오천(鰲川)동		4

외보

○ 가맹권유 : 도쿄 전보에 따르면, 벨기에 만국교육위원회는 본국 정부를 경유하여 일본 문부성(文部省)에 본회에 가맹 권유를 의탁하였다고 한다.

○ 통령(統領) 중지 : 쿠바의 형세가 매우 위험하다는 사실은 전호에

기재하였거니와, 그 후 점차 정돈되어 전 대통령은 체임(遞任)되었다. 그리고 동 지역에 주재 중인 미국 육군경(陸軍卿) 태프트 씨의 계획은 새 대통령 선거를 하면 다시 소란이 일어날까 걱정되어 곧장 중지시켰다고 한다.

○ 프랑스 세출(歲出) : 프랑스의 내년도 예산금액은 유럽 여러 나라 가운데 가장 높은 액수를 점하였는데, 세출총액이 16억원 이상이라고 한다.

○ 미탐험 지역 : 지구상에 아직 탐험하지 못한 지역의 면적이 2천만 평방 리 이상이라고 한다.

○ 위안(袁) 씨의 졸렬한 형세 : 청나라가 신관제를 반포하고 각 관리를 임명하자 다수의 만주인이 요직을 차지하였다. 그 결과 위안스카이(袁世凱) 씨는 청나라의 유일한 유신가(維新家)임에도 불구하고 각 철도 전정대신(電政大臣)·상약대신(商約大臣)·군기사무(軍機事務) 등의 겸임이 해면(解免)되었다고 한다.

○ 대학 환수 : 베이징 전보에 따르면, 청나라 산시(山西) 지역 신사들이 결집하여 해당 성(省) 영국인이 속한 산시대학을 청나라에서 환수차 운동 중이다. 청나라가 최근에 각 이권을 환수하는 데 전념한다는 사실은 세상 사람들이 다 익히 아는 일이지만, 이 또한 그 영향이다. 이로 인해 분분한 논란이 조성될 우려가 있다고 한다.

○ 학동(學童) 문제 : 미국 샌프란시스코 지역에서 일본인 아동을 배척한 사건으로 인해 양국이 국제적 관계에 있기에 미국 대통령은 상무경(商務卿) 메도가후 씨를 그 지역에 파견하여 조화에 전력한다는 사실은 세상 사람들이 이미 아는 일이다. 그러나 그 당국자는 중앙정부의 명령을 불복하는 상태이고 그 문제는 가면 갈수록 심해지는 형세인데, 그 가운데 혹 사건으로 인해 미·일 양국 간에 전쟁에 일어날 것이라고 창도(唱道)하는 자도 있다고 한다.

○ 모로코의 형세 : 파리에서 온 전보에 따르면, 모로코정부의 권세가 나날이 쇠퇴함으로 인해 프랑스·스페인 양국이 육·해군을 파견하여 알헤시라스(Algeciras) 조약에 규정된 임무를 이행하려고 한다고 한다.

기자가 말하기를 "모로코는 원래 내란이 끊이지 않고 잘 통치된 날이 적어서 열강이 군침을 흘리는 곳이다. 그러나 이 지역은 영국이 특별관계-영국 함대가 동양으로 나올 수 있는 목구멍이 되는 지르롤터 해협-가 있어서 힘써 보장(保障)하기 때문에 열강이 간섭하지 못했다. 그런데 근래에 열강이 회동하여 협의-곧 알헤시라스 조약-한 이후로 경찰은 프랑스·스페인 양국 보조 하에 처리하고 재정은 영국·프랑스·독일·스페인 4개국이 감독하기로 협정했는데, 모로코인은 열강이 서로를 배제하여 지위의 위험이 없는 줄로 믿고 분란을 조성하여 질서가 문란해진 탓에 이번 프랑스·스페인 양국의 활동이 일어난 것 같다."고 하였다.

○ 자유 내각 : 스페인 내각은 종교문제로 총 사직하고 11월 30일에 신내각이 조직되었다. 모-네- 씨는 총리대신, 베렛가바레소 씨는 외무대신으로 임명되었는데, 신내각도 역시 자유당에서 나왔다.

현상(懸賞) 한자놀이

해답의 접수기한은 이달 20일까지니 이 기한을 넘기지 마십시오. 단, 일체의 올바른 양식은 전호에 있음.

ㅇ 지난 문제 해설

제3 : 비가 그치더니 해가 지자 달 넘어가고 평양 연광정 앞 물이 서북편으로 둘러쌌다.

〈해설〉 '지(漬)'자이니 어째서인가? 비가 그치더니는 '청(晴)'자니, 해지자 달 넘어가고는 '일(日)'자 '월(月)'자를 제한다는 말이고, 평양 연광정 앞 물은 '패수(浿水)'라서 북편으로 둘러쌌다고 하는 것은 자획의 음양으로 위치를 정하면 아래는 '서(西)'이고 왼쪽은 '북(北)'이니 남아있는 '주(主)'자의 위치에 '서북(西北)'가로 '패(浿)'자를 둘러쌌기 때문이다.

위 해답자 : 농부주사(農部主事) 박승건(朴承健), 교동(校洞) 최재현(崔在賢), 마포(麻浦) 최원희(崔元喜), 정곡(丁谷) 조병의(趙炳義).

제4 : 바로 쓸 때는 적더니 돌아 베끼니까 얼마쯤 늘었도다.

〈해설〉 '한문(漢文)'이니 어째서인가? 바로 쓸 때라고 하는 것은 직서(直書)할 때니 한문을 직서할 때는 글자가 적어서 많지 않다. 돌아 베낀다고 하는 것은 번역이고 얼마쯤은 미정사(未定辭)니 한문을 국문으로 번역하면 얼마간 늘어서 많아지기 때문이다.

위 해답자 : 농부주사 박승건

ㅇ 새로운 문제

제5 : 난장이가 헤엄을 치는도다. (한 글자로)

제6 : 자칫하면 분골쇄신할 것이라 놀라워 소리를 버럭 지르는도다. (세 글자 사물명)

광고

『소년한반도』라는 잡지는 대한제국의 독립기초와 자유정신과 평등주의로써 국민적 뇌수를 자양하는 신경의 원소이고 교육계의 학리(學理)를 발명하는 해상의 등대이니, 애국사상이 있는 국민동포는 계속 구독하여 주시기 바람.

- 임시사무소 돈화문(敦化門) 앞 사립 보광학교(普光學校) 내
- 저작자 소년한반도사
- 사장 양재건(梁在謇)
- 총무 조진태(趙鎭泰)
- 발행대표자 양재건(梁在謇)
- 발매소
  - 북서(北署) 안국방(安國坊) 대안동(大安洞) 동화서관(東華書舘) 김흥연(金興淵)
  - 황성(皇城) 중서(中署) 포병(布屛) 밑 남쪽 가 37통 6호 서포(書舖) 김상만(金相萬)
  - 황성 중서 파조교(罷朝橋) 남쪽가 박문서림(博文書林) 주한영(朱翰榮)
  - 대광교(大廣橋) 동쪽 가 9리 상전(床廛) 건너편 서포(書舖) 고유상(高裕相)
  - 전동(磚洞) 프랑스어학교 호외지(號外地) 대한매일신보사(大韓每日申報社)
  - 돈화문 앞 사립 보광학교 내 본사 임시사무소
- 인쇄소 북서(北署) 관현(觀峴) 휘문의숙(徽文義塾) 인쇄부

광무 10년 | 메이지(明治) 39년 12월 25일 | 제3종 우편물 인가

광무 10년 10월 23일 내부(內部) 인가(認可)

광무 11년 2월 1일 간행

(매달 1회(1일) 정기 발행)

소년한반도

제4호

특별대광고

현재 출간된 서적 교과용

『소물리학(小物理學)』	각 책 당	대금 50전
『대동역사략(大東歷史畧)』	1 책 당	30전
『초등소학(初等小學)』	각 질(帙) 당	

• 발매소
- 중서(中署) 돈화문(敦化門) 앞 국민교육회 사무소
- 포병(布屛) 밑 김상만(金相萬) 서포(書舖)
- 파조교(罷朝橋) 남쪽 가 주한영(朱翰榮) 박문서림(博文書林)
- 광통교(廣通橋) 고유상(高裕相) 서포
- 대안동(大安洞) 김흥연(金興淵) 동화서관(東華書舘)
- 종로(鍾路) 대동서시(大東書市)

사고(社告)

대금	1책	15전
	반년분	80전
	1년분	1환(圜) 50전

ㅇ 주의

구독하고자 하시거든 정가와 우편요금을 함께 환금(換金)하여 송부해 주십시오.

환금은 반드시 등기로 보내주십시오.

선금이 다하면 해당 호를 발송할 때 '진(盡)' 자를 기록하고 날인하오니 주의하여 보시고 계속 송부하여 주십시오.

광고료

매행 18자	보통 10전	특별 12전
반 페이지	보통 1환	특별 1환 15전
1 페이지	보통 2환	특별 2환 10전

본사의 광고부는 영업과 기타 제반 공익상에 관한 광고료의 위탁을 담당해서 사람의 이목에 새겨지도록 좋고 아름답게 간행하며 또 요금도 세계광고 중에 제일 값싸고 안전함은 독자 여러분이 당연히 스스로 아실 것입니다.

목차

소년한반도 제4호

광고

○『황성신문(皇城新聞)』은 우리 제국에서 창간된 지 가장 오래된 신문으로 우리 인민의 성질을 포착하는 능력이 풍부하고 순수한 국민 자격의 기관이니 독자 여러분은 특별히 인정할 것이오

▲ 이 신문의 성질이 고상하고 천연적이어서 대한인의 풍속과 문물과 언어와 이상과 역량이 이를 관측한 붓끝에서 유출하니 그 진상을 발견할 것이며

▲ 이 신문을 구독하시는 여러분께서는 국민적 이상이 두터울 것임을 굳이 두말할 필요가 없거니와 경향(京鄕)을 막론하고 애독하시는 동포는 대한 국민의 지위를 잃지 않을 것으로 확신함.

- 황성신문사 드림

광고

○『대한매일신보(大韓每日申報)』는 국내 여러 신문 중 가장 넉넉한 부수로 발간하고 해외 각국에서 최고등급의 신문으로 인정하는 것으로

▲ 이 신문의 성질은 시국에 대한 강직한 변론과 국가의 문명기관과 인민의 발달기초에 가장 깊이 주의하는 것이고

▲ 이 신문은 해외 전신(電信)과 세계 기문(奇問)과 정계의 동정과 인민의 괴로움을 신속히 탐지하여 남김없이 기재하고 있으니

▲ 국가 사상과 국민 의무와 독립주의가 있으신 여러분께서는 구매하여 애독하시기를 간절히 바람.

- 대한매일신보사 드림

자수(自修)를 논하다 - 계속 - / 양재건(梁在謇)

사람에게 희망이 없을 수는 없다. 하지만 희망점은 늘 실망점과 서로 맞물려 돌기에, 그에 따라 실망에 이르면 마음도 대개 죽기 마련이다. 그런데 희망을 길러서 실패하는 일이 없게 하는 것은 오직 그 기백 뿐이다. 그러므로 의지도 믿을 수 없고 기운도 믿을 수 없고 재능도 믿을 수 없고 운수도 믿을 수 없고, 오직 기백만 믿을 수 있는 것이다.

옛날에 모세(Moses)는 고대의 위인이었다. 저 사람은 유태인이 이집트에서 고통을 당함을 가련하게 여겼으니, 그 의지가 남달리 뛰어났던 것이다. 하지만 그가 유태인을 이끌어 이집트를 벗어날 때 처음에는 유태인이 원하지 않은 탓에 10여년이나 지나서야 움직일 수 있었고, 이미 움직이고 나서도 이집트인이 저지한 탓에 10여년이나 싸워서야 벗어날 수 있었다. 이미 벗어나고 나서도 이르고자 하는 목적을 달성하지 못하고, 또 다시 40년이나 사막에서 방황해야 했다. 가령 모세에게 기백이 다소 부족했더라면 혹시라도 그 처음에 유태인이 완고하여 움직이기 어려운 상황을 보았을 때 낙심했을 것이고, 그 중간에 이집트인이 굳세고 사나워 대적하기 어려운 상황을 보았을 때도 낙심했을 것이며, 그 마지막에 가나안 낙토로 가는 길이 험난하여 도달하기 쉽지 않은 상황을 보았을 때도 낙심했을 것이다. 그러니 만일 그 가운데 하나라도 있었다면 모세가 필시 실패자가 되었을 것임은 의심할 바가 없다.

옛날에 콜럼버스(Columbus)는 신세계의 개척자였다. 저 사람은 대서양 서쪽에 신대륙이 반드시 있을 것임을 확신했으니 그 식견이 남달리 뛰어났던 것이다. 하지만 그의 초년에는 아내와 자식과 재물을 잃고 곤궁하게 지내며 시장에서 구걸하였고, 이후엔 부유한 귀족에게 유세하자 귀족들이 비웃었으며, 포르투갈 정부에 자신의 의견을 건의하자 정부가 배척하였다. 그가 스페인왕의 명을 받들어 처음 항해할 때는 배가 서쪽을 향한 지 60여일이 지나도록 작은 땅 하나 발견하지 못하자 동행한 선원들이 실망하여 돌아갈 것을 생각하니, 그들을 쫓아다니며 저지하고 진정시킨 일이 십수 차례 이상이 되었고 심지어 그를 죽여서 그 피를 마실 것을 공모하기도 했다. 가령 콜롬버스가 기백이 다소 부족했더라면 처음에 곤궁으로 인해 좌절했을 것이고, 곧이어 지기를 만나지 못해 좌절했을 것이며, 그 다음에는 고난으로 인해 좌절했을 것이고, 마지막에는 위험으로 인해 좌절했을 것이다. 그러니 만일 그 가운데 하나라도 있었다면 콜롬버스가 필시 실패자가 되었을 것임은 의심할 바가 없다.

옛날에 팔리시(Palissy)는 프랑스의 저명한 미술가였다. 일찍이 프랑스 도자기의 졸렬함을 안타깝게 여겨 개량하려 할 때, 아궁이를 축조하여 시험한 지 수년 만에 가산을 모조리 탕진하였다. 두 번째로 아궁이를 축조하고 땔나무를 더했지만 또 거듭 실패하였다. 다시 세 번째로 아궁이를 축조할 때는 자금이 없었는데도 오히려 토기 300여개를 다시 수집하여 가마에 부쳐서 시험하면서 자지 않고 밤낮을 새웠는데도 전혀 성과를 거두지 못하였다. 이와 같이 한 지 거의 10년에 마침내 네 번째 최후의 대시험을 위해 집안에 아궁이를 만들고 전석(磚石)의 축조를 모두 전담하여 7·8개월 동안을 지켜본 이후에야 비로소 아궁이를 완성하였다. 이에 진흙을 취해 도자기를 만들고 유약을 발라 아궁이에 넣고 불을 지펴 밤낮으로 그 곁에 앉아 밤을 지새우며, 아내에게 조식과 석식을 가져오게 하면서 끝내 잠시도 떠나지 않았다. 이튿날이 되도록 질(質)이 끝내 융해되지 않으니 해가 서쪽으로 지는데도 떠나지 않고 기다렸는데, 헝클어진 머리에 때 묻은 얼굴이 너무나 초췌하여 사람다운 모습이 전혀 없었다. 이와 같이 한 지 3·4·5·6일이 지나 7일이 되도록 잠잘 겨를도 없이 애썼는데도 끝내 성과를 거두지 못하였다. 그 이후로 새로운 질을 제조하고 찧고 이기며 앉아서 수십 일이나 지키는 일이 다반사였다. 최후의 한 차례 시도에 질이 갖추어졌고 불이 타올랐고 열이 거세어서 성공에 임박하였다. 그런데 땔감이 갑자기 고갈되고 불을 줄일 수도 없는 상황에 놓이니 팔리시가 망연자실하여 그 성과를 잃을까 상심하였다. 이에 울타리 나무를 뽑아 땔감을 대신했는데도 부족하고 그 탁상과 의자를 부숴 불에 던져도 부족하고 그 시렁을 부숴도 부족하고 그 걸상을 부숴도 부족하여 그 문까지 부수었다. 그러니 처자식이 미쳤다고 여겨서 작업실에 외치고 이웃에게 달려가 고하였다. 얼마 지나지 않아 열기를 받은 질이 마침내 융해되어 색상과 광택이 엄연히 우수한 품질의 도자기가 되었다. 당시 팔리시가 이 도자기에 자신의 지극히 곤란한 생애를 보낸 지가 무려 18년이나 되었다. 가령 팔리시가 기백이 다소 부족한 자였더라면 필시 실패자가 되었을 것임은 의심할 바가 없다.

옛날에 윌리엄(William)은 해저전선을 창설한 인물이다. 저 사람이 거금의 자금을 가지고 성심을 기울여 이 사업을 시작할 때, 미국에서 영국까지 해저를 통과해 전신(電信)을 개통하려고 영국 정부에 원조를 청하는데 수차례나 애원해서 겨우 허가를 받았다. 하지만 미국 의원의 격렬한 반대에 부딪쳐서 겨우 한 표 차이로 통과할 수 있었으니 이 역시 지극히 곤란한 상황이었다. 그가 처음에 전선을 부설할 때 첫 번째는 500마일에 이르러 실패하였고, 두 번째는 200마일에 이르러 전류가 통하지 않아 실패하였고, 세 번째는 성공을 알리려 했지만 승선한 군함이 또 기울어진 탓에 운반한 전선이 갑자기 중간에 끊어져 버렸다. 네 번째는 군함 두 척 중 하나는 아일랜드로 향하고 하나는 네덜란드로 향했는데 서로 거리가 3마일이나 되어 전선이 곧 끊어져 버렸고, 다섯 번째 재시도 때는 군함 두 척이 서로 거리가 80마일이 되어 전류가 처음 통했는데 또 갑자기 실패하게 되니 감독원들도 다 절망하고 자본가도 다소 회의감에 빠졌다. 여섯 번째 재시도 때 해상 700마일 지점의

리국(利鞠)[1]인 곳에 이르러 전신이 처음 통하여 성공이라 여겼는데 얼마 지나지 않아 전류가 이유 없이 갑자기 정지해서 또 다시 실패하였다. 일곱 번째 재시도 때 재차 우수한 품질의 전선을 특별히 제조하여 네덜란드와 거리가 600마일이 되는 지점까지 건설하여 결과에 근접하려 했는데 또 다시 실패하고, 마침내 1년 남짓 지나 윌리엄의 가산을 모조리 다 탕진하였다. 그럼에도 불구하고 재차 떨리는 목소리와 수척한 심신으로 영국과 미국의 유력자에게 유세하여 새로운 공사(公司) 하나를 특별히 설립하여 비로소 성과를 거두니, 지금도 전 지구 사람들이 그 이득을 취하고 있다. 가령 윌리엄이 기백이 다소 부족한 자였더라면, 한두 번째 내지 일고여덟 번째를 겪고 끝내 실패자가 되었을 것임은 의심할 바가 없다.

이들이 그 가운데 가장 저명한 자들이다. (미완)

교육신론[2] - 계속 - / 원영의(元泳義)

이상 여러 원칙의 강령(綱領)은 한 마디로 말하면 '심의(心意)의 동화(同化)'라 하겠다. 어리석은 촌학구는 이 이치를 전혀 알지 못하고, 난삽한 옛 문장을 죽도록 읽어서 선진의 신사상을 단절하고, 부패한 옛 자취를 답습해서 포기(暴棄)의 시대에서 결승(結繩)의 정치[3]나 담론하고 평성(平城)에서 포위된 처지[4]에서 간척(干戚)의 악무(樂舞)[5]나 모의한다. 이

1 리국(利鞠) : 지명인 듯하나, 미상이다.

2 기사의 제목이 본문에는 '신교육론'이라 표기되어 있으나, 이를 제외한 전호의 제목에는 '교육신론'이라 되어 있으므로 통일하여 표기하였다.

3 결승(結繩)의 정치 : 결승(結繩)이란 문자가 사용되기 이전에 새끼 매듭으로 수를 세던 셈법이다. 즉 결승의 정치란 상고시대의 정치를 의미한다.

4 평성(平城)에서 포위된 처지 : 사마천의 『사기』에 의하면 한 고조는 평성에서 숙적인 항우에 의해 포위되어 위험에 처한 적이 있다.

에 구속되고 압박된 결과 무수한 허수아비 인재를 양성할 뿐, 그 생활의 기백이 고금을 막론하고 저승 명부에서 유유자적이나 하고 당세 양명계(陽明界)에서 취생몽사나 하니, 이 어찌 애석한 일이 아닌가.

프랑스의 대문호 볼테르(Voltaire)가 말하기를 "사부로서 인재에게 유용한 실학(實學)을 가르치지 않고 옛 종이에 적힌 문구에 천착하여 진부한 말로 장난하는 자는 망국의 수괴이다."라 했는데, 훌륭하도다 그 말이여.

교육자의 종류를 논하자면, 갖옷과 베옷이 추위와 더위를 막고 음식과 음료가 기근과 갈증을 그치게 하는 것처럼 수많은 현상이 외부세계에서 와서 감화를 주는 것 모두 자연교육이다. 하지만 교육인이라 할 수는 없다. 특별히 인간의 일개 교육자가 지식과 품행이 아동을 능가하여 목적을 세우고 수단을 갖추어서 유의미한 감화로 독립자치(獨立自治)의 인격을 이루게 하는 자가 바로 교육인이다.

그 가운데 교육의 책임을 가장 많이 전담한 자는 부모이고, 그 가운데 가장 큰 책임을 전담한 자는 어머니다. 어머니의 정리(情理)는 아이를 대함에 지극히 친근하고 친밀하다. 아이를 양육할 때에 온화함과 자애심이 그저 절절하고 싫증과 증오가 전혀 없어서 밤낮으로 동거함에 안고 업으며 돌보는 까닭에 아이의 성질이 어머니에 따라 변화한다. 그러니 어머니 된 자가 무슨 생각이든 신중히 하지 않겠는가. 평소에 의복·음식·거처와 동작·언어·교제가 어떠한지 상태를 상세히 관찰하여 선량한 습관으로 이끌어 길들여야 할 것이다.

교육자의 자격을 논하자면, 교사(教師)는 피교육자의 수뇌(首腦)라 그 심신이 건전하고 심사가 성실하여 그 직분을 다하여 아동의 발달을

---

5 간척(干戚)의 악무(樂舞) : 간척무(干戚舞)로, 궁중의 큰 기인 둑에 지내는 제사인 둑제 때, 스물세 사람의 악생 가운데 네 사람이 각각 왼손에 방패, 오른손에 도끼를 쥐고 추던 춤이다.

심중의 기쁨과 영예로 알아야 할 것이다. 대저 교사는 적당한 교육과 필요한 직책을 능히 감당할 수 있는 자이니, 교육을 잘하는 여부가 개인적 신분과 관계가 있을 뿐 아니라 그 이해(利害)의 영향력이 국가에 두루 미치는 까닭에 피교육자의 정신이 된다. 그 자격에 부합하지 못하는 자는 피교육자로 하여금 정신이 없는 동물이 되게 할 것이다. 그러니 어찌 삼가고 두려워하지 않을 수 있겠는가.

자격의 으뜸은 신체가 건강하고 음성이 통창하며 언사가 분명하고 처신이 정대하고 보통 학술에 숙련되고 시력과 청력이 강건하고 일반 학도를 공평히 대하고 교수안의 요지를 능히 아는 자이다. 그 다음은 인내력과 판단심이 있어서 교육에 열심인 자이다. 그 다음은 시무(時務)를 관찰하고 신보(新報)와 잡지를 익히 살펴서 세계의 시사를 능히 알고 다른 학교에 대해 경쟁심이 있는 자이다.

옛 사람이 말하기를 "경사(經師)는 얻기 쉽지만 인사(人師)는 얻기 어렵다." 하였는데, 이상의 여러 자격이 있는 자를 인사라고 할 수 있을 것이다. (미완)

자제에게 신학문을 가르치다 - 계속 - / 양재건(梁在謇)

○ 지구

본지에 지리학과 지문학(地文學)이 다 갖추어져 있어서 전문 과학을 충분히 이루었다. 다만 여기에 지구설을 더한 것은 단지 지구설에 관한 근원만 가리키기 위함이다.

지구의 성립 시기가 수천만 년 전이라는 설은 일정하지는 않다. 다만 천문학자의 설에 의하면, 그 시작은 지구와 더불어 태양과 태양계에 속한 여러 유성(遊星)이 다 일종의 거대한 성운(星雲)으로 된 것이고-즉 구름상태의 물체이다-. 그 이후로 여러 유성이 태양을 벗어나 독립한 것인데 그 극심한 열기가 태양과 같다고 한다. 지금 지구도 내부의 극심한 열기가 상당한 까닭에 수시로 폭발하는 것이 실로 그 한 증거이다.

ㅇ 지구의 원체(圓體)

지구가 원형임을 최초로 인지한 사례는 한토(漢土)의 『예기(禮記)』「중용(中庸)」의 "대저 대지는 한 줌의 흙이 많이 모인 것이다."[6]는 기록을 통해 지구가 원구형임이 이미 드러난 것이다. 그런데 그것이 원형이라는 증거를 발견한 것은 그리스의 아리스토텔레스(Aristoteles)부터 시작된다.

ㅇ 유성(遊星)

태양계에 속한 유성 중에 가장 거대한 것으로 여덟 유성이 공존하고 있다. 즉, 수성・금성・지구・화성・목성・토성・천왕성・해왕성이 그것이다. 그밖에도 수많은 작은 유성이 있는데 그 수가 대략 300여 개나 된다. 그러나 고대인이 인지한 유성은 단지 수성・금성・지구・화성・목성・토성 등 여섯 유성뿐이고, 그 나머지는 근세에 이르러서야 발견된 것이다.

또한 목성에 달 네 개가 운행하는 것, 토성에 고리 모양 같은 물체가 있으며 달 여덟 개가 운행하는 것, 금성이 수시로 반달 모양이 되는 것 등 이러한 발견은 다 갈릴레이가 망원경을 발명한 조금 이후에 나온 것이다.

---

6 대저……것이다 : 『중용』 26장에 보인다.

ㅇ 일곱 요일

7일을 1주일로 정한 사례는 『구약성서』 「창세기」에 최초로 보인다. 지나의 옛 경전인 『주역』에 "7일 만에 되돌아온다."[7]는 기록 또한 1주일로 순환된다는 뜻이다. 그러나 이는 (창세기보다는) 조금 이후에 보인 것이다.

그리스인은 일곱 요일의 명칭을 각기 신의 명칭에서 취하여 부여하였다.

일요일은 영어로 '선데이(sunday)'라 한다. 이는 태양의 날로 일컫는 의미이다. 이 날에 그리스인이 태양에 참배한 까닭에 태양이라는 명칭을 부여한 것이다.

월요일은 영어로 '먼데이(monday)'라 한다. 이는 달의 날로 일컫는 의미이다. 이 날에 달에 참배한 까닭에 달이라는 명칭을 부여한 것이다.

화요일은 영어로 '튜즈데이(Tuesday)'라 한다. 이는 신의 조상인 '티르(Tyr)'이다. 이 날에 참배한 까닭에 명명한 것이다.

수요일은 영어로 '왠즈데이(Wednesday)'라 한다. '왠즈'란 '오딘(Odin)'의 변음(變音)이다. 오딘은 주재천(主宰天)으로 전쟁의 독안신(獨眼神)이다. 이 날에 참배한 까닭에 명명한 것이다.

목요일은 영어로 '썰즈데이(Thursday)'라 한다. 이 날에 우레의 신 '토르(Tor)'에게 참배한 까닭에 명명한 것이다.

금요일은 영어로 '프라이데이(Friday)'라 한다. 이 날에 오딘의 처 '프레야(Freya)'에게 참배한 까닭에 명명한 것이다.

토요일은 영어로 '새터데이(Saturday)'라 한다. 이 날에 색슨족의 신 '사투르누스(Saturnus)'와 '새턴(Saturn)' 신에게 참배한 까닭에 명명한 것이다.

---

7 7일……되돌아온다. : 『주역』 「괘사(卦辭)」에 보인다.

○ 자유모(自由母) - 계속 -

그녀는 『플루타르크 영웅전(Parallel Lives)』을 읽고는 그리스·로마의 공화정치에 심취하고, 또 대서양 건너편에서 영국 헌법을 본떠 새로 건국된 미국을 보고는 그 발달과 진보의 신속함에 놀랐다. 이에 평등을 사랑하고 자유를 사랑하며 정의를 사랑하고 편리를 사랑하는 일념이 점차 들끓어서 그녀 가슴 속에 들어왔다.

비록 그러하나 그녀의 이상(理想)만 그러할 뿐이었다. 사실로 말하자면, 그녀는 사실 혁신의 왕정(王政) 하에 살면서 왕가(王家)의 일개 충실한 신민이 되기를 원하였다. 루이 16세가 즉위하자 그녀는 유신(維新)의 대업을 이룰 수 있고 인민의 행복을 기약할 수 있을 것이라 여겼다. 서기 1775년 밀가루전쟁(The Flour War) 때 그녀는 도리어 인민의 급격함을 책망하고 정부의 정책을 옹호하였다. 이는 대개 그녀가 자애로운 자이지 잔혹한 자가 아니고, 평화를 원하는 자이지 폭동을 원하는 자가 아니기 때문이다.

오호라! 자고로 혁명 시대의 인인지사(仁人志士)로서 그 누구라도 고상 결백한 성질로 자신이 상한 것처럼 백성을 대하던 열정이 있지 않았던가. 실로 만만 부득이하지 않다면 어찌 흔쾌히 일신의 피와 만인의 피로 서로 다투고 서로 상하게 하는 짓을 기쁨으로 여겼겠는가. 바라도 바랄 바 없고 기다려도 기다릴 바 없기에, 부득불 자비를 끊고 사랑을 버리며 아픔을 참고 눈물을 뿌리면서 이 길로 나선 것이다.

오호라! 저 간곡하고 온화한 롤랑 부인마저 결국 전대미문의 대참극의 소용돌이 속에 투신하여 한번의 죽음으로 천하에 보답하는 지경이 되었도다. 그 누가 이를 행하라고 하여 이렇게 하겠는가. (미완)

파괴주의(破壞主義)를 논하다 - 계속 - / 양재건(梁在謇)

지금 괴위뇌락(魁偉磊落)하고 영호자장(英豪自壯)한 인사가 가장 격앙(激昂)하고 강개(慷慨)하여 시속(時俗)의 병통을 근심하는 일편단심으로 우리 2천만 민중을 널리 구제하고, 우리 소년한반도를 건축하는 자가 행정 구역에서 드러내고자 하면 추악한 정치가 그 손을 찔러 버리고, 사법 기관에서 살피고자 하면 부패한 법령이 그 눈을 멀게 한다. 오늘 한 가지 잘못을 물리치면 내일 열 가지 잘못이 싹트고, 앉은 자리에 한 가지 간악함을 물리치면 선 자리에 백 가지 간악함이 일어나서 '오래된 곡식이 겹겹이 쌓인다〔陳陳相因〕'고 여기는 자가 협잡(夾雜)하고, '도도한 것이 다 그렇다〔滔滔皆是〕'고 여기는 자가 스스로 자랑한다. 그렇다면 어찌해야 하는가. 첫째도 파괴요 둘째도 파괴라 하겠다.

지금 여기에 오래된 집이 한 구역을 차지하고 있다. 비늘처럼 기와가 흩어지고 들보가 기울어지며 자재가 꺾이고 창문이 뚫리고 담벼락이 헐리며 담장이 무너지고 지반이 약해지며 아울러 지형도 낮고 좁아서, 여우와 쥐가 대낮에 날뛰고 올빼미와 범이 심야에 울어대니, 이때에 집주인의 근심이 눈에 가득하고 걱정이 눈썹까지 이어진다. 이에 그 이웃 사람이 집이 무너질까를 우려하여 집주인에게 억지로 시켜 그 수리를 권하고 더러운 곳을 청소하며 무너질 곳을 지탱하게 한다. 하지만 집주인 된 자는 바야흐로 그 처자식과 함께 눈을 부릅뜨고 서로 책망하여 옹기가 어지러이 떨어지고 닭과 개가 불안해한다. 이웃 사람이 이를 괴롭게 여겨서 대신 정리정돈하려고 함에 그 집안의 불안함을 싫어해서 집주인과 그 처자식을 함께 제압하고 더러운 곳을 청소하게 하고 그 무너질 곳을 부지하게 한다. 그러나 그 오래된 집의 가치는 장차 그 이웃 사람이 대신 정리한 데 대적할 수 없으니, 이 구역이 끝내 이웃 사람의 소유로 귀결될 것이다.

하지만 그 이웃 사람은 애초에 그 함몰됨을 우려해서 그러한 것이지 약식(弱食)을 탐내어서 그러한 것은 아니다. 집주인 된 자가 자신을 반성하지 못하고 이웃 사람에게 그 오만함을 사죄토록 하지 못하고 그 분수에 넘는 간섭을 중지시켜 침공을 무산시키지 못하며[8] 궐기를 통하여 자신을 정리하지 못하는데, 스스로의 정리를 어떻게 할 수 있겠는가. 자신을 정리하는 방도는 구차하고 완양(玩揚)하여 자신을 속이는 악습에 익숙해져서는 안 되니, 마땅히 분발하고 진작하며 맹렬히 경계하여 그 책망을 그만두고, 집안사람을 소집하여 한 마음으로 복무하고 스스로 정리하는 일에 종사해야 한다. 그렇게 한다면 정리되는 날이 있을 수 있을 것이다. 오호라, 집주인의 깨닫지 못함이여! 그 끝내 하루도 깨닫지 못할 것이다.

이 비유는 다른 비유가 아니다. 우리 제국의 이천만 동포들아! 그대들도 우리 소년한반도의 집주인이 아닌가. 청컨대 우리 구사회의 부패와 결렬을 보이고자 한다. 비록 선정(善政)이 있어도 어찌할 수 있는가. 말이 행실을 돌아보지 않고 행실이 말을 돌아보지 않는데 어찌할 수 있는가. 비록 양법(良法)이 있어도 어찌할 수 있는가. 법이 백성에게 신뢰 받지 못하고 백성이 법을 신뢰하지 못하는데 어찌할 수 있는가. 비록 미규(美規)가 있어도 어찌할 수 있는가. 까마귀가 희고 고니가 검다고 하고 화가 좋고 복이 나쁘다고 하는데 어찌할 수 있는가. 그만둘지어다, 그만둘지어다.

---

8 그 분수에……못하며 : 원문은 '止其越俎而伐謀ᄒᆞ며'이다. 이 중 '其越俎'는 '자기 직분이나 권한을 넘어서 남의 일에 간섭한다는 뜻으로, 『장자(莊子)』 「소요유(逍遙遊)」의 "요리하는 사람이 주방에서 일을 잘 처리하지 못한다고 해서 시동이나 축관이 제기를 뛰어넘어 와서 그 일을 대신할 수는 없는 일이다〔庖人雖不治庖, 尸祝不越樽俎而代之矣〕."라는 말에서 나온 것이다. 그리고 '伐謀'는 적군의 거병 계획을 미리 알아 외교를 통해 전쟁을 무산시키는 것이다. 이것이 전군(全軍)의 병법으로 최상의 전략이 된다. 『손자(孫子)』 「모공(謀攻)」에 "용병의 상책은 벌모하는 것이다〔上兵伐謀〕."라는 말에서 나왔다.

우리 제국의 구사회를 파괴하는 것은 그 누구의 힘이며 그 누구의 공인가. 하나 부극자(掊克者)의 힘이자 공이요, 둘 멸법자(蔑法者)의 힘이자 공이요, 셋 세도자(世道者)의 힘이자 공이요, 넷 매관자(賣官者)의 힘이자 공이요, 다섯 협잡자(夾雜者)의 힘이자 공이요, 여섯 유외자(諛外者)의 힘이자 공이요, 일곱 두국자(蠹國者)의 힘이자 공이요, 여덟 포기자(暴棄者)의 힘이자 공이요, 아홉 망상자(罔上者)의 힘이자 공이요, 열 민적자(民賊者)의 힘이자 공이라. 오호라, 우리 단군 기원 4천년 역사의 오래된 나라를 누가 파괴할 수 있겠는가. 이 큰 힘의 열 가지 공이 있으니 파괴됨을 어찌 근심하겠는가.

청컨대 주(周)나라 문공(文公)의 시를 장중히 읊고자 한다. "올빼미여, 올빼미여! 이미 내 새끼 잡아먹었으니 우리 집안 허물지 말라. 정성을 다하고 노력을 다했다. 어린 자식 불쌍하다. 비가 내리기 전에 저 뽕나무 밭에서 뽕 뿌리 캐어다가 창과 문을 얽어놓으면 이제 너의 낮은 백성들이 감히 나를 모욕할까 내 손이 다 닳도록 갈대 이삭 뽑아오고 띠 풀 모아 쌓았도다. 내 입이 병난 것은 내게 집이 없기 때문이다. 나의 날개 깃 다 느려지고 내 꼬리 다 숙여져 내 집도 위태하다. 비바람에 흔들려 내 울음소리 떨린다."[9]

사회학 / 이인직(李人稙)

○ 개인의 연구에서의 사회적 요소 몰각

법률, 철학, 종교는 개인을 사회적 단위로 삼음을 매우 중시하여 여러 개인의 긴요한 연관을 몰각한다. 심리학은 이 개인을 원자로 삼는 연구

9 올빼미여……떨린다 : 『시경(詩經)』「국풍(國風)·빈풍(豳風)」〈치효(鴟鴞)〉의 내용이다.

의 결과를 보였는데, 이것이 구파(舊派) 심리학이다. 그러나 신파・구파를 막론하고 심리학은 모두 개인적 심의(心意)에 대한 연구로 끝난다. 단, 신파가 구파와 다른 바는 심의를 물리적 외부의 물적 유기체로 삼아서 이를 과학적 방법에 응용한 것이다. 그리고 심의에서 비롯된 심의의 외부를 중시하지 않으며 심리적 외부에서 발전하는 인간적 능력을 간과하는 경향이 있다.

대개 심리학자는 개인의 연구로 설명하기 어려운 바를 보충하기 위하여 내재적 관점의 설을 제출한다.

또한 언어는 종교에 의해 성립되었다 하여 신(神)이 하사한 것이라 하기도 하고 혹은 교활한 인사(人士)가 발명한 것이라 하기도 하였다.

인류 최고의 이상인 진・선・미는 이상으로서 존재한다고 하며, 인간 이상의 힘에서 생겨나서 개인에게 부여된 직학(直學)이라 하였다.

대개 이것들은 본래 사람이 사회적 존재자이기에 유전되는 것이나 심리학자는 전혀 이를 무시해버렸다.

무릇 벌거벗은 인류의 심의는 육체에 그 욕망이 의상을 두른 것에 지나지 않는다. 그러나 각 개인은 사회 안에 존재하는 자이기에, 진정한 개인의 연구에서는 그 습관과 이상과 지능적 활동이 다 개인을 구성원으로 하는 단체의 심적 생활에 의존함을 인정하지 않을 수 없다.

○ 사회의 개인적 연구

이전 회(回)에서 말한바 사상가들이 개인을 연구함에 있어 사회적 요소를 몰각하는 것은 오히려 용서할 수 있으려니와, 현재와 같은 개인주의 시대에 사회를 구성하는 개인 그 이상을 살피지 못하고 사회에 대한 이해를 구하는 방법에 대해서는 끝내 용서할 수 없다.

지금 수학 두 문제를 아이에게 내어보자. “1마지기의 밭에서 25두의 밀을 거둘 수 있다면 6마지기에서 나는 밀은 얼마인가?”하고 또 “한 사람이 하루 안에 책상 1개를 만들 수 있다면 10인이 몇 개의 책상을 만들겠는가?"하고 묻는다면, 산술 초보의 아동은 이에 대답하지 못할 것이다. 대개 10인이 집합체로 노동할 수 있는데 단위를 연구하여도 또한 그 단체가 제조하는 바를 족히 결정하지 못할 것이다. 경제학상으로 소위 '형식적으로 사람'인 자는 사회적 본능을 지닌다고 정의하나, 만일 생산・분배 등에 대한 여러 기관을 정밀히 검토하지 않는다면 경제학은 일면으로 치우칠 뿐이다. 또한 정치학도 전 인류의 자유와 평등으로 시작되나 그 동포됨을 망각한다면 가령 수많은 공헌이 있더라도 그 결과에서 과학적 진정을 능히 요구할 수 없을 것이다. (미완)

경제학[10] / 유승겸(兪承兼)

ㅇ 재화의 정의와 종류

내가 제2호・제3호 잡지에서 논술한 '욕망' 두 자의 의의는 독자들이 이미 이해하였다고 생각한다. 이에 다시 그 욕망을 충족시키는 재화에 대해 다소 설명하고자 한다.

옛 사람이 말하기를 "의식이 넉넉해야 예절을 안다." 하니, 과연 격언이라 하겠다. 대저 의식의 원료는 '재화'라는 것이니, 재화가 없으면 어찌 의식을 공급할 수 있고, 의식을 공급할 수 없으면 어찌 생명을 보전할 수 있으며, 생명을 보존할 수 없으면 어느 겨를에 예절을 유념할 수 있는가. 그렇다면 재화는 우리 생명을 보전하는 유일한 재료이니,

10 기사의 제목이 목차에는 '재화의 정의', 본문에는 '재화의 정의와 종류'로 표기되어 있다. 하지만 본 기사의 저자는 '경제학'의 저자 유승겸이고, 내용 역시 전(前) 호의 '경제학'과 이어지므로, 제목을 '경제학'이라 표기하였다. 그리고 본문의 제목인 '재화의 정의와 종류'는 아래 소제목으로 표기하였는데, 이는 5호 '경제학'의 형식을 빌린 것이다.

어찌 이를 귀중한 것이라 하지 않을 수 있는가. 그러나 만일 이 재화를 얻는 방법이 부적절하여 혹 각박 잔인하고 비천 천박한 행위를 감히 자행한다면, 그 생명의 보전은 고사하고 도리어 재난을 자초하고 품격을 격하시켜 패가망신의 원인을 양성할 뿐이다. 이러한 까닭에 '재화가 만악(萬惡)의 근본이라'는 계언(誡言)이 있는 것이니, 이 어찌 경계하고 두려워할 바 아닌가. 이로써 보건대 재화와 우리의 이해 관계가 참으로 밀접하니, 이는 필시 학문적으로 깊이 탐구 완미하여 그 정의와 종류를 설명하여 독자에게 널리 보일 필요가 있다고 생각된다.

대저 재화란 인류의 욕망 충족에 적당한 것이라 한다. 그러나 이 재화의 정의에 대해서는 자고로 학자들의 소견이 각기 달라서 일정한 설이 아직 없다. 이제 빌헬름 로셔(Wilhelm Roscher) 씨의 설을 보건대, '인류의 진정한 욕망의 충족에 적당한 바를 가리켜 재화라 한다'고 하나 나는 이 정의에 찬성할 수 없다. 대개 재화란 사람과 경우에 따라 혹 자연적으로 필요한 욕망을 충족시키는 경우도 있고 혹 사치적으로 부도덕한 욕망을 충족시키는 경우도 있거늘, 어찌 동일한 재화라는 말로 그 욕망의 진정성 여부에 따라 재화인지 여부를 논하는 온당치 못한 구별을 둘 리가 있는가. 그렇다면 '욕망' 두 자에 '진정'이라는 형용사를 덧씌움은 췌언이라 하지 않을 수 없다.

혹자는 로셔 씨를 변호하기를 "이른바 '진정한 욕망'이라 운운한 의도는 다름이 아니라 경제학 전체에 단지 심리적 · 윤리적 연구의 목적물을 짓고자 함이라"고 하나 이 역시 긍정할 수 없는 설이다. 대저 사회경제의 모든 현상이 다 인류생활에 큰 근본이 되는 윤리 · 도덕과 서로 부합[11]해야 함은 두말할 필요가 없거늘, 무슨 까닭에 '진정'이라는 무용한 형용사를 더하여 장황한 정의를 내릴 필요가 있는가. (미완)

---

11 서로 부합 : 원문은 '相孚'로 되어 있으나, '相符'의 오기로 보아 고쳐 번역하였다.

이집트의 혼합재판제도 / 석진형(石鎭衡)

이집트의 건국과 문명이 세계 역사상 가장 오래되고 가장 발달된 것은 세상 사람들이 익히 아는 바이다. 그런데 오늘에 이르러 그 국가의 기초와 문명이 다른 나라에 비하면 가장 박약하고 가장 열등한 데는 그 원인이 많은데, 그 가운데 이 혼합재판의 제도 역시 그 가운데 하나가 될 만한 것으로 확신한다. 그러므로 특별히 이 제도의 내력과 현황을 논하여 일반 뜻 있는 동포들의 주의를 환기시키고자 한다.

지구상 북위 21도에서 32도 사이 및 동경 25도에서 35도 사이에 있는 북아프리카 이집트는 건국한 지 가장 오래되어 문화상 볼 만한 점이 다소 있다. 그런데 중세 이래로 여러 원인에 의하여 자국의 판도 내의 지역에서 자국의 주권을 완전히 행사하지 못한 까닭에, 구미의 열강이 자국의 관원을 파견하고 주차(駐箚)하여 자국의 법률을 시행하는 영사재판의 제도라고 하는 것을 설치하여 시행한 일이 있었다.

당시 이집트에는 16~17개국의 외국영사가 체류하여 각기 자국의 법률로 재판을 행하고 또 그밖에 이집트 고유의 재판소가 있어서 각자의 국법도 서로 다르고 재판의 절차도 서로 달랐기에 다음과 같은 문제가 있었다. 첫째, 당사자 간에 계약을 체결하더라도 어떠한 나라의 재판소에 기소할 수 있고 어떠한 나라의 법률에 의하여 재판하는지 미리 알 수 없다. 둘째, 소송의 원고로 국적이 서로 다른 다수의 피고가 있는 소송의 경우 그 각 피고인에 대해 각기 본국의 재판소가 되는 영사재판소에 온갖 소송을 제기한 결과 동일한 소송사건에 대해 서로 모순되는 다수의 판결이 생기는 지경에 이른다. 셋째, 각 영사청의 재판은 공소를 각기 본국의 법정에 제기해야 하는 결과 대단한 불편함이 이집트에 체류하는 여러 나라의 인민에게 미친다. 특히 형사의 경우 이집트 정부의 권력이 박약한 까닭에 경찰관은 열국의 영사의 지휘에 따라 그 명령이 서로 저촉됨을 면하지 못하는 까닭에 불편함이 있다.

서기 1876년 1월 1일부터 이 영사재판의 제도를 폐지하고 그 대신 혼합재판의 제도를 채용하여 상법(商法)・민법(民法)・해상법(海商法)・민사(民事)와 상사(商事)의 소송법・형법(刑法)・형사소송법(刑事訴訟法) 등을 새롭게 발포(發布)하여 이집트인과 외국인을 막론하고 전부 이 법률을 준수하게 하였다. 그리고 이집트 내에 재판소 세 군데를 설치하고 각 재판소당 7명의 판사를 배치하는데, 그 가운데 4명은 외국인을 임명하고 3명은 이집트인을 임명하였다. 그리고 심판은 판사 5명의 합의제(合議制)로 시행하는데 그 가운데 3명은 외국인을 임명하고 2명은 이집트인을 임명하며 재판장은 외국인으로 한정하였다. 그런데 그 판사의 임명은 이집트 정부에서 시행하는데 외국인 판사의 경우 그 외국인 본국 정부의 권고에 의하여 시행할 수 있는 것으로 정하였다. 구미 총 14개국은 이 협정에 동의하여 5년간으로 제한하고 이집트에 이 제도를 실행하였다. 그 결과를 이전의 영사재판의 제도와 비교해보면 양호한 성적이 다소 있기에 그 기한을 누차 연기하여 오늘까지 시행한 것이다.

이상 이집트 혼합재판의 내력과 현황은 세상 사람들이 익히 알 것이거니와 그 원인을 궁구하자면 국가에 뜻 있는 자로 하여금 통곡하며 눈물을 흘리도록 할 만한 점이 비일비재하기에, 그 개략을 소개하여 사람들의 주의를 환기시키고자 한 것이다.

국가학 - 계속 - / 이각종(李覺鍾)

제3절 국가는 성립이 확고하다

대개 인민과 토지가 구비된 통치권 주체가 영구 존재의 의사가 있어도 그 성립이 확고하지 못하다면 아직 국가로 인정될 수 없다. 가령

한 지방이 독립하려고 할 때 모국이 이를 승인하거나 또는 승인하지 않고 전쟁을 지속하더라도 모국에서 그 독립을 전복시킬 가망이 없을 때 곧 확고히 성립되는 것이다. 마한(馬韓) 왕학(王學) 원년[12]에 백제가 고구려에서 독립한 것, 서기 1920년에 남미 국가들이 스페인에서 독립할 때 영국과 기타 국가들이 스페인이 그 독립을 승인하기 전에 그 국가 됨을 승인한 것 등이 이러한 사례이다. 그러므로 그 성립이 확고한 수준이 되지 않는다면 국제법상 상당한 조건에 의하여 교전의 주체가 될 수는 있어도 아직 국가라 할 수는 없는 것이다.

하지만 일차로 확고히 성립된 후에는 가령 그 세력이 위급한 지경에 닥쳐서 성립을 존속시킬 수 없더라도 완전히 멸망하기 전까지는 그래도 국가 됨을 잃지 않는다는 사실은 굳이 두말할 필요가 없다.

이상 국가의 정의를 거론하여 그 성립 요소를 설명하였다. 그런데 간혹 그 요소를 인정하는 것 외에 여타 요소를 거론하는 학자도 있다. 이는 이하에 논변하고자 한다.

혹자가 말하기를 "국가는 일정한 종교가 있어야 한다."고 한다. 그 이유는 바로 국가에 종교가 없으면 인민의 사상의 일정한 의지처를 전혀 알지 못하여 환산되고 분리되는 까닭에 도저히 국가를 형성할 수 없다는 것이다. 그러나 이는 그렇지 않다. 대저 국가가 인심의 일정한 의지처를 필요조건으로 삼지 않을 뿐 아니라, 또 인심의 단결이 굳이 종교에 의지하는 것도 아닌데다, 또 종교의 자유를 허용한 금세기에 있어 이 설의 불가함이야 두말할 필요가 없는 것이다.

다만 상고시대에는 종교가 없으면 국가를 이룰 수 없다는 사상이 없지는 않았다. 지나의 경우 상고시대에 명교(名教)[13]를 숭배한 까닭에 중화 외의 국가에 대해 그 사상이 부족하다고 여겨서 이적(夷狄)이라 칭

---

12 마한(馬韓) 왕학(王學) 원년 : 마한의 마지막 왕인 왕학의 즉위년은 서기 10년이다.

13 명교(名教) : 유교를 달리 일컫는 말이다.

하여 국가로 인정하지 않았다. 또 유럽의 경우 로마교 전성기에 로마 법왕의 세력이 유럽에 두루 퍼져서 제후를 다 로마교에 복속시켜서 이에 신복하지 않는 국가를 국가로 인정하지 않으니 국가를 종교에 복속시킬 필요가 있다고 여겼다. 근세에 이르러 러시아는 희랍교-기독교의 일파-를 국교로 삼아서 인민의 신체 관리보다 그 정신까지 관리할 필요가 있다고 여겨서 러시아의 군주는 정치적・종교적 권력을 장악하여 주권자인 동시에 종교 대장관으로서 러시아 주권 하에 있는 인민이 다 종교를 신봉하지 않을 수 없었다. 이는 일종의 전제정치의 수단에 불과하니, 그 국가 됨에 필요한 요소는 아니다. 현재 '자유국가에 종교자유'라는 설이 성행하여, 국가가 종교를 보호하지도 않고 배척하지도 않으니 종교와 국가가 전혀 관련이 없다. 이 주의가 미국에서 실행되어 동서양 공통이 되었다. 대개 이 양자 간의 관계도 이와 같거늘 국가 성립에 무슨 필요가 있는가.

대한농업회[14] 취지서 漢 / 조중응(趙重應)

삼가 아룁니다. 무릇 농업이란 인류 생활의 가장 큰 근본입니다. 국가의 빈부는 그 근원이 여기에서 시작하고, 국민의 문맹은 그 정도가 이에 의거합니다. 우리 동포를 시험 삼아 살펴보건대, 지금 우리나라 농업의 현상에 대해서는 반드시 헤아려 보고 깊이 고려해 볼 바가 있습니다. 그래서 이들이 본회를 창설한 것이니, 본 취지는 각종 농업의 경험과 지식과 징험을 고금과 국내외에서 채록하고자 함에 있습니다. 즉 크게는 국가의 영원한 공공 경영을 도와서 부국강병의 기초를 세우

14 대한농업회 : 기사의 제목과 내용 중 규칙 제1장 제1조에는 '대한농회(大韓農會)'라고 되어 있다. 하지만 4호와 5호에 '대한농업회'라 되어 있고, 이 용어가 보편적이라 판단되어 통일하여 표기하였다.

는 것이고, 작게는 국민들의 곤란한 각개 생활을 구원해서 풍족하게 하고 부족한 생산을 경영하는 것입니다. 또 백수와 무위도식하는 무리에게 권유하여 정당한 직업에 나아가게 하고 면려의 정신과 기력을 양성하는 것입니다. 이는 진실로 전국의 인민과 더불어 누려야 하는 것으로 진정한 문명의 행복인 것입니다. 바라건대 우리 경세가와 독지가들께서 본지에 실린 뜻을 헤아려 주소서. 그러면 영활(靈活)한 마음이 굳건한 힘과 화합되고 조화롭게 분투하여 점차 시행될 것입니다. 본회에서 규정한 사업이 반드시 대성하기를 간절히 바랍니다.

규칙

제1장 명칭

제1조 본회의 명칭은 대한농회(大韓農會)라 정할 것

제2장 위치

제2조 본회의 본부는 경성에 위치할 것

제3장 주의, 목적

제3조 본회의 목적은 직・간접을 막론하고 우리나라 농임업에 관한 사항을 일체로 개량 발달하게 함으로 표준을 삼을 것

제4장 사업

제4조 본회를 경영하는 주 목적은 전국 농민의 공공경제를 발달하기 위하여 그 실행할 사업의 종류를 다음과 같이 약정할 것

1. 농업의 개량발달에 관하여 연구할 것

1. 삼림업에 관한 사항을 연구할 것

1. 농임업에 관한 일로서 각 지방에 순회강연을 할 것

1. 회보를 발간할 것

1. 농산물 품평회를 개최할 것

1. 기타 농임업에 유익한 사업은 일체로 권장하여 경영하게 할 것

제5장 회원

제5조 본회 회원의 구별은 4종류로 정할 것

1. 명예회원

1. 찬성회원

1. 특별회원

1. 보통회원

제6조 명예회원은 본국인과 외국인을 막론하고 학식과 기예와 명망이 있는 자로서 평의원회가 추천하여 총재가 인선할 것

제7조 찬성회원은 본회의 취지를 찬성하는 자로서 본국인과 외국인을 막론하고 총무가 추천하여 총재가 인선할 것. 단 찬성회원은 일시에 5원 이상의 기부금을 요구함 (미완)

아모권면 - 계속 - 한 / 이응종(李膺鍾)

아기 신체 중에 각별히 간수할 부위는 배와 발이다. 아기 발을 잘 덮어주지 않으면 설사 나기 쉽고 바람 맞기 쉬우니 잘 덮어주는 편이 좋다. 배에 어떤 통증이 발생하면 고온의 수건으로 덮어주는 편이 좋다. 처음 데워 덮어준 수건이 식기 전에 다른 수건을 미리 데워 앞서 덮어준 수건 아래로 밀어 덮어주고 위 수건을 다시 데워서 이를 번갈아 덮어주는데, 통증이 사라질 때까지 시행하는 편이 좋다. 또 특별히 조심할 점은 다리의 온도를 유지시켜 차지 않게 하는 것이다. 다리가 차가워지면 기침 나기 쉽고 그 기침으로 인해 무서운 질병이 일어나기 쉬워지기 때문이다.

또 아이·어른을 막론하고 신체의 어느 부위든지 단단히 매는 행위

는 해롭다. 대체로 사람의 호흡 기관[15]은 크게 유지할수록 좋다. 만일 가슴을 단단히 매면 호흡할 때 호흡 기관이 커질 수 없어서 공기가 대거 유입될 수 없기에 공기를 넉넉히 흡입한 자보다 성한 몸이 될 수 없게 된다. 그러니 아이의 양 어깨를 젖히고 가슴을 반듯이 하고 호흡 활동을 대거 시켜주면 이로 인해 그 아이의 힘이 더욱 커질 것이다. 또 아이에게 입히는 옷이 흘러내리지 않게 하려고 단단히 매지 말고 두 어깨에 질빵을 만들어주는 편이 좋다. 또 아이가 최초로 서서 걸을 때 다리뼈가 몹시 연약하니, 자력대로 서서 걷게 두어야지 억지로 시켜서는 안 된다. 만일 그렇게 하면 뼈가 굽어져 바르지 못하게 된다. 아이를 될 수 있는 한 고요한 방에 두고 큰소리나 분주함이 없도록 하고, 아이 신체를 늘 편하게 하고 지나치게 요동치지 않게 하는 편이 좋다. 또 담배 냄새는 아이에게 해롭다.

날씨가 좋을 때 밖에 나가 소풍시키고 아이에게 숙면을 취하게 하는 편이 좋다. 매일 아이의 취침 시간을 숙지하고 그 시간에 취침하게 한다. 또 호흡하는 공기는 늘 깨끗한 것으로 채워주는 편이 좋다. 그러니 계절을 불문하고 언제든지 하루 2회씩 거처하는 방의 문을 열어서 묵은 기운과 더러운 냄새를 내보내고 새롭고 깨끗한 기운을 들이도록 한다. 가장 좋은 방법은 방문 위를 뚫어 안팎으로 공기가 통하도록 양사(洋紗) 따위로 가로세로 한 뼘쯤 붙이면 된다. 가령 질병이 있어도 새로운 온기가 많아야 한다. (미완)

15 호흡 기관 : 원문은 '부화'인데, 문맥상 '부아'의 오식이 아닌가 한다. 부아는 척추동물이 지닌 호흡 기관을 말한다.

지리문답 - 계속 - / 원영의(元泳義)

(문) 우리 대한국(大韓國)은 경위(經緯) 몇 도에 있는가?

(답) 우리 한국의 위치는 북위선 33도 15분에서 42도 25분까지 남북으로 총 9도 10분이고, 동경선 124도 30분에서 130도 35분까지 동서로 총 6도 5분이다.

(문) 그렇다면 우리 한국은 북온대의 몇 도에 해당하는가?

(답) 우리 한국은 열대 북위 9도 58분에 있으니, 곧 북온대 내 9도 10분을 점유하여, 북한대와의 거리가 33도 52분이다.

(문) 1도는 몇 리에 해당하고, 우리 한국의 면적과 비교하면 얼마인가?

(답) 『산학정의(算學正義)』에 이르기를 "천문(天文)의 1도가 지리(地理)의 250리다."고 하니, 이는 중국의 이법(里法)을 모방한 것이다. 해륙(海陸)의 직방형으로 추측(推測)하면, 남북의 직경이 2500리 06분의 4이고, 동서의 직경이 1520리 06분의 5이니, 그 면적이 조선해(朝鮮海)를 아울러 349만 6000리 09분의 5 평방리가 된다.

(문) 우리나라를 반도라 칭하는 것은 무슨 뜻인가?

(답) 북으로 육지와 연결되고 삼면으로 해수를 두르는 까닭에 그 지형을 반도국이라 칭하는 것이다. 해저도 토지의 오목한 곳이다. 이러한 까닭에 전 지구가 전부 아득한 하토(下土)이다.

(문) 고대에 암석이 구성된 실제 근거는 어떠한가?

(답) 상고시대에 해수가 지면으로 범람하다가 그 후로 수많은 변화를 겪으면서 북극 부근 지역에 동・식물이 매몰 변화되어 지하에 풀・나무・새・길짐승・벌레・물고기의 유해가 으레 많으니, 이는 이학상 고찰할 바 있다. 대개 암석이란 지체(地體)가 응고될 때 각기 그 형체가 생성된 것이다. 그 구별을 논하자면 4종의 암석이 있다.

(문) 4종의 암석이란 무엇을 말하는가?

(답) 첫째 화성암(火成岩) 혹은 무층암(無層岩)이라 한다. 그 암맥의 결에 일정한 방향이 없어 사면으로 층층이 쌓인 것이다. 이 암맥 내에 화강석과 경석이 많다. 둘째 수성암(水成岩) 혹은 성층암(成層岩)이라 한다. 수면 아래로 암석이 조성되어 층층이 쌓인 것인데 점토처럼 취약하여 견고하지 못하다. 이 암맥 내에 석회암과 사암이 많다. 셋째 함화석암(含化石岩)으로, 태고의 동식물이 변한 것이다. 넷째 변상암(變狀岩)으로, 수성암이 변한 것이다. 광사(鑛師)가 이 암맥을 따라 채굴하면 각기 그 변화된 상태에 따라 각 광물을 얻게 된다. 이상의 여러 암석은 지구의 변화에 따라 3시대 기암(紀岩)이 있다.

심리문답 - 계속 - / 원영의(元泳義)

(문) 정신과 신체의 관계는 어떠한가?

(답) 정신작용은 직접관찰이고 육체작용은 간접관찰이니, 이 두 가지 작용은 서로 차이가 있다. 하지만 정신은 신체에 의지하여 그 작용을 비로소 드러내고 육체는 정신에 의지하여 그 작용을 비로소 영위한다. 그러므로 정신과 육신이 서로 부합한 후에 심리학이 말미암아 나오는 것이다. 그 서로 부합하는 것은 신경의 작용에서 비롯되는 것이다.

(문) 신경의 작용은 어떠한가?

(답) 뇌수에 핵인(核仁) 같은 세포가 있어서 정신의 단체를 조성하니, 이것이 인간의 신체를 구성하는 분자이다. 또한 실 가닥 같은 섬유가 둘러싸서 사지와 골격에 전달하는 것이 마치 전선과 같다.

(문) 뇌수의 형식은 어떠한가?

(답) 두개골 내용에 좌우로 대칭되어 합쳐진 두 대뇌가 있는데 심의(心意)를 주관한다. 그 다음으로 두 소뇌가 있는데 운동을 주관한다. 12가지 말초가 전체 표면에 통달하여 이어지지 않은 곳이 없다. 그 다음으로 연수(延髓)가 있는데 자동중추를 조성하니, 눈꺼풀의 깜박임, 간엽의 자율, 폐부의 호흡이 다 자연적 반응에 따르고 대뇌의 명령을 받지 않는다. 그 다음으로 교감신경이 있는데 영양을 주관하고 비위를 조화시킨다. 그 다음으로 척수가 있는데 반사중추를 조성한다. 31개 말초가 강경하여 호위를 주관하는 까닭에, 눈을 치면 눈을 피하고 피부를 찌르면 피부를 굽히고 손으로 막고 발로 차는 능력을 사용한다. 이상 다섯 가지 구조로 인하여 정신의 작용이 있는 것이다.

(문) 그렇다면 동물에게 정신의 작용이 있으니 식물도 정신의 작용이 혹시 있는가?

(답) 하등동물 중에 단순세포가 있는 아메바 충류가 있다. 이는 살리거나 죽이거나 주리거나 배부름에 대해 전혀 지각이 없다가 벌레가 와서 들끓으면 비로소 섭취하여 세포가 점차 자라다가 다 자라면 다시 섭취할 수 없어서 다시 잘리듯 수축한다. 이것이 정신의 작용이 없는 것처럼 보이는 동물의 사례이다. 식물 중에 승취초(蠅取草)가 있다. 이는 파리가 와서 붙으면 그 잎이 즉시 말아서 취한다. 이것이 정신의 작용이 있는 것처럼 보이는 식물의 사례이다.

(문) 정신이 발현되는 단서는 어떠한가?

(답) 피촉(被觸)의 감동(感動)과 여촉(與觸)의 충동(衝動)과 취사(取舍)의 선택으로 인해 정신이 있음을 알 수 있다. 활동, 곧 자동(自動)으로 인해 정신의 작용이 있음을 알 수 있다.

(문) 아메바와 승취초 종류는 감동과 충동의 구분을 어떻게 하는가?

(답) 아메바가 벌레를 먹는 것은 충동이고, 승취초가 파리를 잡는 것은 감동이다. 이 두 가지 충동과 감동은 그 분간이 지극히 미미하여 성급하게 판단하기 어렵지만 그 동식물의 구분을 통해 그 충동과 감동의 구분을 알 수 있다.

(문) 정신과 신체의 발전은 어떠한가?

(답) 정신과 신체는 활동을 통해 발전한다. 첫째 섭취(攝取)의 활동이니 바로 음식의 작용이고, 둘째 족류연속(族類連續)의 활동이니 바로 생식의 작용이고, 셋째 자위(自衛)의 활동이니 바로 위생의 작용이다. 이러한 활동을 통해 그 생명을 보전하니 생명의 근본은 세포에 있는 것이다. 어릴 때는 세포의 신경이 연약하여 자위(自衛)의 활동이 부족하다가 성장하면 자위의 활동이 몹시 커지니 그 자위가 어떠한지를 통해 그 정신과 신체 작용의 발전 여부를 알 수 있다.

(문) 자위의 활동은 어떠한가?

(답) 벌레를 쳐 움직이면 몸을 움츠려 움직이지 않아 죽은 모습을 하고 새가 사람의 수상한 안색을 보면 훌쩍 날아가는 것이 다 자위의 활동이다. (미완)

물리학 - 계속 - / 박정동(朴晶東)

○ 물체의 중심

물체의 중심은 물체의 전 중량이 이 한 점에 집중되는 장소로 상상되는 지점이니, 이 지점만 지탱하면 물체의 균형을 확보할 수 있다.

이제 사탕수수 하나를 취하여 임의의 '갑'점과 실로 연결하여 가름대에 매단 후에 정지되기를 기다려 관찰하면, 사탕수수가 아래로 늘어지고 실이 수직-또는 연직-선이 된다. 그렇다면 사탕수수의 중심은 수직선 방향, 즉 사탕수수 상하의 '갑을'선의 중간에 있는 것이다. 시험 삼아 긴 침을 가지고 '갑'점에서 수직으로 삽입하여 '갑을'선을 연장한 후에 다시 '갑을'선을 지면과 수평이 되게 하고, 여기서 직각 방향인 '병'점과 실로 연결하여 전과 같이 늘어뜨리고 침을 삽입하여 '병정'선을 연장하면 그 물체의 중심이 '갑을병정병'선이 십자로 교차된 중점에 있게 된다. 이 이치를 추론한다면 각 물체의 중심을 쉽게 발견할 수 있다.

사람의 중심은 등에 있다. 따라서 침상에 걸터앉다가 일어나려면 머리를 일차로 굽히고 올려야 한다. 이는 머리와 발의 힘을 아울러 등에 있는 중심을 지고 일어나기 위함이다. 말을 타거나 자전거를 타는 방법도 등에 있는 중심력을 잃지 않는 여부에 달려 있다.

○ 반사 운동의 규칙

물체가 운동하여 다른 물체에 충돌할 때 다른 물체도 반동력이 발생하여 와서 접촉하는 물체를 반사 운동시킨다.

이제 직립된 벽면에 대하여, 벽면을 '갑'점이라 하고, 정면으로 직각이 되는 방향을 '을'점이라 하고, 이 '을'점에서 '갑'점을 향하여 고무공 따위를 던지면, 고무공이 '갑'점에서 도로 정면으로 된 '을'점의 직각 방향으로 격렬히 반사된다. 그 다음으로 정면의 직각과 어긋나게 서서 '병'점에서 '갑'점으로 비스듬히 던지면 반사되는 선로가 저 '정'점의 밖으로 나온다. 이에 '갑을'선은 벽의 정면과 직각이 된다. 이 직각선 '갑을'과 입사선(入射線) '병갑'은 '입사각'이라 하고, 직각 '갑을'선과 또 반사 '갑정'선은 '반사각'이라 한다. 즉 '입사각'은 '반사각'과 동일한 각도가 된다.

동물문답 - 계속 - / 류제달(柳濟達)

(문) 소는 뿔이 있기에 이빨이 없다고 하는데 과연 그러한가?

(답) 그렇지 않다. 소의 위턱에 앞 이빨이 없으나 두 턱의 어금니가 발달되어 절구 형태로 되어 있다.

(문) 소를 관찰컨대 음식물이 없어도 잠시도 쉬지 않고 씹는다. 이는 무엇을 이렇게 씹는 것인가?

(답) 이는 다름이 아니라 소의 위가 다른 동물과 다르기 때문이니, 그 위가 주머니 4개로 되어 있어서다. 최초로 삼킨 음식물이 우선 첫째 주머니로 들어가고 그 다음으로 두 번째 주머니로 들어갔다가 다시 식도로 역행되어 입 안으로 나와서 충분히 씹혀 타액과 혼합되어 액체처럼 된 후에 다시 식도로 통과되어 곧 세 번째 주머니로 들어가고 다시 네 번째 주머니로 옮겨져서 완전히 소화된다. 이와 같이 거듭 씹는 까닭에 음식물이 없어도 씹는 행위를 그치지 않는 것이다. 이를 반추(反芻)라 하고 이런 종류를 반추류라고 한다.

(문) 반추류로는 또 어떤 동물이 속하는가?

(답) 소 외에도 양・산양-염소-・사슴 등이 있다.

(문) 우리나라에서 약제로 '녹용'이라 하여 귀중하게 인식하고 있다. 이것은 어떤 물건인가?

(답) 녹용이란 사슴뿔이다. 그 뿔이 매년 떨어지고 다시 새 뿔이 나는데 새 뿔이 자라기 전에는 온유한 피부로 덮이고 부드럽고 신선한 혈수로 채워진다. 이를 취하여 녹용이라 한다.

(문) 사향은 향기가 몹시 강렬한데, 무엇으로 제조한 것인가?

(답) 중앙아시아에 서식하는 사향록이 있다. 이 사슴 수컷의 복부에 사향을 분비하는 선이 있다. 이를 취하여 제조한 것이다.

(문) 공자께서 『춘추(春秋)』를 저작하시다가 획린(獲麟)을 보시고 절필하셨다. 기린은 오직 성인의 세대에 출현하는 인수(仁獸)라고 하는데 과연 있는가?

(답) 이는 세상 사람의 오해이다. 기린이 성인의 세대에 출현하기는 고사하고 아프리카 미지세계에서 서식하는 것이다.

(문) 그렇다면 기린의 형상과 성질은 어떠한가?

(답) 형상이 사슴과 흡사한데 발에 굽 2개가 있고 등이 몹시 길어 높이가 3장 이상에 달하는 것도 있기에 전 동물계 최장신 동물이다. 성질이 온화하고 초목의 새순을 즐겨 먹는다.

(문) 낙타는 형상과 성질이 어떠한가?

(답) 낙타는 뿔이 없고 굽이 작고 형상이 말과 다소 흡사한데 다리가 길어 세 마디나 되고 등에 육봉이 1개 혹은 2개가 있으며 위의 한 부위에 수많은 작은 주머니가 부착되어 있어 한번 마신 수분을 그 속에 오래 저장할 수 있는 까닭에 며칠 마시지 않아도 갈증이 없어서 '사막의 배〔舟〕'라 불린다. 아시아의 서부와 아프리카에서 서식한다.

(문) 하마는 어떤 동물인가?

(답) 하마는 아프리카 내륙에서 서식하는 거대 짐승이다. 강에 들어가기 좋아하고 피부가 몹시 견고하고 두꺼워서 탄환도 들어가지 않는다고 한다. 이빨이 크고 견고한 까닭에 조각용으로 활용된다.

(문) 상(象)을 세속에서 '코끼리'라 하니 코가 긴가?

(답) 그렇다. 상(象)은 코가 길기에 이것을 굽히고 펴서 음식물을 집을 수 있다.

식물문답 - 계속 - / 최재익(崔在翊)

(문) 잎이란 무엇인가?

(답) 잎은 줄기의 측면에서 생성되는 것이다. 그 종류는 두 가지이니, 하나는 활엽(濶葉)이고 또 하나는 침엽(針葉)이다. 또 그 색깔도 여러 가지인데 그 대다수가 녹색과 취색(翠色)임이 일반적이다.

(문) 잎의 각 부분의 명칭은 어떠한가?

(답) 잎은 엽편(葉片)・엽병(葉柄)・탁엽(托葉)・엽맥(葉脉)・엽단(葉端) 등 각 부위로 구성되어 있다.

(문) 엽편이란 어느 부분인가?

(답) 넓게 펼쳐진 잎 표면 부분을 엽편이라 칭한다.

(문) 엽병이란 무엇인가?

(답) 엽편을 받치는 가는 선을 엽병이라 칭한다.

(문) 탁엽은 잎의 어느 부분에 있는가?

(답) 엽병 하단에 있는 작은 잎을 탁엽이라 한다. 잎은 그 종류에 따라 탁엽이 있는 것과 없는 것이 있다.

(문) 엽맥이란 무엇인가?

(답) 잎의 중앙에 큰 맥 하나가 있다. 여기서 작은 맥으로 나뉘니 이를 엽맥이라 한다.

(문) 엽단이란 무엇인가?

(답) 잎의 최극단에 톱니바퀴 형상인 곳을 엽단이라 칭한다.

(문) 잎의 형상은 각기 같은가?

(답) 그렇지 않다. 잎의 형상은 각기 달라서 침형(針形)・선형(線形)・피침형(披針形)・원형(圓形)・타원형(楕圓形)・난형(卵形)・도난형(倒卵形) 등 몇 종으로 구별된다. 이는 그 형상이 그 사물과 유사한 점이 있기에 그러한 명칭을 부여한 것이다.

(문) 잎의 종류는 어떠한가?

(답) 홑잎과 복잎 2종으로 구별된다.

(문) 홑잎이란 무엇인가?

(답) 복숭아·매화 잎처럼 엽신(葉身) 1개가 있는 잎을 홑잎이라 한다.

(문) 복잎이란 무엇인가?

(답) 2개 이상의 엽신이 있는 잎을 복잎이라 칭한다. 등나무·옻나무 등이 이것이다.

(문) 잎은 줄기에 동일한 규칙으로 착생하는가?

(답) 그렇지 않다. 그 착생하는 형태가 서로 달라서 호생엽(互生葉)·대생엽(對生葉)·윤생엽(輪生葉) 등 3종으로 구별된다.

(문) 호생엽이란 무엇인가?

(답) 자두나무·매화나무처럼 줄기 사이로 마디 하나당 잎 1개가 착생하는 경우를 호생엽이라 칭한다.

(문) 대생엽이란 무엇인가?

(답) 오동나무처럼 마디 하나당 잎 2개가 대칭으로 착생하는 경우를 대생엽이라 칭한다.

(문) 윤생엽이란 무엇인가?

(답) 마디 하나당 세 잎 이상이 착생하는 경우를 윤생엽이라 칭한다.

(문) 잎의 생리작용은 어떠한가?

(답) 잎은 동화작용·탄산흡수작용·호흡작용·증발작용·저장작용 등 각종 생리작용을 영위한다.

(문) 동화작용이란 어떠한 작용을 말하는가?

(답) 뿌리가 흡수한 액체는 줄기에서 잎의 녹색부분까지 햇빛을 받는 동시에 변화되니, 이 작용을 동화작용이라 한다.

광물문답 - 계속 - / 최재익(崔在翊)

ㅇ 금속광물

(문) 금속 중에 가장 귀한 광물은 무엇인가?

(답) 금이다.

(문) 금속 중에 금이 가장 귀한 까닭은 무엇인가?

(답) 이는 다른 금속에 비해 온갖 장점이 있음에 기인하여, 고금을 막론하고 사람들이 다 귀중히 여기는 바이다.

(문) 그 온갖 장점은 무엇인가?

(답) 그 장점을 제시하자면, 빛깔과 광택이 미려하고 산출이 희소하며 열을 접해도 쉽게 녹지 않고 약품으로 인해 색이 변하지 않으며 녹이 발생되지 않고 연성(延性)·전성(展性)이 크다.

(문) 금은 어떤 약품이던 색이 변하지 않는가?

(답) '왕수(王水)'[16]라는 약품 외에는 어떠한 산성을 만나도 그 성질이 변하지 않는다.

(문) 금의 연성·전성이란 무엇인가?

(답) 이미 설명한 바와 같이 금은 그 성질이 유연한 까닭에 두드려 펼치면 박(箔)이 되고 당겨 늘리면 실선이 된다. 이는 단지 금뿐 아니라 대개 금속이 다 이러한 성질이 있다. 이를 연성·전성이라 한다.

(문) 박(箔)이란 무엇인가?

(답) 전성이 있는 금속을 두드려 펼치면 얇은 조각이 되니 이를 박(箔)이라 한다. 그 금속의 명칭에 따라 금박·은박 등이라 한다.

(문) 금 1전 무게를 당겨 늘리면 어느 정도 길이의 가는 선을 얻을 수

---

16 왕수(王水): 진한 염산과 진한 질산의 혼합액으로 독특한 냄새가 나는 노란색 액체이다.

있는가?

(답) 금괴 1전 무게는 대략 24리 길이의 가는 선을 얻을 수 있다.

(문) 금박 몇 매를 겹쳐야 1푼 두께가 되는가?

(답) 금박 3만 3천매를 겹쳐야 1푼 두께가 되는 얇은 조각이 될 수 있다.

(문) 금은 몇 종류가 있는가?

(답) 황금·백금 2종이 있다. 백금이 가장 귀하다.

(문) 황금이란 무엇인가?

(답) 황금을 보통금이라 한다.

(문) 금의 성질은 어떠한가?

(답) 앞서 설명한 바와 같이 그 성질의 유연성으로 연성과 전성이 풍부하고, 공기 중에 성질이 변하지 않으며, 약품으로도 성질이 쉽게 변하지 않는다.

(문) 금의 빛깔은 어떠한가?

(답) 금은 빛깔이 선황(鮮黃)이고, 그 광택이 미려 찬란하다.

(문) 금의 비중은 어떠한가?

(답) 순금의 비중은 19와 10분의 3배이다. 금의 비중을 구함에 이와 서로 어긋난다면 그 가운데 혼합물이 있어서 그 성질이 순전하지 않음을 보이는 것이다.

(문) 금을 22금·18금 등으로 칭하는 까닭은 무엇인가?

(답) 금의 비교를 보임에 순금을 24금-혹은 24캐럿-으로 한다. 22금·18금 등으로 칭하는 것은 24분의 22·24분의 18이 되는 순금을 함유한 것으로 알고 있다.

(문) 금의 효용은 어떠한가?

(답) 금은 사람들이 귀중히 여겨서 가격이 가장 귀중하다. 휴대에 편리하고 유연하여 절단하기 쉬운 까닭에 이를 가지고 화폐를 제조한다. 그밖에 시계·비녀·반지 등 온갖 장식품을 제조한다.

(문) 화폐나 그밖의 온갖 장식품은 순금으로 제조하는가?
(답) 그렇지 않다. 금은 성질이 유연한 까닭에 합금으로 조성하여 제조한다.
(문) 합금이란 무엇인가?
(답) 이미 설명한 바와 같이 2종 이상의 금속을 혼합한 것을 합금이라 한다.
(문) 금의 합금은 어떤 금속을 혼합하는가?
(답) 동 혹은 은을 혼합한다.
(문) 금화는 어떤 금속을 혼합하고 어느 정도로 혼합하는가?
(답) 금화는 대개 금 10분의 9와 은 10분의 1을 혼합한다.
(문) 18금・20금 등의 장식품이라 함은 순금의 얼마가 혼합된 것인가?
(답) 18금・20금 등의 장식품이라 함은 24분의 18 혹은 24분의 20의 순금이 포함된 것이다.
(문) 황금의 종류는 몇 가지인가?
(답) 금은 자연금으로 산출된다. 산금(山金)・사금(砂金) 2종이 있다.

생리학[17] / 삼범재(三凡齋) 상호(尙灝)

생리학이란 광의(廣義)의 개념으로 논하면 자연계의 온갖 세력과 현상과 법칙을 전부 논하는 과학이니, 유기계(有機界)와 무기계(無機界)를 막론하고 다 포괄한다. 협의(狹意)의 개념으로 논하면 보통 글자의 의미대로 유기계, 즉 생물만 관련된 과학이라 동물과 식물의 기관의 연구를 포괄하고 있다. 즉 동물과 식물의 기관의 조직과 이러한 기관을 활동하

17 기사의 제목이 목차에는 '생리학'이라 되어 있고, 본문에는 '생리학상담론(生理學上談論)', 부제가 '생리학'으로 표기되어 있다. 다른 기사의 제목과 비교하여 제목을 '생리학'으로 통일하고, 부제는 별도로 표기하지 않았다.

도록 자극하는 원인과 각 기관에 부여된 직분을 공부하는 것이다. 그러한 까닭에 여기에는 동물생리학과 식물생리학이 있다. 동물생리학은 동물의 호흡기관·영양기관·혈액유통기관·재산기관(再產機關)-폐·근육·신경·심장·동맥·정맥[18] 등- 등을 연구하고, 식물생리학은 식물의 생장기관·영양기관·재산기관-뿌리·즙맥·잎·꽃·열매 등- 등을 공부하는 과학이다.

식물학은 식물에 관한 것이고, 동물학은 동물에 관한 것이다. 생물학은 이 두 과학을 다 포괄하고 있고, 온갖 동물과 발달에 대해 동물과 식물의 생활을 연구하는 과학이다. 그러한 까닭에 간혹 생물학을 생리학과 동의어로 사용하기도 한다. 하지만 사실 생리학은 생물학의 한 부분이고 동물과 식물이 건강할 때 각 기관의 생활적 작용을 연구하는 것이다. 그러한 까닭에 생리학은 몹시 필요한 학문이다. 무엇 때문인가. 생리학이 바로 동물과 식물의 생장과 건강한 생활을 관리하는 법칙에 관한 온갖 지식의 기초가 되는 까닭에 그러한 것이다. 또한 생리학이 생활적 기관과 관련된 데 반해 형상학은 단지 기관의 모양과 순서와 배열에 관련된 지식을 취하는 것이다. 거기에 다시 병리학이 있다. 이는 동물과 식물의 기관이 병에 걸려 건강하지 못한 상태에 있을 때 그 병에 걸린 원인을 연구하는 학문이다. 그렇다면 의원과 원예가에게 있어 생리학적 지식의 필요성은 굳이 말할 필요 없이 자명한 바이나 이 외에도 건강한 생활을 누리는 자와 위생에 주의하는 자에게도 지극히 필요한 것이다.

○ 생물에 미치는 태양(太陽)의 세력

지구상에 천연적으로 흩어져 있는 생물이 각양각색으로 무수히 많아

18 동맥·정맥 : 원문에는 '動胍·靜胍'라 되어 있으나, '動脈·靜脈'의 오기로 보아 고쳐 번역하였다.

서 그 수를 알 수 없다. 이러한 생물을 출생하게 하는 가장 유력한 원인이 무엇인가 하면, 다름이 아니라 태양의 열기이다. 은혜로운 태양이 우리 만물에게 생명을 주는 것이다. 하지만 지구가 타원형인 까닭에 각지에 내리쬐는 열기의 분량이 달라서 양극 지역의 경우 비스듬히 쬐여 산포(散布)하여 열기가 미약하고 적도 지역의 경우 곧바로 쬐여 폭주(暴注)하여 열기가 몹시 강렬한 것은 우리가 다 안다. 이상한 것은 생물도 또한 태양의 열기와 마찬가지로 양극 지역에서 적도 지역까지 오면서 세력도 점차 번성하고 종류도 점차 늘어남을 볼 수 있다. 그렇다면 이는 분명히 태양의 열기가 생물의 원인이 됨을 표명한 것이다.

북극 지역의 광경이 어떠한가 하면, 한 해의 대부분은 엄동설한에 생물이 전멸한 것 같다. 무색하고 왜소한 초목이 있지만 끝없이 넓은 들판에 이끼류가 가득한데 종류가 겨우 몇 종에 불과하고, 무성한 수목과 수려한 꽃나무가 하나도 없어서 광경이 참담하니, 자연히 유람객으로 하여금 서글픈 감회를 견디지 못하게 한다. 동물의 경우 다행히 이동의 자유가 있는 까닭에 식물보다 다소 번성하였다. 하지만 종류가 적고 바다 동물이 많은 것은 여전히 열등한 상태를 표명한 것이다. (미완)

상업학 - 계속 - / 이범익(李範益)

ㅇ 서언

각자 경작하고 직조하여 물화를 교역할 필요가 없던 암흑시대에는 사람들이 상업이 무엇인지 알지 못하였다. 그러다가 점차 인문(人文)의 진화에 따라 분업의 이익을 비로소 자각하고 농업·공업·어업·광업을 각자 전업하여 그 유무를 서로 통상하고 그 여유분·부족분을 서로 보완하면서 서로 교환하게 되자 이 교환을 보조 매개할 필요가 생기니 이른바 상업이 그것이다. 그렇다면 이 지구에서 생활하는 사람 중에 상업과 관련이 없는 자가 어디 있는가. 그러므로 상업의 연구는 단지 상업가 내지 상업가 자제에게 필요할 뿐 아니라 그밖에 일반 국민에게도 유익함이야 췌언할 필요가 없는 것이다. 다만 상업의 사항은 경제·법률·지리·역사·산수·심리·도덕 등 온갖 방면과 연계되어 있어서 그 내용이 자못 몹시 복잡한 탓에 전문적으로 연구하더라도 수많은 세월을 허비해야 한다. 그러므로 이에 그 강령만 논술하고자 한다.

제1 상업과 상인의 특성

(문) 상업이란 무엇인가?

(답) 상업이란 천연 생산과 천연 생산에 인공을 더한 제조품의 교환 또는 이를 보조하는 행위를 이른다. 그러한 까닭에 물화의 매매교환은 물론, 그밖에 은행·보험·운송 등의 사업으로 이 행위에 편리를 부여하여 물화의 교역을 안전 용이하게 하는 바를 다 상업이라 칭한다. 다만 무릇 상업에서는 그 목적인 이익을 얻어서 생계를 영위하는 것이 중요하다. 그러므로 이익이 목적이 아닌 물화의 교역과 생계를 영위하지 않는 교역의 보조는 설령 일시적 이익을 얻더라도 상업이라 칭하기는 어렵다.

(문) 상업은 사회의 진보와 병행되는가?

(답) 그렇다. 상업은 사회의 진보 발달과 병행된다. 사회가 미개하면 인문이 유치하고 상업이 융성할 수 없다.

(문) 그렇다면 상업의 발달은 어떠한가?

(답) 사회 진화의 상태를 근거로 상업의 발달을 설명하겠다. 사회 진화란 인문의 개화 여부에 따라 구별된다. 이를 4기로 구분하면 이하 다음과 같다.

1. 수초(水草)시대

2. 목축시대
3. 농경시대
4. 상업시대

수초시대란 당시 사람의 무지함이 금수에 가까운 탓에 그 음식물이 물고기 · 자라 · 새 · 짐승 등에 불과하고 산야(山野)에 서식하되 일정한 거처가 없고 수초에 따라 이주 생활하는 시대를 이른다. 목축시대란 인류의 증가에 따라 그 식재료가 감소되어 종래의 수초 시대의 생활로는 아사(餓死)를 면할 수 없는 까닭에 사람들이 새 · 짐승을 길러 식료로 활용한 시대를 이른다. 이 시대에 이르러 비로소 경제적 생산사상이 싹텄다고 할 수 있다. 농경시대란 목축 생산만 가지고는 수많은 인구가 도저히 생활할 수 없는 까닭에 그 생각이 토지 경작으로 옮겨져 농산물로 식료를 보충 활용하는 시대를 이른다.

대개 지구 각 방면은 그 기후와 지리의 차이로 인하여 농산물의 종류가 지역에 따라 다르다. '갑 지역'은 미속(米粟)의 산출이 많고 '을 지역'은 서직(黍稷)이 적합할 뿐 아니라 각기 풍년 · 흉년이 있고 또 사람마다 장점의 차이가 있어서 그 생산하는 물화도 동일한 종류가 되기 어렵고 그밖에 제조품도 사람들의 기능과 원료의 여하에 따라 차이가 있다. 갑은 농업에 종사하여 미곡이 풍족하되 의복의 곤란이 있고, 을은 직조에 종사하여 의복 재료가 넉넉하되 곡물이 부족한 감이 있다. 그러므로 교환의 필요가 비로소 생겨서 그 유무를 서로 통상하고, 그 여유분 · 부족분을 서로 보완한 것이니, 이것이 사실상 상업의 근원이다.

그 교환의 정황을 열거해 보건대, 사람들이 자신의 잉여물을 가지고 자신의 부족한 물건과 교환하되 자신이 요구한 물건에 여유가 있고 이를 가지고 자신의 잉여물을 요구하는 사람이 있어야 비로소 교환이 성사되니, 그 곤란과 지체가 적지 않으며 피차간에 물건의 교환 비율을 정하기도 어렵다. 그러한 까닭에 교환의 매개가 되고 가격의 표준이 될 화폐의 제정이 있어야 이를 가지고 물화와 교환할 수 있다. 이에 '매매'라는 일종의 행위가 비로소 발생한 것이다.

사회가 점차 진보되고 교환이 더욱 번성함에 따라 물화의 생산자와 소비자 간에 개입하여 그 수요와 공급을 매개하고 주선하는 바, 상업이 이것이다. 그런데 최초에는 겨우 작은 구역 내에서 시행되나, 민지(民智)가 발달되고 교통이 점차 개발됨에 따라 그 구역이 차례로 확장되어 개인 간의 상업이 지방 간의 상업이 되고, 지방 간의 상업이 일국 간의 상업으로 연장되어 마침내 오늘의 만국 상업에 이른 것이다. 그러니 이른바 상업시대란 바로 이 교역시대를 이른 것이다.

수학 - 계속 - / 류석태(柳錫泰)

(문) 종류가 다르면 합〔和〕이 되어도 더하기〔加〕라고 칭하지 않는가?

(답) 맞다. 이제 약간의 금과 은을 녹이면 물질 하나를 얻을 수 있는데, 이는 합〔和〕이 될 수는 있지만 더하기〔加〕라고 칭할 수는 없다. 왜냐하면 그 안에 금과 은이 각기 상이한 종류와 일정한 중량으로 서로 존재하는 까닭에 그 구별이 매우 상세하기 때문이다.

(문) 종류가 서로 같으면 어떠한 수라도 가법을 실시하는가?

(답) 종류가 같더라도 목적이 다르면 가법을 실시할 수 없다. 이제 약간의 음용수와 비료수가 있는데, 이를 한 그릇에 합쳐 담고자 하면, 누가 그것이 괜찮다고 인정하겠는가.

(문) 종류와 목적이 같은 것 외에 다른 관념은 전혀 없는가?

(답) 단위가 같지 않으면 가법이 성립되기 어렵다. 이제 동쪽 밭 1무와 서쪽 밭 1평이 있는데, 이를 더해도 밭 2무 혹은 2평이 될 수 없다. 왜냐하면 이 무와 평은 단위가 같지 않기 때문이다. 그런데

혹자가 소유한 쌀 5두와 7두를 더하면 합 12두가 된다. 이는 종류와 목적과 단위가 모두 같은 까닭에 그 더할 수도 있고 합할 필요도 있는 것이다. 이 쌀 12두는 5두와 7두에 국한된 것이 아니라, 3두와 9두로도 될 수 있는 것이다. 또 여기에서 쌀 5두와 쌀 7두 간에 구별이 전혀 없다.

(11) 덧셈표〔加標〕: 수와 수를 서로 더할 때는 그 더하고자 하는 두 수를 각기 좌우로 나열해 기록하고, 그 중간에 더하기 기호-+-를 표기하여 그 덧셈임를 표시하는데, 이를 수의 '덧셈표'라 칭한다.

가령 8과 6을 더하려면 (8+6)과 같이 기록한다. 이는 좌측의 8과 우측의 6을 합쳐서 14가 된다는 것이다.

(12) 같음표〔相等標〕: 다음과 같이 8과 6을 더할 때 (8+6)과 같이 기록한다. 그런데 그 더한 후 합이 14라는 기호도 반드시 있어야 하는 것이다. 그러므로 그 답을 표시하기 위하여 쌍등호-=-를 사용하여 다시 그 중간에 표기하는데, 이를 '같음표'라 칭한다.

가령 '8과 6을 더해 14가 된다'고 한다면 (8+6=14)와 같이 한다. 교표(交標)는 좌우의 수가 서로 차이가 없이 동일하다는 증거로 활용된다. 덧셈은 말할 것 없이 어떤 방법 어떤 경우에서든 수와 수가 서로 같은 이상 이를 막힘없이 인용할 수 있다. 그러므로 이 표를 가진 수는 그 좌측의 수가 어떻게 성립되거나 그 우측의 수가 어떻게 변화되더라도 이 좌우의 수는 동등한 것으로 인정된다.

(13) 연산: 이 2854, 7452, 823과 같은 3가지의 수를 더하고자 하면 연산식이 다음과 같으니

$$
\begin{array}{r}
823 \\
7452 \\
+\quad 3967 \\
\hline
12242
\end{array}
$$

각자 같은 자리의 숫자를 시종일관 접촉시켜 일직선상에 있도록 겹

쳐서 나열해 기록하고, 가장 아래에 가로선을 그어 한계를 표시한 뒤, 그 외면에 자리 순서대로 더한 결과로 얻은 수를 나열해 기록한다.

지문학 - 계속 - / 박정동(朴晶東)

○ 북극성(北極星)

북극의 중심부는 성수(星宿)가 없고 원천(原天)만 있다. 그러한 까닭에 '북극성이 제 자리에 머물러 있다'[19]고 한 것이다.

겨울철 맑은 밤에 북쪽 하늘을 우러러 보면 '북두(北斗)'라는 별 7개가 있는데, 그 연결된 형상이 흡사 자루 달린 국자와 같다. 별 7개의 두부에 있는 별 2개를 연결하여 일직선을 긋고 다시 이를 내면으로 연장하여 별 2개 거리의 5배가 되는 지점에 별 1개가 있으니, 이것이 북극성이다. 북극성은 그 위치가 늘 변하지 않으니, 북두성과 그밖에 여러 별이 매일 북극성의 주위를 일주하여 선회하는 것처럼 보인다. 다만 북극성과 거리가 먼 별은 그 행로의 일부가 지평선 아래로 매몰되니, 마치 동쪽에서 나와서 서쪽으로 지는 것처럼 보인다.

우주의 광활함은 참으로 우리의 상상 밖에 있다. 대개 광선의 진행 속력은 1초당 186,300마일에 달하는데, 태양에서 발사되는 광선이 8분 만에 지구에 도달하고 북극성에서 발사되는 광선이 대략 20년 만에 지구에 도달한다. 그러한 까닭에 지구를 이 거리와 비교하면 희미한 좁쌀 한 알에 불과하다.

북극성은 지구의 북극과 남극을 연장한 방향, 즉 지축 방향에서 수없이 멀리 떨어져 있는 까닭에 북반구상 어느 자리에서 보든 간에 동일한

19 북극의……있다 : 『논어』 「위정(爲政)」에 보인다.

방향으로 지축선과 평행선이 된다. 이러한 까닭에 동반구 적도 이북에서 북극성을 지구 북극 방향으로 볼 때 서반구의 적도 이북에서도 북극성을 지구 북극 방향으로 볼 수 있다.

북극성은 북반구 전부에서 다 볼 수 있다. 그러한 까닭에 북극성을 향해 서면 정면의 방향은 북쪽이고 후면의 방향은 남쪽이고 우측이 동쪽이고 좌측이 서쪽이다.

ㅇ 지축과 적도

북극성의 직하점(直下點)을 지구의 북극이라 칭하고 그 반대 방향을 남극이라 칭한다. 지구 북극 사람이 선 방향은 두부 위로 북극성이 있다. 북극에서 지구의 중심을 경유하여 남극을 관통하는 바를 지축이라 칭한다. 지축의 중심과 직각이 되는 평면을 적도의 평면이라 칭한다. 그 평면과 지면이 교접되는 선이 지구를 일주하여 일대 권역이 되니 이를 적도선이라 칭한다.

위생설 - 계속 - / 김경식(金璟植)

ㅇ 식사위생

이렇게 식품을 선택하여 잘 조리하더라도 만일 요리기구 등에 부착된 유해 광물질이 음식물에 혼합되거나, 식품질 내에 함유된 유해물이 부지불식간에 건강을 해치거나, 식사방법이 불량한 까닭에 소화나 호흡을 방해하거나 하는 경우가 있다. 이에 이러한 주의 중에 주요한 사항을 들어 식사위생이라 칭한다.

식기는 통상 도자기 · 유리 · 금속제 · 칠기 등을 사용한다. 백색도기는 양호하나, 황색도기는 조잡하게 제조된 식기로 납이 함유된 까닭에 종종 유해한 경우가 있다. 금속제 즙기(汁器)는 철・동이다. 철은 무해하나 태양열로 산화된 것은 불량하고, 또 납이 다량 함유된 것은 유해하다. 동기(銅器)는 늘 녹색의 청(錆)이 발생하지 않도록 주의한다면 거의 무해하나, 만일 음식물을 장기간 방치할 때 동이 용해되어 음식물에 뒤섞일 염려가 있으니, 열기가 냉각되기 전에 음식을 옮겨 두어야 한다. 주석 제품은 무해하나 역시 주석 중에 종종 납이 함유되어 있으므로 세간에서 늘 사용하는 수저 등에 이러한 부류가 간혹 있다. 그리고 납이 다량 함유된 것은 그 색깔이 희미한 청색이고 그 성질이 무겁고 약하니, 주석은 무해하나 납이 몹시 유해한 까닭에 장기간 사용할 때 만성중독에 걸릴 염려가 있다. 은제(銀製) 기구(器具)가 가장 양호하다. 대개 금속제 기구는 산미가 있는 음식물을 끓이거나 보관해서는 안 된다. 가장 우수한 칠기는 무해하나 일차로 칠이 벗겨진 기구는 불결할 염려가 있다. 현재 늘 사용하는 점심 식기류 등은 장래 위생의 진화에 따라 개량해야 한다. 식기는 여름철과 전염병 유행 시에 특히 주의해야 한다. 그때는 끓는 물로 자주 세척해야 한다.

고기에는 선모충이나 조충(條虫)의 포자가 함유된 것이 있다. 그러한 까닭에 생고기나 반숙된 고기 중에 이러한 포자가 있어서 위장에 도달하여 점차 자라거나 장 내부에서 기생하거나 하여 신체의 주요 장기나 근육 내로 옮겨가서 위해를 가하는 경우가 적지 않다. 소고기・닭고기는 이러한 포함물이 적으나, 개고기・돼지고기는 선모충의 포자가 가장 많이 함유되어 있다. 우리나라는 위생 정도가 아직 발전되지 않아서 이를 분석한 사례가 없으나, 여러 서양 국가에서 이러한 위해를 피하고 있다. 그 실례를 들자면 1865년 서양에서 돼지 1마리로 인해 337인의 환자가 발생하여 101인이 사망하고, 또 1874년 돼지 1마리로 인해 491인이 발병하여 65인이 사망한 실례가 있다. 이러한 위해의 원인을 논하자면 돼지가 종종 인분을 섭취하기 때문이다. 우리나라의 경우 하등사회에서 개고기를 별미라고 칭하여 육장까지 버리지 않고 선호하니 그 위험성이 그에 비할 수 없는 것이다. 종종 인분을 섭취하는 돼지도 이러한 사례가 있거늘, 하물며 개고기는 굳이 지자(智者)가 아니라도 충분히 위험성을 알 수 있을 것이다. 대개 고기류는 60도 내지 70도의 열기로 삶지 않으면 식용할 수 없다.

식사시간은 음식물의 종류에 따라 다른데 우리나라 사람의 식사시간은 신속한 폐단이 있다. 무릇 식물질(植物質)은 씹을 필요가 적으나, 씹는 효과는 음식을 잘게 부숴 침을 섞을 뿐 아니라 위액의 분비를 촉진시켜 음식의 소화를 원활하게 하기에 충분히 씹을 필요가 있으니 이에 따라 긴 시간을 요한다. 서양의 식사방법은 통상 대화하면서 식사하면 30분 이상 1시간 정도 소비한다. 우리나라도 이제 시간 사용이 점차 번잡해질 것이니 긴 식사시간을 요하지 않거나 무익한 술자리로 밤새우는 폐단을 줄이고 통상 식사시간을 길게 늘려야 한다. 또 음식물이 위에서 장까지 도달하는 시간이 2시간 내지 6시간이다. 가장 빠른 음식은 보리밥이니 2시간 정도이고, 쌀밥은 최소 2시간 반이 필요하며, 고기는 느려서 4시간 내지 6시간이다. 그러므로 음식물의 종류에 따라 다른데 우리나라 요리는 반드시 6시간으로 정할 필요가 있다. 그런데 관습은 제2의 천성이다. 우리나라의 경우 조식의 성찬을 요하는 경우가 혹 있으나 석식이 대개 담백하다. 이 관습으로 인해 주간만 소화력이 강하고 야간에 소화력이 약한 것이다. 이와 같은 관습은 만연(漫然)히 고쳐서는 안 된다.

교제신례 - 계속 - / 서병길(徐丙吉)

(3) 타인의 방문을 받고 특별한 이유 없이 장시간 기다리게 해서 접대를 지연시키는 것은 매우 실례되는 소행이다. 만일 부득이한 사정이

있을 때는 먼저 그 의사를 간곡히 통보하는 것이 마땅하다.

(4) 남자의 방문을 받으면 한번 읍(揖)하는 예를 마친 후에 주인이 직접 연초를 건네되, 그 객이 자신과 동등하거나 연장자일 때는 다시 성냥으로 불을 붙여주어 권해야 한다. 이것이 친애의 환대 방식이다.

(5) 명함과 소개장을 받은 경우에는 상세히 읽은 후에 곧장 초대장을 보내고 방문자를 맞이하여 적당한 접대를 해야 한다.

ㅇ 담화

(1) 담화는 교제에서 주요한 관건이다. 따라서 교분의 정도가 모두 이로 인하여 교제의 득실이 생기니, 이를 불가불 유의해야 한다.

(2) 담화는 심정을 표현하고 사물에 대응하는 일종의 신묘하고 무궁한 것이다. 따라서 그 표출의 여부가 개인의 품격과 기타 만사의 득실에 큰 관련이 있다. 그러니 야비하고 무용한 언어는 삼가 자제하고 고상하고 유용한 언어를 가려 표출하여 피차 간의 정분을 고아(高雅)하고 유창하게 할 필요가 있다.

(3) 타인과 담화할 때는 어떠한 일이 있어도 결단코 노기를 드러내서는 안 된다. 이는 자신의 신중함과 침착함이라는 장점을 드러내 보이는 것이다.

(4) 담화하는 방법은 타인을 먼저 기쁘게 하고 자기도 조화로운 유쾌함을 누리도록 하며 타인의 언사를 도와 그 의사를 부연하고 또 타인의 담화를 경청하여 그 석상의 화제에 유의하는 것이다.

(5) 타인의 담화를 경청할 때는 간곡히 예를 표해야 한다.

(6) 담화할 때에 거만하게 흥에 겨워 자신을 잊거나 공적인 연회에서 담화를 장황하게 하거나 격식 밖의 고성을 내거나 하는 것은 스스로 경계하고 삼가야 한다.

(7) 타인의 언사를 캐물어 그 주의(主義)와 사실 혹은 단점을 지적하여 남을 곤란에 빠트리게 해서는 안 된다.

(8) 여러 사람이 모인 자리에서 귓속말을 하거나 또 여러 사람이 이해하지 못할 언어를 써서 동석한 사람의 감정을 불쾌하게 해서는 안 된다. 만약 외국인이 자리에 함께 했을 경우 국어를 이해하지 못한다면 가급적 그 본국의 언어를 써서 그를 안심시켜 주어야 한다.

(9) 타인과 대화할 때는 상대의 얼굴색을 살피고 발언하되 오만하게 흘겨보는 태도를 해서는 안 된다. 용모와 언어를 공손하고 겸허하게 하여 자신의 신의를 표현하며 몸가짐을 다소곳이 함으로써 예를 문란하게 하지 않도록 주의해야 한다. 이러한 예법은 대화할 때만 주요할 뿐 아니라 일반 교제에서도 주의할 일이다.

(10) 모임 자리에 참석한 각 인물의 신상에 대해 그 대략을 알아두는 것이 필요하다. 그렇지 않으면 담화할 때에 우연히 불경한 언어를 토로하는 실례를 범할 수 있다. 연회와 그 밖의 모임 자리에서 인사(人事)에 관한 담화는 삼가야 한다.

(11) 무릇 연회석에서 그 자리에 마련되어 있지 않은 음식을 품평하거나 그 밖의 연회에 대한 과거사를 논하지 말아야 한다. 이런 언어를 삼가지 않으면 주인으로 하여금 풍자되는 느낌을 줄 수 있기 때문이다.

일본 정당을 논하다 - 계속 - / 양재건(梁在謇)

메이지유신 초기에 도쿠가와(德川) 봉건제를 폐지하고 국내 군웅(羣雄)의 세력을 억제하여 그 수천 년의 구제도를 하루아침에 다 소탕하고, 이로써 군현정치(郡縣政治)를 선포하고 중앙집권을 시행하여 국권의 통일을 기도하였다. 그 과정에서 혹 편중됨이 있어서 모름지기 변천도 몇 번 겪고 동요도 몇 번 겪었다. 즉 구일본을 추모하여 신정부를 싫어하거나, 번후(藩侯)가 새로 정권을 장악하여 유사의 불만이 있거나, 그밖에 온갖 종지(宗旨)의 차이가 있거나 하면서 대체로 신정부를 반대하였으니, 이는 정세상 필연적인 이치였다. 이것이 메이지유신 이래 일본 정당의 기원이다.

대저 일본 정당의 기원이 이미 이러하니, 그 정당의 종지가 참으로 유사(有司)의 전제정치를 억제하고 국민의 권리를 신장시켜 이로써 의원을 설립하고 참정(參政)의 길을 개척하는 것이 그 제1의 목적이 된 것이다. 그리고 이미 제1의 목적을 달성하자 곧 이른바 '책임 내각과 정당 내각'이 있어서 정당의 힘에 따라 내각을 구성하니, 이것이 그 제2의 목적이 된 것이다.

지금 정당을 널리 살피건대 급급히 이 목적의 도달을 추구하는 시대가 되었다. 이에 일본 정당의 시종(始終)을 궁구하고 본말(本末)을 고찰하여 정당이 발생한 이후로 지금까지 3기로 구별하고자 한다.

제1기는 메이지 7년부터 애국공당(愛國公黨)이 발기하고 14년에 이르러 조칙으로 국회가 개설된 시기까지다.

제1기의 정당은 서양 학문을 다소 아는 자가 창시한 것이다. 그 주장으로 말하자면 '민권'에 속하는 것이고 그 희망으로 말하자면 '민주'에 속하는 것이다. 다만 그 정당을 조직하는 행위에 질서도 없고 절제도 없어서 그 이합집산의 양상에 일정함이 없었으니, 그러니 그 이른바 '정당'으로서는 아직은 유치하다고 하겠다.

ㅇ 애국공당(愛國公黨)

메이지 6년 '한국을 공격하자'는 설이 홍기함에 정부 여러 대신의 의론이 부합되지 않았다. 이에 사이고 다카모리 씨 · 이타가키 씨[20] · 소에지마 씨[21] · 고토 씨[22] · 에토 씨[23] 등이 각자 행동하며 사직하니 일본 전국의 세상 물정이 이로 인하여 소란해졌다. 이러한 까닭에 사이고 다카모리(西鄕隆盛)는 가고시마(鹿兒島)에 사립학교를 설립하고 수시로 각 동지들과 함께 모의하였다. 이에 앞서 고무로 시노부(小室信夫)・후루사와 시게루(古澤滋) 2인이 런던에 장기간 주재하면서 영국 의원과 정치를 목격하고 이를 자국에도 시행하고자 하였다. 이에 그 당시 귀국하자마자 곧 이타가키 공・고토 공 2인과 소에지마・에토와 함께 유리 기미마사(由利公正)・오카모토 겐자부로(岡本健三郎) 등을 설득하였다. 또한 그 동지가 있어서 곧 상서하여 조언하기를 '민선 의원을 설립하자'고 하고 다시 '애국공당의 홍기를 시행하여 진작시키자'고 하니, 이것이 일본 정당의 시초이다. 이 공당에서 선언한 종지에 이르기를 "하늘이 이 백성을 낼 적에 반드시 권리를 부여하시니 …… (미완)

한반도 소년에게 경고하다[24] / 15세 조병의(趙炳義)

한반도의 장래 세계는 우리 소년의 세계이니, 우리 소년이 성장할 때 다 전적으로 관리할 것이다. 지금 세계를 현재 장년 부로(父老)의 관리에 맡겼으나, 장래의 세계는 우리 소년이 장차 이를 계승하여 처리할 것이다. 그렇다면 장래 이 세계를 전수받아 그 보관과 처리의 책임

---

20 이타가키 : 이타가키 다이스케(板垣退助, 1837~1919)는 메이지 유신의 원로로 백작을 받았고 자유민권운동을 주창하였다.

21 소에지마 : 소에지마 다네오미(副島種臣, 1828~1905)는 백작을 받았고 내무대신과 추밀원 부의장 등을 역임했다.

22 고토 : 고토 쇼지로(後藤象二郎, 1838~1897)는 백작을 받았고 상공부 대신 등을 역임하여 정당 정치를 주도했다.

23 에토 : 에토 신페이(江藤新平, 1834~1874)는 메이지 유신에 공을 세웠고 메이지 정부의 사법경이 되었으나 정한론에 찬동하여 반란을 일으켰다가 체포되어 처형되었다.

24 기사의 제목이 목차에는 '경고소년한반도(警告少年韓半島)'라 되어 있다.

을 담당할 자는 오직 우리 일반 소년이다. 그러니 미래에 감당할 책임이 어찌 중대하지 않은가. 장래에 이 마땅히 감당할 중대한 책임이 있거늘, 그 예비가 없어서 되겠는가. 그 이른바 '예비'란 무엇인가.

대개 인생이란 3시대로 나눌 수 있으니, 준비시대·사업시대·노한시대(老閒時代)가 이것이다. 유년기에는 소학교·중학교·대학교 등 여러 학교에 차례로 들어가서, 일반 사리(事理)로 학업에 힘써서 마음으로 깨닫고 만세의 연혁으로 고법을 익혀서 금세에 통하여 그 기상을 함양하고 그 지식을 확충하는 바를 준비로 삼는다. 그러다가 장년에 이르러 학덕(學德)이 완성되면 사회 직무에 적용해야 한다. 즉 서로 기술을 주고받고 각자 능력에 따라 사업을 분담하여 그 이익을 합치시킨다면 사회상 각 분자의 직책을 다하는 것이다. 사업이 성취되어 연령이 많으면 곧 은퇴하여 한가로이 조섭(調攝)하며 그 여생을 마무리한다면 사업을 다 이룬 것이니 즐거움이 이보다 더할 수 없다. 직무도 족하거늘 무엇을 또 원하겠는가.

그렇다면 우리 소년은 곧 준비시대에 속한다. 여러분, 여러분, 소년 여러분! 청년의 입지를 이루지 못하고 어찌 백발의 회한을 취할 수 있는가. 오늘도 지나고 내일도 지나서 마치 지나는 세월이 준마처럼 달려간다면 준비시대가 어느새 과거가 되고 사업시대가 곧장 닥칠 것이니, 준비가 없다면 어찌 감당할 수 있는가. 취생몽사하는 사이에 결국 사업 없이 이 세상을 허송해서 되겠는가. 어서 준비해야 한다.

준비할 방도는 면학(勉學)에 있고, 면려할 바는 세 가지다. 첫째 체육(體育)·둘째 덕육(德育)·셋째 지육(智育)이 이것이다. 인생에서 가장 중요한 것은 체(體)이니, 비록 지·덕이 있어도 신체가 건강하지 않으면 어디에 쓸 수 있는가. 하물며 죽음에 이르면 그 지·덕도 다 사라짐에랴. 그러니 위생에 주의하고 체조에 근실하여 그 체를 기르고, 종교를 준수하여 옛 교훈을 추종하여 그 덕을 기르며, 다 학교에 들어가서 학문을 궁구하여 그 지를 기른다면, 준비를 다한 것이다. 그 체를 함양하여 활발 용맹의 기운이 생기고, 그 덕을 함양하여 정직 공의(公義)의 마음이 굳어지고, 그 지를 함양하여 운용 발진의 역량이 갖추어진다면, 무슨 일이라도 이루지 못하겠는가. 장래 세계의 보관과 처리의 책임은 우리 소년의 두 어깨 위에 달렸으니 분발 흥기해야 한다.

하물며 지금 장년 부로들은 사전에 준비가 없던 탓에 지금 이 세계를 잘 관리하지 못하여 사회가 부패하고 국가가 위태롭다. 이러한 상태로 우리 시대에 이른다면 이 사회와 이 국가를 유지하기 더욱 어려워질 것이다. 그러니 우리 소년의 어지간한 준비로는 미래의 온갖 책임을 감당할 수 없을 것이니, 큰 결심과 큰 분발이 없어서는 안 될 것이다.

여러분, 여러분, 장래 세계는 우리 소년의 세계이니, 시급히 준비해야 한다. 소년 여러분!

대한문전 - 계속 -

특별명사는 특정한 사물에 한정하여 사용되고 동일한 종류 간에 통용될 수 없는 사물명의 사(詞)를 말한다. 이제 그 예를 들자면

한양성(漢陽城), 이순신(李舜臣), 금강산(金剛山) 같은 류이다. 그 이유를 설명하자면 ,'한양성'은 지명이니 만국 지명 중에 오직 우리 대한제국 경성만 가리키고 다른 지역에 통용될 수 없다. '이순신'은 인명이니 고금의 허다한 인물 중 오직 우리나라의 충용한 고(故) 해군대장을 지칭하고 다른 사람에게 통용됨을 허락하지 않는다. 또 '금강산'은 산 이름이니 우리나라 관동(關東)의 명산을 이르는 것으로 천하 각국의 천산 만산에 통용되는 명사가 아니다. 그러므로 이러한 것을 일러 특별명사라 한다.

ㅇ 대명사

대명사는 명사 대신 사용되는 것을 말하는 것으로, 사람・사물・장소 등 각 명칭을 대신해 사용되는 것이다. 이는 5종으로 구분되니, 보통대명사, 인칭대명사, 의문대명사, 지시대명사, 관계대명사가 이것이다.

대명사는 어째서 사용하는가. 명사의 사용이 중복될 때 문장이 졸렬하고 또 복잡해지는 까닭에 간편한 방법을 위해 대명사를 사용하는 것이다. 이제 그 일례를 보건대

"구례서(具禮書)가 말하였다. '구례서의 재산과 구례서의 생명은 다 구례서에 속한 것이 아니고 실상은 다 구례서의 나라에 속한 것이다.'" 라 하면 문체가 심히 졸렬하고 복잡해진다. 그러므로 그 중복되는 두 번째 이하의 특별명사 구례서를 생략하고 그 대신 '나'라는 대명사를 사용하면 문체가 간결해져 혼잡해지지 않게 된다. 이는 다음과 같다. "구례서가 말하였다. '나의 재물과 나의 목숨은 다 나에게 속한 것이 아니고 그 실상은 다 나의 나라에 속한 것이다.'"

보통대명사는 사물・장소 등에 통용되는 사(詞)를 말한다. 근칭(近稱)・중칭(中稱)・원칭(遠稱) 등의 구별이 있다.

근칭은 아주 가까이 있는 것을 말하며, 중칭은 약간 떨어진 것을 말하며, 원칭은 아주 멀리 있는 것을 말한다. 이제 그 예를 들자면

	근칭(近稱)	중칭(中稱)	원칭(遠稱)
사물	이것	그것	저것
처소	여기	거기	저기

인칭대명사는 인명 대신 사용하는 사를 말한다. 제1인칭・제2인칭・제3인칭의 구별이 있다.

제1인칭은 자기 이름 대신에 사용하는 것으로 자칭(自稱)이라 하고, 제2인칭은 상대한 사람의 이름 대신 사용하는 것이니 대칭(對稱)이라 하고, 제3인칭은 상대한 사람과 또한 타인을 말할 때에 그 사람의 이름 대신에 사용하는 것이니 타칭(他稱)이라 한다. 이제 그 예를 들자면

제1인칭	제2인칭	제3인칭
나 혹은 내	너 혹은 네	이이, 그이, 저이

의문대명사는 사람・사물・장소・시간 등이 불명확할 때 그 대신 사용해 질문하는 사를 말한다. 이제 그 예를 들자면

사람에 관하여 말할 때	누구
사물에 관하여 말할 때	무엇
처소에 관하여 말할 때	어디
시일에 관하여 말할 때	언제

지시대명사는 사물을 지시할 때 사용하는 사를 말한다. 그 사용이 명사 앞에 있는 경우가 많은 까닭에 지시형용사라고도 한다. 이는 근칭·중칭·원칭 등의 구별이 있다. 이제 그 예를 들자면

근칭	중칭	원칭
이	그	저

관계대명사는 명사 혹은 대명사가 동적인 의사(意思) 혹은 형체와 관련된 경우를 말한다. 이는 의사 관계・형체 관계의 구별이 있다. 이제

그 예를 들자면

의사 관계: '바'

형체 관계: '것'

이제 그 연유를 설명하면 다음과 같다.

사람이 귀한 '바'는

이는 사람이 귀한 연유를 의사적 측면으로 말한 것이다.

사람이 귀한 '것'은

이는 사람이 귀한 연유를 형체적 측면으로 말한 것이다.

금융기관 / 조중응(趙重應)

한국의 금융기관은 자고로 군수(郡守)가 세금을 수취하여 상인에게 사적으로 대여하기도 하고 또 자신의 관할 지역의 산물을 무역하여 도회지에서 판매한 금전 중 일부를 중앙금고에 납세하되 세금 운용 기한은 대략 6개월이다. 또 중앙도지부에서 현금을 납부하는 자가 있으면, 이를 납세로 인정하고 납세자의 희망 지역 군수의 성명으로 영수증을 지급한다. 이 영수증은 군수의 납세 책임을 면제하는 증서이다. 따라서 군수는 그 매입을 요하는 것이니, 이는 도지부에서 발행하는 환어음과 흡사하다. 오늘날 이와 같음은 다름이 아니라, 세금 징수 제도가 문란한 탓에 우연히 발생한 폐단이다. 이에 은행업 같은 것이 편리한 이유를 전혀 깨닫지 못하고, 정부가 이를 방임하여 추호도 살피지 않은 것이다. 그러므로 작년부터 일반 재정정리와 화폐정리를 시행하고, 또 금융기관의 필요와 이익을 인정하여 점차 은행을 설립하게 한 것이다.

○ 한국인 조직의 은행

근래에 이르러 비로소 운영한 탓에 성공한 데가 적다. 대개 보조은행으로 한성은행・천일은행・한일은행 등이 있다. 한성은행(漢城銀行)은 광무 7년에 자본금 1만원으로 설립된 합자 조직인데, 광무 9년 5월에 주식회사로 전환하여 자본금이 15만원으로 증가하고 주주가 18명이다. 그 이후로 제일은행의 보호를 받아서 그 업무를 점차 개혁하여 근래에 영업장을 신축하고 일본의 영업제도를 모방하여 차례로 발달하고 있다. 광무 10년 5월에 국고로부터 10만원의 무변전(無邊錢)[25]을 대출받고 정부감독을 부여하여 그 융성함을 도모한 것이다. 한국에서 설립된 은행 중에 영업의 장대함이 제일을 점하고 있다.

그 다음은 천일은행(天一銀行)이다. 이는 광무 원년에 창립된 것이다. 조직된 지 3년이 되어 자본금을 5만원으로 정하고 주식조직의 회사를 성립하니, 그 주주는 한국 황족이 대다수고 예금도 황실에서 나온다. 그러나 은행 업무의 행사가 전혀 없는 까닭에 광무 8년 말에 이르러 자본금이 소진되어 영업이 정지되었다. 이에 지난해 한국 정부는 상당한 자본금을 보조하고, 그 정리를 권하는 주주 간에 이의가 있어서 시일을 연기하다가, 광무 10년 6월에 자본금을 15만원으로 정하고 현재 자본금 5만원에 다시 10만원을 추가하고 정부는 정리와 영업자금으로 22만원의 대출금을 부여하고 정부 감독 하에 영업하게 하였다.

한일은행(韓一銀行)은 광무 10년 8월에 자본금 15만원으로 설립된 주식회사 조직이다. 주당 50원씩 3천주를 모집하여 제1회 납입금액 3만 7천원을 수급하여 정부의 보조를 받지 않고 독립적으로 영업을 개시하였다.

---

25 무변전(無邊錢) : 이자가 없는 빚돈을 말한다.

사조 漢 / 서상호(徐相浩)

나홍곡(囉嗊曲)[26]

대나무 마디마디 굳센데[27]	綠竹條條動
부평초 낱낱이 가볍네.	浮萍箇箇輕
부디 임께서는 대나무 닮고	願郎如綠竹
부평초 닮지 말기를.	不願似浮萍

논평하여 말하다. "대나무 그늘은 변하지 않는 고로 임에게 바라고, 부평초는 쉬이 떠나는 고로 임에게 바라지 않는 것이다. 바라는 것은 늘 짧고, 바라지 않는 것은 늘 길므로, 바라는 바를 바란 것이다."

우연히 읊다[偶吟][28]

어제 밤 봄비에 꽃 피더니	花開昨夜雨
오늘 아침 바람에 꽃 진다.	花落今朝風
가련타 한바탕 춘사가	可憐一春事
비바람 속에 오가니.	往來風雨中

논평하여 말하다. "꽃 피기 전도 빈 가지이고, 꽃 진 후도 빈 가지라, 공(空)에서 얻고 공에서 잃었거늘 춘사를 어찌 허물하나. 성남(城南)으로 돌아감에 예전 그대로라 포의(布衣)가 본색이다."

---

26 나홍곡(羅嗊曲) : 성간(成侃, 1427~1456)의 시이다. 원문은 나분곡(囉噴曲)으로 되어 있으나, 나홍곡(囉嗊曲)의 오기이므로 고쳐 적었다.

27 굳센데 : 원문 '動'은 '勁'의 오기로 보아 고쳐 번역하였다.

28 우연히 읊다〔偶吟〕 : 송한필(宋翰弼, 1539~?)의 시이다.

아낙의 마음[閨情][29]

동복(冬服)을 전해주지 못해　　未授三冬服
심야에 다듬이질 부질없이 재촉한다.　　空催半夜砧
은 등잔 촛농 소첩 같아　　銀釭還似妾
눈물 다하여 또 애태운다.　　漏盡却燒心

논평하여 말하다. "은 등잔은 밤을 지키고 옥인(玉人)도 등잔을 지키는데, 기나긴 밤 고달픈 옥인을 지키는 이 또 누가 있나."

김거사의 집을 방문하다[訪金居士野][30]

가을 구름 아득하고 온 산 텅 비니　　秋雲漠漠四山空
낙엽 소리 없이 땅 가득 붉어라.　　落葉無聲滿地紅
시내 다리에 말 세워 돌아갈 길 물으니　　立馬溪橋問歸路
이내 몸 그림 속인 줄 깨닫지 못한다.　　不知身在畵圖中

논평하여 말하다. "그림 속의 사람이 곧 그림 밖의 사람이다. 시경(詩境)이 그림과 같아서 그 속에 투영된다."

분성에서 이별하다[盆城贈別][31]

연자루(燕子樓) 앞 제비가 나니　　燕子樓前燕子飛
무수히 지는 꽃 옷깃에 엉긴다.　　落花無數惹人衣
동녘 바람 늘 이별의 한(恨) 부르니　　東風一種相離恨

---

29 아낙의 마음〔閨情〕 : 김극검(金克儉, 1439~1499)의 시이다.

30 김거사의 집을 방문하다〔訪金居士野〕 : 정도전(鄭道傳, 1342~1398)의 시이다.

31 분성(盆城)에서 이별하다〔盆城贈別〕 : 김안국(金安國, 1478~1543)의 시이다. 여기서 분성(盆城)은 김해(金海)이고, 연자루(燕子樓)는 김해 호계(虎溪) 가에 있던 정자를 말한다.

애달퍼라 봄도 가고 객도 가네. 腸斷春歸客又歸

논평하여 말하다. "실바람에 봄의 자태를 수놓을 수 없으니 꽃이 이미 비처럼 떨어져 잠시도 머무르지 않는다.[32] 제비가 애당초 날아가 멀리 작별하니 이별의 한이 무궁하다."

소설 (4) - 계속 -

잠상태(岑上苔) 제4회 / 이해조(李海朝)

한식절에 가인이 망모(亡母)를 제사하니 寒食節佳人祭亡毋
천연동에 공자가 귀객(貴客)을 전별하다 天緣洞公子餞貴客

의동(意同)이 곧장 사립문에 가서 문을 두드리며 크게 한번 기침하니, 할멈이 물었다. "누구요?"

의동이 답하였다. "저요."

할멈이 물었다. "저가 누구요?"

의동이 답하였다. "바로 저요. 저희 집 진사 관인께 귀객이 있어서 천리 떨어진 관산 밖으로 전별하려는데 행차가 아직 당도하지 않았소. 그러므로 할멈께 방 한 칸 빌려 세면하고 전별 도구를 정돈하고 싶소."

할멈이 사립문 서편의 작은 회랑 복도를 가리키며 말하였다. "이 무슨 어려운 일이겠소. 다만 거처가 누추한 까닭에 귀인의 휴식을 잠시도

32 잠시도……않는다 : 원문은 '莫駐駒光'이다. '駒光'은 흰 망아지가 문틈으로 지나간다는 뜻으로, 세월이 매우 빠름을 비유한 표현이다. 장자(莊子)가 "사람이 천지간에 사는 것은 마치 흰 망아지가 틈을 지나가는 것과 같다〔人生天地之間, 若白駒過隙〕."라고 한 것이 그것이다.

감당할 수 없을 것 같소."

의동이 영랑(英郎)을 인도하며 걸음걸음 회랑에 들어갈 때 할멈이 사립문에 기대어 가만히 엿보며 생각하였다. '오호라! 좋은 풍채요 좋은 미모로다. 풍만한 두상이요 수려한 미목이로다. 머리카락이 검은 구름을 늘어뜨린 것 같고, 입술이 주사를 바른 것 같구나. 사람을 감동시키는 훌륭한 용모가 두목지(杜牧之)도 압도할 만하다. 그러면서 얼핏 보면 낯익은 얼굴 같기도 하다. 누구 집이기에 복이 많아서 이런 아름다운 사위를 얻었나.'

영랑이 말하였다. "의동아. 연회 자리는 장황하게 하지 말고, 분주히 가서 귀객의 행차 시기가 적당한지 알아 보거라."

의동이 떠났다.

영랑이 창에 기대어 두 손으로 턱을 괴고 마음에 걸려서 자세히 궁구하니 눈꺼풀이 정정(靜靜)하고 고막이 초초(悄悄)하며 신경이 혼혼(昏昏)하여 심신(身心)을 다 가누지 못한다. 그때 가지 끝에 꾀꼬리가 우니 그저 옥소리가 사무치는 것 같고, 담장 끝에 꽃이 피니 마치 붉은 소매가 나부끼는 것 같다. 내 곁에 이 심사를 물을 이가 없으니, 그저 문을 드나드는 이는 짧은 치마와 넉넉한 저고리를 입은 저 할멈이다. 뜨락 오동나무에 봉황이 오지 않고 그저 까막까치 지저귀는 소리만 나니 참으로 사람을 괴롭게 한다. 문을 열어 보니 해가 지고 푸른 산 빛 가로질러 정원에 나비가 천천히 날고 처마 끝에 거미가 다 나서니 좋은 황혼의 때다. 말을 전함에 재주가 많으니 그대와 만날 기일이 아니어도 도중에 여정을 바꾸지 마오.

이윽고 의동이 돌아와 보고하였다. "귀객의 행차가 이튿날이라 하더이다."

영랑은 이에 동자 13명이 함양(咸陽)의 관청에서 지도를 바친 고사를 익히 떠올리며 한편으로 근심하고 한편으로 기뻐하는 기색을 띠었다.

이어 할멈을 불러서 역력히 말하니, 마치 뭉게뭉게 구름이 일어나 세차게 비가 내리듯 부단한 담소가 자리를 가득 채웠다. 영랑이 말하였다. "내 손님은 오지 않는데 내 술은 여기 있소. 꽃동산에서 술 나눌 이 없으니 할멈과 몹시 취하고 싶소."

영랑은 이 벽에 앉고 할멈은 저 벽에 앉고 의동은 그 사이에서 분주히 오가면서 수륙(水陸)을 차리고 다과(茶果)를 차렸다. 술잔이 오가는 사이에 저 어진 은혜의 물결이 원만한 바 있어서 술병이 엎어져 향내가 남은 줄도 몰랐다.

영랑이 술잔에 술을 가득 부어 거듭 할멈에게 권하며 말하였다. "조만간 나의 손님이 장차 여기에 들를 것이오. 그 사이에 할멈께 수고를 끼치려 하니, 방금(房金)을 매일 그대로 받으시오."

이에 협대(夾帒)를 풀어 자잘한 은자를 대거 흩어내었다. 할멈이 한번 치하하고 한번 사양하나, 그가 회음(淮陰)의 채석기(采石磯) 어귀에서 오지 않으니 초왕(楚王)의 천금(千金)을 어찌 받지 않을 수 있으리오. 일일이 수습하고 흔연히 일어나 유유히 나가서 은밀히 발설하였다. "그이가 어느 집안의 관인인지는 모르겠다만 참으로 금전 많은 관인이요 참으로 인정 많은 관인이로다. 내 예전에 화사(花寺)의 법탁(法卓)에 가서 정성스레 분향(焚香)하고 석가세존(釋迦世尊)께 예배드렸더니 저 유명(幽明)의 보답으로 좋은 관인을 보내 내 집에 머물게 하셨도다. 귀객도 영원히 오지 말고 관인도 영원히 가지 말고 매일 나와 함께 여생을 보내기를. 나무아미타불!"

그 이튿날에 할멈이 생각하였다. '큰 자비심이로다, 저 관인이여! 나는 곤궁한 처지의 고과(孤寡)라 하루만 술 취하고 배 부르는 것도 상천께 바라기 어렵다. 하물며 오늘에 이르러 정도 더 베풀고 뜻도 더 간절함에랴. 큰 자비심이로다, 저 관인이여! 은혜의 물결이 바다처럼 깊으니 내 설령 백발 3천 길을 뽑아도 그 견철함을 헤아릴 수 없다.'

영랑이 말하였다. "의동아. 문을 닫고 등을 켜라. 이제 밤이 될 것 같다."

할멈은 돌아가 병들었다. 사방 이웃이 물 마냥 인적 소리 끊기고 물새는 소리만 길어 괴로이 날이 새지 않으니 어찌 견딜 수 있는가. 상상컨대 이제 지구에 해 뜨는 지역이 반대가 되어서 반년이나 밤이고 반년이나 낮일 것 같다.

의동이 말하였다. "아 새벽이라 닭이 웁니다. 아 동쪽 하늘에 날이 샙니다. 빠르게 솔솔 부는 바람이 버드나무를 휩쓸고 어지러이 분분한 비가 장미꽃을 떨굽니다. 외진 곳에 살아 사립문도 먼데 해가 지도록 객마(客馬)가 드뭅니다."

영랑이 말하였다. "의동아. 천기(天氣)는 좋으면서 좋지 않고 심서(心緖)는 고르면서 고르지 않구나. 어머님을 속이고 너의 몸을 수고롭게 하고 성명도 모르는 귀객을 부질없이 기다린다. 영천(靈泉)은 어디에 있나. 조금도 마실 수 없구나. 영천이여! 조금이나마 수증기를 뿜어주어 무산(巫山)의 운우(雲雨)의 정을 흔쾌히 하소서."

할멈이 창 너머로 이 말을 듣고 깊이 생각하였다. '기이하도다, 관인이여! 전별연을 벌여 손님을 보냄에 장소가 없음을 어찌 근심하여 꽃 주점과 버들 역사와 산수의 정자 난간을 지나 궁벽한 벽촌의 누추한 내 집에 기어이 찾아왔나. 그의 원림이 조망하는 곳에 있다고 하니 필시 밤이 가면 해가 뜨기 마련이라 넉넉히 손님의 기약을 따를 만하거늘 어째서 꽃구경하는 벗을 가련히 여기듯 하여 이 숲에서 돌아가지 않고 밤을 새나. 귀객은 어떤 손님이며 영천은 무슨 샘인가. 나는 관인에게 많은 은혜를 입었으니 묻고 또 물어서 구할 수 있다면 내 힘을 다하리라.'

참 인연이 거짓 인연이 되고 眞因緣變做假因緣
두 기미가 한 기미가 되다 二氣味相合一氣味

할멈이 영랑의 앞에 가서 공수(拱手)하며 낮은 소리로 말하였다. "제가 관인의 위축된 미간을 보고 말하는 사이에 진땀을 흘렸소. 무슨 수많은 시름이 겹겹이 그대 마음을 얽매는지요. 제가 이미 은혜를 입음에 해산(海山) 같은 은혜를 의리상 감히 사양할 수 없구려. 어째서 저에게 말을 아끼는지요."

영랑이 말하였다. "내 할멈의 집에 머무른 지 사흘이나 되었는데, 한 사람도 보지 못하였소. 남녀 자식이 몇 명 있소? 혼사를 다 치렀소? 다른 곳에서 손주를 낳았소?"

할멈이 말하였다. "저는 본래 성서인(城西人)으로, 단지 여기로 이주하였을 뿐이오. 지아비는 일찍이 사망하고 나이 칠순이 되도록 단지 아들 하나만 있지요. 그 아이는 나이가 삼순 남짓 되도록 처를 얻지 못하였소. 하도감(下都監)에서 봉록을 받아서 근래에 번차(番次)에 있소."

영랑이 오래도록 한숨 쉬며 말하였다. "참으로 혈혈단신이오, 할멈의 사정이여! 오호라, 마침내 영천으로 가는 길을 물을 데가 없으니,[33] 곁에 있던 가인이 별안간 하늘 끝까지 멀어져 버렸소."

할멈이 말하였다. "이 동(洞)은 지대에 식수가 부족하여 밭둑의 도랑에서 물을 긷고 약사정토(藥寺淨土)도 가는 길이 다 멀어서 월지화진(月地花辰)에도 늘 고요하니, 가인과 미인뿐 아니라 저처럼 늙고 추한 이도 왕래하는 일이 없지요. 각설하고 봄이 오면 곳곳마다 물결이 되니 양 언덕 가 복사꽃을 따로 찾으소서."[34]

---

33 영천으로……없으니 : 도잠(陶潛)의 「도화원기(桃花源記)」를 차용한 것이다. 「도화원기」에 "무릉(武陵)에 사는 어떤 어부가 도화원(桃花源)에 갔다가 나와서 그 고을 태수에게 말했는데 태수가 사람을 시켜서 찾아보게 하였으나 길을 찾지 못하였다. 고사(高士) 유자기(劉子驥)라는 사람이 그 말을 듣고 직접 찾아 나섰다가 결국은 찾지 못하고 병들어 죽었다. 그 뒤로는 나루를 묻는 자[問津者]가 없었다." 하였다. 여기서는 도화원에 들어갈 분수를 지니지 못한 속세 인간들이 이곳에 와서 도화원 가는 길을 찾는다는 뜻이다.

34 봄이……찾으소서 : 왕유(王維)의 「도원행(桃源行)」을 차용한 것이다. 『왕우승집

영랑은 가슴속에 무한한 한이 일어나려 하여 할멈에게 다가가 한 마디 하였다. "황하(黃河)가 복류(伏流)하여 천리까지 달하더니 용문(龍門)의 발성 하나를 비로소 얻은 격이오. 나는 특별한 이가 아니라 바로 한식절 저물녘에 작은 나귀 타고 와서 사립문 두드려 길 묻던 자라오."

할멈이 손가락 끝에 침을 묻혀 두 눈을 거듭 비벼 보더니 말하였다. "오호라, 이제 알겠소. 그때 그 젊은이가 분명하오."

영랑이 말하였다. "직일(直日)에 수수한 차림으로 할멈 댁에 들어가 자취를 거두어 다시 나오지 않는 이가 어느 가문의 어떤 아씨인지 묻고 싶소. 나는 순간 그녀를 보고는 춘정이 일어서 그저 운우지정(雲雨之情)을 간절히 떨칠 뿐이었소. 유영화음(柳影花陰)의 꿈에서 벗어나지 못한 나머지 이제 고질병이 골수에 미쳤소. 할멈은 칠순의 이력으로 매사를 몸소 겪었으니, 청춘의 광음을 가련히 보시어 방편을 잘 마련해 주시오." (미완)

내보 - 계속 -

충청남도(忠淸南道)				
부군명(府郡名)	원면(原面)	이거면(移去面)	내속면(來屬面)	현면(現面)
임천(林川)	20			20
홍산(鴻山)	9			9
남포(藍浦)	9			9
비인(庇仁)	6			6
보령(保寧)	7			7

(王右丞集)』 권1 「도원행(桃源行)」에 "봄이 오니 곳곳마다 복사꽃 물결이니 모를레라 선원을 어디에서 찾을고〔春來遍是桃花水, 不辨仙源何處尋〕."라 하였다.

오천(鰲川)	6	면상면(眠上面), 면하면(眠下面)→태안(泰安)		4
결성(結城)	10			10
태안(泰安)	11		오천 비입지: 면상면, 면하면	13
서산(瑞山)	17	부산면(夫山面)→해미(海美)		16
해미(海美)	6		서산 비입지: 부산면 구동(九洞) 홍주(洪州) 두입지: 고북면(高北面), 비입지: 운천면(雲川面) 및 상왕봉(象王峰) 아래 오동(五洞) 덕산(德山) 두입지: 운현(雲峴), 우현(牛峴)	9[35]
당진(唐津)	8			8
면천(沔川)	14		홍주(洪州) 비입지: 합남면(合南面), 합북면(合北面), 신북면(新北面), 신남면(新南面), 현내면(縣內面) 아산(牙山) 비입지: 이서면(二西面) 덕산(德山) 비입지: 비방곶면(菲芳串面) 천안(天安) 비입지: 우평(牛坪)	21
덕산(德山)	12	비방곶면→면천		11
홍주(洪州)	27	고북면, 운천면→해미 합남면, 합북면, 신남면, 신북면, 현내면→면천		20
정산(定山)	8			8
청양(靑陽)	9			9
예산(禮山)	9		천안(天安) 비입지: 신종면(新宗面)	10
대흥(大興)	8			8

35 원문에는 해당 칸이 비어 있다. 『조양보』 10호에 실린 지방구역 정리표를 참조하였다.

아산(牙山)	10	이서면→면천	천안 비입지: 돈의면(頓義面), 덕흥면(德興面), 모산면(毛山面) 및 당후신대(堂后新垈) 수원(水原) 비입지: 삼도오동(三島五洞) 및 신흥포(新興浦), 신성포(新星浦)[36]	12
신창(新昌)	7			7
평택(平澤)	6	소북면(少北面)→수원	직산(稷山) 비입지: 경양면(慶陽面)	6
천안(天安)	15	신종면→예산 돈의면, 덕흥면, 모산면 → 아산 우평→면천		11
직산(稷山)	13	언리면(堰里面), 외야곶면(外也串面), 안중면(安中面)→수원 경양면→평택		9
온양(溫陽)	9			9
전의(全義)	6		청주(淸州) 비입지: 덕평면(德坪面)	7
연기(燕岐)	7			7
목천(木川)	8		청주 두입지: 수신면(修身面)	9

36 신성포(新星浦) : 원문에는 '星浦'로 되어있으나, '新星浦'의 오기로 판단되어 고쳐 적었다.

전라북도(全羅北道)				
부군명 (府郡名)	원면 (原面)	이거면 (移去面)	내속면 (來屬面)	현면 (現面)
전주(全州)	31	양양소면(良陽所面)→연산(蓮山) 동1면(東一面), 북1면(北一面), 남1면(南一面), 남2면(南二面), 서1면(西一面), 우북면(紆北面)→익산(益山) 이동면(利東面), 이서면(利西面), 이북면(利北面)→만경(萬頃)		21
금산(錦山)	13	부남면(富南面)→무주(茂朱)		12
진산(珍山)	7			7
무주(茂朱)	12		금산 두입지 : 부남면	13
용담(龍潭)	9			9
장수(長水)	8		남원 두입지 : 상반암면(上磻岩面), 중반암면(中磻岩面), 하반암면(下磻岩面), 진전면(眞田面)	12
진안(鎭安)	14			14
익산(益山)	10		전주 비입지 : 동1면, 북1면, 남1면, 남2면, 서1면, 두입지 : 우북면[37]	16
고산(高山)	8			8
용안(龍安)	5			5
함열(咸悅)	11			11
여산(礪山)	10	채운면(彩雲面)→은진(恩津)		9
임피(臨陂)	13			13
옥구(沃溝)	8			8

37 서1면……우북면 : 원문에는 '서1면' 항목이 '北二面', '우북면' 항목이 '紆西面'으로

김제(金堤)	17			17
만경(萬頃)	7		전주 비입지: 이동면, 이서면, 이북면	10
태인(泰仁)	17			17
금구(金溝)	10			10
임실(任實)	18		남원(南原) 두입지: 둔덕면(屯德面), 오지면(吾支面), 말천면(秣川面), 석현면(石峴面), 아산면(阿山面), 영계면(靈溪面)	24
부안(扶安)	17			17
정읍(井邑)	7			7
고부(古阜)	18	부안면(富安面)→무장(茂長)		17
무장(茂長)	16		고부 비입지: 부안면	17
고창(高敞)	8			8
흥덕(興德)	9			9
순창(淳昌)	17			17
남원(南原)	48	상반암면, 중반암면, 하반암면, 진전면→장수 둔덕면, 오지면, 말천면, 석현면, 아산면, 영계면→임실 고달면(古達面), 중방면(中方面), 외산동면(外山洞面), 내산동면(內山洞面), 소아면(所兒面)→구례(求禮)		33
운봉(雲峯)	7			7

기재되어 있다. 위의 〈전주〉 항목 '이거면(移去面)' 목록과 비교해볼 때 '北'과 '西'의 인쇄순서에 오류가 있었던 것으로 판단되어 바로잡아 번역하였다.

외보

○ 철회 운동 : 베이징 통신을 접하니, 청나라 조정에서 치외 법권을 철회하려는 내의(內議)가 있다. 그 방법은 일본을 모방하여 일정한 기한 내에 준비하다가 그 기한에 이르면 이를 실행할 방침인데, 열국과 담판할 목적으로 현재 향리(鄕里)에 있는 우팅팡(伍廷芳) 씨를 교섭위원으로 임명하기 위하여 상경을 명하였다고 한다.

○ 러시아 대신 사직 : 블라디보스토크 통신에 따르면, 러시아 학부·탁지부 양 대신이 사직하였다 한다.

○ 교서(敎書) 별보(別報) : 런던 전보에 따르면, 미국 대통령 교서에 "일본이 미국인을 예양(禮讓)으로 대하듯 미국도 일본인을 예양하지 않는다면 미국의 문명의 열등성을 자백하는 것이다."라 하였다고 한다.

○ 한국 토지에 대한 일본 개척 : 모지(門司) 전보에 따르면, 야마구치 현(山口縣)의 뜻 있는 자들이 자본금 1백만 원으로 회사를 조직하고 한국 농사를 개발하여 기간지(旣墾地)의 매수와 미간지(未墾地)의 개척 등을 목적으로 하고, 대한권업주식회사(大韓勸業株式會社)를 조직하고 사무소를 시모노세키(下關)에 설치한다고 한다.

○ 정교(政敎) 분리 : 로이터 통신을 접하니, 프랑스 정부가 정교분리 법안을 완화적으로 수정하여 하원(下院)에 제출하니 다수로 통과하였다고 한다.

○ 학생의 관직 등용 : 베이징 전보에 따르면, 청나라 조정에서는 일본 및 유럽 유학생을 등용할 목적으로 외국 주재 중인 사신(使臣)에게 유학생을 소환하라는 훈령을 내렸다고 한다.

○ 강제 교육 : 동 전보에 따르면, 위안스카이(袁世凱) 씨는 국민의 강제 교육을 주장하는데, 학부(學部) 좌시랑(左侍郎) 옌슈(嚴修)로 하여금 조사케 한 후 우선 칙령을 반포하여 실시하기로 결정하였다고 한다.

현상(懸賞) 한자놀이

해답의 접수 기한은 이달 20일까지니 이 기한을 넘기지 마십시오. 단, 일체의 올바른 형식은 전호에 있음.

ㅇ 지난 문제 해설

제5: 난장이가 헤엄을 치는도다.

〈해설〉 '수(茱)' 자이다. 어째서인가. 난쟁이는 '주유(侏儒)'이고 헤엄치는 것은 '연(涸)' 자라서, '주유연(侏儒涸)' 세 글자에서 음만 취하면 '수(茱)'자가 되기 때문이다.

해답인 : 계동(桂洞) 16통 3호 거주 김진홍(金鎭弘)

제6 : 자칫하면 분골쇄신할 것이라 놀라워 소리를 버럭 지르는도다.

〈해설〉 '차전자(車前子)'이다. 어째서인가. '차(車)'에 압사하여 분골쇄신하는 경우가 종종 있으니 '차 앞〔車前〕에 아이〔子〕'를 보고 깜짝 놀라지 않을 리 없고 놀랄 뿐 아니라 바삐 피하라고 소리를 버럭 지르지 않을 리 없기 때문이다.

해답인 : 남서(南署) 장동(長洞) 105통 1호 정좌진(丁佐鎭)
중서(中署) 승문동(承文洞) 이원철(李源喆)

ㅇ 새로운 문제

제7 : 초가 옆에 사람이 있도다. (한 글자로)

제8 : 은근한 것을 두고도 단단히 봉하지 못하도다. (세 글자 사물 명)

여러 관청용품 조달

영업품목

방적류, 금건류, 염료, 철물, 지류, 곡식류, 목재류, 서적

아울러 위탁판매

각 학교용품 조달

특약 독점판매

미국 캘리포니아 잉크회사 정제(精製)-인쇄용 잉크

타이완 총독부 전매국(專買局) 제 데신후에구도-루-[38]

독일 신발명품 견고 염료 에히도쌰루--[39]

건축용 이시야네(石屋根) 瓦스레-도[40]

기계용 감찰합금(減擦合金) 아사히(朝日) 메탈

신발명 안전화유등용 구미아부라(久美油)[41]

타이완 총독부 염무국(鹽務局) 제 식염(食鹽)

후지타(藤田) 합명회사(合名會社)

본점 한국 경성 남대문통 4정목

(전화 : 경성 230번) 지점 인천 해안 매축지 1정목

(전화 : 인천 255번) 출장소 도쿄 쿄바시구(京橋區) 미나미나베쵸(南鍋町) 1정목 10번지

(전화 : 신바시(新橋) 3962번)

---

38 데신후에구도-루- : 미상이다.

39 에히도쌰루-- : 미상이다.

40 瓦스레-도 : 미상이다.

41 구미아부라 : 1901년부터 구미상회(久美商會)에서 출시판매된 석유제품이다.

광고

『소년한반도』라는 잡지는 대한제국의 독립기초와 자유정신과 평등주의로써 국민적 뇌수를 자양하는 신경의 원소이고 교육계의 학리(學理)를 발명하는 해상의 등대이니, 애국사상이 있는 국민동포는 계속 구독하여 주시기 바람.

- 임시사무소 돈화문(敦化門) 앞 사립 보광학교(普光學校) 내
- 저작자 소년한반도사
- 사장 양재건(梁在謇)
- 총무 조진태(趙鎮泰)
- 발행대표자 조중응(趙重應)
- 발매소
  - 북서(北署) 안국방(安國坊) 대안동(大安洞) 동화서관(東華書舘) 김흥연(金興淵)
  - 황성(皇城) 중서(中署) 포병(布屛) 밑 남쪽 가 37통 6호 서포(書舗) 김상만(金相萬)
  - 황성 중서 파조교(罷朝橋) 남쪽 가 박문서림(博文書林) 주한영(朱翰榮)
  - 대광교(大廣橋) 동쪽 가 9리 상전(床廛) 건너편 서포(書舗) 고유상(高裕相)
  - 전동(磚洞) 프랑스어학교 호외지(號外地) 대한매일신보사(大韓每日申報社)
  - 종로(鍾路) 대동서시(大東書市)
  - 서서(西署) 송교(松橋) 최창한(崔昌漢) 서포(書舗)
  - 돈화문 앞 사립 보광학교 내, 본사 임시사무소
- 인쇄소 서서(西署) 서소문(西小門) 내(전화 323)

일한도서인쇄주식회사

광무 10년 | 메이지(明治) 39년 12월 25일 | 제3종 우편물 인가

광무 10년 10월 23일 내부(內部) 인가(認可)

광무 11년 3월 1일 간행
(매달 1회(1일) 정기 발행)

소년한반도

제5호

광고

『소년한반도』라는 잡지는 대한제국의 독립기초와 자유정신과 평등주의로써 국민적 뇌수를 자양하는 신경의 원소이고 교육계의 학리(學理)를 발명하는 해상의 등대이니, 애국사상이 있는 국민동포는 계속 구독하여 주시기 바람.

- 저작자 소년한반도사
- 사장 조중응(趙重應)
- 총무 조진태(趙鎭泰)
- 발행대표자 조중응(趙重應)
- 발행소 돈화문(敦化門) 앞 사립 보광학교(私立普光學校) 내 임시사무소

사고(社告)

대금	1책	15전
	반년분	80전
	1년분	1환 50전

ㅇ 주의

구독하고자 하시거든 정가와 우편요금을 함께 환금(換金)하여 송부해 주십시오.

환금은 반드시 등기로 보내주십시오.

선금이 다하면 해당호를 발송할 때 '진(盡)' 자를 기록하고 날인하오니 주의하여 보시고 계속 송부하여 주십시오.

광고료

매행 18자	보통 10전	특별 12전
반 페이지	보통 1환	1환 15전
1 페이지	보통 2환	2환 10전

본사의 광고부는 영업과 기타 제반 공익상에 관한 광고료의 위탁을 담당해서 사람의 이목에 새겨지도록 좋고 아름답게 간행하며 또 요금도 세계광고 중에 제일 값싸고 안전함은 독자 여러분이 당연히 스스로 아실 것입니다.

목차

소년한반도 제5호

광고

○『황성신문(皇城新聞)』은 우리 제국에서 창간된 지 가장 오래된 신문으로 우리 인민의 성질을 포착하는 능력이 풍부하고 순수한 국민 자격의 기관이니 독자 여러분은 특별히 인정할 것이오

▲ 이 신문의 성질이 고상하고 천연적이어서 대한인의 풍속과 문물과 언어와 이상과 역량이 이를 관측한 붓끝에서 유출하니 그 진상을 발견할 것이며

▲ 이 신문을 구독하시는 여러분께서는 국민적 이상이 두터울 것임을 굳이 두말할 필요가 없거니와 경향(京鄕)을 막론하고 애독하시는 동포는 대한 국민의 지위를 잃지 않을 것으로 확신함.

- 황성신문사 드림

광고

○『대한매일신보(大韓每日申報)』는 국내 여러 신문 중 가장 넉넉한 부수로 발간하고 해외 각국에서 최고등급의 신문으로 인정하는 것으로

▲ 이 신문의 성질은 시국에 대한 강직한 변론과 국가의 문명기관과 인민의 발달기초에 가장 깊이 주의하는 것이고

▲ 이 신문은 해외 전신(電信)과 세계 기문(奇問)과 정계의 동정과 인민의 괴로움을 신속히 탐지하여 남김없이 기재하고 있으니

▲ 국가 사상과 국민 의무와 독립주의가 있으신 여러분께서는 구매하여 애독하시기를 간절히 바람.

- 대한매일신보사 드림

자수(自修)를 논하다 - 계속 - / 양재건(梁在謇)

디즈레일리(Disraeli)는 네 번이나 의원선거에 출마하여 떨어졌지만 마침내 영국의 명재상이 되었고, 가리발디(Garibaldi)는 다섯 번이나 혁명군을 일으켜 실패했지만 마침내 신이탈리아를 건국하였다. 스티븐슨(George Stephenson)은 기관차를 작동한 지 15년 만에 성공하였고, 와트(Watt)는 증기기관을 작동한 지 30년 만에 성공하였다. 그리고 몽테스키외(Montesquieu)의 『법의 정신』은 25년 만에 완성되었고, 애덤 스미스(Adam Smith)의 『국부론(國富論)』은 10년 만에 완성되었다. 다윈(Darwin)의 『종의 기원』은 16년 만에 완성되었고, 기번(Gibbon)의 『로마제국쇠망사』는 20년 만에 완성되었으며, 위즈덤(Wisdom)의 『대사전』은 36년 만에 완성되었다. 마다가스카르(Madagascar)의 선교사는 10년 만에 신도 하나를 얻었고, 저드슨(Adoniram Judson)[1]의 미얀마 선교와 모리슨(Robert Morrison)[2]의 중국 선교는 하나는 5년, 하나는 7년 만에 신도 하나를 얻었다.

이를 통해 살펴보면, 세상의 고금과 대업의 대소를 막론하고 그 우뚝하게 성취하여 세상에 이름을 드러내고 후대에 전해질 수 있었던 자들이 어찌 스스로 인내하고 침착하며 기백 있게 하지 않고 성취한 것이 하나라도 있겠는가.

그런데 이는 또한 서양만 그러한 것이 아니었다. 월왕(越王) 구천(句踐)이 회계(會稽)에 있었을 때, 제(齊)나라 전단(田單)이 즉묵(卽墨)에 있었을 때, 한(漢)나라 패공(沛公) 유방(劉邦)이 형양(滎陽)과 성고(成皐)에 있었을 때, 을지문덕(乙支文德)이 살수(薩水)에 있었을 때의 전쟁

---

1 저드슨(Adoniram Judson) : 1788~1850. 미국 선교사로 인도와 미얀마에서 37년간 활동하고 성경을 버마어로 번역하였다.

2 모리슨(Robert Morrison) : 1782~1834. 영국 선교사로 중국 광동에서 활동하며 중국어-영어 사전을 펴냈다.

은 모두 그 패배가 곧 그 성공의 원인이었다. 가령 이 인물들의 기백이 애초에 부족했다면 곧 실패자가 되었을 것이다.

한(漢)의 장박망(張博望)[3]은 서역에 있을 때 수차례나 죽을 고비를 넘기고 종종 수일에서 십수일 내내 먹지 못하는 고난을 약 13년 정도 겪고서 마침내 해외까지 위세를 떨쳤다. 가령 장건의 기백이 애초에 부족했다면 곧 실패자가 되었을 것이다.

촉한(蜀漢)의 소열제(昭烈帝) 유비(劉備)는 서주(徐州)에서 무너졌고 예주(豫州)에서 무너졌고 번성(樊城)에서 무너졌고 형주(荊州)에서 무너졌으나, 만년에 이르러 비로소 익주(益州)를 얻어 대업을 안정시켰다. 가령 소열제의 기백이 애초에 부족했다면 곧 실패자가 되었을 것이다.

현장(玄奘) 법사는 당나라 국사의 존귀한 신분으로 파미르 고원을 횡단해 인도에 갔다. 그 사이에 맹수 때문에 곤경을 겪고 굶주림과 갈증 때문에 곤경을 겪고 언어소통의 부재 때문에 곤경을 겪었지만, 마침내 17년을 보내면서 그 정법(正法)과 외도(外道)를 모조리 다 배우고 귀국하여 조국에 널리 반포하였다. 가령 현장 법사의 기백이 부족했다면 곧 실패자가 되었을 것이다.

아아, 중국과 서양의 군자들을 종합해 본다면, 우리가 천지 사이에서 자립할 방도를 생각할 수 있다면 우리도 흥기할 수 있을 것이다.

나폴레옹(Napoleon)이 말하기를 "군대의 승패는 최후의 15분에 달려 있다. 대개 우리가 곤궁할 때는 적군도 곤궁할 때이고, 우리가 피로할 때는 적군도 피로할 때이다. 적군이 곤궁하고 피로한 사이에 우리가 한번 더 용기를 내어 계속한다면 승리가 실로 우리에게 있을 것이다."라고 했는데, 이는 성공의 방도가 어렵지 않음을 말한 것이다. 옛말에 "100리를 가려는 자는 90리를 반으로 삼는다." 라고 했는데, 이는 성공

---

3 장박망(張博望) : 한 무제 때 박망후(博望侯)에 봉해진 장건(張騫, ?~B.C.114)을 가리킨다.

의 방도가 쉽지 않음을 말한 것이다. 그렇다면 어려운 일인가, 쉬운 일인가. 오직 뜻 있는 인사만이 스스로 가려낼 것이다. (미완)

교육신론 - 계속 - / 원영의(元泳義)

교수의 형식을 논하자면, 하나는 주입주의이니 각종 사물을 아동의 뇌 속에 주입시켜 영원히 잊게 않도록 하는 것이다. 또 하나는 개발주의이니 각종 사물로 그 자연발달의 심의(心意)를 개발시켜 유사한 사례에도 두루 통하도록 하는 것이다. 주입주의는 고학(苦學)의 단련을 오로지 중시하고 개발주의는 흥미(興味)의 증진을 오로지 중시한다. 개발주의는 실로 근세교육의 구교육과는 특별히 다른 점이 있다.

개발주의는 두 가지 방법이 있다. 하나는 이미 존재하고 있는 관념계를 분해하고 교육의 목적에 의거하여 그 번잡함을 제거하고 그 간단함을 취하는 것이니, 이는 명학(名學)[4]에서 말하는 분해의 교수법이다. 또 하나는 신관념을 구관념계로 확장하여 그 부류를 보충하고 그 극도에 달하여 널리 통달하게 하는 것이니, 이는 명학에서 말하는 총합의 교수법이다. 무릇 이 두 가지 방법은 학과를 연구하는 자의 필수이니, 교육에 시행하면 충분히 사람들의 심성을 개장(開張)할 수 있을 것이다.

교수의 계급을 논하자면, 다섯 단계가 있다. 첫 단계는 예비(預備)이니 교육을 받는 자의 산만한 지식을 교수의 핵심에 집중시키는 것이다. 둘째 단계는 수여(授與)이니 신재료로 수업하여 그 집중한 관념계를 확장하는 것이다. 셋째 단계는 연합(聯合)이니 신관념과 구관념을 비교대조하는 것이다. 넷째 단계는 결합(結合)이니 신관념과 구관념을 병합시켜 관념계를 혼합하는 것이다. 다섯째 단계는 응용(應用)이니 신관념

4 명학(名學) : 논리학으로 추정된다.

과 구관념을 연합시켜 자유롭게 응용할 수 있게 하는 것이다. 이 다섯 단계의 교수법으로 교육을 받는 자의 관념을 계발하면 그 사상이 풍조를 발산하는 결과를 얻을 수 있을 것이다.

교수주의와 계급의 방법은 다음과 같다. 하나는 문답법이니, 교육을 받는 자의 관념계를 관찰하여 그 분명하지 못한 것을 분명하게 해주고 분명하지만 미처 통달하지 못한 것을 통달하게 해주어 신재료를 주입하는 것이다. 그리스의 대현자 소크라테스(Socrates)가 말하기를 "나는 지식을 주는 자가 아니라 지식을 낳는 산파이다." 하니, 이를 보면 그 진의를 알 수 있을 것이다. 또 하나는 담화법이니, 사실을 구명하여 교육을 받는 자를 환히 트이게 하는 것이다. 만약 수사와 논변의 학문에 정밀하지 않은 자라면 용속한 일파로 유입되어 사람을 감동시키기 어려울 것이다.

교과의 종류를 논하자면, 교수의 원리와 형식을 표현하여 인심을 개발하는 기구이다. 동서양의 구교과는 제외하고 오늘날에 교과로 승인된 것은 윤리 · 어학 · 작문 · 지리 · 역사 · 수학 · 물리학 · 화학 · 동물학 · 식물학 · 습자 · 도화 · 체조 · 수공 · 음악 등의 과목이다. 그 가치를 논하자면 단체 자치의 한 공민(公民)이 되는 품성은 국가와의 관계가 중대하다. (미완)

자제에게 신학문을 가르치다 - 계속 - / 양재건(梁在謇)

○ 주야(晝夜)

고대 바빌로니아인 · 페르시아인 · 시리아인은 일출(日出)을 하루의 시작으로 삼고, 그리스인은 일몰(日沒)을 하루의 시작으로 삼고, 아리아인은 정오를 하루의 시작으로 삼고, 로마인 · 지나인 · 대한인은 주야의 교차시를 하루의 시작으로 삼았다고 한다. 근세 구미 여러 나라는 심야 1시를 하루의 시작으로 삼는 경우가 많다고 한다.

○ 시간(時間)

고대 이집트인이 일출부터 일몰까지를 분할하여 12시로 삼으니, 그리스인도 또한 이 방법을 사용하였고, 유태인은 하루를 분할하여 아침・낮・저녁・밤 등 4시로 삼고, 아시아 극동인은 주야를 통틀어 12시로 삼았다. 그런데 로마인이 서력 기원전 264년경부터 한 주야를 균등하게 분할하여 각기 12시로 정하고 다시 1시간을 분할하여 60분으로 정하고 1분을 분할하여 60초로 정하였다고 한다.

○ 년월(年月)

지나에서 상고시대에 1년을 365도 4분의 1도로 정하였다. 유럽에서 1년을 365여일로 처음 인지한 것은 그리스의 석학자 아리스토텔레스였다. 단지 그 이전에 달이 차고 기우는 정도에 따라 1개월을 정하고, 다시 기후의 변화에 따라 12개월을 정하여 1년이라 한 것은 태음력의 1년이다. 바빌로니아인・이집트인 등이 태양력의 1년을 사용하였다.

○ 세수(歲首)

동양의 여러 국가는 해(亥)・자(子)・축(丑)・인(寅)의 달을 세수(歲首)로 번갈아 사용하였다. 상고시대의 유대국과 이집트는 추분을 1년의 시작이라 하였다. 다만 종교가의 경우 유월절(逾越節)[5]-유태인이 이집트에서 탈출한 날이다-의 첫날을 1년의 시작이라 하였다. 그 일은

---

5 유월절(逾越節): 유대교의 3대 명절 중의 하나로, 봄의 축제로 이스라엘 민족이 이집트에서 탈출함을 기념하는 명절이다.

『구약성서』「출애굽기」에 보인다.

유럽의 여러 국가는 태고시대부터 중세시대까지 민간의 세수와 종교의 세수가 달랐다. 혹은 태양력 1월 1일을 세수라 하고, 혹은 유월절의 첫날을 세수라 하고, 혹은 예수 탄신일-태양력 12월 25일이다-을 세수라 하고, 혹은 마리아의 천사일을 세수라 하니 이와 같이 종종 일치하지 않았다. 그런데 서력 1575년에 이르러 스페인 왕 필립 2세가 태양력 1월 1일을 세수로 정하고, 1654년에 프랑스 왕 샤를 9세가 다시 태양력 1월 1일을 세수를 정한 까닭에, 근세에 이르러 동서양의 기독교 여러 국가들이 다 이를 따랐다고 한다.

ㅇ 기원(紀元)

서력 530년경 로마 수도사 디오니시우스(Dionysius)[6]가 그리스도의 탄생년을 기원 원년이라 하였다. 그 이후로 구미 기독교 국가들이 다 이를 따라 법으로 정하였다. 근대 학자의 설에 의하면 그리스도의 탄생이 기원 원년이 아니라 기원전 4~5년 사이에 있었고, 베드로의 탄생이 원년에 있었다고 한다.

이스라엘인은-곧 유태국의 일족-천지창조(天地創造)를 기원의 시작이라 하고, 회회교도(回回教徒)는 마호메트가 메카로 달아난 해를 기원의 시작이라 하였다.-그리스도 생후 522년이다- (미완)

ㅇ 자유모(自由母) -계속-

그녀는 이윽고 롤랑-명(名)- 플라티에르-성(姓)-와 결혼하였다. 롤랑이라는 자는 리옹시 사람으로 전적으로 자신의 역량을 자부하여 자신

6 디오니시우스(Dionysius) : 디오니시우스 엑시구스(Dionysius Exiguus, 470~544). 기독교신학자이고, 로마 주교였으며 서력을 최초로 사용한 인물로 알려졌다.

의 복명(福命)을 자신이 이루어낸 자이다. 19세에 혈혈단신으로 미국을 유람하고, 다시 도보로 프랑스를 유람해 일주하고, 그 후에 아미앵(Amiens)의 공장 감독관이 되어서는 일찍이 글을 지어 공업과 상업의 문제를 논의한 까닭에 국내에 명성을 떨쳤다. 여행과 독서를 좋아하고, 마음가짐이 성실하고 일처리가 정밀 엄격하고 행실이 방정하고 개인 생활이 질박하였다. 그러나 자신감이 몹시 강하고 기백이 극히 왕성하여 어려서부터 공화정치에 심취한 까닭에 마농(Manon)과 일찍이 의기투합하였다. 그리하여 1780년에 이르러 혼례를 거행하니, 당시 롤랑의 나이 45세 마농의 나이 25세였다. 그 이후로 마농은 '롤랑 부인'이란 이름으로 세상에 명성을 떨치게 되었다. (미완)

경제학 - 계속 - / 유승겸(兪承兼)

○ 재화의 정의와 종류

재화의 정의는 앞서 기술한 바와 같거니와 이제 그 종류를 거론하자면 천연과 인조의 많은 종류를 이루 다 헤아릴 수 없다. 다만 이를 학문적으로 살펴보면 내계(內界)의 재화・외계의 재화 두 가지가 있다. 이를 이하에 약술하겠다.

제1. 내계의 재화

이는 우리 육체・정신과 결부되어 분리될 수 없는 바를 이른다. 그러므로 아무리 자비심이 있어도 타인에게 양도할 수 없는 것이고, 아무리 고액을 주어도 타인에게 판매할 수 없는 것이니, 일례로 완력・지력・예능・성질 등이 그것이다. 혹 보통사상으로 살펴보면 원래 이러한 사물을 재화로 칭하는 데는 자못 괴이한 혐의점이 있는 것처럼 보이나,

학리적으로 논하면 그렇지 않음이 자명해진다. 즉 우리에게 이러한 사물이 없다면 어떻게 우리 욕망을 충족시킬 수 있는가. 그러므로 이를 내계의 재화라 칭함이 참으로 적절한 명사라 할 수 있다. 또는 이러한 사물을 가지고 그 형상을 일변시켜 그 소유주의 근로로 활동될 경우 능히 타인의 욕망을 충족시킬 수 있다. 이러한 까닭에 타인으로 보자면 외계의 재화가 된다.

제2. 외계의 재화

이는 우리 인류를 포함한 외계의 일부로, 가히 우리 욕망의 충족에 적당한 바를 이른다. 그러므로 그 유형물·무형물을 막론하고 다 인류 외에 속한 것으로, 이용후생(利用厚生)에 제공될 수 있는 것은 다 이 종류에 속하는 재화라 하겠다. 이 가운데 또 자유적 재화와 경제적 재화의 구별이 있다.

(1) '자유적 재화'란 노동을 행하지 않고 보수를 요하지 않고 그 분량의 정도에 구애되지 않고, 내 뜻대로 얻어 자유로이 사용할 수 있는 것이다. 이 자유적 재화도 두 가지 구분이 있다. 저 공기·광선처럼 위치의 여하나 시대의 고금과는 상관없이 자유자재의 성질을 전혀 잃지 않는 절대적 자유의 재화도 있고, 또 저 토지·물처럼 위치의 차이와 세월의 경과에 따라 자유자재의 성질을 잃는 상대적 자유의 재화도 있다.

(2) '경제적 재화'란 외계의 한 부분으로 인력을 기다려 우리 욕망의 충족에 적당한 형체를 얻거나, 적당한 지위를 얻은 후에 비로소 재화된 성질을 갖추거나, 그 효용이 증가되는 바를 이른다. 그러므로 경제적 재화의 기원을 궁구하면 필시 온갖 노력에 달려 있으니, 혹은 무주물(無主物)을 선점하듯이 극히 쉬운 노력으로 얻는 경우도 있고 혹은 주야

로 노력하지 않으면 도저히 얻을 수 없는 경우도 있다. 그렇다면 우리가 경제적 화물을 얻고자 한다면 다소 노력을 요함을 각오해야 한다. 혹자가 이에 대해 반론하기를 "타인에게 무상 양도하는 경우와 저 탐관오리·좀도둑 무리가 불법 취득하는 경우로 논하자면, 그 양도와 취득은 어떠한 노력을 요하지 않아도 능히 얻어서 그 의식주의 욕망을 충족시키는 것이 아닌가." 하나, 그 무상 양도와 불법 취득은 별도의 문제로 논해야 하는 것이니 이 경제적 물화의 획득 방법에서 논할 가치가 없거니와, 그 무상 양도와 불법 취득의 재화도 그 최초에 필시 우리 노력을 통해 발생된 것이 아닌가.

이제 이 경제적 재화 가운데 또 4종의 구분이 있다. 첫째 물화, 둘째 인적 재화, 셋째 유리(有利) 관계, 넷째 모종의 권리가 그것이다. 이하에 차례로 설명하겠다. (미완)

국가학 - 계속 - / 이각종(李覺鍾)

혹 논자가 말하기를 "국가의 성립에는 교제능력이 필요하다."고 한다. 여기서 교제능력이란 국가 간 외교에서의 자주적 권능을 이른다. 그러나 이 또한 오류에 불과하다. 대개 국제법상 권리의 주체가 되는 데는 이것이 필요하다. 그러나 간혹 특약이나 관례로 인하여 갑국(甲國)의 교제권능을 을국(乙國)에게 양도하거나 제한되더라도 갑국은 여전히 그 국가 됨을 잃지는 않는다. 이제 그 사례를 들자면, 미합중국 안의 각 국가는 그 중앙국가에게 교제권능을 양도하여 이것이 없으나 각자 국가 됨에 전혀 결함이 없고, 베트남 부영성(芙英城)[7]에 프랑스가 포대(砲臺)를 축조한 이후로 이를 가지고 그 국왕을 견제하면서 베트남

7 부영성(芙英城) : 미상이다.

의 교제능력이 프랑스의 제한을 받으나 베트남이 여전히 국가로 존립한 것이 이것이다. 이로써 보건대 혹자의 설이 무리임이 분명하다.

이상의 논의를 살펴보면 국가가 무엇인지 알 수 있다. 그래도 한 마디 더 추려 내어 애독자 여러분께 청안(靑眼)을 일전(一轉)시키고자 한다.

대개 누구나 '국가, 국가'라 하기는 참으로 쉽다. 다만 그 진의(眞意)의 소재에 대해서는 도리어 무지하여 늘 군주의 일신만 가리켜 국가로 칭하는 지경이 되었다. 오호라! 전제(專制) 관념이 인류의 두뇌에 깊이 각인됨이 어찌 이 지경이 될 정도로 극에 달하였는가. 국가는 인민도 아니고 토지도 아니고 통치권을 대표하는 군주도 아니라, 이 몇 가지 이상에 무형으로 독립된 통치권의 주체인 인격체이니, 단지 인민과 토지를 근거로 성립된 것이다. 따라서 설령 그 인민과 토지의 증감이 있어도 그 국가의 무형적 인격체 됨에 무방함은, 마치 우리 신체를 조직하는 세포가 신진대사해도 인격체 됨에 전혀 상관이 없는 것과 같은 것이다.

그러나 국가는 무형의 인격체라 의사가 없는 까닭에 부득이 이를 대행할 자를 요하니, 이것이 군주가 존재하는 이유이다. 그렇다면 군주란 단지 국가로 칭하는 인격체를 대표하는 것이다. 그러므로 군주의 사망과 계승 혹은 황실의 변경이 있어도 그 주체인 국가에 전혀 영향이 미치지 않는 것이니, 군주 자신이 곧 국가도 아니고 국가가 곧 군주 자신의 국가도 아님이 분명하다. 제국(帝國)은 자고로 일정한 학리적(學理的) 주의(主義)가 있다. 즉 '백성에 대한 학대를 그치지 않는 군주는 역사에 기록될 수 없는 줄 전혀 모른다' 하여 도암(桃菴)・매산(梅山)[8] 등 당시 학자들의 언론이 일어나서, '국가의 중점을 인민에게 둠과 동시에 군주 자신의 국가가 아님을 인지해야 정의가 분명히 드러난다'고 하였다. 하지만 아직 어떤 나라의 경우 여전히 이 구별을 분명히 알지 못한 탓에

8 도암(桃菴)・매산(梅山) : 미상이다.

비상한 정치적 해독을 초래하고 있으니, 참으로 가련한 일이다. (미완)

대한농업회 규칙 - 계속 - / 조중응(趙重應)

제8조 특별회원은 본회에 공로가 있는 자로서 평의원회가 추천하여 총재가 선정할 것

단 특별회원은 통상회원의 대표자가 되어 본회총회에 관한 의사를 제의함

제9조 통상회원은 본회를 성립하는 기초가 되어 본회의 목적을 실행하기 위하여 입회함을 원하는 자로 정할 것

본회원이 되는 자격은 그 생활을 자주(自主)적으로 하며 품행이 단정하고 또 신분이 확실한 자로 정함

입회하는 규례는 특별회원이나 기타 본부 직원이 해당 총무에게 추천하여 회장이 인정함

제10조 일반회원에게는 본회의 입회증명장을 증여할 것

제11조 일반회원은 본회의 표장(表章)을 패용하고자 하여 혹 특청(特請)할 수 있을 것

제12조 일반회원 중에 부득이한 사고가 있을 때는 퇴회할 수 있을 것

제13조 일반회원이 본회의 명예를 손상시키거나 또 규칙을 지키지 않아서 본분의 의무를 결여할 때는 본회에서 제명(除名)하고 퇴출할 것

제6장 총재

제14조 본회의 총재는 황족 중의 한 사람으로 추정(推定)할 것

제7장 직원

제15조 본회의 직명은 다음과 같이 정해둘 것

회장 1명

부회장 1명

총무 3명

고문 몇 명

서기 몇 명

제16조 회장은 총재의 뜻을 받아서 회무를 총괄해 관리하며 직원을 감독할 것

제17조 부회장은 회장을 보좌하여 회무를 정리하며 회장에게 사고가 있을 때는 그 대리를 수행할 것

제18조 총무는 회장의 지휘를 받아서 본회의 사무를 관장해 처리할 것

제19조 고문은 회장의 자문에 응하며 회무에 참여할 것

제20조 서기는 총무의 지휘를 받아서 여러 업무에 종사할 것

(미완)

아모권면 - 계속 - 한 / 이응종(李膺鍾)

아이에게 이가 있다면 이는 부모로서 불찰의 책망을 면할 수 없을 것이다. 만일 잘못 간수한 아이와 놀다가 이가 옮는다면, 시급히 가는 빗으로 잘 빗기고 이 없애는 약을 발라야 하고, 그런 약이 없으면 석유를 발라서 이 알까지 죽여야 한다. 그 다음으로 의원을 찾아가서 이 없애는 특효약을 구매해 두어야 한다. 아이에게 이가 있는 상태는 가장 꺼림칙한 것이고 불결함의 과실이다. 그러므로 잘못 간수한 아이와 놀다가 이가 옮는다면 시급히 옷을 다 벗겨서 문 밖 땅으로 던지고 아이를 온수와 비누로 잘 씻겨주고 새 옷을 입힌 뒤 벗긴 옷을 잘 삶아서 빨아야 한다. 단지 빨래만 하고 삶지 않으면 이와 서캐가 죽지 않기 때문이다.

또 아이의 동무를 잘 가려야 한다. 비속어 내지 거짓말 하는 아이·더러운 아이 등과 놀지 못하게 하고, 될 수 있는 한 깨끗하고 좋은 아이를 가려서 놀게 해야 한다.

아이가 어릴 때는 그 아이 어머니가 염치를 갖추게 해야 한다. 대개 어릴 적에 염치를 잘 배워두면 장성한 후 염치 없는 자가 되지 않기 때문이다. 그러므로 언제든지 타인 앞에서 벌거벗지 못하게 해야 하고, 목욕할 때도 어머니 외에 동생도 볼 수 없게 해야 한다. 만일 어리다는 이유로 '벗겨도 상관없으니 장성하면 입히겠다' 하고 그럭저럭 지낸다면 그간에 좋은 염치를 많이 잃게 된다. 어느 나라를 막론하고 그 나라 법대로 길거리에 벌거벗은 아이가 있으면 그 부모를 잡아 다스려야 한다. 그러지 않으면 그 나라 백성은 상등인이 될 수 없다.

아이가 점차 자라는 동안 좋은 생각과 기쁜 마음을 가득 품게 해야 한다. 매일 밤 취침 전에 기도하는 법을 가르쳐주고, 아름다운 이야기를 듣게 한다. 만일 이야기를 모른다면 하나님의 사랑과 좋은 친구와 꽃과 어여쁜 새 등으로 이야기하라. 좋은 생각으로 마음이 가득해지면 쉬이 죄를 짓지 않게 된다. 또 아이를 덕행으로 가르쳐 죄의 시험을 면하기를 대비해 준다면, 시험을 당할 때에 면하기 더욱 쉬워진다. (미완)

지리문답 - 계속 - / 원영의(元泳義)

(문) 삼기암(三紀岩)[9]이란 무엇을 말하는가?

(답) 제1기 태고기암(太古紀岩)이니, 제1대는 산호·해면(海綿)·패각

---

9 삼기암(三紀岩) : 여기서 기(紀)는 백악기(白堊紀), 삼엽기(三葉機) 등 지질학에서 쓰는 단위이다. 제삼기는 신생대의 전반기를 의미하는데 태고기와 중고기는 고생대와 중생대의 시점으로 추정된다.

(貝殼) 등의 부류가 생성되고 제2대는 골격이 있는 어류가 생성되고 제3대는 벌레 부류가 생성되고 석탄도 태고 대(代)에 홍수가 식물을 뒤덮은 것이다. 제2기 중고기암(中古紀岩)이니, 중고 초기에 거북이·악어·도마뱀 등의 부류가 생성되고 이후에 내장이 있는 동물이 생성되니 그 신체가 몹시 거대하다. 근고대(近古代)에 포유류가 대거 생성된다. 제3기 제삼기암(第三紀岩)이니, 이 시대에 인류가 처음 생성된다. 지금 이탈리아·프랑스 등지를 채굴하면 인류와 금수의 골격이 교착되어 있는데, 이는 고대 인류가 어리석고 민첩하지 못한 탓에 다른 동물과 뒤섞여 지냈기 때문이다. 이상의 삼기암은 한줌 흙의 누적과 동식물의 화생(化生)의 순서가 발굴자의 증거를 거쳐서 현재 지구가 되었음을 알 수 있게 한다.

(문) 현재 지구의 면적은 얼마인가?

(답) 전면적이 1억 9700만 평방 마일이니, 도서면적이 300만 평방 마일이고 육지면적이 5300만 평방 마일이고 해수면적이 1억 4400만 평방 마일이다. 이를 나눠 육대주와 오대양의 명칭이 있다.

(문) 육대주(六大洲)란 무엇을 말하는가?

(답) 아시아·유럽·아프리카·오스트레일리아·남아메리카·북아메리카를 육대주라 칭한다. 아시아·유럽·아프리카·오스트레일리아 등 4대주는 동반구에 속하니 육지가 해수의 3분의 2를 차지한다. 남아메리카·북아메리카 등 2대주는 서반구에 속하니 육지가 해수의 3분의 1을 차지한다.

(문) 오대양(五大洋)이란 무엇을 말하는가?

(답) 태평양·대서양·인도양·남빙양·북빙양을 오대양이라 칭한다. 태평양이 가장 큰 것으로 적도를 기준으로 남태평양·북태평양이라 칭하고, 자오선(子午線)[10]을 기준으로 동태평양·서태평양이라 칭한다. 남빙양·북빙양은 양극 인근에 있다. 인도양은 인도

앞 삼면을 에워싸고 있다.

(문) 육지의 표면은 어떠한가?

(답) 산이 있어 그 표면이 평탄하지 않다. 산맥의 연결되고 나열된 곳을 산계(山系)[11]라 칭한다. 높고 평탄한 곳은 고원(高原)이고 광활한 곳은 평원(平原)이고 다소 높은 곳은 고지(高地)이다. 이로 말미암아 육지 구조의 개략적인 규칙〔槪則〕이 정해진 것이다.

(문) 육지 구조의 개략적인 규칙은 어떠한가?

(답) 첫째 가운데가 낮고 주변이 높은 지형이 마치 그릇모양과 같다. 둘째 산계를 따라 점차 광활해진다. 셋째 지형이 마치 마늘모 같아 삼각형이 많다. 넷째 세계의 큰 산은 대양을 대거 대치한다. 다섯째 세계의 큰 산은 열대근방에 많이 있다.

(문) 산의 구조는 어떠한가?

(답) 산은 수성암(水成岩)에 속한다. 태고에 어떤 물건이 해수에 들어가 다른 모양으로 변하여 각기 층급(層級)을 조성한 까닭에 산근(山根)에 해흔(海痕)이 많이 있어서 깊이 굴착하면 패각(貝殼)의 부류가 간혹 있다. 지체(地體)는 본래 액체가 변하여 고체가 된 까닭에 건수(乾袖)의 요철(凹凸)과 같다.

심리문답 / 장은(漳隱) 원영의(元泳義)

(문) 신체와 정신의 활동은 어떠한가?

(답) 그 논의는 세 가지다. 통일적(統一的) 일원론(一元論)은 신체와 정

10 자오선(子午線): 천구의 북극 및 남극과 천정의 어떤 지점을 연결한 큰 원이다.

11 산계(山系): 둘 이상의 산맥(山脈)이 서로 밀접한 관계를 가지고 한 계통(系統)을 이룬 것으로 히말라야 산계와 알프스 산계 등이 있다.

신 모두 활동한다고 하고, 이원론(二元論)은 신체와 정신이 각기 활동한다고 하며, 이원적(二元的) 일원론(一元論)은 신체가 정신으로 인하여 활동하고 정신이 신체로 인하여 활동한다고 한다. 이 세 가지 논의를 아울러 살펴보면 육신과 정신의 작용으로 인하여 심리학을 논하는 것이니, 심리학은 즉 의식(意識)을 연구하는 학문이다.

(문) 의식이란 무엇을 말하는가?

(답) 의식은 심리학에서 연구하는 정신작용의 단위이고 자각의 지위에 도달한 의식이 곧 인간 정신현상의 기본이다. 여타 동물도 다 의식 작용이 있다.

(문) 여타 동물의 의식 작용은 어떠한가?

(답) 개나 말이 그 주인과 그 집과 그 식사 여부를 인식하는 것 모두 의식의 작용이다. 다만 그 의식이 주밀하지 못하고 협소하다. 우측의 한 사물이 와서 비칠 때만 우측의 사물을 인지하다가 그 사물이 한번 떠나면 곧 잊어버리고, 좌측의 한 사물이 와서 비칠 때만 좌측의 사물을 인지하다가 그 사물이 한번 떠나면 곧 잊어버리는 것이다. 이는 지각의 구별만 있고 인류의 심리학이 없기 때문이다. 심리학의 연구는 바로 자각 의식이니 오직 인류만 갖고 있다.

(문) 자각(自覺) 작용은 어떠한가?

(답) 자각은 주점(主點)이 되는 자아가 중심의 집주(集注)의 지점 일으켜 진리(眞理)를 환히 밝힌다. 어릴 적에 자각 작용이 부족하다가 장성해서는 자각의 작용이 점차 커져서 다양한 작용이 모두 나란 지점에 집주하는 까닭에 자각 작용이 다 집주의 지점에 따라 발생한다.

(문) 의식 작용의 상태는 어떠한가?

(답) 의식이 잠잘 때는 있지 않고 각성할 때 있으니 이것이 각성 상태

이다. 각성할 때 외부의 사물이 와서 비치면 구별할 수 있으니 이것이 구별 상태이다. 만약 각성할 때 구별이 없으면 곧 사물(死物)이다. 이 두 가지의 근본적 작용을 궁구하면 사상(寫象)이다.

(문) 사상이란 무엇을 말하는가?

(답) 주관계(主觀界)에 대상을 그려내는 것이 마치 거울 속의 사진과 같다. 각성할 때 객관적 현상이 외부에 수없이 펼쳐져서 동이(同異)와 유사점이 있다. 그 상이 의식을 통과해 주관계에 들어가 비춰 사상을 일으키니, 이것은 의식이 객관적 현상을 주관계에 통과시키는 것이다. 만약 의식에 매개가 없으면 그 상의 진가(眞假)를 어찌 알겠는가. 가령 부채를 보기 전에 그 모양이 어떠한지 알 수 없고 산을 보기 전에 그 형상이 어떠한지 알 수 없을 것이니, 객관이 의식에 와서 비치기 전에는 순전한 객관상이다.

(문) 주관과 객관의 구별은 어떠한가?

(답) 주관은 자아의 주점(主點)에 관점을 부여한 것이다. 객관은 타자의 객상이 관점을 입은 것이다. 그 사상에 대해 유심론(唯心論)과 유물론(唯物論) 두 가지 이론이 있다.

물리학 - 계속 - / 박정동(朴晶東)

○ 물체의 형세 - 에너지 -

물체의 기세란 일을 행하는 원동력이다. 이 일은 처음부터 끝까지 증감(增減)이 없는 것이다. 이제 갑체(甲體)-동체-가 을체(乙體)-정체-를 운동시키면 곧 물건을 주고받듯이 갑이 정지되고 을이 운동한다. 그렇다면 갑의 기세는 결코 사라진 것이 아니라 단지 을에게 부여된 것이라 하겠다.

위 문단의 '운동론'에서 설명한 바와 같이 일차로 정지된 물체는 다른 힘을 더하지 않으면 영구히 정지되고, 일차로 운동한 물체는 다른 힘을 받지 않으면 영구히 운동하니, 이를 관성(慣性) 혹은 타성(惰性)이라 한다.

이제 타성을 논하건대, 차가 갑자기 출발할 때 차에 있는 자가 후방으로 밀려나게 되고, 차가 갑자기 정지할 때 차에 있는 자가 전방으로 밀려나게 된다. 이는 일차로 정지된 차에 있는 자가 차의 정지로 인해 영원히 정지되려고 하는데 차가 갑자기 출발하는 탓에 그 자가 후방으로 밀려나게 되기 때문이고, 또 일차로 운동하는 차에 있는 자가 차의 운동으로 인해 속력이 발생해서 영원히 운동하려고 하는데, 차가 갑자기 정지된 탓에 그 자가 전방으로 밀려나게 되기 때문이다. 그러나 일차로 운동한 물체가 영원히 운동하지 못하는데, 이는 그 운동이 사라진 것이 아니라 지구의 인력에 걸린 탓에 끝내 정지되기 때문이다. (미완)

사회학 - 계속 - / 이인직(李人稙)

○ 경제적인 것은 사회학적인 것의 기초

경제학의 입장에서 살펴보면, 대개 인류는 유일한 욕망-부(富)-에 의해 지배된 자라고 억측하여 결정한 것인데, 이 단위로부터 사회적 구성을 덧붙여 경제적 사회의 -기제론(機制論)-을 개론한 것이다.

대저 이와 같은 사회에서 결합과 분리와 화목과 적대를 전부 동일한 원리로 설명하는 것은 세계의 형성과 천상의 현상이 모두 천체적(天體的) 기제론의 원리 하나로 설명하는 것과 같다. 이와 같이 개론한 경제적 사회는 19세기 전반에 영국 상업계의 상태와 매우 흡사하니 기이한 일이라 하겠다. 그러므로 이러한 예언자는 다른 나라에서는 심상하게 치부하지만 영국에서는 지언자(知言者)라는 명예를 얻을 수 있었다.

대개 경제적 단체 기관은 하나의 사회적 단체 기관이기에, 그 존재와 발전의 원리는 일반 사회적 기관을 연구하여 알 수 있는 것이다. 그러므로 경제적 진보는 곧 사회적 진보이다. 그런데 사회학은 경제학과 그 밖의 사회적 현상의 특수한 부분을 연구하는 과학보다 한 층 더 광범위하고 한 층 더 구체적이고 기초적인 것이다. 그런데 이러한 여러 과학은 다시 그 연역하는 일반 원리에 의존하지 않을 수 없다. 즉 사회에서 인류의 생활을 지배하는 일반 원리가 사회의 경제적 생활에 관한 이론을 건설하는 경제학의 기초가 된 것이다.

ㅇ 언어의 연구

사회 본질에 관한 이론의 필요와 그 정확한 이론의 중요성은 언어학을 취해 보면, 한 층 더 명료해진다. 최근까지 언어의 연구는 단지 그 여러 재료 중의 큰 덩어리를 수집하는 데 그쳤을 뿐이다. 진정한 배열의 원리가 존재하지 못함으로 인하여 순수하게 연역적으로 설명하기 어려우니, 이 때문에 관념의 진화에 미친 효과와 비교 방법상의 응용에 변화가 생겼다. 이에 오늘날 문법상의 형식이 진화하자 자전가(字典家)는 언어의 의미를 수집하여 본래적 어근의 간편한 의미에서 다양한 의미-진화-를 검토하고 끄집어냈다. 진화는 곧 전래(傳來)에서 벗어나지 않는다. 그러나 그 문제가 되는 것은 언어의 경우 근본과 지엽의 관계로부터 그 근본으로 소급할 따름이다. (미완)

동물문답 - 계속 - / 류제달(柳濟達)

(문) 고래는 피부표면에 털이 없는데 이것은 어디에 속하는 것인가?

(답) 고래는 수중에 서식하는 것이라 털이 없고 체형이 어류와 유사하며 앞다리는 지느러미 형태가 되고 뒷다리가 없다. 하지만 역시 자식을 낳음에 젖을 먹여 기르니 학리상 포유류에 속한다.

(문) 고래가 조수(潮水)를 분출한다 하니 이로 인해 조수가 발생하는 것인가?

(답) 아니다. 고래류는 다른 짐승처럼 폐로 공기를 호흡하는 까닭에 수시로 해면에 나오지 않을 수 없다. 그때 충분한 수증기가 포함된 공기를 내뿜는 형상이 마치 물을 뿜는 것과 같아서 속언에 '조수를 분출한다' 한 것이다. 원래 조수는 이로 인해 발생하는 것이 아니다.

(문) 쥐는 어떤 종류에 속하는가?

(답) 쥐는 가구·식품 등을 갉아 부수는 동물이다. 이와 같은 동물을 포유류 중 설치류(齧齒類)[12]라 한다.

(문) 날다람쥐는 형상과 성질이 어떠한가?

(답) 날다람쥐는 늘 나무 위 썩은 구멍에 서식함에 야간에 나와서 과실 등을 먹는다. 형태는 고양이와 흡사한데 꼬리가 길고 다리가 짧으며 앞다리와 뒷다리 사이에 살로 된 날개가 있어 나무 사이로 날아다니는 동물이다.

(문) 아프리카에서 형상이 쥐와 흡사한데 몸 크기가 토끼와 같고 전신에 굳센 총 같은 모발이 있는 동물이 서식한다고 하는데 이는 어떤 동물인가?

(답) 이것은 호저(豪猪)라 불리는 동물이다.

(문) 앞서 언급한 바와 같이 복부 외에 다 극모(棘毛)[13] 있고 머리·다리·꼬리가 다 작으며 밤송이처럼 체형이 둥근 동물이 오이 밭에

12 설치류(齧齒類) : 원문에는 교치류(嚙齒類)라 되어 있으나, 오기로 보아 고쳐 적었다.

13 극모(棘毛) : 원문에는 칙모(勅毛)라고 되어 있으나, 오기로 보아 고쳐 적었다.

서 간간히 오이를 물어가며 등의 극모에 오이를 꽂아 지고 가는 광경이 자주 보인다. 이것이 어떤 동물인지 알 수 없으나 참으로 기이하다.

(답) 이것은 고슴도치이다. 산 인근에서 다른 동물[14]을 만나 위급 상황에 처하면 작은 돌처럼 굴러 내려가 해를 피하는 성질도 있다.

(문) 율서(栗鼠)란 어떤 동물인가?

(답) 율서는 세속에서 '다람쥐'라고 하는 것이다. 앞다리에 네 발가락이 있고, 뒷다리에 다섯 발가락이 있음에 밤을 즐겨 먹는 까닭에 '율서'라고 한다. 나무 위로 잘 달리는 -다름질- 까닭에 세속에서 '다람쥐'라고 한 것이다.

(문) 박꽃이 개화할 때 밤에 보면 쥐 같고 새 같은 것이 자주 날아서 왕래한다. 이것은 서류(鼠類)인가? 조류인가?

(답) 이것은 '박쥐'라고 하는 것이니, 새도 아니고 쥐도 아니다. 앞다리는 다리가 매우 길고, 날개처럼 발가락 사이의 얇은 막을 펼쳐서 공중으로 날아오른다. 야간에 나와서 곤충류를 포식하고 주간에 뒷다리 발톱을 다른 물체에 걸어서 어두운 곳에 잠복한다. 박꽃을 좋아하는 까닭에 '박쥐'라 하니 대개 쥐와 같은 부류이다.

(문) 지하에 잠복하여 추도(隧道)를 만드는 것이 있다. 이는 어떤 동물의 작용인가?

(답) 분서(鼢鼠)-두더쥐-의 소행이다. 분서는 지하에 혈거(穴居)하여 곤충류를 구해 먹는 작은 짐승이다. 앞다리 바닥이 폭이 넓어 순가락 같고 발톱이 예리하여 땅 파기에 적당하며 눈이 작아 거의 무용한데 태양을 보면 움직이지 못한다.

(문) 천산갑(穿山甲)이란 무엇인가?

---

14 원문에는 지동물(地動物)이라 되어 있으나, 타동물(他動物)의 오기로 보아 고쳐 번역하였다.

(답) 열대 지방에 서식하는 것이다. 네 발톱에 강대한 발톱이 있어서 교묘히 땅을 파서 개미를 핥아 먹는 야행 짐승이다. 혀가 길고 이빨이 없으며 전신이 견고한 비늘로 덮여 있다.

(문) '캥거루'는 어떤 동물인가?

(답) 호주에서 서식하는 동물이다. 앞다리가 짧고 뒷다리가 길어 그 도약이 매우 빠르고 복부에 주머니 같은 것이 있어 유방을 감추고 또 유아를 그 속에 넣어 옮기는데 꼬리가 길고 힘이 세다.

(문) 호주 지역에서 서식하는 동물로, 입이 오리부리 같은 것은 무엇인가?

(답) 이는 '오리너구리'라는 동물로 난생(卵生)이다. 포유류 중에 난생하는 동물은 이 짐승뿐이다. 그러므로 단공류(單孔類)라 칭한다.

(미완)

식물문답 - 계속 - / 최재익(崔在翊)

(문) 탄산호흡 작용은 어떻게 작용한다는 것인가?

(답) 잎은 공기 속에 혼재된 탄산가스를 흡수하여 앞서 설명한 동화작용을 영위하여 산소를 배출한다. 그 배출량은 많지 않다.

(문) 호흡작용을 어떻게 영위하는가?

(답) 잎은 동물처럼 공기 중 산소를 흡수하여 탄산가스도 배출하는데 그 배출량이 적다. 이러한 까닭에 호흡작용을 영위한다고 하는 것이다.

(문) 잎이 증발작용을 영위한다고 함은 무엇을 말하는가?

(답) 뿌리가 흡수하는 수분의 대부분이 줄기에서 상승되어 잎 표면부터 연속 증발되는 까닭에 증발작용을 영위한다고 하는 것이다.

(문) 잎이 저장작용을 영위한다고 함은 무엇을 말하는가?

(답) 잎의 종류에 따라 백합·파 등의 지하엽(地下葉)과 복숭아·매화 등의 떡잎 등은 비대하여 다량의 배양액을 저장한다.

(문) 탄산가스란 무엇인가?

(답) 탄산가스란 인류와 동물이 호흡할 때나 물건이 연소될 때 발생하는 것이다. 인류와 짐승에게 자못 유해하다.

(문) 잎이 호흡작용을 영위한다고 하였다. 그런데 잎에 입이 없거늘 어떻게 호흡을 영위할 수 있는가?

(답) 가소롭다. 그대의 질문이여! 잎에 비록 우리 같은 입은 없으나 식물도 그대가 언급한 입을 지녔다. 그 입을 기공(氣孔)이라 칭한다.

(문) 기공은 잎의 어떤 부분에 있는가?

(답) 입 표면 내부에 다수의 기공이 있다.

(문) 잎의 전면(全面)을 온종일 가만히 살펴도 구멍 하나 없었다.

(답변자 반문) 잎을 어떻게 가만히 살폈는가. 육안으로 보았는가?

(질문자 답) 그렇다. 노인이 아니거늘 어찌 안경을 쓰겠는가?

(답변자 해설) 비록 연소하여 시력이 좋아도 안경을 써도 볼 수 없거늘 하물며 어찌 육안으로 볼 수 있는가. 그 기공은 지극히 미세한 까닭에 현미경을 사용해야 겨우 볼 수 있다.

(문) 현미경이란 무엇인가?

(답) 아무리 미세한 물건도 그 형태를 확대하는 기계가 있으니, 이를 현미경이라 칭한다.

(문) 산소란 무엇인가?

(답) 식물이 배출하는 것이다. 무색·무취·무미하고 사물의 연소를 유지한다.

(문) 떡잎이란 무엇인가?

(답) 콩류의 종자를 반으로 갈라서 살필 때 그 형태가 잎과 같고 과육

이 비대하니 이것이 곧 최초에 생성된 떡잎이다.

(문) 잎의 효용은 어떠한가?

(답) 식용이 되는 잎도 많고, 차(茶)처럼 음료로 활용되고, 쪽(藍)처럼 염색에 활용되고, 뽕잎처럼 양잠에 활용되며, 꽃 없는 초목도 그 잎의 기이한 형태로 인해 화초로 사용되어 인심을 즐겁게 하는 등 수많은 효용이 있어서 일일이 열거할 수 없을 정도이다. (미완)

광물문답 - 계속 - / 최재익(崔在翊)

(문) 산금(山金)이란 무엇인가?

(답) 금이 석영맥 속에 혼합되어 있거나 여타 광물에서 반출되는 것을 산금이라 칭한다.

(문) 사금(砂金)이란 무엇인가?

(답) 금이 함유된 암석이 자연 붕괴되어 물밑으로 침적된 것을 사금이라 칭한다.

(문) 금은 어떤 상태로 산출되는가?

(답) 산금이 석영맥 속에 입상(粒狀)・모상(毛狀)・편상(片狀)・소판상(小板狀)・수지상(樹枝狀)을 이루거나 간혹 8면체의 결정으로 산출된다.

(문) 금의 소재를 어떻게 알 수 있는가?

(답) 금광을 분쇄하여 진흙 그릇에 넣고 물로 수회 흔들면 금분이 다른 광물보다 무거운 까닭에 그릇 밑으로 쌓인다. 이로써 금의 소재를 알 수 있다.

(문) 사금 채취 법을 보여라.

(답) 사금을 채취하려고 하면 통을 비스듬히 두고 그 아래에 동물가죽

이나 풀을 깔고 물과 함께 모래를 흘려 보내면 금이 무거워 아래에 쌓이고 모래가 물로 인해 흘러가게 된다.

(문) 금의 진위를 어떻게 판단하는가?

(답) 금을 시금석에 갈아서 그 색깔을 보고 진위를 판단한다. 혹은 금에 초산을 주입할 때 순금이 용해되지 않고 혼합된 여타 금속이 다소 용해되기에 그 진위를 판단할 수 있다.

(문) 백금의 성질은 어떠하오?

(답) 백금은 황금보다 열기에 갑절로 견딜 수 있는 성질이 있다. 백금은 지금으로부터 50여 년 전에 발견된 귀금속이다.

(문) 백금은 누가 발견하였는가?

(답) 유럽 스페인 사람 플라타(plata)[15]씨가 발견한 것이다.

(문) 백금의 빛깔은 어떠한가?

(답) 백색이니 은과 흡사하기에 오판하기 쉽다.

(문) 백금의 비중은 어떠한가?

(답) 백금의 비중은 21과 2분의 1배이니 가장 무거운 광물이다.

(문) 백금의 효용은 어떠한가?

(답) 전등의 백열선・열학 기계・실험 등에 활용된다.

(문) 금의 다음인 금속은 무엇인가?

(답) 은이 금의 다음인 금속이다.

(문) 은의 성질은 어떠한가?

(답) 은은 그 성질이 거의 금과 유사하되 유황 기체를 만나면 검은 색으로 변한다. 금에 비해 그 질이 다소 견고할 뿐이다.

(문) 은의 빛깔은 어떠한가?

(답) 은은 순백색이니 빛깔이 미려하다.

---

15 플라타(plata) : 백금의 스페인어인 "platino"는 은을 가리키는 플라타(plata)에서 파생된 것이다. 플라타를 인명으로 본 것은 오류로 추정된다.

(문) 은의 비중은 어떠한가?

(답) 은의 비중은 물의 10배 반이다.

(문) 은의 효용은 어떠한가?

(답) 은은 색과 빛깔이 미려한 귀금속이다. 고로 화폐 · 그릇 · 시계 · 비녀 · 반지 등 각종 장식품으로 제조된다.

(문) 화폐 · 장식품 제조에 순은을 사용하는가?

(답) 아니다. 금에 비해 질이 다소 견고하나, 이 역시 동을 혼합하여 질을 보다 견고하게 한다.

(문) 우리나라 화폐는 동을 얼마나 혼합하는가?

(답) 은 10분의 8에 동 10분의 2를 혼합한다.

(문) 은은 어떻게 산출하는가?

(답) 은은 자연은으로 산출되는 경우가 매우 희박하다. 대개 휘은광(輝銀鑛)으로 산출된다. 또한 간혹 방연광(輝銀鑛)에 포함되어 있어서 여기서 제조된다.

(문) 휘은광이란 무엇인가?

(답) 휘은광은 유화은(硫化銀), 즉 유황과 혼합되어 산출되는 것을 칭한다. 통상 이 광석은 석영 중에 흑색의 맥을 이루어 다소 광채가 난다.

(문) 방연광이란 무엇인가?

(답) 연광(鉛鑛)을 방연광이라 말한다.

(문) 세계에서 은이 가장 많이 산출되는 지역은 어디인가?

(답) 아메리카 · 멕시코 · 페루가 유명한 최다 산출지이다.

(문) 초산은(硝酸銀)이란 무엇인가?

(답) 은이 초산에 용해되면 무색 결정이 되니 이것이 초산은이다.

(문) 초산은의 성질은 어떠한가?

(답) 초산은은 물에 용해되기 쉽고 동식물을 부식시키며 햇빛에 반응하기 쉬운 성질이 있다.

생리학 - 계속 - / 상호(尙灝)

온대지방에 오면 종류의 수가 배나 증가하고 고등생물의 발달과 번성이 두드러진다. 식물로 말하면 화초와 수목이 번성하고 삼림이 미관을 뽐내며 상록수가 웅장한 것 모두 장족으로 진보한 증거다. 그런데 색상이 천박하고 모양이 크지 않고 겨울철에 시들어 떨어지는 것은 아직도 생물의 승리가 완전하지 못함을 전한다. 동물도 역시 이와 동등하게 진보하여 육상동물이 점차 늘어나고 종류도 점차 많아졌다. 열대지방에 와서 보면 생물의 발달이 지극하여 세력이 극히 번성하고 지엽이 극히 무성하며 색채가 극히 수려하여 가히 장관이라 하겠다. 목장의 잡초-우리나라의-도 길이가 몇 장(丈)이나 된다. 대나무 가운데 큰 것은 길이가 6~70척이나 되는데 강도가 재목과 같아서 사가(私家)는 물론이고 공관도 대나무로 짓는다. 목재는 너무 강하여 절단하기 어렵다고 한다. 또한 수림의 미관이 몹시 거대한지라 한 수목이 있으면 온갖 덩굴의 등속이 뒤섞여 오르고 각양각색의 화초가 열리며 각양각색의 지엽이 뒤섞여 제각기 아름다운 자태를 다투어 뽐내니 가히 한 수목의 화원이라 하겠다. 동물 역시 그러하다. 거대한 것 맹렬한 것 영악한 것이 많으니 동식물을 불문하고 그 종류가 많은 것은 누구라도 몹시 놀라지 않겠는가. 이와 같은 것이 자연계의 법칙이다. 생물의 흥망성쇠는 태양열의 강도에 달려 있다.

상업학 - 계속 - / 이범익(李範益)

(문) 상업의 연혁을 서술하라.

(답) 상업의 연혁을 4기로 분류하면 제1기 육상무역, 제2기 하류무역,

第3기 연안무역, 제4기 대양무역이다. 육상무역이란 고대 이집트·서부아시아 등에서 일어난 것으로, 사막을 건너 낙타로 화물을 운반하는 대상(隊商)이 그것이다. 당시 야만인이 각지에서 유린과 약탈만 일삼는 까닭에 상인이 단독으로 여행할 수 없고 많은 사람이 무리지어 왕래한 까닭에 대상(隊商)이라 칭한 것이다. 그 거래의 판도는 아프리카 내부·인도와 중앙아시아 여러 국가·유럽 동부까지 연계되어 있어서 능히 3대륙의 물산을 교환할 수 있었다. 그러다가 사람과 짐승이 짐을 지고 노역하는 것보다는 하류를 이용하는 편이 무역상 편리하다는 사실을 비로소 자각하고 하상무역(河上貿易)을 영위하자, 서아시아의 '티그리스'·'유프라테스', 인도의 '인더스', 이집트의 나일, 중국의 황하·양자강 등에 상선이 가득 늘어섰다. 이 하상무역의 결과로 물화의 운반을 수력에 의지하는 편리성을 인지함에 따라 연안무역이 일어나게 됨은 자연적인 순서였다. 다만 그 연안 항행의 구역이 몹시 협소한 탓에 유럽·아프리카·아시아 3대륙과 접촉한 무역이 겨우 지중해에 불과하였다. 그 이후에 포르투갈인이 비로소 아프리카를 일주 항해하여 인도에 도달하자, 동서 간의 무역이 크게 진보되었다. 그럼에도 연안무역의 범위를 벗어나지는 못하였다. 그러다가 콜럼버스가 스페인에서 대서양을 횡단하여 아메리카를 발견함에 따라 세계 상업의 면목이 일신하여 비로소 대양무역이 일어나니, 지구상 가지 않는 곳이 없게 되었다. 증기선이 발명되어 범선을 대체함에 따라 교통이 신속해졌고, 수에즈 운하가 개척됨에 따라 유럽과 아시아의 무역이 더욱 성행되었다.

(문) 상업의 효과를 제시하라.

(답) 상업의 효과는 서언에서 논술한 바와 같이 많은 사람과 많은 지역의 수요와 공급을 융통시켜 우리 인류의 쾌락을 증가시키고 생활

을 증진시킨다. 그러한 까닭에 우리는 온대지역에 가만히 앉아서 한열대의 산물을 소비하는 행복을 누리게 된 것이다.

(문) 상업의 종류를 거론하라.

(답) 상업을 상태로 구별하면 7종이니, 외국무역・내국상업・육상상업・해상상업・연안상업・식민지상업・통과산업이 그것이다. 성질로 구별하면 2종이니, 본래상업・보조상업이 그것이다. (미완)

수학 - 계속 - / 류석태(柳錫泰)

그 방법은 가장 마지막 자리에서 시작하여 한 자리씩 위로 더해 가는 것이다. 그 더하는 수가 위와 같으면 마지막 자리의 수는 3,2,7이니, 이를 암산하되 먼저 가장 아래 숫자인 7을 취하여 기본으로 삼고, 여기에 바로 위의 두 숫자를 끌어와서 1씩 2회 추가 계산하면 7 더하기 1은 8이오 또 1을 더하면 9가 된다. 즉 (7+1=8)에 또 (8+1=9)라 결국 (7+2=9)가 된다. 그와 동시에 또 그 위 두 숫자를 취하여 1씩 더하면 9 더하기 1은 10이 되고 다시 1을 더하면 11이 되며 다시 1을 더하면 12가 된다. 그러므로 (7+2=9)와 (9+3=12)와 같은 무형의 계산식이 머리 속에 생생해져 나열되어 드러날 것이다.

그 다음으로 더해 얻은 12를 기록하되 위의 공식을 보라. 표선 바깥면에 7자 아래에 2자만 기록하고 다음 10은 좌측으로 바로 윗자리 곧 10의 자리 수 가운데 가장 아래인 6자에 아래에 근소한 점 하나를 1이란 숫자를 요약 사용한 것으로 의식하고, 여기에 덧붙이면서 동시에 원래 있는 수와 합계하되 이전 방법에 의거하면, 1에 6을 더해 7이 되고, 다시 5를 더해 12가 되고, 다시 2를 더해 14가 되니, 여기에 다시 그 4자만 그 자리 밑에 기록하고 10은 다시 그 위 자리로 오르게 한다.

이와 같이 일정한 규칙을 준수하면 최후에는 (12242), 즉 '합 1만 2천 242'의 결과를 얻게 될 것이다. 나머지도 모두 이와 같다.

그 연산 법칙은 이와 같다. 다만 이를 사람들에게 보이는 용도로 제공하기 위해 간단한 법식으로 기록한 것이다. (823+7452+2854) 혹은 (2854+7452+823)와 같이 기록해도 무방하다. 이를 계산식이라 칭한다.

-예제-

이하 각 숫자의 합을 구하라.

(1) 9981+8864+7749+6636

(2) 5525+4416+339+224

(3) 8972와 6742와 4520과 236의 합

(4) 7963과 6848과 5735와 300470의 합

답 (1)33230 (2)13504 (3)20470 (4)23958

(미완)

지문학 - 계속 - / 박정동(朴晶東)

○ 경도(經度)와 위도(緯度)

경도

북극부터 남극까지의 권선을 경선(經線) 혹은 자오선(子午線)이라 칭하고, 각 거리의 각도(角度)를 경도라 부른다. 경도의 계산은 어디서 시작해도 다 되었다. 그러나 본국이 개국한 지 494년 만에 만국회의로 인해 영국 그리니치(greenwich) 천문대를 통과한 경선을 0도로 정하여 이동(以東) 180도까지 '동경(東經)'이라 칭하고, 이서(以西) 180도까지

'서경(西經)'이라 칭하게 되었다.

위도

특정 지역에서 연직선(鉛直線)과 적도(赤道) 간의 각도를 그 지역의 위도라 칭하고, 그 위도 지역의 권선을 위선이라 칭하니, 위선은 늘 적도와 평행되는 선이다. 위도 계산법은 적도를 0위로 삼고서 이북(以北) 90도까지 북위라 칭하고 이남(以南) 90도까지 남위라 칭하는 것이다. 육분의(六分儀)를 사용하여 지평면(地平面)과 태양(太陽) 혹은 북극성(北極星) 간의 각도를 얻어 특정 지역의 위도를 구하는 방법이 있다. 그 방법은 항해학과 측량학에 상세히 보인다. (미완)

위생설 - 계속 - / 김경식(金瓊植)

ㅇ 운동과 수면

여기서 운동이라 함은 체조유희에서 비롯하여 정신을 쾌락하게 하고 신체를 민첩하게 하는 행위를 이른다. 이 효과는 혈액 순환을 원활하게 하고 신체의 발육과 영양을 발전시켜, 혹은 근골을 강건하게 하거나 혹은 두뇌를 확장하게 하거나 혹은 관절을 유순하게 하거나 혹은 습관과 직업으로 발생된 질병을 예방하게 한다. 그 방법은 병식체조・기계체조・격검・유술(柔術)・궁술・마술(馬術)・자전거・오이겐 샌도프(Euegen Sandow)[16] 씨의 철아령・야외 산보・창가(唱歌) 등으로, 이러한 방법이 참으로 많으나 개인의 체질과 연령・남녀와 직업의 구별에 따라 운동의 종류와 방법을 선정해야 한다.

---

16 오이겐 샌도프(Euegen Sandow) : 1867~1925. 철아령 운동의 보급자이다.

사례를 들자면 아이는 근력을 소모하지 않는 야외 유희나 몇 명이 모여 노래하는 등의 운동이 적당하다. 특히 창가는 정신을 유쾌하게 하고 두뇌 운동을 원활하게 하며 폐장(肺臟)의 작동을 건강하게 하는 효과가 있다. 다만 인후기관・폐장・음성의 변화 등이 있는 경우는 그 질병에서 쾌유되도록 창가를 중단해야 한다. 청년 남자는 근육의 건강을 위해 기계체조・격검・유술・샌도프 씨의 철아령 등의 운동을 택함이 적당하나, 그 강약에 따라 적합 여부를 정해야 한다. 즉 독서에 종사하는 자는 실내에 칩거한 탓에 늘 불량한 공기를 호흡하고 운동이 부족한 탓에 건강을 해칠 염려가 있는 까닭에, 종종 교외로 나가 산보하고 신선한 공기를 호흡하여 정신을 상쾌하게 해야 한다. 부인은 늘 실내 운동으로 우미(優美)함을 귀중하게 여기나, 우리나라 실내에서 채택할 좋은 방도가 거의 없다. 월경 시에 신체와 정신을 안정시켜야 한다. 특히 임산부는 주의할 바 있다. 즉 격렬한 운동은 물론이고 팔다리를 높이 들거나 신체를 강하게 굽히는 행위는 너무 좋지 않다. 어떤 사람을 막론하고 야외에서 운동할 때 정신의 유쾌함을 느끼게 된다. 이는 공기가 청결하고 햇볕이 힘차게 내리쬐며 주의가 드넓고 풍경이 아름답기 때문이다. 그러므로 학교 혹은 가정의 운동장은 위험성이 적고 주위가 드넓고 공기가 청결한 곳을 선택해야 된다. 운동과 노동은 똑같이 지나치면 도리어 해가 되니 반드시 피로감을 느끼기 전에 중단해야 한다. 과격한 운동법을 행하려고 할 때는 점차 연습하여 습관을 들여야 한다. 처음부터 내키는 대로 격렬하게 움직이는 것은 좋지 않다.

수면은 건강에 있어 주의하지 않을 수 없는 것이다. 운동과 수면은 그 작용이 상반되나 그 결과는 통상 신체와 정신의 피로를 회복시키고 질병을 예방시킨다. 대개 사소한 질병은 수면 중에 치료된다. 그러니 노동자 혹은 노뇌자(勞腦者)는 수면도 적당히 할 필요가 있다. 대개 수면 시간은 통상 7・8시간이 적당하다고 하나, 그 가운데 3・4시간은 몽사(夢事)가 없는 숙면을 요한다. 그리고 수면이 부족한 때 신체와 정신이 피로해진다. 이러할 때는 정신이 활발하지 못하여 기억력이 감소되거나 두통·소화부진 등의 폐해가 발생한다. 그리고 신체와 정신이 몹시 피곤할 때 또는 신경이 과민한 자는 종종 수면을 이루지 못하고 혹은 수면을 이루어도 몽사가 많아서 오히려 피곤해지니 이를 불면증이라 한다. 이러할 때는 반드시 의사에게 치료를 청해야 한다. 주류를 음용하여 수면을 탐하는 행위는 지극히 유해하다. 몽사는 대개 신체의 질병 또는 정신의 질병을 발생시키고 또 수면 전의 음식과 수면 중의 축뇨(蓄尿)도 몽사를 유도한다.

침실이 너무 추워도 수면을 해치나 청년의 침실은 너무 따뜻해도 좋지 않으니, 침실의 온도는 섭씨 17도가 가장 적당하다. 여름철 주야의 온도차가 적은 해변의 경우 늘 야간에 침실의 창호를 개방해도 무방하나 육지의 경우 야간에 온도가 하락하고 공기 중의 수증기가 응결되어 침실로 들어와서 온기를 감소시키는 까닭에 오후 1시 이후로 창문의 개방은 좋지 않다. 또한 침실의 등불은 너무 투명할 필요는 없지만 '램프'의 심지를 끌어들여 기름의 절검을 도모하는 행위는 지극히 유해하다. 이것이 종종 냄새나는 가스를 일으켜 건강을 해치기 때문이다.

야간은 햇빛의 작용이 없어서 건강을 유지하기 어렵다. 스웨덴 북부의 경우 겨울철 수개월 내내 햇빛을 보지 못하는 까닭에 병자가 많은 것은 사실상 현저한 일이다. 햇빛의 역량은 식물로 하여금 탄소를 흡수시키고 산소를 배출시키며 기온을 높여서 공기의 융통을 돕거나 온기를 낮춰서 건조시키고 혹은 살균력이 있어서 토지·공기·음용수를 청결하게 하거나 혹은 우리의 신체에 작용하여 신진대사의 기회를 왕성하게 하여 영양의 발육을 돕는다. 그러므로 햇빛의 작용이 없는 야간에 노동하고 주간에 수면하면 수면이 부족하지 않아도 신체의 피로를 벗어나지 못하는 것이니, 이는 햇빛의 작용을 전혀 받지 못한 탓이다.

그러므로 지금 같은 경쟁시대에 야간의 사업을 다 중단할 수는 없지만 1주간 이상 지속해서는 안 된다. (미완)

교제신례 - 계속 - / 서병길(徐丙吉)

(12) 사람들이 잘 모르는 사정을 자기 혼자 잘 아는 것처럼 득의양양하게 지껄이지 말라. 자기 말고 아는 자가 없는 줄로 공상하다가 만에 하나 좌중에 차분하고 돈후한 대인(大人)이나 장자(長者)가 있으면 그 무지몽매함을 연민하며 조소할 것이다.

(13) 자기 직업에 관한 일만 가지고 담화하지 말라. 세상 사람은 담화할 때 자칫 자기의 직업에 관한 일이나 자기가 선호하는 사물에 대해 견강부회하는 경우가 많다. 이런 행위는 야비하고 고루하여 동석자에게 염증과 권태를 생기게 할 뿐 아니라 자신의 지식 결핍을 노출하는 것이 된다.

(14) 자기가 담화할 때에 질펀히 웃음을 터트리면 혹 여러 사람을 즐겁게 하는 효과가 있을 수도 있다. 하지만 거의 대부분 담화를 혼란케 하여 도리어 타인의 불쾌감을 유발시키니, 자기가 담화할 때 망령된 웃음을 삼가야 한다.

(15) 자기만 수다를 떨면서 여러 사람들의 이야깃거리를 혼란시켜 없애버리거나 타인의 화두를 방해하지 않도록 주의해야 한다. 타인으로 하여금 나의 담화를 듣도록 하려는 것은 인정상 당연한 일이다. 그러므로 자신이 담화를 독점하려 하면 타인이 불쾌감을 느끼게 되는 것이다.

(16) 담화하는 자리에서 역사 혹은 일대기를 장황하게 늘어놓지 말아야 한다. 다만 필요할 때 인용할 일이 생기면 그 요령을 가려 언급하

고 기왕에 진술한 사항을 차후에 반복하여 언급하지 말아야 한다.

(17) 타인과 말을 주고받으며 다투는 것은 결코 해서는 안 된다. 만일 타인이 진술한 것이 자신의 의사에 반하더라도 묵묵히 있고, 동의하지 않더라도 또 저항해서는 안 된다.

(18) 비루한 속언(俗諺)을 인용하지 않아도 학식이 있는 자는 자신의 의사를 충분히 알아듣는다. 어느 장소를 불문하고 외설스런 언어를 삼가되, 특히 부인이 자리에 있을 때는 더욱 주의해야 한다.

(19) 쇄락(灑落)[17], 경쾌(輕快), 골계(滑稽) 등의 언어가 때로 좌중의 흥취를 돕기도 하지만, 또 간혹 타인이 오해하기 쉬워 되레 불쾌감을 유발시킬 수도 있다. 그러니 이런 말을 꺼내지 않는 것이 좋다. 다만 담백하고 고상하여 우아한 멋이 있는 해학은 흥미진진하게 해도 무방하다.

(20) 온갖 부류의 인물이 서로 모인 자리에서 자신의 친우를 비방하는 자가 있더라도 당장 항변해서는 안 된다. 그러나 특히 나, 한 개인에게 나의 친우를 비방하는 사람이 있을 때는 변호하고 해명해 절실히 회심케 하고, 분노와 격정을 억제해야 한다. (미완)

일본 정당을 논하다 - 계속 - / 양재건(梁在謇)

……[18] 권리란 하늘이 국민에게 두루 부여한 것이니, 참으로 인력으로 빼앗을 수 없는 것이다." 하고, 또 이르기를 "우리가 정부를 보건대 백성을 위하여 설립된 것이라 할 수 있다. 우리 당의 목적은 다 이 백성의

17 쇄락(灑落) : 여기서는 유흥가를 배경으로 하는 에도시대 희작(戲作) 문학 장르인 사례본(灑落本)을 이르는 것으로 추정된다.

18 …… : 전호의 기사에 나오는 미완성 문장의 뒷부분임을 분명히 할 필요가 있어 번역자의 판단으로 말줄임표를 삽입하였다.

권리를 보존하기 위함이다. 그러니 인민으로 하여금 이를 얻게 하여 자주・자유・독립하게 하고자 하는 것이다."라 하였다. 그 공당(公黨)의 선언을 관찰컨대 오로지 민권을 위주로 하자는 설이다. 그 이후로 '국회를 개설하라'는 조칙이 반포되자 국내에서 대개 시행함에 이 설을 주로 삼았다. 이 시기에 이르러 공당설(公黨說)이 전국에 두루 행해져서 이타가키 다이스케(板垣退助) 전 참의(參議) 등이 다 일시에 인망이 극에 달하자, 애국공당이 틀림없이 지극히 번창하리라 기대할 수 있었다. 그런데 뜻밖에 그 당원인 다케치(武市) 아무개 등이 이와쿠라 도모미(岩倉具視)[19] 우대신(右大臣)을 요격하고, 또 2월에 에토 신페이(江藤新平)가 사가(佐賀)로 복귀하여 시마 요시다케(島義勇)[20] 등에게 거병하게 하니, 전국이 진동하여 화평의 국면이 대파된 까닭에 애국공당 역시 이로 인해 점차 쇠퇴하였다.

○ 입지사(立志社)

입지사의 기원은 이타가키 씨가 도사(土佐) 지역에 설립한 단체이다. 에토・다케치 등의 파괴주의에 분개하여 고치(高知)로 복귀하고 향당의 자제를 소집하여 이 단체를 결성하니, 그 심지는 대개 화평주의를 시행하기 위함이었다. 이 단체에서 선포한 종지(宗旨)에 이르기를 "대저 우리나라의 인민을 소집하면 3천여만 명이 된다. 그 평등을 다 행하여 귀천(貴賤)과 존비(尊卑)의 구별이 없게 완전한 권리를 다 누려 우리 생명을 보존하고 우리 자주를 보존하여 직업을 장려하고 행복을 신장시켜 의존하지 않는 독립된 인민이 되도록 유의한다면 곧 만족할 것이

---

19 이와쿠라 도모미(岩倉具視) : 1825~1883. 일본의 귀족, 정치가로 외무대신 등을 역임하며 메이지 유신 정부를 주도했다.

20 시마 요시다케(島義勇) : 1822~1874. 정치가이자 관료로 홋카이도 개척에 공을 세워 아키타현의 지사 등을 역임했으나, 에토 신페이의 반란에 참여했다 체포되어 처형되었다.

다. 대저 권리란 위력으로 빼앗을 수 없고 부귀로 억제할 수 없으니, 이는 대개 하늘이 인민에게 부여한 바라 인민이 마땅히 보유해야 하기 때문이다."고 하고, 또 이르기를 "우리가 참으로 인민의 권리를 신장시키려 한다면 반드시 민회(民會)를 설립해야 한다. 오직 이 민회를 설립해야 충분히 국민의 행복을 신장시킬 수 있다."고 하였다. 그런데 그 '입지사'라 명명한 이유는 대개 민회가 설립되더라도 민지(民志)가 저속하면 역시 그 효험을 보기 어렵다는 의미인 듯하다. 그 주의(主義)의 경우 애국공당과 차이가 없다. 때는 메이지 7년 4월이었다.

메이지 8년 1월에 기도 다카요시(木戶孝允)·오쿠보 도시미치(大久保利通)[21]·이토 히로부미(伊藤博文)·이노우에 가오루(井上馨)·이타가키 다이스케(板垣退助) 등이 오사카(大阪)에서 회합하여 회의를 개최할 적에 당시 여러 대정치가가 한 당에 모였다. 이타가키 씨에게는 간사이(關西)의 고무로 시노부(小室信夫)[22]·이노우에(井上), 다카하시(高橋) 등 회원 40여 명만 겨우 있었으니, 이로써 그 당 내부의 유치함을 볼 수 있다. 그 전 참의(參議) 4인의 경우 에토 신페이 씨는 죽었고 소에지마 다네오미 씨는 주장이 다르고 고토 쇼지로 씨는 다카시마(高島)로 떠났으니, 오사카 회의를 위해 운동한 자가 오직 이타가키 1인이라 이 지경이 된 것이다.

오사카 회의는 그 최초에 의견이 각기 달랐으나 이후에 화합되었다. 이에 3월에 기도(木戶)를 내각고문으로 삼고 이타가키 씨가 다시 참의가 됨에 입지사가 부흥하니, 당시 사원이 1천여 인에 달하였다. 그 와중에 양학소(洋學所)·법학소(法學所)가 설립되어 '자유민권설' 논의를

---

21 기도…도시미치 : 기도(1833~1877)와 오쿠보(1830~1878)는 사이고 다카모리(西鄕隆盛)와 함께 메이지 유신의 삼걸(三傑)로 불린다.

22 고무로 시노부(小室信夫) : 1839~1898. 메이지유신에 참가해 공을 세우고 귀족원 의원과 지사(知事) 등을 역임하고 실업에 투신하여 미쓰이(三井) 재벌의 창설에 관여했다.

추구하고, 또 프랑스 혁명・러시아 사회당 역사로 동요도 엮고 소설도 지어서 장차 국민의 자유사상을 기르려고 하였다. 그리하여 당시 도사(土佐, 현재 고치현) 지역이 정당이 가장 번성한 지역이 된 것이다. 이에 민권당(民權黨) 외에도 '봉건을 위주로 하자'는 정검당(靜儉黨)・'관권(官權)을 위주로 하자'는 중립사(中立社) 등이 또 있어서 서로 알력이 있었다.

학교관리법 / 이응종(李膺鍾)

관리법은 교사(校舍)의 건축과 물품 제반 기구와 교수 규칙을 모두 상세히 관리하는 것이다.

학교 부지는 공기의 유통과 광선의 흡수와 마시는 물이 양호한 곳을 반드시 택하고, 지세가 낮거나 습하거나 매연과 해안 및 철도 등 위험한 곳은 반드시 피해야 한다.

학교 건물은 그 위치를 먼저 택해서 견고하고 높게 해서 공기를 소통시키고 동남쪽으로 창을 열어서 환하게 하고 또 그 각 반에 따라 각 교실을 정하며 그 다음에 교무실과 집무실의 적당한 땅을 살펴보고 변소는 100명당 1칸씩 사용할 수 있도록 정하여 생석회를 가지고 소독법을 수시로 실시해야 한다.

운동장은 그 터를 넓게 개척하여 활동을 유쾌하게 하며 학교 내에 반드시 설치하여 정신 작용이 외부로 소비됨을 예방하는 것이 매우 좋다.

식목은 소나무・대나무 등 사철 푸른 것을 요하지 않고 여름에 그늘을 제공할 수목을 반드시 심어야 한다. 만일 겨울에 그늘을 만드는 나무가 있으면 태양광을 촘촘히 차단시키는 탓에 교실이 광선을 받지 못하며 냉기를 극심하게 한다. (미완)

신구양주의(新舊兩主義) / 이범익(李範益)

우리나라에서 수십 년 이래로 신구 양 주의의 충돌이 대양의 파란(波瀾)처럼 기복을 반복함에 성쇠가 무상하나 결국 승리가 필시 신주의(新主義)에 있음은 지혜로운 자가 아니어도 알 수 있다. 그러나 천하의 형세를 살피지 못하고 옛것에 얽매인 좁은 식견으로 물리(物理)에 투철하고 사실에 부합하는 신주의를 조소하고 방해하는 자가 다수를 차지하여 국가의 진보를 지연시키고 있으니, 이는 우리가 주야로 우려하고 탄식하는 바이다.

이제 한 마디로 양 주의의 차이를 거론하자면, 양자가 서로 정반대가 되니 하나는 명분을 숭상하고 하나는 실질을 중시하는 등의 구분이 있다. 자고로 '한 광주리의 밥과 한 표주박의 물로도 그 즐거움을 바꿀 수 없다'는 동양의 성언(聖言)과 '일각(一刻) 천금(千金)에 시간이 곧 금이라'는 서양의 격언은 지극히 간단한 탓에 이해하기 몹시 어려우나, 각자 주지(主旨)의 정신이 이 한 마디로 드러나서 여온(餘蘊)이 다시는 없을 듯하다.

여기서 한 걸음 더 나아가 이 양 주의가 국가·사회에 미치는 이해관계를 논구하자면, 정신적 즐거움을 숭상하는 구주의의 고상한 지기(志氣)와 담백한 정신을 우리가 지극히 추앙하는 바이다. 하지만 만일 그 정도를 초과하여 온갖 인사를 다 그 희생에 바치고 그저 형식적 즐거움만 추구하는 지경이 된다면 육체적 요소를 중시하는 신주의와의 모순을 면하지 못할 것이다. 안빈낙도(安貧樂道)의 지조와 절개는 명분이 참으로 훌륭하나 의식주의 곤란을 초래한다. 육체적 자유를 거절하고 고행과 고난 속에서 정신적 즐거움만 애써 추구한다면, 무슨 생각이던 간에 경세입국(經世立國)의 실제에 행여 무슨 이득이 있을 수 있는가.

옛 성인께서 말하기를 "일정한 생업이 없으면 일정한 마음도 없다."[23]

고 하니, 올바르다, 이 말이여. 고금을 막론하고 일정한 생업이 없으면서 일정한 마음이 있어서 대사업을 이룬 자가 누가 있었나. 하물며 지금은 사람의 지위가 빈부에 있어서 부자가 존귀하여 강함과 선함이 있고 빈민이 비천하여 약함과 악함을 면하지 못함에랴. 백성이 가난하면서 나라가 부유하기를 어찌 바랄 수 있는가.

그러므로 천하에 웅비하여 세상을 호시탐탐 노리는 열강을 둘러보건대, 개인과 단체를 막론하고 실리주의에 전력하여 가만히 앉아서 용고기나 담론하는 몽상적 사상[24]을 숭상하지 않고, 최우선으로 일가의 생계를 확립하며 그 여유로 국가의 공공이익을 도모하여 식산흥업(殖産興業)을 번창시키고 문명개화를 융성시킨 것이니, 이 양 주의가 경국제민(經國濟民)에 각기 어떤 영향을 끼쳤던가. 우리는 이에 소견이 있어서 적극 실리주의를 장려하여 국가의 기초를 공고히 하고 독립을 실행하고자 하는 것이다.

대한문전 - 계속 -

명사와 대명사는 그 사용처에 따라 주격(主格) 혹은 빈격(賓格)의 구별이 있다. 이제 그 예를 들자면

나비가 꽃을 찾아다니오.

'나비'는 주격이고 '꽃'은 빈격이니, 이는 대개 후사(後詞) '가' ·'는' 등은 주격을 따르고 '을'은 빈격을 따르기 때문이다. 그 부류의 사례를

---

23 일정한……없다 : 『맹자』「양혜왕상」에 보인다.

24 가만히……사상 : 원문은 '坐談龍肉의 空腔虛套'인데, 이 중 용육(龍肉)은 '태산을 메워 바다를 건너는 것보다 더 어려운 용고기를 바라다가 시간을 낭비하는 가공적 몽상'을 뜻하고, 공경(空脛)과 허투(虛套)는 '거짓으로 꾸밈'을 뜻한다. 따라서 '눈앞에 보이는 실제의 이익보다 실현가능성이 없는 헛된 몽상'을 뜻하는 것으로 보아, 문맥에 맞게 의역하였다.

이 이하에 예로 들자면

매【주(主)】는 꿩【빈(賓)】을 잡는다. 구름【주】이 비【빈】를 이룬다.

그런데 어의(語意)의 활용으로 인하여 '을' 외에도 '는'이 빈격을 따르는 법도 있으니, 이 이하에 제시한 예와 같이

나비【주】가 꽃【빈】은 좋아하지마는 열매【빈】는 좋아하지 않으오.

이는 대개 '는'이 빈격을 따를 때는 그 어의가 중해지고 또 반드시 2개 이상의 빈격이 있는 경우에 한한다.

명사와 대명사는 그 사용처에 따라 단수 혹은 복수의 구별이 있다. 이제 그 예를 들자면

단수	복수
나	우리
너	너희들
개	개들
말	말들

명사와 대명사가 복수가 될 때는 단수 뒤에 '들'을 더하는 경우가 많다. 다만 '나'의 복수로 '우리'가 있으나, 이 또한 사용될 때 간혹 '들'을 더하여 '우리들'이라고도 한다.

지명하는 사물의 수효를 나타낼 때는 '들'을 생략하기도 한다. 가령 다섯 사람-5인-이라 할 때 '들'을 더하지 않는 등이 그것이다.

또는 혹은 목적이나 표준이 되는 어미 및 동작하는 어미와 부사 뒤에 더하기도 한다. 가령 "여러분이 고개-목적어(目的語)-들 넘어왔다", "그 사람 어디-표준어(標準語)-들 갔소", "저런 사람 보았나, 비를 맞고-동작어(動作語)-들 오네", "이리 어서-부사(副詞)-들 오시오", "그 사람 빨리-부사-들 간다" 등이 그것이다.

○ 동사

동사(動詞)란 명사 혹은 대명사에 따라 붙어 그 작용 혹은 형상을 발현하는 사이다. 이제 그 예를 들자면

저 말이 달린다-彼馬馳-

이 개가 잔다-此犬睡-

'달린다'는 동사이니, 명사 '말'의 작용을 발현한 것이고

'잔다'는 동사이니, 명사 '개'의 형상을 발현한 것이다.

동사는 그 작용하는 성질에 따라 자동(自動)·타동(他動)의 2종이 있다. 그 이유를 설명하자면

자동사는 그 동작이 자신의 작용에 그치고 다른 사물에 미치지 않는 것을 말한다. 이제 그 예를 들자면

꽃이 피었다-花開-

새가 운다-鳥鳴-

'피었다'와 '운다' 모두 자동사이니, 명사 '꽃' 과 '새'가 자기 동작의 작용을 발현함에 그치고 다른 사물에 미치는 작용이 없다.

타동사는 그 동작의 작용이 다른 사물에 미치는 것을 말한다. 이제 그 예를 들자면

지위가 집을 짓소-木手造家-

사공이 배를 저었다-梢工棹舟-

'짓소' 와 '저었다'는 모두 타동사이니, 그 동작의 작용이 명사 '지위'로에서 '집'에 미치고, '사공'에서 '배'에 미친다.

동사는 그 작용의 관계에 따라 주동(主動)·피동(被動)의 2종이 있다. 그 이유를 설명하자면

주동사(主動詞)는 그 동작의 작용이 다른 사물에 관련된 것을 말한다. 이제 그 예를 들자면

저 아이가 개를 때리오-彼童打犬-

'때리오'는 주동사이니, 명사 '아이'의 동작의 작용이 '개'와 관련된다. (미완)

사조 漢 / 서상호(徐相浩)

깊은 가을에 감회가 있어[深秋有感][25]

바람 나무에 떨어질 잎 많은데	風樹多危葉
가을 산에 저녁노을 쉬이 진다.	秋山易夕陽
기러기 떼 은하수 가로지르고	雁行斜度漢
귀뚜라미 소리 침상 가에 울리네.	蛩韻冷依床
질병이 한해 지속되니	病欲侵年至
시름이 밤새 길어진다.	愁今抵夜長
세상에 지음(知音) 없으니	知音空海內
누구에게 내 마음 전하리.	誰與一商量

논평하여 말하다. "시에 송옥의 〈비추부(悲秋賦)〉[26] 같은 바가 있다. 종자기 같은 지음(知音)이 없음을 탄식하는 자는 누구인가."

---

25 깊은 가을에 감회가 있어〔深秋有感〕: 이행(李荇, 1478~1534)의 시로, 원제는 '바람 부는 나무(風樹)'이다.

26 비추부(悲秋賦): 송옥(宋玉)의 「구변(九辯)」을 가리킨다. 그 대략에 "슬프다, 가을의 기후여. 쓸쓸하여라, 초목은 낙엽이 져서 쇠하였도다. 처창하여라, 흡사 타향에 있는 듯하도다. 산에 올라 물을 굽어봄이여, 돌아가는 이를 보내도다〔悲哉 秋之爲氣也. 蕭瑟兮 草木搖落而變衰 憭慄兮 若在遠行 登山臨水兮 送將歸〕."라고 하였다.

역정에서[驛亭][27]

천지야말로 참된 역려(逆旅)라	乾坤眞逆旅
어디든 머물러도 되니	無處不居停
가는 이가 오는 이 되고	往者猶來者
먼 역정이 가까운 역정 된다.	長亭復短亭
먼 하늘에 외기러기 날아가고	遙空孤鴈度
날 저물 때 몇 봉우리 푸르다.	薄暮數峰青
한 베개에 허망한 꿈이라	一枕南柯夢
저녁노을 반쯤 뜨락에 비친다.	斜陽欲半庭

논평하여 말하다. "남가일몽(南柯一夢)에 해지는 줄 모른다."

대은암 남지정 고택에서[大隱巖南止亭故宅][28]

대문 앞의 거마 연기처럼 흩어지니	門前車馬散如烟
상국의 부귀영화 백년을 넘기지 못한다네.	相國繁華未百年
한식을 지내느라 시골동네 고요한데	深巷寥寥過寒食
낡은 담장 가에 산수유 꽃만 피었구려.	茱萸花發古墻邊

논평하여 말하다. "대문 앞에 거마 없으니 예전의 영화라 오직 낡은 담장에 꽃만 필 뿐이다."

27 역정에서〔驛亭〕: 유호인(兪好仁, 1445~1494)의 시로, 원제목은 '사근역정을 제목으로 삼아(題沙斤驛亭)'이다.

28 대은암 남지정 고택에서〔大隱巖南止亭故宅〕: 최경창(崔慶昌, 1539~1583)의 시이다.

도봉사에서[道峰寺][29]

굽이굽이 계곡 거듭 돌고　曲曲溪回復
구불구불 길 거듭 굽어　登登路屈盤
황혼녘에 절에 닿으니　黃昏方到寺
맑은 풍경 소리 구름 저편으로 사라지네.　淸磬落雲端

논평하여 말하다. "계곡 돌고 길 굽으니 평탄함과 험난함을 알기 어렵다. 사찰 고요하고 풍경 맑으니 마치 속세를 벗어난 듯하다."

소설 (5)

잠상태(岑上苔) 제5회 / 이해조(李海朝)

참 인연이 거짓 인연이 되고　眞因緣變做假因緣
두 기미가 한 기미가 되다　二氣味相合一氣味

할멈이 말하였다. "사향이 지나면 풀에서 자연히 향기가 나고, 강물의 달빛과 술잔의 달빛을 감출 수 없는 법이지요. 저이는 특별한 이가 아니라 바로 제 사랑하는 이성(異姓) 여질(女姪)이라오. 성(姓)은 홍(洪)이요 자(字)는 운영(雲英)이니 풍산인(豊山人)이라. 나이 17세에 침수(針繡)에 능하였고, 성품과 행실이 단장(端莊)하고 그 자태와 행동거지는 낭군이 기억한 바와 같거니와 수용산출(水湧山出)한 자웅의 문장은 누구에게 배웠는지 모르오. 그 모친은 이상서(李尙書) 댁 정경(貞敬) 마마의 침부(針簿)에 매여 있었는데 얼마 전에 사망한 바 그 장지가 천연

29 도봉사에서[道峰寺]: 나식(羅湜, 1498~1546)의 시이다.

동 두 번째 기슭 양지 바른 벌판에 있지요. 이에 그 청소는 제가 자임하고 명절(名節)의 향화(香火)는 운영이 스스로 와서 주장(周章)하였소. 그런데 관인으로 하여금 풍류의 숭앙을 길이 느끼게 할 줄 누가 생각이나 하였겠소. 제가 천금의 관인을 위함에 어찌 소심하고 인색하겠습니까. 다만 하나는 저 정경 마마 댁이 지엄한 바 설령 찬이나 차리는 여종이라도 한만한 출입을 허락하지 않거늘 하물며 운영이야 말해 무엇하겠소. 또 하나는 저 운영이 정렬(貞烈)의 성품이라 금(琴)을 좋아하되 구봉곡(求凰曲)[30] 연주하기 싫어하고 그림을 펼치되 출욕도(出浴圖)[31] 보기 부끄러워하거늘 하물며 건상(褰裳)[32]이야 말해 무엇하겠소. 그렇지마는 관인은 공경(公卿)이 되는 명운(命運)이 하늘에 있고 운영은 비록 정렬하지만 일개 미천한 여종에 불과하다오. 제가 마땅히 다소 말미를 할애하여 조리에 능한 배필을 잘 이끌어 오리니, 귀체를 잘 조섭하고 좋은 때를 기다리소서."

영랑이 말하였다. "만복(萬福)하도다. 할멈은 참으로 여래의 자비요 변니(弁尼)의 자비로다. 천연동은 어디든지 연꽃송이 속에서 벗어나지 않지마는 '황하가 맑기를 기다리다 사람이 늙어죽는〔待河之淸, 人壽幾何〕'[33] 회한을 재촉하는구려."

할멈이 웃으며 말하였다. "지금 봄볕도 저물 날이 곧 있으리니 다른 시절에 다시 한 번 영천(靈泉)의 물을 찾으소."

영랑이 매우 원만하게 믿어서 맡겼다. 이에 짧은 나귀 길게 울어 문을 나서고는 더 말이 없었다.

---

30 구봉곡(求凰曲) : 봉구황(鳳求凰)과 유사한 의미로 남녀가 서로 그리워하는 악곡이다.

31 출욕도(出浴圖) : 목욕하는 상황을 그린 그림이다.

32 건상(褰裳) : 치마를 걷어 올린다는 뜻인데, 『시경』의 편명으로 사모하는 남자를 따라 나선 여인을 그린 작품이다.

33 황하가…늙어죽는 : 이 구절은 당나라 『예문유취(藝文類聚)』에 수록된 시에 나온다. 백년하청(百年河淸)이 여기서 비롯된 성어이다.

할멈은 월모(月姥)[34]의 수단에 익숙한지라. 곧장 이상서(李尙書) 댁에 가서 먼저 정경 마마를 배알하고 뒤이어 운영의 수방(繡房)에 도달하였다. 운영이 안부 인사를 마치자 삼등(三登)[35]의 홍초(紅草)를 대령하는지라 백동(白銅) 장죽이 몸보다 길고 일말의 향연(香烟)이 굽이굽이 가로질렀다. 할멈이 한번 들이키고 한번 말하니 말 하나가 옆구리에서 나오고 말 하나가 두뇌에서 나왔다. "명당(明堂)을 어디서 찾는가. 옥룡선생(玉龍先生)[36]이 바리때와 받침을 받들고 이리저리 돌아보며 유겸(乳鎌)[37]을 살피는 격이로다. 마마가 그다지 꾸짖지 않느냐. 하얀 능라의 넉넉한 마디에 침수(針繡)야 응당 어렵지. 네 신체는 작년보다 너무 컸도다. 서쪽 창가 붉은 살구 꽃 조용히 떨어지고, 푸른 잎에 그림자 지고 가지에 씨 가득하니, 인간세상 세월이 감이 이와 같도다."

운영이 술을 대령하자 할멈이 한 잔 또 한 잔 마시더니 젓가락질 멈추고 빙그레 웃으며 말하였다. "술 맛이 참 좋도다. 영천주(靈泉酒)가 아니면 분명 전빈주(餞賓酒)로다."

운영이 말하였다. "무엇이 영천주고 무엇이 전빈주인지요."

할멈이 말하였다. "너는 세상물정에 참 어둡다. 나는 날을 이어 술 취하고 배부르다가 다시 오늘을 맞았으니, 입에서 나오는 대로 말한 것을 깊이 가려낼 필요가 굳이 있는가. 운영아, 네가 이러한 처지에 처한다면 이러한 마음을 쓰겠느냐."

운영이 웃으며 말하였다. "이러한 처지이란 곧 어떠한 처지이며, 이러한 마음이란 곧 어떠한 마음인지요. 어떠한 처지인지도 알지 못하는

---

34 월모(月姥) : 전설 속의 중매하는 노인이다.

35 삼등(三登) : 평안남도 강동군의 지역으로 담배의 명산지로 유명하다.

36 옥룡선생(玉龍先生) : 풍수지리의 대가로 유명한 통일신라 시대의 도선(道詵)을 이른다.

37 유겸(乳鉗) : 산수가 유방이나 형구인 칼〔鉗〕처럼 생긴 모양을 명당이라 했다. 명당을 찾는 일이다.

데 어떠한 마음이 어찌 있겠습니까."

할멈이 말하였다. "내 너에게 약보다 이로운 조언 하나 하겠다. 고대에 어떤 기이한 남자가 있었다. 문벌은 왕사(王謝)[38]요 가세는 숭개(崇愷)[39]요 용모는 자도(子都)[40]요 문장은 청련(靑蓮)[41]이며 장원진사(壯元進士)요 노상독자(老孀獨子)였지. 그는 우연히 문 밖을 나서다가 어떤 집안의 어여쁜 낭자가 눈에 띄자 애정이 끌려서 사모하게 되고 사모에 불타서 발광하게 되고 발광이 극에 달해 병들게 되고 병이 위독해져 거의 죽게 되었다. 저 남자가 장차 부드럽고 어리석은 말로 남은 수명을 애처로이 구하려 한다면 저 어여쁜 낭자의 처지가 곧 어떠한 처지이며, 저 어여쁜 낭자의 마음이 곧 어떠한 마음이겠는가. 이야말로 천고의 기이한 처지요 이야말로 일대의 온화한 마음이라. 조처가 알맞기로 이제 만담가의 훌륭한 소재가 된 것이다. 네가 저 낭자의 처지에 처할 수 있다면 네가 저 낭자의 마음을 알 수 있을 것이다."

내보 - 계속 -

전라남도(全羅南道)				
부군명(府郡名)	원면(原面)	이거면(移去面)	내속면(來屬面)	현면(現面)
광주(光州)	41			41
능주(綾州)	14			14
남평(南平)	12			12

38 왕사(王謝) : 동진(東晉)의 왕씨와 사씨가 대대로 부귀를 누렸기에 문벌귀족의 대표로 쓰이게 되었다.

39 숭개(崇愷) : 중국 진나라의 유명한 부호인 석숭(石崇)과 왕개(王愷)이다.

40 자도(子都) : 아름다운 용모로 유명했던 춘추시대 정나라 공손알(公孫閼)의 자이다.

41 청련(靑蓮) : 이백(李白)의 호이다.

나주(羅州)	38	종남면(終南面), 비음면(非音面), 원정면(元亭面), 금마면(金磨面)→영암(靈岩) 망운면(望雲面), 삼향면(三鄕面)→무안(務安) 대화면(大化面), 장본면(獐本面), 오산면(烏山面), 여황면(艅艎面), 적량면(赤梁面)→함평(咸平)		27
영암(靈巖)	18	옥천면(玉泉面), 송지시면(松旨始面), 송지종면(松旨終面), 북평시면(北平始面), 북평종면(北平終面)→해남(海南)	나주 두입지: 종남면, 비음면, 원정면, 금마면 진도(珍島) 비입지: 명산면(命山面)	18
무안(務安)	14		함평(咸平) 비입지: 다경면(多慶面), 해제면(海際面) 나주 비입지: 삼향면(三鄕面), 망운면(望雲面) 영광(靈光) 비입지: 망운면(望雲面), 진하산면(珍下山面) 다경포(多慶浦)	20
함평(咸平)	14	다경면, 해제면→무안	나주 비입지: 대화면, 장본면, 오산면, 여황면, 적량면	16
담양(潭陽)	16			16
창평(昌平)	10	갑향면(甲鄕面)→장성(長城)		9
장성(長城)	15		창평 두입지: 갑향면	16
영광(靈光)	28	망운면, 진하산면 다경포→무안		26
동복(同福)	7			7
화순(和順)	3			3
보성(寶城)	14			14
낙안(樂安)	7			7
순천(順天)	14			14
여수(麗水)	4			4
곡성(谷城)	8			8

옥과(玉果)	6			6
구례(求禮)	8		남원(南原) 두입지: 고달면(古達面), 중방면(中方面), 외산동면(外山洞面), 내산동면(內山洞面), 소아면(所兒面)	13[42]
광양(光陽)	12			12
강진(康津)	18			18
장흥(長興)	20			20
흥양(興陽)	13			13
해남(海南)	17		진도(珍島) 비입지: 삼촌면(三寸面) 영암 비입지: 옥천면, 송지시면, 송지종면, 북평시면, 북평종면	23
진도(珍島)	13	삼촌면→해남 명산면→영암		11
지도(智島)	11			11
완도(莞島)	22			22
돌산(突山)	8			8
제주(濟州)	5			5
대정(大靜)	3			3
정의(旌義)	4			4

경상북도(慶尙北道)				
부군명(府郡名)	원면(原面)	이거면(移去面)	내속면(來屬面)	현면(現面)
대구(大邱)	34	각북면(角北面), 각현내면(角縣內面), 각초동면(角初洞面), 각2동면(角二洞面)→청도(淸道)		30

42 13: 원문에는 '十二'로 기재되어 있다. 내속면 수가 5개이므로 바로잡아 번역하였다.

문경(聞慶)	12		상주(尙洲) 두입지: 영순면(永順面), 산동면(山東面), 산서면(山西面), 산북면(山北面), 산남면(山南面) 예천(醴泉) 두입지: 화장면(化莊面), 동로소면(冬老所面)	19
함창(咸昌)	6			6
예천(醴泉)	22	화장면, 동로소면→문경 현내면(縣內面), 현남면(縣南面), 현동면(縣東面), 현서면(縣西面)→비안(比安)	안동(安東) 비입지: 감천면(甘泉面)	17
용궁(龍宮)	10			10
풍기(豐基)	8		순흥(順興) 비입지: 용산면(龍山面), 창악면(昌樂面)	10
순흥(順興)	13	용산면, 창악면→풍기 와단면(臥丹面)→봉화(奉化)		10
영천(榮川)	14	임지면→봉화		13
봉화(奉化)	8		안동 비입지: 재산면(才山面), 소천면(小川面), 춘양면(春陽面), 내성면(奈城面) 영천 비입지: 임지면 순흥 비입지: 와단면	14
예안(禮安)	7			7
비안(比安)	9		상주(尙州) 두입지: 단동면(丹東面), 단서면(丹西面), 단남면(丹南面), 단북면(丹北面) 의성(義城) 비입지: 우곡면(羽谷面) 예천 비입지: 현내면, 현동면, 현남면, 현북면	
군위(軍威)	8			8

○ 경무구역(警務區域) - 계속 -

관할경무명 (管轄警務名)	분서명 (分署名)	분파소 (分派所)	경무관, 총순(総巡), 권임(權任), 순검(巡檢)
		연기(燕岐) 동	4
		온양(溫陽) 동	4
		천안(天安) 동	6
		목천(木川) 동	4
		직산(稷山) 동	4
		전의(全義)동	4
	홍주(洪州) 분서(分署)		129
		결성(結城) 분파소(分派所)	4
		해미(海美) 동	4
		대흥(大興) 동	4
		덕산(德山) 동	4
		청양(青陽) 동	6
		정산(定山) 동	4
		보령(保寧) 동	4
		아산(牙山) 동	6
		신창(新昌) 동	4
		예산(禮山) 동	4
		평택(平澤) 동	4
		서산(瑞山) 동	6
		태안(泰安) 동	4
		오천(汚川) 동	4
		당진(唐津) 동	4
전라남도 경무서			11221
		화순(和順) 분파소	4

		창평(昌平) 동	4
		영암(靈岩) 동	6
		남평(南平) 동	4
		나주(羅州) 동	6
		능주(綾州) 동	6
		동복(同福) 동	4
		담양(潭陽) 동	6
		곡성(谷城) 동	4
		구례(求禮) 동	4
		옥과(玉果) 동	4
	장흥(長興) 분서		129
		강진(康津) 분파소	4
		보성(寶城) 동	4
		순천(順天) 동	6
		광양(光陽) 동	4
		여수(麗水) 동	6
		돌산(突山) 동	4
		흥양(興陽) 동	6
		낙안(樂安) 동	4
		해남(海南) 동	6
		완도(莞島) 동	4
		진도(珍島) 동	6
		대정(大靜) 동	4
		제주(濟州) 동	6
		정의(旌義) 동	4
	영광(靈光) 분서		1213
		지도(智島) 분파소	4
		함평(咸平) 동	4
		장성(長城) 동	4

외보

○ 국제 소송 : 캘리포니아주의 일본 학생 거절 사건이 양국 간의 국제적 문제를 위태롭게 할 것 같다는 사실은 세상 사람들이 이미 아는 바이다. 심지어 이로 인하여 일・미 전쟁이 일어날 수도 있다는 평론까지 있거니와, 최근 외국 통신에 의하면 다음과 같은 국제 소송이 제기되었다고 한다.

캘리포니아주 고등법원

원고 : 합중국 정부

피고 : 학교장 및 교육 당국자 (캘리포니아주)

순회 재판소

원고 : 아오키(青木) 주미 일본 대사

피고 : 일본 학생 거절 학교

○ 총재(總裁) 사임 : 일본 진보당 총리 오쿠마 시게노부(大隈重信)[43] 백작은 메이지 40년도 예산을 절대 반대한다는 내용의 연설을 한 후 총리직을 사퇴하였다고 한다.

○ 학생 단속 : 베이징 전보에 따르면, 청나라 조정에서 주일(駐日) 동국(同國) 공사 양추(楊樞) 씨에게 훈령하고 유학생이 혁명파에 참가하는 것을 금지시키라고 하였다고 한다.

○ 대학 설립 : 청나라 조정에서는 해군대학교를 설립하고 일・영 무관을 초빙하여 교습케 할 것이며 또 난징(南京)에는 대학당을 신설한다고 한다.

○ 전기철도 : 도쿄・오사카 두 지역의 유력한 실업가의 발기로 한국 각 요로(要路)에 전기철도를 부설할 계획을 세우고, 우선 경성・인천

43 오쿠마 시게노부(大隈重信) : 1838~1922. 두 차례 총리대신을 지냈고 와세다 대학의 설립자이기도 하다.

간, 용산・부산 간, 군산・전주 간, 경성・개성 간에 부설 인가 청원을 통감부에 제출하였다는 항설이 있다고 한다.

현상(懸賞) 한자놀이

○ 지난 문제

제7 : 초가 옆에 사람이 있도다.

〈해설〉'하(荷)' 자다. 어째서인가. 초두(艸頭) 아래의 가(可) 자에서 음만 취하면 '초가'요, 그 옆에 사람〔人〕이 있다 함은 '가(苛)' 자에 인변(人邊)에 있음이니 즉 '하(荷)' 자이다.

제8 : 은근한 것을 두고도 꼭 봉할 수 없도다.

〈해설〉'반닫이'다. 어째서인가. 반(半)이라 칭함은 온전치 못함이라. 온전히 닫지 못하고 반쯤 닫았으니 아무리 은근한 것을 두었기로 꼭 봉할 수가 있으리오.

해답인 : 계동(桂洞) 16통 3호 김진홍(金鎭弘)

○ 새로운 문제 : 현상 대구(對句) 찾기

제9 : 해설하신 여러 분, 이번 호 이전에는 까다로운 한자놀이로 여러 분 뇌를 고심케 하였으니 매우 미안했소. 이번 호부터 현상 대구 찾기로 새 문제를 드리니 주의하시오.

'승도복숭아꽃 아래 속인의 집〔僧桃花下俗人家〕'

이 구(句)의 적당한 대구를 찾아주신다면 등수에 따라 본 잡지를 보내드리겠소.

1등 (몇 명) : 2책

2등 (몇 명) : 1책

광고

본사(本社)에서는 각종 서적, 기타 제반 인쇄를 정밀히 염가에 인쇄
하오니
여러분께서는 끊이지 않고 내방하여 문의하시기를 바랍니다.

– 경성 남서(南署) 장교(長橋)
탑인사(搭印社) 아룀

광고

특별대광고

현재 출간된 서적 교과용

『소물리학(小物理學)』	각 책 당 대금 50전
『대동역사략(大東歷史略)』	1 책 당 30전
『초등소학(初等小學)』	각 질(帙) 당 1환 50전

- 발매소
  - 중서(中署) 돈화문(敦化門) 앞 국민교육회 사무소
  - 포병(布屛) 밑 김상만(金相萬) 서포(書舖)
  - 파조교(罷朝橋) 남쪽 가 주한영(朱翰榮) 박문서림(博文書林)
  - 광통교(廣通橋) 고유상(高裕相) 서포
  - 대안동(大安洞) 김흥연(金興淵) 동화서관(東華書館)
  - 종로(鍾路) 대동서시(大東書市)

광무 10년 | 메이지(明治) 39년 12월 25일 | 제3종 우편물 인가

광무 10년 10월 23일 내부(內部) 인가(認可)

광무 11년 4월 1일 간행
(매달 1회(1일) 정기 발행)

소년한반도

第6호

광고

『소년한반도』라는 잡지는 대한제국의 독립기초와 자유정신과 평등주의로써 국민적 뇌수를 자양하는 신경의 원소이고 교육계의 학리(學理)를 발명하는 해상의 등대이니, 애국사상이 있는 국민동포는 계속 구독하여 주시기 바람.

- 저작자 소년한반도사
- 사장 조중응(趙重應)
- 총무 조진태(趙鎭泰)
- 발행대표자 조중응(趙重應)
- 발행소 돈화문(敦化門) 앞 사립보광학교(私立普光學校) 내 임시사무소

사고(社告)

대금	1책	15전
	반년분	80전
	1년분	1환 50전
	우편료	1전

ㅇ 주의

구독하고자 하시거든 정가와 우편요금을 함께 환금(換金)하여 송부해 주십시오.

환금은 반드시 등기로 보내주십시오.

선금이 다하면 해당호를 발송할 때 '진(盡)' 자를 기록하고 날인하오니 주의하여 보시고 계속 송부하여 주십시오.

광고료

매행 18자	보통 10전	특별 12전
반 페이지	보통 1환	1환 15전
1 페이지	보통 2환	2환 10전

본사의 광고부는 영업과 기타 제반 공익상에 관한 광고료의 위탁을 담당해서 사람의 이목에 새겨지도록 좋고 아름답게 간행하며 또 요금도 세계광고 중에 제일 값싸고 안전함은 독자 여러분이 당연히 스스로 아실 것입니다.

목차

소년한반도 제6호

광고

○『황성신문(皇城新聞)』은 우리 제국에서 창간된 지 가장 오래된 신문으로 우리 인민의 성질을 포착하는 능력이 풍부하고 순수한 국민 자격의 기관이니 독자 여러분은 특별히 인정할 것이오

▲ 이 신문의 성질이 고상하고 천연적이어서 대한인의 풍속과 문물과 언어와 이상과 역량이 이를 관측한 붓끝에서 유출하니 그 진상을 발견할 것이며

▲ 이 신문을 구독하시는 여러분께서는 국민적 이상이 두터울 것임을 굳이 두말할 필요가 없거니와 경향(京鄕)을 막론하고 애독하시는 동포는 대한 국민의 지위를 잃지 않을 것으로 확신함.

- 황성신문사 드림

광고

○『대한매일신보(大韓每日申報)』는 국내 여러 신문 중 가장 넉넉한 부수로 발간하고 해외 각국에서 최고등급의 신문으로 인정하는 것으로

▲ 이 신문의 성질은 시국에 대한 강직한 변론과 국가의 문명기관과 인민의 발달기초에 가장 깊이 주의하는 것이고

▲ 이 신문은 해외 전신(電信)과 세계 기문(奇問)과 정계의 동정과 인민의 괴로움을 신속히 탐지하여 남김없이 기재하고 있으니

▲ 국가 사상과 국민 의무와 독립주의가 있으신 여러분께서는 구매하여 애독하시기를 간절히 바람.

- 대한매일신보사 드림

자수(自修)를 논하다 - 계속 - / 양재건(梁在謇)

우리 『소년한반도』에서 자수론(自修論)을 게재한지 이미 3호가 지났다. 1호・2호를 통해 20세기 한반도 소년으로 기백을 배양하여 매사에 처함에 두려워하지 않고 곤궁함에 처함에 근심하지 않으며 어려움을 겪음에 미혹되지 않도록 자상히 권고하였다. 그러니 이 기백이란 우리의 생전부터 잠시도 떨어질 수 없는 것이니, 기백이 쇠퇴할 때가 곧 이 몸이 쇠락하는 조짐인 것이다. 그러니 설령 이 몸이 죽어도 이 굳센 의지만은 부친이 아들에게 전하고 형이 아우에게 전하며 벗이 벗에게 전하여 끊임없이 생성하고 대대로 불변하기로 서로 계명(戒命)해야 한다.

이에 제3호부터는 우리 구사회의 부패가 극에 달한 까닭에 우리 봉천승운 대황제 폐하께서 일월처럼 밝으시어 세계의 대세를 관찰하시고 만세에 교훈을 전하시어[1] 세계의 평화를 도모하심에 가장 먼저 만국의 평등과 인도의 자유를 계발한 것이다. 만국의 평등을 제재(制裁)한 바는 무엇인가. 이는 육대주와 우리나라의 조약으로 옥백(玉帛)으로 회동하기 위함이다. 인도의 자유를 계발한 바는 무엇인가. 이는 종묘에 서고하신 금문옥자(金文玉字)의 계명으로 「홍범(洪範) 14조」이다.

이로부터 육대주와 우리나라가 체결한 조약의 전문과 개혁 유신한 조칙과 고명을 제4호부터 모조리 다 게재하니 이를 잃지 않고 준수하기는 오로지 기백에 의지할 따름이다. 우리 군주의 계명도 오직 기백만이 잃지 않고 준수할 수 있고 만국의 조약도 오직 기백만이 변함 없이 준수할 수 있다. 그러니 이 유신 이후의 조칙・계명과 육대주와 우리나라가 체결한 조약의 전문을 집집마다 다니며 알려주고 귀를 끌어당겨 가르

---

1 교훈을 전하시어 : 원문은 '이모(貽謨)를 연익(燕翼)하사'이다. 이모(貽謨)는 선대 국왕이 자손에게 내리는 교훈을 의미하고, 연익(燕翼)은 조상이 자손을 위해 세운 계책이나 교훈을 말한다. 따라서 '교훈을 주다'라고 번역하였다.

쳐 주신 것이다. 이에 우리 소년한반도 2천만 국민이 우레 치듯 귀에 꽂힌 후에야 비로소 잃지 않고 준수하는 효과가 생겨서 독립·자유·평등의 인권을 드디어 논할 수 있을 것이다.

○ 조일수호조규(朝日修好條規) 漢

대일본이 대조선과 평소 우의가 돈독한지 수년이 되었다. 그런데 지금 양국의 정의(情誼)의 미흡함을 본 까닭에 옛 우호를 중수(重修)하여 친목을 굳게 하고자 한다. 이러한 까닭에 일본 정부는 특명전권변리대신(特命全權辨理大臣) 육군중장(陸軍中將) 겸 참의개척장관(參議開拓長官) 구로다 기요타카(黑田淸隆)·특명부전권변리대신(特命副全權辨理大臣) 의관(議官) 이노우에 가오루(井上馨)를 간발하여 조선국 강화부(江華府)에 파견하고, 조선국 정부는 선발한 판중추부사(判中樞府事) 신헌(申櫶)·부총관(副摠管) 윤자승(尹滋承)을 간발하여 각기 유지(諭旨)를 받들어 논의하여 설립한 조관을 이하에 열거한다.

제1항

조선은 자주국가로 일본과 평등한 권한을 보유한다. 이후 양국이 화친의 실상을 드러내고자 한다면 반드시 피차 동등한 예로 상대하고 털끝만큼도 침범하거나 시기해서는 안 된다. 마땅히 우선 종전의 교정(交情)을 막아버릴 우려가 되는 모든 예규(例規)를 일체 혁파하여 너그럽고 널리 통하는 법규를 넓히는데 힘써서 영원히 서로 편안하기를 기약한다.

제2항

일본 정부는 지금부터 15개월 뒤에 수시로 조선 경성으로 사신을 파견하여 직접 예조판서를 접견하여 교제 사무를 상의할 수 있고, 해당 사신이 머무르는 기간은 모두 시의(時宜)에 맡긴다. 조선 정부도 또한 수시로 일본 동경으로 사신을 파견하여 직접 외무경을 접견하여 교제 사무를 상의할 수 있고 해당 사신이 머무르는 기간 또한 시의에 맡긴다.

제3항

이후 양국이 주고받는 공문은 일본은 자기 나라의 글을 사용하되 지금부터 10년간 별도로 한문으로 번역된 1본을 구비하며 조선은 진문(眞文)을 사용한다.

교육신론 - 계속 - / 원영의(元泳義)

제1. 윤리는 사람 된 도리를 가르치는 것이니 교육 가운데 가장 중요한 것이다. 신체가 건강하고도 학업이 없으면 소나 말을 부리는 일을 행하는데 지나지 않을 것이며, 학업이 숙달하고도 덕성이 없으면 간교와 악행을 조장하는 요건이 되기 때문에 윤리는 교육의 지극한 도리라고 칭하는 것이다.

제2. 어학은 지식을 교환하는 매개이고 품성을 도야하는 자료이니, 윤리와 균등하게 각 과의 기초가 될 것이다.

제3. 작문은 자기의 생각을 표출하며 타인의 뜻을 이해해서 지조를 배양하여 훗날 출세의 여지를 만드는 것이고 어학의 수동자로 하여금 능동자를 이루게 하는 것이니, 마땅히 어학과 안팎으로 상응할 것이다.

제4. 지리와 역사는 우리의 경험을 확장하는 중요한 과목이니, 지리는 공간에 관한 관념을 넓게 하는 것이고 역사는 시대에 관한 지식을 증진하게 하는 것이다.

제5. 수학은 만물의 용적과 분량을 측정하되 털끝만큼도 오차가 없게 하는 학문이니, 사람의 추리력과 사고력을 숙달시킬 뿐 아니라 생활상에 날마다 쓰는 것과 이화학의 방정식을 증명해 보이는데 필요할 것이다.

제6. 물리와 화학은 만물요소의 조직과 그 변화를 연구하여 수학의 방정식으로 자연현상의 진면목을 터득하는 것이니, 또 추리력과 사고력을 숙달시키기 때문에 역사・지리와 동등한 위치에 서는 것이다.

제7. 동물학과 식물학은 이화학의 자연현상에 비하면 더욱 현저한 것이니, 추리력에 구애되지 않고[2] 심미와 동정의 흥미를 계발한다. 그러니 만일 물리와 화학을 혼합하면 광물학을 이룰 것이다.

제8. 습자(習字)와 도화(圖畵)는 손과 팔의 지각을 연습하여 근육을 자유자재로 사용하는데 이바지하여 심미의 흥미를 얻는 것이다.

제9. 체조와 수공(手工)은 전신을 운동하고 근육을 건강하게 하는 것이니, 그 중 수공의 가치는 심미의 흥미를 발휘하며 수학의 사상과 지각(知覺)의 관찰을 연습하는 것이다.

제10. 음악은 만물 절주의 소리를 따라 그 귀를 연습하고 심신을 조화하며 정신을 발양(發揚)하고 덕행을 배식(培植)하니, 그중에 국민가요와 자연 유행하는 시가는 충분히 국민의 자연스러운 감정을 양성하며 윤리의 미치지 못하는 부분을 보완하는 것이니 감화되는 중에 미육(美育)[3]이 될 것이다. (미완)

---

2 구애되지 않고 : 원문은 '不浭'로 되어 있으나, '不拘'의 오기로 보아 고쳐 번역하였다.

3 미육(美育) : 미의 감상과 창조를 통하여 인격 형성을 도모하는 교육을 말한다.

자제에게 신학문을 가르치다 - 계속 - / 양재건(梁在謇)

○ 3시대(三時代)

태고에 문자가 없을 때부터 지금까지 진화하던 단계를 나누어 3시대라 하니, 첫째는 석기시대라 하고 둘째는 청동기시대라 하고 셋째는 철기시대라고 한다.

석기시대라 하는 것은 돌과 뼈와 나무와 뿔 같은 종류를 사용하여 기구를 만들던 시대이니, 바로 태고 가운데 가장 오래된 시대이다. 당시에 금속의 용법을 아직 모르므로 부싯돌을 많이 사용하였으나 처음에는 돌을 부수고 쪼개서 사용하다가 그 후에 갈고 다듬는 것을 마침내 알았기 때문에 석기시대도 나누어 구석기시대와 신석기시대로 칭하는 것이다.

이윽고 황금·구리·주석을 발견하고 또 화력으로 구리·주석 등을 용화시켜 굳세고 단단하여 유용한 청동 기구를 제조함으로 금·철 등을 연화(鍊化)시켜 무기를 제작하였다. 이러한 까닭에 이 시대를 청동기시대라 명명한 것이다.

그 후로 수많은 세월이 지나서 주철 제조법이 점차 익혀지고, 이로 말미암아 문화가 더 진보하여 철의 사용 범위가 더 넓어졌다. 이러한 까닭에 오늘날에 이르러 철기시대라 명명한 것이다.

전기학자(電氣學者)가 말하기를 "오늘날에 이르러 전기의 응용 범위가 나날이 확장되어 가서 매사에 다 전기를 사용하는 시대가 되었다. 그러므로 지금부터의 시대는 가히 전기시대라고 칭할 만하다."고 하였다.

○ 기상예보

기상예보를 발명한 자는 영국[4] 해군소장 로버트 피츠로이(Robert Fitzroy)이다. 그는 젊은 시절에 이미 항해에 익숙했기에 일찍이 기상학에 침잠하여 옛사람이 미처 밝히지 못한 기상예보를 발명하였으니, 이 것이 항해에 큰 보탬이 되었다.

제2장

ㅇ 신대륙 발견

지금으로부터 400여 년 전, 이탈리아인 크리스토퍼 콜럼버스(Christopher Columbus)가 서부 아메리카를 처음으로 발견하였다.

ㅇ 자유모(自由母) - 계속 -

롤랑 부인의 생애는 험난하고 위태로움으로 끝났으나 시작은 평화로웠다. 결혼한 지 2년 만에 딸 하나를 두었고, 얼마 뒤 롤랑이 리옹시 토업감독관(土業監督官)이 되자 온 집안이 리옹으로 이주하니, 롤랑의 학식과 인물됨이 이곳에서 크게 존경 받았다. 당시 리옹의 상공업의 쇠퇴가 극에 달하여 롤랑이 급급히 정돈하고 회복시킬 계책을 강구함에 일찍이 관련 논저가 있어서 발표로 드러내니 여망(輿望)이 더욱 커졌다. 그런데 부인이 그 사이에서 매사를 좌우하여 롤랑의 저술 중에 부인의 토론과 필삭을 거치지 않은 것이 하나도 없었다. 그러면서도 요리와 가사에 전념하고 어린 딸을 양육하고 그 여력으로 박물학・식물학에 늘 종사하였다. 대개 롤랑 부인의 일생에서 가장 유쾌하고 가장 행복한 시기가 이 4~5년간이었다. 비록 그러하나 하늘은 롤랑 부인이 가정의 행복을 누리면서 천수를 누리기를 허락하지 않고, 프랑스 역사와 세계 역사에서 굳이 롤랑 부인의 명명을 요구하여 그 광염을 더하기를 바라셨다. 이에 점차 바람이 일어나고 구름이 휘날리며 번개가 퍼지

---

4 영국 : 원문에는 '미국'이라 되어 있으나, 로버트 피츠로이는 영국 해군 출신이므로, 고쳐 적었다.

고 물이 용솟음쳤다. 아 나아가자, 프랑스혁명이여! 아 오오, 프랑스여! 끝내 대혁명을 면할 수 없노라.

국가학 - 계속 - / 이각종(李覺鍾)

오호라, 소년한반도의 살아있는 민중이여! 맑은 8대 강물을 움켜쥐어 뇌리에 묻은 먼지를 씻어내고, 맑은 아침 밝은 기운으로 신선한 사상을 품어야 한다. 국가도 예전의 국가가 아니며 인민도 예전의 인민이 아니니, 우리가 국가를 인지하여 애지중지하는 오늘이 바로 그때이다. 전시대에 어느 나라가 국가를 왕실로 오인한 까닭은 그 이른바 '국가의 흥망이 왕실의 변경에 불과하다'는 데 있다. 혹 전쟁과 사변이 있어도 인민이 말하기를 '성문에 불이 나면 재앙이 연못 안 물고기에까지 미친다'[5]고 하고, 혹 치세를 구하는 군주가 있을 때 다소 재능 있는 자도 왕실을 상대로 주객 관계의 동등한 예로 대하고 구구한 출처지의(出處之義)로 '동강(東岡)의 비탈을 고수한다'[6]고 하면서 이로 인해[7] 편와(片瓦)를 답습하고 주옥(珠玉)을 현명(眩名)하는 지경이 되니, 대개 인민이 국가의 흥망성쇠에 관한 그 어떠한 이해관계와도 상관하지 않아서 자신의 입장에서 국가를 보기에 별종의 외물로 인지한다. 오호라 국가의 본의가 어찌

---

5 성문에……미친다 : 원문은 '城門失火에 不及池魚라'이나 이는 '城門失火에 殃及池魚라'의 오기인 듯하다. 송(宋)나라 성문에 불이 나서 그 옆 연못의 물을 퍼서 불을 끄니, 연못의 물이 말라 물고기들마저 모두 죽게 되었다는 '성문실화 앙급지어〔城門失火, 殃及池魚〕'고사가 있다. 『太平廣記 권466』「呂氏春秋 必己」

6 동강(東岡)의…고수한다 : 후한(後漢) 안제(安帝)가 특별히 예를 갖추어 주섭(周燮)을 불렀는데 질병을 이유로 사양하자, 그 종족이 "선대 이래로 훈작과 은총을 이어서 받았는데, 그대만 유독 동쪽 언덕 비탈 밭을 지키는 것은 어째서인가〔自先世以來, 勳寵相承, 君獨何爲守東岡之陂乎〕."라고 말한 고사에서 유래한 것이다. 『後漢書 권53』「周燮列傳」

7 이로 인해 : 원문은 '囚하여'인데, '因하여'의 오기로 보아 고쳐 번역하였다.

이와 같겠는가.

우리는 소년한반도 국가의 인민이다. 한반도에서 태어나 한반도의 음식을 먹고 한반도의 옷을 입으며 한반도의 언어를 말하고 한반도의 가옥에 살며 한반도의 풍속을 행하고 한반도에 선조의 묘소가 있으며 친척이 있고 옛 벗이 있어서 다 소년한반도를 공유하니 한반도 국가는 한반도 인민의 한반도이다. 한반도 국가가 쇠퇴하면 한반도 민족도 함께 멸망하고, 한반도 국가가 흥성하면 한반도 민족도 함께 유복하니, 한반도 국가의 인민으로서 한반도 국가를 걱정하여 애호하지 않는다면 누구를 우러러 대하겠는가. 그 장차 어느 나라처럼 '국가가 군주 한 사람의 사유'라 하여 그 흥망을 군주 일인의 책임으로 전가하고 말 것인가. 한번 탄식컨대 8만 2천 평방리 평전(平田)이 광활하니 해동 봄바람에 독립・자유・평등의 종자 2천만 곡(斛)을 뿌려라.

본론인 국가 정의의 범위에 구애되지 않고 이처럼 말이 길어졌다. 이는 한갓 소란을 일으키려는 것이 아니라 또한 필자의 부득이함이다. 이 이하로는 '국가본질론'에 대해 그 실질적 논리를 순서대로 진술하고자 한다.

국제공법에 대한 세상 사람의 오해 및 연구의 필요

/ 석진형(石鎭衡)

세상 사람이 늘 말하기를 "'국제공법이란 대포 1문만 못하다'고 하여 연구할 필요가 없는 것이라"고 한다. 이 세상 사람이 늘 하는 말에 의한다면 대포 1문으로 만국의 수천 년 된 관습과 만국의 누차 회합한 조약을 타파해도 되는가. 지금 이 육대주 세계에서 강력한 국가가 유일독존(惟一獨存)하여 만국이 그 명령에 복종하고 만민이 그 명령에 복종하여, 이

유일독존의 강력함에 대하여 한 국가 한 단체도 저항할 수 없을 경우 이 육대주 세계 전체가 유일독존의 강력한 국가 휘하에 통일된 까닭에 별도의 문제가 양성될 여지가 없다. 그런데 만일 이 육대주 세계 만국 중에 한 국가라도 이 대포 1문의 타파에 대응하는 경우 부득이하게 싸움에 응해 전쟁이 일어난다. 이와 같은 경우 결국 전쟁 관련 법칙을 적용해야 그칠 것이다. 이러한 까닭에 이 말은 일개 용맹한 소년남자가 한 때 우연히 내뱉은 말로 국제공법에 대한 오해거늘 세상 사람이 이를 진리라 믿는다. 이것이 국제공법에 대해 세상 사람이 오해한 한 지점이다.

세상 사람이 이를 늘 믿되 '국제공법은 국법과 같다. 그러니 국가가 토우(土偶)・목상(木像)처럼 수수방관하고 감나무 아래에 편안히 누워 감열매가 내 입에 자연히 떨어지기 바라더라도, 다른 국가가 국제공법상 세력과 재력을 낭비하고 스스로 찾아와서 수수방관하고 감나무 아래에 누워 감을 구하는 국가를 마침내 보호할 것이라'는 뜻으로 잘못 믿었다. 한번 생각해보라. 일정한 국법으로 생활하여 생명과 재산을 완전한 법률에 의탁한 국민도 자주자활(自主自活)의 능력이 부족하여 자신의 재산을 직접 관리하고 자신의 권리를 직접 행사할 수 없는 자에게는 국법으로도 금치산(禁治産)의 선고와 후견(後見)의 제도가 있거늘, 하물며 육대주 패도의 세계에서 생활하는 국가가 '토우・목상처럼 수수방관하고 감나무 아래에 편안히 누워 내 입에 열매가 떨어지기 바라더라도 다른 국가가 스스로 찾아와서 보호할 것이라'고 상상함에랴. 이것이 국제공법에 대해 세상 사람이 오해한 일대 지점이다.

세상 사람이 늘 상상하되 '국제공법은 국내법의 성문(成文)과 같다. 즉 조(條)・편(編)으로 구성되어 국제공법에 위반한 바를 매 조(條) 매 장(章)에 조율(照律)하여 처단한다'는 뜻으로 상상하였다. 물론 국제공법 중에도 열국과 연관된 조약은 혹 맹약을 맺은 열국 간에도 있어서 조문(條文)의 해석을 적용하는 경우가 없지는 않다. 다만 일반 국제공법이란 국내법의 성문법 법전 자체로 조(條)·편(編)으로 구성 편찬된 바를 적용하는 것이 아니라, 국제문제의 대다수는 국제상 관례에 의하여 해결하는 것이다. 그럼에도 불구하고 세상 사람은 국제공법이 '조(條)·편(編)으로 구성되어 매 조(條) 매 장(章)에 조율(照律)하여 처단한다'는 뜻으로 상상한 것이다. 이 또한 세상 사람이 오해한 일대 지점이다.

대저 국제공법이란 이상과 같은 세상 사람의 망론·공상 같은 것이 아니다. 가령 개인이 국내에 생활하면 그 개인을 구속하는 법률을 숙지할 필요가 있고, 국가가 세계에 생활하면 그 국가와 관련한 국제상 원리원칙을 파악할 필요가 있다. 만일 국가의 위정자·외교자·일반 국민이 이 국제상 원리원칙을 오해하지 않고 올바르게 숙지하여 일거수 일투족이 다 이 원리원칙에 부합할 때는 그 국가를 보존할 수 있다. 하지만 이와 상반되어서 이를 오해하고 조치가 부당할 때는 그 국가를 보존할 수 없다. 이야말로 위정자·외교자·일반 국민이 어찌 두려워해야 할 바가 아닌가.

대한농업회 규칙 - 계속 - / 조중응(趙重應)

제21조 회장과 부회장은 명예회원이나 특별회원 가운데 평의원회에서 추천하여 총재가 임정(任定)할 것

제22조 총무와 고문은 명예회원이나 특별회원 가운데 총재가 선임할 것

제23조 서기는 총무가 추천하여 회장이 인임(認任)할 것

단, 서기는 유급하는 것으로 정함

제8장 평의원

제24조 본회는 평의원 25인을 둘 것

평의원은 평의원회를 조직할 것

제25조 평의원회 의장은 평의원의 호선(互選)으로 정하고 평의원은 특별회원이 호선하며 차점자(次點者) 10인은 보결원으로 정하여 둘 것

제26조 직원은 평의원의 자격으로 평의원회에 참여할 것

단, 서기는 이 예(例)에 있지 않음

제9장 위원

제27조 본원은 아래와 같이 위원을 둘 것

- 학예위원
- 통신위원

제28조 학예위원은 농림업상의 학식과 기예가 있거나 실제 경험이 숙련된 자로 총재가 선정할 것

단, 평의원회의 승인을 거쳐야 가능함

제29조 학예위원은 본회의 조회(照會)와 질문에 응하며 또 기타 중요한 사항도 연구조사하며 각 지방을 순회하여 농림업 시찰과 농림업 강의도 하며 실제 지도를 행할 것

제30조 통신위원은 회장의 위탁을 따라 본회에 관한 사항으로 각 지방의 실황을 보고하는 통신사무를 행할 것

단, 이상의 위원은 필요한 경우에는 상당한 보수를 지급함 (미완)

아모권면 - 계속 - 한 / 이응종(李膺鍾)

부모로서의 직분은 아이가 세상에서 생존하는 동안에 할 일을 위해, 아이가 장성하는 동안 마련해주어야 하고 아이가 성장한 후에 가르침을 더 쉽게 받을 수 있도록 해주어야 하니, 6세부터 16세까지 좋은 학교에 입학시켜야 한다. 남녀를 막론하고 성장한 후에 유익한 바는 학식

이다. 받은 일에 공과를 생각할 뿐 아니라 자기 마음속 재미와 기쁨이 학식 없는 자보다 많기 때문이다.

아이에게 특별히 가르칠 바가 하나 있다. 이는 모든 일이 비천한 것이 아니라 오직 존귀하다는 점을 깨닫게 하는 것이다. 모든 책을 다 보고 외워도 결국 일해야 한다. 그러니 남녀 아이를 책으로만 가르치지 말고 몸소 하는 일도 가르쳐야 한다. 아이를 학교에 보내는 온갖 비용을 마련하는 것은 어렵다. 그럼에도 부모 형제를 불문하고 아이의 학식을 위해 자신의 소비를 참고 견뎌 학식의 성취를 힘써 도와야 한다.

하나님께서 조성하신 만물 중에 가장 귀한 것이 사람이다. 이 세상만 사는 육신만이 아니라 차후 세상에서 영원히 사는 영혼을 주셨다. 그러니 육신도 잘 살펴야 하거니와 영혼이 하느님 앞에서 금세와 내세에 잘 살도록 가르쳐야 한다.

○병 낫게 하는 방법

아이의 질병이 대단하지 않다면 집에서 약제를 사용해야 한다.

○감기병

감기가 코에서 나오면 기름을 코에 바르고 가슴에서 나오면 따뜻한 기름을 가슴·등·겨드랑이 등에 바른다. 옷이 더러워질까 걱정되면 종이 따위로 덮으면 된다. 취침 전에 온수 한잔을 먹이고 땀 내게 하는 편이 좋다. 기름을 발라 땀 낸 후에는 바람을 쐬지 말아야 한다. 이는 무익할 뿐 아니라 기침이 더 나게 한다.

○복통병

복통이 발생하면 온수를 숟가락으로 떠먹이고, 복통이 심하면 온수에 목욕을 시킨다. 또 좋은 방법은 따뜻한 수건으로 덮어주고 수건이 식기 전에 교체해주는 것이다. 그리고 심하면 수건을 온수에 담갔다가 배에 덮어주고, 수건이 식기 전과 찬바람 쐬기 전에 따뜻한 수건을 교체해주는 편이 좋다. (미완)

지리문답 - 계속 - / 원영의(元泳義)

(문) 높은 산이 열대지역에 많고 한대지역에 적은[8] 까닭은 무엇인가?

(답) 한대지역의 산은 겨울에 적설이 있다가 여름이 되면 녹는 까닭에 산 흙이 그에 따라 씻겨나가 떨어져서 예전에 비해 점차 줄어든다. 대개 비와 눈의 마찰로 연유한 것이다.

(문) 산의 위치는 어떠한가?

(답) 산의 기맥(起脈)이 북에서 남으로 된 것이 많다. 미주(米州)의 산이 북미의 베링해협(Bering Strait) 부터 남북미 경계까지 파나마 지협이 되고, 남미의 혼 곶(Cape Horn)에 이르러 그친다. 산 중에 큰 것은 대륙에 많다. 아시아는 전 지구상 가장 큰 대륙이라 히말라야산이 티베트와 인도 사이에 있다.

(문) 산의 효용은 어떠한가?

(답) 비의 은택을 내릴 수 있고 물의 흐름을 차단할 수 있으며 지역의 기후와 관련이 있으니 땅에 산이 있는 것은 사람에게 뼈가 있는 것과 같다. 만일 산맥이 없으면 해수가 육지에 넘치는 경우가 있는 까닭에 산계를 대륙의 축이라 칭하는 것이다.

(문) 산계 중에 큰 것은 무엇인가?

(답) 북미의 록키산계와 안데스산계가 북쪽 알래스카부터 남쪽 파타고니아까지 산이 50여개나 된다. 이 산계의 길이는 1만1천 마일

---

8 적은 : 원문은 '小흠은'으로 되어 있으나, '少흠은'의 오기로 보아 고쳐 번역하였다.

이다.

(문) 산봉우리 중에 높은 것은 무엇인가?

(답) 에베레스트 봉우리가 인도 히말라야산맥에 있다. 그 높이가 해면에서 융기됨이 2만9천 피트이다.

(문) 육지의 고원은 어떠한가?

(답) 각 산맥 사이에 있다. 북미 그레이트베이슨(The Great Basin)은 로키산맥(Rocky Mountains)과 시에라네바다산맥(Sierra Nevada Mountains) 사이에 있고, 티베트는 히말라야산맥과 곤륜산 사이에 있다. 대개 고원은 지세가 거칠어 사람이 거주하기 불편하나 광산업에 유리하다.

(문) 고지대와 저지대의 비교는 어떠한가?

(답) 아시아는 고지대가 7분의 4이고 저지대가 7분의 3이며, 유럽은 고지대가 3분의 1이고 저지대가 3분의 2이다. 아프리카는 고지대가 7분의 6이고 저지대가 7분의 1이며, 호주는 고지대가 6분의 1이고 저지대가 6분의 5이다. 북미는 고지대가 5분의 3이고 저지대가 5분의 2고, 남미는 고지대가 6분의 1이고 저지대가 6분의 5이다.

(문) 평원은 어떠한가?

(답) 고지대와 저지대 사이에 있다. 해면에서 돌출된 바 천 피트 이내로 솟은 언덕이 있다. 그 형상은 두 가지가 있으니 하생평원(河生平原)·해생평원(海生平原)이 그것이다.

(문) 하생평원은 어떠한가?

(답) 산수가 토사를 유출시켜 모여서 조성된 까닭에 강변에 늘 많다. 남미의 아마존·우루과이의 라플라타·아시아의 중국과 인도 등의 평원이 다 하생평원이다.

(문) 해생평원은 어떠한가?

(답) 해변의 토사가 파도의 승강(升降)에 따라 축척되니 다 염분과 못다 쓸 원소를 함유한 것이다. 동반구 지중해와 카스피해 사이에도 이 평원이 있다. 유럽 쪽 러시아와 아시아 쪽 러시아 사이의 평원은 본래 해생평원인데, 이제 점차 산악과 구릉이 되고 있다. (미완)

심리문답 - 계속 - / 원영의(元泳義)

(문) 두 가지 이론은 어떠한가?

(답) 유심론의 경우 객관이 있어도 의식이 아니면 통조(通照)할 수 없다고 하고, 유물론의 경우 의식이 있어도 객관이 아니면 관지(觀知)할 수 없다고 한다. 이 두 이론 간의 논쟁은 아직 결론이 나지 않았으나, 심리학적 관점에서 이는 거의 다 한 측면만 보는 과실로 귀결된다. 유심론의 경우 세계의 물상을 박멸하여 진가를 분별할 수 없으니 산이 없으면 그 형상의 고저를 어찌 알 수 있는가. 유물론의 경우 심계(心界)의 의식을 박멸하여 시비를 분별할 수 없으니 산이 있어도 나의 관찰이 없으면 그 형상의 고저를 어찌 알 수 있는가. 우리의 실제 생활은 심(心)·물(物)을 사상계(寫象界)에 합치시켜 조화를 잘 이룬 후에 심의계(心意界)의 순서가 점차 객관적 의식에서 주관적 의식으로 향하여 지식을 산출하는 것이다.

(문) 지식이란 무엇을 말하는가?

(답) 감각·지각·사고의 결과이고 관념에 따라 자득한 것이다. 물계의 진상과 물상의 진리를 세밀히 분석하여 우리가 실제 소유한 사상의 구별이 명확하다.

(문) 감각이란 무엇을 말하는가?

(답) 순연한 객관적 작용이 감각이 되는 것이다. 객관적 이유가 의식에

반조될 때 이유임을 곧장 자각하는 것은 사진처럼 생각해 터득하는 것이 아니라 곧 반조됨에 따라 곧장 자각하는 것이다.

(문) 지각이란 무엇을 말하는가?

(답) 객관계의 이유인 함의식계(含意識界)에서 감각한 후에 비교와 구별의 작용이 발생하여 그 고저와 험이(險易)를 지각할 수 있는 부류이다.

(문) 사고란 무엇을 말하는가?

(답) 지각한 사물이 나에게 들어와 내가 그 사물의 사물 됨을 판단하여 자연히 고유한 나의 사물이 되는 것이니 이것이 사상계를 초월한 것이다.

(문) 세 가지 관념은 무엇인가?

(답) 나무의 흔들림을 보고 바람이 부는 줄 아는 것은 감각이고, 바람이 부는 방향을 살펴 아는 것은 지각이며, 찬 공기가 더운 공기의 희박한 곳에 주입 보충되는 현상이 바람이 됨을 생각해 터득하는 것은 사고이다. 이 세 가지 결과는 객관상이 주관계에 들어와 그 진리를 누적시켜 관념계를 일으키는 것이다. 이 관념계에서 의식의 분류가 생긴다.

(문) 의식의 분류는 어떠한가?

(답) 의식에 지(知)·정(情)·의(意) 세 분류가 있다. 이를 분석하면 마치 물에 수소·산소 두 물질이 있는 것과 같다. 물을 가열하면 수증기가 되고 온도가 낮으면 얼음이 되는데 온도가 고른 상태가 곧 물이다. 또 칠면조가 1년에 일곱 가지 색깔로 변하는 것과 같다. 대개 일반 의식에서 셋으로 분류됨이 이와 같다.

(문) 세 분류의 발전 순서는 어떠한가?

(답) 사물이 반조되면 무슨 사물이고 어떤 이유인지 아는 상태는 지(知)이다. 사물을 보고 내 마음의 희비(悲喜)·호오(好惡)를 발하

는 상태는 정(情)이다. 그 정으로 인해 마음으로 터득하고 뜻으로 결정하는 상태는 의(意)이다.

(문) 지식의 원형은 어떠한가?

(답) 지식은 의식의 형식적 방면이다. 그 원형은 관념이고 관념은 사상의 산파(産婆)이다.

(문) 형식적 방면은 어떠한가?

(답) 물질계 내에 형식 즉 지식계가 있고, 형식계 내에 힘의 지점이 있다. 이 점 내에 정이 숨었다가 물질에 호응하여 형식계에서 그 미추(美醜)를 판별하는 지식을 통한 후에 애오(愛惡)의 정이 힘의 지점에 따라 형식계로 돌진하여 나의 사물이 되는 그 사상의 결과가 참지식이 된다. 그러한 까닭에 의식의 형식적 작용이 지식이고 힘의 작용이 정의(情意)인 것이다. (미완)

물리학 - 계속 - / 박정동(朴晶東)

ㅇ 진자(振子)

진자는 물체를 시렁에 매달아 놓고 좌우로 흔들리게 하는 것이다. 이는 단진자(單振子)·복진자(複振子) 2종이 있다. 단진자는 구 하나를 실로 매달아 일차로 운동시키면 좌우로 왕래하여 반복 진동되는데 좌측으로 1척 가면 또 우측으로 1척 간다. 이는 지구의 인력을 좌우로 똑같이 받아서이니 영구히 운동됨이 분명하다. 그러나 결국 정지되는 까닭은 공기의 방해 뿐 아니라 매달은 실에 부착된 지점에 마찰과 알력이 부여되어 운동을 방해하기 때문이다. 단진자는 진동의 주기가 빠르고 장진자는 진동의 주기가 느린데, 동일한 진자인 경우 진폭이 넓으면 진자의 속력이 크고 진폭이 좁으면 진자의 속력이 작되 진동의 주기가 같다.

복진자는 구 여러 개를 실의 중단과 하단에 매달아 놓은 것이다. 상구(上球)가 이미 일차로 운동한 경우 하구가 이를 따르지 못한 탓에 상구의 운동을 방해하고, 하구가 이미 운동한 경우 상구가 이를 따르지 못한 탓에 하구의 운동을 방해하니, 상구만 존재할 때보다는 느려지고 하구만 존재할 때보다는 빨라져서 그 상하 두 구의 중간에 있는 것과 같게 된다.

지금 시계 제조는 진자에서 기인한 것이다. 시계 태엽은 회전할 기세가 있어서 진자의 연속운동을 부여하는 것이다. 태엽의 회전할 형세는 톱니바퀴를 회전시킨다. 진자의 중간에 두 갈래 봉이 있어서 진자가 일차로 운동할 때 그 봉이 톱니바퀴를 건드려 바퀴의 회전을 방지하고, 바퀴는 스스로 회전할 형세를 봉에 부여하여 진자의 운동을 부여하는 까닭에 진자는 태엽의 회전력이 끝날 때까지 그 운동을 지속시킨다. 톱니바퀴는 일차로 진자가 운동하는 사이에 한 바퀴씩 회전하는 것이니, 일차로 진자가 운동하는 시간을 1초로 정한 바도 있는 것이다.

동물문답 - 계속 - / 류제달(柳濟達)

(문) 포유류와 인간의 관계는 어떠한가?

(답) 포유류는 종류가 지극히 많은 까닭에 인간에 대해 몹시 유익한 것도 있고 유해한 것도 있다. 그 관계의 막대함은 전 동물 중에 가장 크다.

(문) 유익한 바의 종류는 무엇인가?

(답) 식용・의복의 재료, 공예품의 재료 등의 이익이다.

(문) 식용 재료로 활용되는 동물은 무엇인가?

(답) 첫째 소・양・돼지 등이다. 육류 섭취 외에 우유・혈액도 식용으

로 활용되며, 말・낙타・순록・사슴・산돼지・토끼 등도 똑같이 식용으로 소용된다.

(문) 의복 재료로 활용되는 동물은 무엇인가?

(답) 양・산양의 털을 가장 많이 사용한다. 이런 부류의 털은 섬세하고 표면에 돌기가 있는 까닭에 방직하여 털실로 만들거나 압착하여 모전(毛氈)으로 만든다. 남아메리카에 서식하는 알파카도 양모처럼 널리 이용되고, 이 외에 해달・물개・곰・여우・토끼・수달・오리 등의 모피는 사치용과 방한용으로 활용된다.

(문) 공예품의 재료로 활용되는 동물은 무엇인가?

(답) 공예품의 재료는 이런 부류에 의지하는 경우가 많다. 소・말 등의 뼈와 소뿔・말발굽은 각종 기구를 만든다. 상아는 본질이 치밀하고 단단한 까닭에 미술적 공예품의 재료가 된다. 소 힘줄은 탄성이 있어 강하고 질긴 까닭에 활시위 등을 제조하거나 정구용 타구기를 만든다. 고래수염도 탄성이 있는 까닭에 대거 그 성질을 이용한다. 그 외에 소・말・코끼리・사슴 등의 가죽은 굳세고 강하여 용도가 많고, 각종 짐승 털은 붓과 쇄자(刷子)[9] 등을 제조하고, 지방은 비누의 제조에 사용하며, 뼛가루는 비료가 되고, 골회(骨灰)는 인(燐) 제조의 재료가 된다.

(문) 유해한 바의 종류는 무엇인가?

(답) 인명을 해치는 것, 인류를 먹여 살리는 유익한 동물을 해치는 것, 산림・농작물을 해치는 것, 병독(病毒)을 매개하는 등의 부류이다.

(문) 인명을 해치는 동물은 무엇인가?

(답) 사자・호랑이・표범 등이다. 열대지방의 경우 매년 인명 피해가 적지 않다. 그런데 문명 지역이 점차 넓어지는 까닭에 그 수가

9 쇄자(刷子) : 갓이나 탕건(宕巾) 등의 먼지를 터는 솔을 말한다.

점차 감소하고 있다.

(문) 인류의 양식이 되는 유익한 동물을 해치는 동물은 무엇인가?

(답) 여우·이리·족제비·수달 등이다. 가축·양어장 등에 큰 피해를 미친다.

(문) 산림·농작물을 해치는 동물은 무엇인가?

(답) 소·양·사슴 등과 쥐 따위의 풀을 먹는 부류이다.

(문) 병독의 매개 동물은 무엇인가?

(답) 쥐·개 등이다. 쥐는 병독을 전파할 우려가 있고, 개도 인류와 공유하는 기생충이 있는 까닭에 해를 끼치는 점이 있다.

식물문답 - 계속 - / 최재익(崔在翊)

(문) 식물체 각 부분의 명칭을 보여라.

(답) 식물체는 뿌리·줄기(莖)-줄기(幹)·가지(枝)-·잎 등 크게 3부분으로 구별된다.

(문) 식물의 뿌리는 어느 부분인가?

(답) 뿌리는 식물의 아래로 내려가는 축이니 결코 잎을 생성하지 못하는 부분을 칭한다.

(문) 뿌리의 형태는 어떠한가?

(답) 뿌리는 그 형태가 각기 다르나 직근(直根)과 수근(鬚根) 2종으로 크게 구별된다.

(문) 직근이란 무엇인가?

(답) 소나무·무 등 지하로 곧장 들어가는 큰 뿌리를 직근이라 칭한다.

(문) 수근이란 무엇인가?

(답) 벼·보리 등 한 지점에 군생(群生)하는 잔뿌리를 수근이라 칭한다.

소나무 · 무 등 뿌리에 붙어 나는 극히 미세한 뿌리도 수근이다.

(문) 뿌리의 종류는 어떠한가?

(답) 뿌리의 종류에 따라 1년생 뿌리 · 2년생 뿌리 · 다년생 뿌리로 구별된다.

(문) 1년생 뿌리란 무엇인가?

(답) 뿌리가 생성된 후 1년 이내로 고사되는 것을 1년생 뿌리라고 칭한다.

(문) 2년생 뿌리란 무엇인가?

(답) 뿌리가 1년 이상 생존하는 것을 2년생 뿌리라고 칭한다.

(문) 다년생 뿌리란 무엇인가?

(답) 복숭아나무 · 소나무 등의 뿌리처럼 수년간 생존하는 것을 다년생 뿌리라고 칭한다.

(문) 뿌리는 어떠한 작용을 영위하는가?

(답) 뿌리는 지하로 깊게 들어가 식물체를 고정시키고 땅속에서 양분을 흡수하며 배양액을 저장한다.

(문) 뿌리의 각 부분은 대개 동일한 작용을 영위하는가?

(답) 아니다. 연수가 오래된 부분은 고정력이 크되 거의 흡수력을 잃는다. 반면 새로운 부분은 흡수력이 강하여 저장력이 크다. 흡수력이 가장 강한 것은 뿌리털이다.

(문) 뿌리털이란 무엇인가?

(답) 새로운 뿌리 주위에 생기는 털 모양의 가는 뿌리를 뿌리털이라 칭한다.

(문) 식물의 줄기란 무엇인가?

(답) 줄기는 식물의 위로 자라는 축이다. 반드시 잎이 있으며 배양액의 통로가 되는 것이다.

(문) 줄기가 배양액의 통로가 됨을 어떻게 알 수 있는가?

(답) 풀 종류의 줄기를 가로로 자르면 즙의 유출을 볼 수 있다. 이로써 그것이 통로가 됨을 알 수가 있다.

(문) 줄기에는 어떤 종류가 있는가?

(답) 땅위줄기와 땅속줄기 2종이 있다.

(문) 땅위줄기란 무엇인가?

(답) 줄기가 지상으로 드러난 것을 땅위줄기라 칭한다.

(문) 땅속줄기란 무엇인가?

(답) 줄기가 지하에 있는 것을 땅속줄기라 칭한다.

(문) 지하에 있는 것을 줄기라 칭하는 까닭은 무엇인가?

(답) 뿌리는 결코 잎을 생성하지 않는다. 그러나 땅속줄기는 지하에 있어도 잎을 생성하는 까닭에 줄기라 칭하는 것이다.

(문) 땅위줄기[10]에는 어떤 종류가 있는가?

(답) 기는줄기〔葡萄莖〕·감는줄기〔纒繞莖〕·붙는줄기〔攀椽莖〕 등 3종으로 구별된다.

(문) 기는줄기란 무엇인가?

(답) 줄기가 지상으로 누워 있는 것을 기는줄기라 칭한다.

(문) 감는줄기란 무엇인가?

(답) 줄기로 다른 사물을 휘감는 것을 감는줄기라 칭한다.

(문) 붙는줄기란 무엇인가?

(답) 줄기가 다른 사물을 붙잡고 오르는 것을 붙는줄기라 칭한다.

(문) 땅속줄기에는 어떤 종류가 있는가?

(답) 비늘줄기〔鱗莖〕·알줄기〔球莖〕·덩이줄기〔塊莖〕·뿌리줄기〔根莖〕 등의 종류가 있다.

(문) 비늘줄기란 무엇인가?

---

10 땅위줄기 : 원문은 '땅속줄기(地下莖)'이라 되어 있으나, 내용상 '기는줄기·감는줄기·붙는줄기'는 땅위줄기에 속하므로 바로잡아 번역하였다.

(답) 백합・파 등 비대한 잎이 있는 것을 비늘줄기라 칭한다.
(문) 알줄기란 무엇인가?
(답) 구형의 줄기에 소수의 얇은 잎이 있는 것을 알줄기라 칭한다.
(문) 덩이줄기란 무엇인가?
(답) 덩어리 모양의 줄기에 잎의 흔적이 있는 것을 덩이줄기라 칭한다.

광물문답 - 계속 - / 최재익(崔在翊)

(답) 초산은은 앞서 설명한 바와 같은 성질이 있는 까닭에 의약품・사진술・광금술(鑛金術)에 활용된다.
(문) 수은(水銀)은 은과 다른 것인가?
(답) 그렇다. 수은은 액체가 되어서 용해된 은과 유사한 유동성 광물이다.
(문) 수은의 성질은 어떠한가?
(답) 수은은 추위와 열기에 잘 변하지 않는다. 즉 통상온도에서 물처럼 유동(流動)하나, 극히 차가워지면-섭씨온도계 영하 40도- 응결되어 연성이 있는 고체가 되고, 극히 뜨거워지면 - 섭씨 358도 - 끓어올라 증기가 된다. 원래 수은은 통상온도에서 서서히 증발되는 기화성(氣化性)이 있고, 다른 금속을 용해하는 성질이 있다.
(문) 수은의 빛깔은 어떠한가?
(답) 수은은 순은백색의 액체이다.
(문) 수은의 비중은 어떠한가?
(답) 비중은 물의 13과 10분의 6배이다.
(문) 수은의 효용은 어떠한가?
(답) 수은은 추위와 열기에 잘 변하지 않는 까닭에 온도계와 기압계를

제조한다. 여타 금속을 잘 용해하는 까닭에 금은의 분석에 사용한다. 그밖에 소독용 염화수은 등의 약품・인주 등을 제조하고, 그 아말감은 거울 뒷면에 칠하며, 또한 광금술에 사용한다. 그러니 그 효용이 자못 폭넓다. 다만 수은은 그 성질이 유독한 까닭에 사용 시 주의해야 한다.

(문) 아말감이란 무엇인가?

(답) 수은과 다른 금속이 화합된 용액을 아말감이라 칭한다. 주석의 아말감은 거울 뒷면에 칠하고, 금은의 아말감 등은 광금에 사용한다.

(문) 수은은 천연적으로 산출되는가?

(답) 아니다. 순 수은도 있지만, 대체로 '진사(辰砂)'라고 칭하는 광석으로 제조된다.

(문) 진사란 무엇인가?

(답) 진사는 수은과 유황의 화합물이다. 붉은 낱알로 구성되고, 석회암・사암 등에 존재한다.

(문) 우리나라도 수은이 산출되는가?

(답) 우리나라도 수은이 산출되나 그 수량이 많지 않다. 미국・청나라가 그 최다 산출국이다. 우리나라에서 사용되는 수은은 대개 청나라의 산물이다.

(문) 구리의 성질은 어떠한가?

(답) 구리는 전성(展性)・연성(延性) 두 가지 성질이 있으니, 전기를 잘 전도하고 열을 잘 전달한다. 공기 중의 습기에 접촉되면 청색의 녹이 자연히 발생하니 이것이 녹청(綠青)[11]이다.

(문) 녹청이 사람에게 미치는 이해(利害)는 어떠한가?

(답) 녹청은 사람에게 자못 유해하기에 사람이 이를 입안에 넣으면 그

---

11 녹청(綠青) : 공기 가운데서 구리판에 아세트산을 작용시켜 얻는 염기성염이다. 녹색 또는 갈색을 띤 무거운 결정으로 독성이 있으며, 구충제, 안료 따위로 쓴다.

독에 중독되고, 더 심한 경우 사망하게 된다.

(문) 그렇다면 구리 그릇을 사용하는 까닭은 무엇인가?

(답) 하나만 알고 둘은 모르는 오견(誤見)을 면하지 못하였다. 대개 구리 그릇을 사용해서는 안 되니 혹 그 모양 때문에 사용한다면 이는 무식의 소치이다. 또한 이를 알면서 사용하면 통상 그 그릇 내면에 백랍(白鑞)-주석과 아연의 합금-을 칠하여 그 해독을 방지한다.

(문) 구리의 빛깔은 어떠한가?

(답) 적색의 금속광물이다.

(문) 구리의 비중은 어떠한가?

(답) 구리의 비중은 물의 8과 10분의 8배이다.

(문) 구리의 효용은 어떠한가?

(답) 구리는 다관(茶鑵) · 주전자 · 대야 등 온갖 기구로 제조하고, 전기를 잘 전도하는 까닭에 전신선으로 제조 활용한다. 화폐를 주조하고 금은과 혼합시켜 그 성질을 견고히 하며 동판을 제작하여 인주로 사용한다. 그 합금은 온갖 사물에 활용된다. 그러니 그 효용이 자못 폭넓다. 특히 19세기 전기공업의 발달은 오직 구리의 덕이라 할 수 있다.

(문) 동전은 순동으로 주조하는가?

(답) 우리나라의 통화는 구리 · 아연 · 주석을 혼합한 일종의 합금이다.

(문) 인쇄에 사용되는 동판(銅版)이란 무엇인가?

(답) 동판(銅板)에 문자나 그림을 조각하여 곧장 인쇄 할 수 있다. 이 동판(銅板)을 동판(銅版)이라 하고 그 인쇄법을 동판인쇄라 칭한다.

(문) 구리의 합금 종류를 묻노라.

(답) 구리의 합금은 그 종류가 몹시 많아서, 일일이 다 거론할 겨를이 없다. 이하에 주요 몇 종을 제시한다.

황동 : 동과 아연의 합금
청동 : 동과 아연과 주석의 합금
백동 : 동과 니켈의 합금
양은 : 동과 니켈과 아연의 합금
적동 : 동과 금의 합금
알늄 : 동과 알루미늄의 합금

상업학 - 계속 - / 이범익(李範益)

(문) 본래상업과 보조상업이란 무엇인가?

(답) 본래상업이란 물품의 매매 교역을 목적으로 하는 상업을 이른 것이니, 곧 상업의 본질이다. 보조상업이란 직접 물품을 매매 교역하지 않고, 단지 본래상업을 보조하여 그 경영을 원활하게 하고 이를 통해 이익을 도모하는 상업을 이른 것이니, 곧 은행·보험·운수·기탁 등이 그것이다.

은행이란 대차(貸借)의 매개체이니 여유분을 축적하고 부족분을 보충하여 자본을 융통시키는 것이다. 보험이란 선박과 화물의 상실과 파손으로 발생하는 불시의 손해를 면하게 하는 것이다. - 은행과 보험의 세부사항은 뒷장에서 상세히 논함 - 운수란 화물의 운송을 관장하여 수요공급을 원만하게 하는 것이다. 기탁이란 타인의 화물을 안전하게 임치(任置)하여 상기(商機)를 기대하기 편리하게 하는 기상(氣象) 등 정신적 성격으로, 통계학 상법의 하나이다.

(문) 화폐란 무엇인가?

(답) 화폐란 교환의 매개체이고 가격의 표준이다. 상고시대에는 가축

류 · 짐승 가죽 · 조개류 등을 화폐로 사용한 까닭에 상업의 발달을 지연시켰다. 그러다가 수많은 변천을 겪은 후에 금은(金銀)을 주조하여 사용하기에 이르렀다. 이는 금은이 사람들의 애호품일 뿐 아니라 거래와 휴대에 편리하고 물질의 진위를 판별하기 쉬우며 이를 장기간 비축해도 성질에 이상이 없고 분할하고 합병해도 가격비례의 변동이 없기 때문이다. 그러한 까닭에 이를 통해 상업거래의 일대 진보 발달이 일어나게 된 것이다.

(문) 상인에게 필요한 특성을 열거하라.

(답) 이는 크게 2종으로 구별된다. 하나는 정직 · 신실 · 저당 · 면려 · 인내 · 절검 · 면밀 · 과단 · 상업조례와 기타상업에 관한 국제법 · 외국어-한국인의 경우 일본 · 청나라 · 영국의 언어가 특히 필요-작문 · 습자-속기법- · 수학-주산 · 암산 · 속산 · 필산- · 상업부기 · 상업역사 · 상업지리 · 경제 등 학습적 성격이다. 그 가운데 특히 절검 · 과단 · 기상은 상업에 새로 종사하는 자가 특히 주의해야 할 점이다. 그러한 까닭에 몇 가지 조언을 진술하고자 한다. 첫째, 절검이란 주색을 탐닉하지 않고 유흥에 현혹되지 않아서 낭비와 사치를 힘써 반성함을 이른다. 하지만 소비할 곳에 소비하지 않고 사용할 일에 사용하지 않아서 예의염치(禮義廉恥)를 돌보지 않고 사회 교제를 차단한다면, 이는 '인색'이라는 악습이지 '절검'이라는 미덕이 아니다. 상인은 이 미덕을 배양해야 그 목적을 달성할 수 있다. 가만히 관찰컨대 우리나라는 어느 사회를 막론하고 산업이 부진함에도 불구하고 교만과 사치가 날이 갈수록 번성해져 수입이 수출의 수백 배를 초과하니 이는 국가 경제의 일대 비운이다. 이를 교정하지 않는다면 상인의 근검심과 저축심이 위축되어 흥업(興業)의 정신과 집무의 기력이 부패할 뿐 아니라 그 해가 사회에 미치고 그 독이 천하에 흘러서 국가 운명에 큰 영향

이 미칠 것이다. 따라서 상업 사회 뿐 아니라 국가를 아끼고 자신을 아끼는 국민이라면 가장 먼저 절검에 주의하여 국가의 부강을 증진시키고 권세를 확장시켜야 한다.

둘째, 과단이란 임기응변(臨機應變)으로 한 순간도 주저함이 없이 결심하고 결행하는 바를 이른다. 따라서 아무리 기재(奇才)·탁식(卓識)이 있어도 과단력이 없으면 차질이 생겨서 타인과 경쟁할 수 없는 것이다. 옛사람이 말하기를 "만사의 성패는 촌각에 달려있다."고 하니 격언이라, 이 교훈이여! 과감히 판단하고 용감히 행동하는 자는 성취하고 주저하고 망설이는 자는 실패하게 마련이다. 하물며 신속을 주로 하는 상인이 시기에 임하여 과단력이 없다면, 막대한 이익을 어찌 늘릴 수 있는가?

셋째, 기상이란 충애(忠愛)의 마음과 덕의(德義)의 생각이 환히 일어남을 이른다. 20세기 대세를 관찰컨대 정치적·상업적 경쟁이 극에 달하여 각 열국이 세력을 확장하고자 하여 호시탐탐 서로 빈틈을 엿보고 있다. 이러한 시대에 처하여 일국을 참으로 이루고 열강 사이에 우뚝 서서 충군애국(忠君愛國)의 기상이 가슴 속에 충만한 국민을 성립시키지 못한다면 국권을 어찌 보전할 수 있는가? 무릇 국권의 신장은 국가의 부강에 의지하고 국가의 부강은 상업의 융성에 달려있다. 그러니 일국의 상인인 자는 다 이처럼 중대한 책임이 있음을 각오해야 한다. (미완)

수학 - 계속 - / 류석태(柳錫泰)

제2장 감법(減法)

감법 : 수는 사물과 목적에 따라 각각 절대량이 있고 그 절대량은 때와 장소에 따라 크기나 수량의 차이가 있다. 따라서 이로 인해 수의 감법이 생겨난 것이다.

감법은 가법을 반대로 적용한 환원법이다. 즉 1에 1을 더하면 2, 2에 1을 더하면 3인 것과 같이 증가하는 바를 반대로 적용하여, 3에서 1을 빼면 2, 2에 1을 빼면 1이 되는 식으로 감소하는 방법이다.

이를 바꾸어 말하면 수와 수의 양을 비교하여 그 대소의 값을 구하는 방법이라 하겠다.

피감수(被減數)와 감수(減數) : 수와 수를 비교할 때는 보통 큰 수에서 작은 수를 뺀다. 여기서 전자를 피감수라 칭하고 후자를 감수라 칭한다.

차(差)와 나머지 : 큰 수에서 작은 수를 뺄 때는 남는 수가 있다. 이를 나머지 혹 차라고 칭한다.

가령 8과 5의 두 수를 비교할 때는 그 차가 3이 된다. '8은 5보다 3이 많다' 혹은 '5는 8보다 3이 작다'라고 칭한다.

감표(減表) : 감법에 기호는 '-' 이니 이를 감표라 칭한다.

(예) 8-5=3

위와 같이 표기한다. 그 좌측의 수 8에서 우측의 수 5만큼 빼는 것을 표시한 것이다.

이를 특별히 8과 5와 같은 수에만 의탁하지 않고, 그 이론만 말하자면 관계식은 다음과 같다.

(예) 피감수-감수=차

이미 설명한 것과 같이 큰 수에서 작은 수를 뺄 때 '차'라고 칭하는 한 수를 얻게 된다. 이 큰 수 내로 다른 작은 수・차의 수와 절대 동일한 수량의 두 가지 수가 반드시 포함되어 있음이 분명하다. 이 큰 수에서 그 차와 같은 수를 빼면, 그 나머지는 반드시 감수에 부합되는 수를 얻게 된다.

(예) 피감수-차=감수

위에 의거해 보면 '감수'와 '차' 두 수를 서로 더할 때는 또 '피감수'를 얻게 될 것이 분명하다.

(예) 감수+차=피감수

이러할 때는 피감수를 화(和)라고 칭해도 무방한 일이다. 그러므로 가법과 감법은 서로 귀납격(歸納格)이 되는 것이다.

1의 피감수는 감수와 차수 외에는 털끝만큼이라도 초과나 부족이 없다. 따라서 만일 피감수나 감수 중 하나에 다른 수를 추가할 때는 그 차는 그에 따라 같은 양의 수가 증감된다.

(예1) 8-3=5 이와 같은 수 가운데 피감수 8에 2를 더할 때는 8+2=10, 10-3=7 그 차는 5보다 2가 많은 7을 얻게 된다.

(예2) 8-3=5 이와 같은 수 가운데 감수 3에 2를 더할 때는 3+2=5, 8-5=3 그 차 또한 5보다 2가 적은 3을 얻게 된다.

피감수와 감수에 동일한 수를 똑같이 더하거나 똑같이 뺄 때는 그 차는 털끝만큼도 변화가 없다.

(예1) 8-3=5 이와 같은 수 가운데 피감수와 감수에 각기 2를 더한다고 하면 8과 8에 2를 더한 10이든지 3과 3에 2를 더한 5이든지 모두 다른 수가 되지만, 서로 뺀 차는 8-3=5, 10-5=5 항상 같게 된다.

(예2) 8-3=5 이러한 수 가운데 피감수와 감수에 각기 2라는 수를 똑같이 빼더라도 차는 변하지 않는다. 즉 8-3=5와 6-1=5 또한 동일하게 차 5를 얻게 된다.

지문학 - 계속 - / 박정동(朴晶東)

ㅇ 자석과 자침(磁針)

자석은 천연적 산출도 있고 인위적 제조도 있다. 인조자석은 천연자석에 의해 제조된다. 즉 철봉 하나를 천연자석의 표면에 마찰하거나 철봉을 천연자석과 접촉시키거나 하여 오래 두면 철봉에 자력이 생성된다.

이제 자철침(磁鐵針)을 자유롭게 회전시켜서 그 정지되기를 기다려 관찰하면 자침이 늘 남북을 가리키게 된다. 자침의 지남단(指南端)을 자석의 지남단에 근접시키면 서로 반발하고, 자석의 지북단(指北端)에 근접시키면 서로 부합한다. 같은 성질의 끝부위를 근접시키면 서로 반발하고 다른 성질의 끝부위를 근접시키면 서로 부합하니 이는 마치 음과 양이 서로 조화되는 것과 같다.

지구는 일대 자석이다. 한 극은 북아메리카 부시아(Boothia Peninsula)에 있으니 이를 자북극(磁北極)이라 하고, 다른 한 극은 남극해 가운데 있으니 이를 자남극(磁南極)이라 한다. 그러므로 지구상에 있는 자침이 다 이 남극을 가리키는 것이다.

ㅇ 편각(偏角)

자극과 지구의 남・북극이 완전히 동일한 방위에 있는 것은 아닌 까닭에 자침이 제시한 방위를 진정한 남북이라 칭할 수는 없는 것이다. 그러므로 어느 지역을 막론하고 그 자오선과 자침이 서로 어긋나는 각도를 그 지역의 편각이라 칭하고, 각 위치에 따라 서쪽으로 치우친 것을 서편이라 하고, 동쪽으로 치우친 것을 동편이라 칭하는 것이다. 우리나라 지역은 편각이 희소한 까닭에 자침의 북단이 겨우 서쪽으로 5도 가량 치우친 것이다. 그러므로 자침이 북극에 근접할수록 그 편각이 몹시 커져서 90도 혹은 180도에 달하는 지역도 있는 것이다.

위생설 - 계속 - / 김경식(金璟植)

ㅇ 온욕과 냉욕

우리 인간의 피부는 늘 땀·피지·때로 인해 오염되어 피부의 발육을 방해하거나 혹은 질병의 근원이 되기 십상인 까닭에 늘 목욕하여 청결히 씻을 필요가 있다. 온욕의 작용은 피부를 청결히 할 뿐 아니라 전신의 혈액순환을 돕고 피로를 회복시키며 영양을 계진(啓進)하여 피부의 동작을 돕고 감기를 예방하는 효력이 있다. 자고로 우리나라는 목욕탕이 희소할 뿐 아니라 전혀 없다고 해도 무방하다. 그런데 근래에 이르러 도회 각지에 대략 설치된 바 있다. 하지만 이 역시 불완전한 탓에 혼욕을 면할 수 없어서 행여 서로 병독을 전파시킬 염려가 없지 않고 또 수온이 미흡한 탓에 그 효과와 이익을 감소시킨다. 대개 목욕탕 온도는 섭씨 38도 내지 45~6도가 적당하다. 온도가 너무 따뜻할 때는 현기증을 초래하여 불쾌감을 느끼게 하고 신체를 피곤하게 하며 또 목욕탕 온도를 급히 바꿀 때는 감기의 원인을 일으켜 몹시 유해하니 점차 개량할 필요가 있다.

냉욕은 신체의 건강을 목적으로 하여 섭씨 28도 내지 30도의 온도에 대략 5분 정도 입욕하는 편이 가장 적당하다. 우리나라는 이 방법이 널리 시행되지 않는다. 대개 피부에 냉기를 부여하고 호흡을 깊숙이 하며 심장의 동작을 격렬히 하여 신체를 강고하게 할 필요가 있다. 시험컨대 미온의 욕탕에 우선 들어가 점차 냉수를 더하여 30도가 되도록 차갑게 하고, 목욕한 후에 전신이 적색이 되도록 마찰시켜 온기를 느낄 정도까지 하고, 건조된 서양식 큰 수건으로 닦아서 신체에 수분을 제거한 후에 의복을 착용하고 휴식하는 것이 좋다.

또 냉수마찰법이라 함은 매일 아침에 수건을 냉수에 적셔 전신을 마찰시켜 온기가 발생한 후에 다시 서양식 큰 수건으로 닦고, 그러한 후에 의복을 착용하는 행위를 이른다. 그 효력과 목적은 냉욕과 차이가 없으나 이 방법이 가장 간편하여 효력이 절대적이니 신체가 허약한 청년은 물론이고 일반 학생이 다 시험해야 할 것이다.

대저 온욕과 냉욕을 막론하고 목욕한 후에 그 수분을 제거한 후에 의복을 착용하는 편이 좋다. 만일 혹 나태한 자가 물기가 건조되기 전에 의복을 착용할 경우 그 수분이 증발하여 체온이 너무 감소되는 탓에 감기에 걸리기 십상이다. 세간에 이른바 '목욕한 후에 감기 걸린다.' 함이 이것이다.

교제신례 - 계속 - / 서병길(徐丙吉)

(21) 사람들의 면전에서 아무 이유 없이 자기 신상에 대한 일을 이야기해서는 안 된다. 이런 말은 타인에게 염증과 권태감을 유발시킨다. 만일 이를 듣기 좋아하는 자가 있다면, 이는 자신을 꾀어서 비밀을 자백시켜 내심 자신의 어리석음을 비웃으며 자신을 놀림감으로 여기는 것이다. 그러니 이는 깊이 경계해야 한다.

(22) 담화는 복잡장황한 말은 피하고 간단명료한 말을 한다.. 다만 그 귀천과 존비에 대한 분별이 본래 존재한다는 점에 주의하여 혹 높은 어른을 친구처럼 대하거나 후배를 노예나 아이처럼 대하는 것도 모두 예가 아니다.

(23) 완강하고 거만한 풍채로 품격을 잡아 지키려 생각하면 이는 큰 오산이다. 그 온량한 행동거지가 자연스럽게 나와야 타인을 훈도할 수

있다. 이것이 바로 고상한 위의(威儀)의 정신이다.

ㅇ 소개(紹介)

(1) 사람을 소개하는 것은 자못 중요한 일이니 경솔히 할 일이 아니다. 대개 새로운 사람을 서로 간에 교분을 친밀하게 하는 것은 모두 소개자의 원동력에서 기인하기 때문이다. 소개 방법은 언어나 편지로 한다.

(2) 어떠한 경우라도 먼저 부인의 승낙을 먼저 받지 않고 사람을 소개할 수는 없다.

(3) 남자와 남자 간에 소개할 때는 높은 지위의 사람 성명을 먼저 말하고, 신사와 부인 간에 소개할 때는 부인의 성명을 먼저 말한다.

(4) 소개 받는 자가 서로 악수의 예를 행하는 것이 관례이다. 악수할 때는 지위가 높은 사람 또는 부인이 손을 내미는 것을 기다려서 몸가짐을 단정히 하고 응해야 한다. 만일 이와 반대로 하여 지위가 낮은 자나 남자가 먼저 손을 내민다면 이는 자못 오만무례한 짓이다.

(5) 친구 집에서 만나서 상당한 인물이라 생각되는 사람이 자기 자신에게 친근함을 표하려는 의사가 있으면, 소개의 예가 없이 말을 주고받아도 괜찮다. 저 사람이 친구 집에 있다는 사실만으로 미루어 보더라도 미천한 인물이 아니라는 근거가 되기 때문이다.

(6) 커피점에서나 산보를 할 적에 우연히 만나는 사람과 경솔히 교분을 맺어서는 안 된다. 자신을 스스로 아끼고 중요하게 여긴다면 이런 일은 결코 없을 것이다. 만일 간혹 자신에게 허물없이 대하는 자가 있더라도 그 품위를 미루어 알 뿐이고 친교를 서로 허락해서는 안 된다. (미완)

학교관리법 - 계속 - / 이응종(李膺鍾)

교수용 비품으로 서적과 지도와 표본과 자전과 참고서 등을 반드시 준비해야 한다. 대체로 교사의 지식이 천박하면 배우는 자의 진취를 움츠리게 하는 방해를 주기 때문에 비품을 살피기를 폭넓게 하지 않으면 안 된다. 표본은 나뭇잎과 콩 알맹이와 화분 등의 류와 같이 간단하고 알기 쉬운 것을 요점만 뽑아 혹 표본을 만들거나 도식을 만들어 명시해야 한다.

집물은 걸상과 책상을 사람 수의 정도와 칸수의 넓이에 따라 배치한다. 협소하여 수용하기 어려워 수업에 방해됨을 경계하며, 또 책걸상 높이는 아동의 신장에 적합하게 함을 주의해야 한다. 그렇지 않으면 바른 자세로 앉을 수 없어 병체(病體)를 만들 습관이 형성될 우려가 있다.

칠판은 한 교실에 큰 것은 한 판, 작은 것은 두 판을 반드시 걸어놓고 연속으로 적어 보여줘야 한다. 분필을 많이 사용하는 자는 잘 가르치는 자이고 단지 책만 가지고 가르치는 자는 잘 가르치지 못하는 자라고 할 것이다.

교수요목(敎授要目)은 학부에서 만들어 낸 것이나 사회에서 만들어 낸 것 중에 국민에게 유익한 것으로 공인된 교과서를 반드시 사용해야 한다.

교수세목(敎授細目)은 교사가 요목에 대해 각 과목에 사용할 만한 것을 세목으로 만들어 수시로 변경하여 고정불변한 것으로 고수해서는 안 된다. 그중에 양호한 것을 선정해야 하니 이는 시의(時宜)에 따라 손익의 뜻에 맡겨야 하고, 교장이 날인하여 분명히 허락하는 과정을 반드시 거쳐야 한다.

교수주록(敎授週錄)은 일주일 동안 가르친 것의 대략을 반드시 기록하여 교장에게 열람을 통해 학생의 진보를 자세히 알게 해야 한다.

학업성적은 평소 시험점수를 조사해야 하고 일정한 학기 시험의 착오로 인해 칸을 비워서는 안 된다. 대체로 1년 과정에 특정 과목이 전부 비게 될 이유는 분명 없을 것이니, 학기당 한번의 시험에 빈칸을 만드는 것은 결코 공정하다고 말할 수 없다.

평소 시험을 통해 조사할 항목을 책으로 만들어 1년 학업이 도달할 정도를 반드시 정할 것이고, 학기당 한번의 시험을 중대하게 여겨서는 안 된다. 만약 그 한번의 시험을 중대하게 여기면 학생으로 하여금 모든 정신을 한 시기에 모두 사용하여 뇌수가 반드시 약해질 것이니 이는 유해무익하다.

시험 시간에 혹 서로 훔쳐보거나 혹 책을 숨겨놨다가 몰래 적는 자는 성적순위를 다투려는 생각만 있고 학문의 진보에는 뜻이 없다. 이는 저급한 생각이기에 마땅히 방법을 엄정하게 하여 이런 생각을 기르지 못하도록 해야 할 것이다.

대한문전 - 계속 -

피동사는 자력으로 동작하지 않고 다른 사물의 동작을 받아야 비로소 동작되는 것을 말한다. 이제 그 예를 들자면

개가 저 아이에게 맞았소-犬被打於彼童-

'맞았소'는 피동사니, 명사 '개'의 동작이 '아이'의 동작의 작용을 받는 것이다.

주동과 피동 간의 변환 관계를 상고해보면, 피동사는 주동사로 변화된 것이다. 이제 그 예를 들자면

가령 '사공이 배를 저어'라 할 때는 '저어'가 주동이지만, '배가 사공에게 저어져'라 할 때는 '저어져'가 피동이다.

'농부가 밭을 갈어'라 할 때는 '갈어'가 주동이지만, '밭이 농부에게 갈리어'라 할 때는 '갈리어'가 피동이다.

이와 같이 '겨'와 '어' 어미의 변화로 추이(推移)하여 주동이 피동이 된다. 자동・타동도 이 전례로 말미암아 피동의 관계를 이루는 것이다.

동사는 그 작용하는 변화에 따라 정격・변격의 2종이 있다. 그 이유를 설명해자면

정격동사는 그 변화하는데 일정한 규칙이 있는 것을 말한다. 이제 그 예를 들자면

가, 갔소 등의 부류이다. 그 작용이 시기에 따라 과거・현재・미래 3시기를 통하되 원어(原語) '가'가 변하지 않는 것이다.

변격동사는 그 변화하는데 일정한 규칙이 없는 것을 말한다. 이제 그 예를 들자면

오, 왔소 등의 부류이다. 그 작용이 시기에 따라 원어가 변화되는 것이다.

사실은 '왔소'도 '오았소'를 축약하여 이룬 것이다. 동사는 그 활용에 따라 현재・미래・과거의 3시기로 구분된다. 그 이유를 설명하자면 현재란 현재의 작용을 지시한 것이고, 미래란 미래의 작용을 지시한 것이고, 과거란 과거의 작용을 지시한 것이다. 이제 원어 '가'를 가지고 그 예를 들자면

현재 : "'가'오". 가령 "저이가 가'오'."라 하면, 이는 저이의 현재작용을 표현한 것이고

미래 : '가'에 'ㄹ'을 받혀서 '갈'

가령 "저이가 갈'야'하오."라 하면, 이는 저이의 미래작용을 표현한 것이고

과거 : '가'에 'ㅆ'을 받혀서 '갔'

가령 "그이가 갔'다'."라 하면, 이는 그이가 과거작용을 표현한 것이고

대과거 : '갔'에 '었'을 붙여서 '갔었'

가령 "내가 갔었다."라 하면 이는 나의 이미 지난 과거의 작용을 표현한 것이다.

이상 '오', '야', '다', '었'은 모두 조동사니, 이 이하에 상세히 논한다.

이 외에 각 절의 분사(分詞)가 있다. 분사란 동사로서 형용사의 체를 가지는 사를 말한다.

이는 현재작용을 형용사 체로 말한 것이니, 예를 들자면 '가는' 사람

미래분사 갈

이는 미래작용을 형용사 체로 말한 것이니, 예를 들면 '갈' 사람

과거분사 간

이는 과거작용을 형용사 체로 말하는 것이니, 예를 들면 '간' 사람

과거현재분사 가던

이는 과거작용을 현재에 관계가 있듯이 말하는 것이니, 예를 들면 어제 '가던' 사람

과거의 미래분사 갈려던

이는 과거작용을 미래에 관계가 있듯이 말하는 것이니, 예를 들면 그쪽에 '갈려던' 사람

과거의 과거분사 갔던

이는 과거의 과거작용을 오로지 보이는 것이니, 예를 들면 저번에 '갔던' 사람

사조 -5언- 漢 / 서상호(徐相浩)

숫말[牡馬]

숫말이 암말을 보고 牡馬見牝馬

한편으로 웃고 한편으로 냄새 맡네. 且咲且嗅地
냄새와 맛이 서로 같으니 臭味雖相同
무슨 포복절도할 일 있으랴. 有何絶倒事

논평하여 말하다. "『주역』에 '같은 소리끼리 서로 응하고, 같은 기운끼리 서로 찾는다.〔同聲相應, 同氣相求〕' 하였다. 만약 소리와 기운이 서로 어긋난다면 '바람난 말과 소도 서로 미칠 수 없는〔風馬牛不相及〕' 격이 될 것이다."

단풍나무 덩굴[楓蘿]

고목에 가지 줄기 없고 老木無枝幹
덩굴 얽혀 붉은 잎 드물어라. 縈蘿紅葉鮮
그대 깊은 정 아니었다면 非君纒綿意
잠깐의 소년 시절 어찌 얻었으리. 那得暫少年

논평하여 말하다. "유화(油花)로 기이함을 빌고 분식(粉飾)으로 추함을 가리나, 마른 버들 늙은 부인이 저무는 석양을 바라보며 우네."

여름날 두서없이 읊다[夏日雜咏] -6언-

보리 익고 누에 오름이 한여름이요 麥熟蠶登夏半
실 두르고 곡식 먹음이 생애라. 絲身穀腹生涯
물레소리 북리 동리요 繅車北里東里
방아소리 앞집 뒤집이라. 舂杵前家後家

논평하여 말하다. "태평한 와중에 고난이 있고, 편안의 사이에 분주함을 볼 수 있다. 가령 시인에게 포폄하게 한다면 '태수는 누구인가〔太

守爲誰]'[12]가 최상일 것이다."

눈앞의 경치[卽景]

서늘한 기운 처마 아래 적적한데	微涼簷下宵寂
바람이 거미줄 농락하네.	風弄蜘蛛露絲
내 피곤해 문 닫고 잠드니	我倦關門睡去
개구리 떼 공사(公私)를 관장하네.	群蛙自管公私

논평하여 말하다. "꽃 핌을 비에 맡기고 잎 날림을 바람에 맡기는 것은 자연의 이치인데, 누가 일편단심으로 나아가도 걱정하고 물러나도 걱정하겠는가."

소설 (6) - 계속 -

잠상태(岑上苔) 제6회 / 이해조(李海朝)

운영은 명랑한 흉금이요 심서(心緖)이다. 성성이 성성을 아끼고 가인이 재자를 사랑함은 원원상상(元元常常)한 하늘이 부여한 양성(良性)이다. 운영이 구름 같은 귀밑머리를 자주 쓸어내리며 묵상하고는 잠시 후에 말하기를 "여자의 행실은 어렵고도 어렵습니다. 남을 구할 수 있으면서 구하지 않으면 인(仁)을 상할 뿐 아니라 인을 해치는 것이고, 내가 구할 수 없으면서 구한다면 행실을 놓칠 뿐 아니라 행실을 잃는 것이지요. 그 낭자의 처지는 구할 수 없는 의가 두 가지고, 구할 수 있는 길이

12 태수는 누구인가[太守爲誰] : 구양수의 「취옹정기(醉翁亭記)」에 보인다. 태수는 저자인 구양수 자신을 가리킨다.

한 가지입니다. 부친이 계시면 구할 수 없고 혼사가 정해지면 구할 수 없지만, 부친이 안 계시고 혼사가 안 정해졌으면 소성(小星)의 시[13]는 자고로 그 적임자가 있으니 한 몸 바쳐 한 목숨 구함이 인술에 부합하거니와, 재자를 얻어서 백년해락한다면 그 신분상 다행이 아닐런지요.

할멈이 말하였다. "기이하도다 너의 말이여! 너는 참으로 박식한 여성이요 다정한 가인이다. 옛 담론이 요즘 담론과 같다고 하니 내 너에게 요즘을 일러 주겠다. 그 남자는 성동(城東)의 김진사다. 나이가 29세를 넘도록 장가들지 않았다. 그 문벌·가세와 용모·문장은 내 참으로 당혹감을 금하지 못하였다. 그런데 그가 한식절 동문의 길에서 너의 미모를 잠깐 보자 곧 애정이 끌려서 사모하게 되고 사모에 불타서 발광하게 되고 발광이 극에 달해 병들게 되고 병이 위독해져 거의 죽게 되었다. 술을 들고 귀한 손 전별하려고 나의 집에 찾아와 사흘간 묵으면서 애절하고 간곡히 그 충곡을 토로하니 처음 들음에 골수가 서늘해지고 두 번 들음에 애간장이 끊어지고 누차 들음에 차마 그가 죽게 둘 수 없었다. 운영아! 내가 너에게 말한 전빈주가 이 술이고 내가 너에게 말한 이러한 처지가 이 처지고 내가 너에게 말한 이러한 마음이 이 마음이니, 이 처지가 너의 처지요 이 마음이 너의 마음이다. 내 그 관인을 보건대 우뚝한 키 한 장에 이마가 높이 솟아있고 턱이 둥글하니, 단지 좋은 부모의 음덕뿐 아니라 장래에 상당히 부귀해질 것이다. 너는 부친도 계시지 않고 혼사도 정해지지 않았으니, 소성의 시를 네가 이을 수 있지 않겠느냐."

운영의 두 뺨이 몹시 붉어지더니 고개를 숙이고는 오랫동안 말이 없었다. 다시 물어도 말이 없고 또 물어도 말이 없었다.

할멈이 말하였다. "운영아! 너 어째서 이러느냐. 8일은 석가세존의

---

13 소성(小星)의 시 : 『시경(詩經)』「주남(周南)」〈소성(小星)〉이다. 이 시의 주제는 남국 제후의 부인이 질투하지 않고 아래 사람에게 은혜를 베풀어 여러 첩들이 자신의 분수를 지키는 것을 찬양한 것이다.

탄신일이라 내 너의 모친을 위해 명복을 빌겠으니, 너 마마께 말씀드리고 기일에 맞춰 나를 찾아와라."

운영이 암암(黯黯)히 요량컨대 상동문 밖 희미한 얼굴이 가슴 하나 바짝 누르는 듯하여 뒤숭숭한 시름이 사라질 듯 말 듯하다가 할멈의 말을 듣고 나니 이 놀랍고도 이상하며 사랑스럽고도 가엾다. 성대를 낮게 떨며 붉은 입술을 억지로 열어 말하였다. "모친을 위해 명복을 비신다면 의리상 마땅히 어른의 시전(視奠)을 돕겠습니다."

할멈이 주름진 손바닥을 펴서 운영의 등을 가볍게 두드리며 말하였다. "운영아! 너의 효성은 천성에서 나오니 자식 된 도리를 다할 것이고, 너의 언변은 예의를 아니 어른의 면전에서 속이지 않을 것이니, 두 번 세 번 내 거듭 제기하지 않겠다."

할멈이 운영과 작별하고 마마에게 인사하고 서둘러 귀가하여 손가락을 굽혀 명엽(蓂葉)을 세었다.

이 날은 8일이다. 남풍(南風)이 따스하되 무덥지 않아서 그야말로 가절(佳節)이다. 할멈이 분주한 나머지 명복을 비는 향을 차리지 않고 관인의 식사만 차렸다. 그때 맹렬히 들리는 것이 한 소리는 벽제(碧蹄)고 한 소리는 박탁(剝啄)이다. 이어 한 폭의 홍사로 된 새 부채가 표표히 당에 들어와 앉았다. 바로 우리 집 관인이다. 급히 예를 표하고 먼저 그 이야기부터 하니 시종일관 한바탕 파란이 일었다. 거듭 깊어짐에 잔을 권하고 또 권하였다. 하나는 여자 육가(陸賈)이고 하나는 늙은 주랑(周郎)이며, 하나는 분분한 남월(南越)의 설이고 하나는 정제된 적벽(赤壁)의 일이다.

해가 중천에 떴는데 소회가 오는지 모르겠다. 홍진(紅塵)의 대로(大路)에 눈이 아득하고, 벽수(碧樹)의 장풍(長風)에 귀가 초초하다. 심서가 흔들리는 것이 낙화유사(落花流水) 같고 장곡(腸曲)이 뒤틀리는 것이 소금삭석(銷金爍石) 같다.

영랑이 그저 하품하고 노파가 거듭 초조할 제 누가 청조(青鳥)의 서찰을 가지고 왔다. 일각 화투(華套)에 향묵(香墨)이 아롱지고 구름이 떨어져 연기가 천연동(天緣洞)에 있으니, 그 세 글자가 참으로 왕희지나 다름없다.

할멈이 한편으로는 기뻐하고 한편으로는 의심하여 관인에게 바삐 청하여 손수 열어 보니, 온갖 색깔로 장식된 편지지를 거듭 접어서 주옥 같은 문구를 대략 몇 줄 적어두었다. 그 내용은 다음과 같다. "불초한 조카 운영은 종이모 마마의 다방(茶房)에 아룁니다. 십리장성(十里長城)에 혼이 떠나도 몸이 떠나지 못합니다. 모친을 위해 명복을 비는데 주향(炷香)을 받들지 않으니 자식 된 의리가 어디에 있는지요. 제가 먹는 것이 아니라 하나 어찌 몸이 제 몸이 아닌지요. '마오색(馬誤色)'이라 올린다면 '리정면(鯉正面)' 한 구를 어찌 걱정하리오. 행여 곁에서 이해할 이 있겠지요. 너무나 부끄러워 삼가 이에 지어 올립니다."

영랑이 노모와 그 말을 나누니 글자마다 비량(悲諒)의 뜻이요 행간마다 불래(不來)의 뜻이다. 다만 한 구 열 자가 솟아나 마치 열 길 구름이 눈썹 위로 오는 것 같다. 술잔 들어 생각하고 수저 멈춰 생각하니 바짝 크고 작은 뇌리를 얽매어 다 그 한 구에 붙든다. 열 자를 눈으로 보고 또 보고 열 자를 입으로 읊고 또 읊어도 마오색(馬誤色)・색오마(色誤馬)요 리정면(鯉正面)・면정리(面正鯉)라, 마(馬)・오(誤)・색(色)이요 리(鯉)・정(正)・면(面)이로다. 그 마(馬) 그 색(色)이 어째서 잘못인지 그 리(鯉) 그 면(面)이 어째서 바른지 모르겠다. 그러다 문득 환천희지(歡天喜地)하여 박안경기(拍案驚奇)하노라.

내보 - 계속 -

경상북도(慶尙北道)				
부군명 (府郡名)	원면 (原面)	이거면 (移去面)	내속면 (来屬面)	현면 (現面)
영양(英陽)	8		영해(寧海) 두입지: 석보면(石保面)	9
진보(眞寶)	6			6
영해(寧海)	7	석보면→영양(英陽)		6
영덕(盈德)	6			6
청송(青松)	9			9
의성(義城)	20	우곡면(羽谷面)→비안(比安), 소야천면(巢野川面)→의흥(義興)		18
의흥(義興)	12		의성 두입지: 소야천면	13
신녕(新寧)	8			
흥해(興海)	8		경주(慶州) 두입지: 기해면(杞溪面), 신광면(神光面), 북안면(北安面)	11
청하(清河)	6		경주 두입지: 죽장면(竹長面) 영천(永川) 비입지: 입암봉대(立岩烽臺)	7
영천(永川)	22		경주 비입지: 창산리(倉山里), 저현리(楮峴里), 유등리(柳等理), 대량리(大量里) 신녕 비입지: 이지면(梨旨面)	23
자인(慈仁)	9			9
하양(河陽)	7			7
경산(慶山)	5			5
경주(慶州)	18	기계면, 신광면, 북안면→흥해 죽장면→청하 창산리, 저현리, 대창리, 유등리→영천 북도면(北道面), 남도면(南道面)→장기(長鬐) 외남면(外南面)→울산(蔚山)		11

청도(淸道)	14		대구 두입지: 각북면(角北面), 각현내면(角縣內面), 각초동면(角初洞面), 각2동면(角二洞面) 밀양(密陽) 비입지: 고칭면(古稱面)	19
인동(仁同)	9			9
칠곡(漆谷)	11			11
선산(善山)	18			18
개령(開寧)	8		금산(金山) 비입지: 연명면(延命面)	9
금산(金山)	16	연명면[14]→개령 황금소면(黃金所面)→황간(黃澗)	황간 두입지: 남면(南面)	15
지례(知禮)	9		성주(星州) 두입지: 증산면(甑山面)	10
상주(尙州)	31	영순면(永順面), 산동면(山東面), 산서면(山西面), 산북면(山北面), 산남면(山南面)→문경(聞慶) 단동면(丹東面), 단서면(丹西面), 단남면(丹南面), 단북면(丹北面)→비안(比安)		22
성주(星州)	40	인곡면(仁谷面), 운나면(雲羅面), 흑수면(黑水面), 도장면(道長面), 소야면(蘇野面), 가현면(加縣面), 덕곡면(德谷面), 노다면(老多面), 다산면(茶山面)→고령(高靈) 노장곡면(蘆長谷面)→현풍(玄風) 증산면→지례		29
안동(安東)	25	감천면(甘泉面)→예천(禮泉) 재산면(才山面), 소천면(小川面), 춘양면(春陽面), 내성면(奈城面)→봉화(奉化)		20

고령(高靈)	13		성주 두입지: 인곡면, 운나면, 흑수면, 도장면, 소야면, 가현면, 덕곡면, 노다면, 다산면 현풍(玄風) 비입지: 진촌면(津村面), 답곡면(踏谷面), 왕지면(旺旨面)	25
현풍(玄風)	17	진촌면, 답곡면, 왕지면→고령		14[15]
장기(長鬐)	4		경주 두입지: 북도면, 남도면	6
연일(延日)	8			8

경상남도(慶尙南道)				
부군명(府郡名)	원면(原面)	이거면(移去面)	내속면(來屬面)	현면(現面)
진주(晋州)	75	파지산면(巴只山面), 백곡면(柏谷面), 금만면(金萬面), 사월면(沙月面), 삼장면(三壯面), 시천면(矢川面)→산청(山淸) 북평면(北平面), 종화면(宗化面), 가서면(加西面), 운곡면(雲谷面), 청암면(靑岩面), 대야면(大也面), 정수면(正水面)→하동(河東) 교선면(交善面), 남양면(南陽面), 영현면(永縣面), 영이곡면(永耳谷面), 오읍곡면(吾邑谷面), 개천면(介川面)→고성(固城) 양전면(良田面)→진해(鎭海) 상봉면(上奉面), 하봉면(下奉面), 상사면(上寺面)→함안(咸安) 적량면(赤良面), 창선면(昌善面)→남해(南海) 삼천포(三千浦)→사천(泗川)		50

14 연명면 : 원문에는 '연명'이라 되어 있는데, '面'자가 빠진 것이라 바로잡아 번역하였다.

15 14 : 원문에는 '十七'로 기재되어 있다. 내속면 수가 14개이므로 바로잡아 번역하였다.

의령(宜寧)	26			26
초계(草溪)	11			11
합천(陜川)	20			20
삼가(三嘉)	20			20
거창(居昌)	22			22
안의(安義)	12			12
함양(咸陽)	17			17
창녕(昌寧)	16			16
영산(靈山)	8			8
산청(山淸)	15		진주 두입지: 파지산면, 백곡면, 금만면, 사월면, 삼장면, 시천면	21
단성(丹城)	8			8
하동(河東)	12		진주 두입지: 북평면, 종화면, 가서면, 운곡면, 청암면, 대야면, 정수면	19
곤양(昆陽)	10			10
고성(固城)	17		진주 두입지: 문선면, 남양면, 영현면, 영이곡면, 오읍곡면, 개천면	23
진남(鎭南)	13			13
사천(泗川)	10		진주 두입지: 삼천포[16]	10[17]
함안(咸安)	18		진주 두입지: 상봉면, 하봉면, 상사면	21
진해(鎭海)	3		진주 두입지 : 양전면	4
칠원(漆原)	5	구산면(龜山面)→창원(昌原)[18]		4
창원(昌原)	6		칠원 비입지: 구산면[19] 김해 비입지: 대산면	8
김해(金海)	20	대산면→창원	양산(梁山) 비입지: 대상면(大上面), 대하면(大下面)	21
웅천(熊川)	8			8

거제(巨濟)	10			10
남해(南海)	7		진주 비입지: 적량면, 창선면	9
밀양(密陽)	12	고며면(古旀面)→청도(淸道)		11
울산(蔚山)	19	외남면(外南面), 웅상면(熊上面)→양산(梁山)	경주 두입지: 외남면	18
언양(彦陽)	6			6
양산(梁山)	10	좌면(左面)→동래(東萊) 대상면, 대하면→김해	울산 두입지: 외남면, 웅상면	9
기장(機張)	8			8
동래(東萊)	13		양산 두입지: 좌면	14
울도(鬱島)	9			9

○ 경무구역(警務區域) - 계속 -

관할경무명 (管轄警務名)	분서명 (分署名)	분파소 (分派所)	경무관, 총순(總巡), 권임(權任), 순검(巡檢)
전라북도 경무서			11225
		금구(金溝) 분파소	4
		고산(高山)동	4
		여산(礪山)동	4
		익산(益山)동	6
		용안(龍安)동	4
		임피(臨陂)동	4

---

16 삼천포 : 원문에는 '二千浦'로 되어있는데, 바로잡아 번역하였다.

17 10 : 원문에는 '十四'로 기재되어 있으나, 내속면 수가 10개이므로 바로잡아 번역하였다.

18 창원(昌原) : 본 내용이 내속면 항목에 있는 것을 '이거면'으로 바로잡아 번역하였다.

19 구산면 : 원문에는 '龍山面'으로 되어있는데, '龜山面'의 오기라 바로잡아 번역하였다.

		함열(咸悅)동	6
		금산(錦山)동	6
		진산(珍山)동	4
		무주(茂朱)동	4
		진안(鎭安)동	6
		용담(龍潭)동	4
	남원(南原) 분서		129
		운봉(雲峯) 분파소	4
		장수(長水)동	4
		순창(淳昌)동	6
		임실(任實)동	6
	고부(古阜) 분서		129
		홍덕(興德) 분파소	4
		부안(扶安)동	4
		고창(高敞)동	6
		정읍(井邑)동	4
		태인(泰仁)동	6
		김제(金堤)동	6
		만경(萬頃)동[20]	4
경상남도 경무서			1225
		단성(丹城) 분파소	4
		곤양(昆陽)동	6
		사천(泗川)동	4
		하동(河東)동	6
		함양(咸陽)동	6
		안의(安義)동	4
		산청(山淸)동	4
		거창(居昌)동	6

		합천(陜川)동	6
		초계(草溪)동	4
		의령(宜寧)동	6
		삼가(三嘉)동	4
		영산(靈山)동	6
		창녕(昌寧)동	4
		칠원(漆原)동	4
		함안(咸安)동	6
		진해(鎭海)동	4
		웅천(熊川)동	4
		김해(金海)동	4
	진도(珍島) 분서		1213
		울도(鬱島) 분파소	4
		언양(彦陽)동	4
		양산(梁山)동	6
		기장(機張)동	4
		밀양(密陽)동	6
	통영(統營) 분서		129
		진남(鎭南) 분파소	4
		거제(巨濟)동	6
		고성(固城)동	6
		남해(南海)동	6
경상북도 경무서			11224
		칠곡(漆谷) 분파소	6
		인동(仁同)동	4
		군위(軍威)동	6

20 만경(萬頃)동 : 원문에 '萬項仝'으로 되어있는데, '萬頃仝'의 오기라 바로잡아 번역하였다.

		비안(比安)동	4
		경산(慶山)동	4
		자인(慈仁)동	6
		청도(淸道)동	6
		현풍(玄風)동	4
		금산(金山)동	6
		지례(知禮)동	4
		성주(星州)동	6
		고령(高靈)동	4
		영천(永川)동	6
		신녕(新寧)동	4
		하양(河陽)동	4
	경주(慶州) 분서		129
		연일(延日) 분파소	6
		장기(長鬐)동	4
		흥해(興海)동	4
		영덕(盈德)동	6
		청하(淸河)동	4
		영해(寧海)동	4
	안동(安東) 분서		129
		의성(義城) 분파소	6
		의흥(義興)동	4
		예안(禮安)동	6
		봉화(奉化)동	4
		영천(榮川)동	6
		풍기(豊基)동	4
		순흥(順興)동	4
		청송(靑松)동	6

		진보(眞寶)동	4
		영양(英陽)동	4
	상주(尙州) 분서		129
		함창(咸昌) 분파소	6
		문경(聞慶)동	4
		용궁(龍宮)동	4
		예천(醴川)동	6
		선산(善山)동	6
		개령(開寧)동	4
강원도 경무서			11221
		화천(華川) 분파소	4
		홍천(洪川)동	4
		원주(原州)동	6
		횡성(橫城)동	4
		평창(平昌)동	4
		영월(寧越)동	4
		인제(麟蹄)동	6
		양구(楊口)동	4
	강릉(江陵) 분서		129
		고성(高城) 분파소	6
		통천(通川)동	4
		흡곡(歙谷)동	4
		양양(襄陽)동	6
		간성(杆城)동	4
		삼척(三陟)동	6
		울진(蔚珍)동	6
		평해(平海)동	4
	금성(金城) 분서		129

		금화(金化) 분파소	4
		회양(淮陽)동	4
		철원(鐵原)동	6
		평강(平康)동	4
		이천(伊川)동	6
		안협(安峽)동	4
		정선(旌善)동	6

외보

○ 러시아 의회 : 러시아의 새 의회는 입헌민주당이 대다수를 점거하였는데, 현 내각의 총사직을 강경하게 권고할 것이라고 한다.

○ 화학 도보(道步) : 런던의 모 신문에 따르면, 유명한 영국 화학자 아무개 씨는 공기 중에서 질산을 채집하는 방법을 발견하고, 스위스 프리부르(Fribourg)대학 교수와 지난달 22일 런던에서 실제 실험을 행하였다. 이 발견은 농・공・상업상 질산업계에 큰 변동이 있을 뿐 아니라 그 영향이 인류의 식자재에까지 미친다고 한다.

○ 식후 동정(動靜) : 파리에서 발행하는 코스모스 잡지에서, 식후에 즉시 운동하는 것과 가만히 있는 것에 대해 논한 바 있다. 이는 의과대학에서 실험한 결과인데, 기후・연령・강약에 따라 다르다고 한다. 열대 국가에서는 식후에 가만히 있는 것이 좋지만 식후에 수면은 위액 가운데 산분(酸分)을 증가시켜 위의 활동력을 둔하게 하기 때문에 허약한 사람에게는 유해하다. 수면 후에 입안에 신맛이 느껴지는 것도 이 때문이다. 온대 국가에서는 식후에 운동하는 편이 좋으나, 신경질적인 사람과 허약한 사람은 식후에 약 1시간 정도 가만히 있는 편이 좋다. 식후 수면은 해가 많은데, 중년의 사람이 더욱 심하다. 한대 국가에서는 식후 운동이

필요하다고 한다.

○ 군제(郡制) 가결 : 일본 정부에서 본국 의회에 제출한 군제폐지안에 대해, 대동파(大同派)[21]는 진보당과 연합하여 절대적으로 반대하였다. 그런데 이 사안은 현 내각의 운명이라고 논할 만한 문제가 되어서 세간의 이목을 놀라게 하였다. 그리고 3월 2일에 중의원에서 가결 통과되었다고 한다.

○ 이민 제한 : 미국 캘리포니아주 일각에서 황인종을 배척한 사건은 세상 사람들이 다 숙지하는 바이다. 그런데 그 결과로 이민법 개정안을 본국의 의회에 제출했다는데, 이는 황인종의 권리를 저해하기 위함이라고 한다.

○ 한인 외권(外權) : 하얼빈에서 청나라 관헌이 한국인의 치외 법권을 인정하지 않는다고 고시하였다. 가와카미(川上) 일본 영사가 부임한 후에는 항의를 제기한다는 전보가 있다고 한다.

○ 전보로 개정(改正)을 청함 : 이번 미국에서 이민법 개정안을 의회에 제출하여 가결될 것으로 보이자, 도쿄의 뜻있는 인사들이 대미국지회(對米國志會)를 발기하고 대통령에게 전보하기를 '이민법 개정안은 일·미 간의 친교를 훼손시키는 것이니, 이를 다시 개정하기를 희망한다.'고 하였다고 한다.

현상(懸賞) 한자놀이

○ 지난 문제

제9 : '승도복숭아꽃 아래 속인의 집〔僧桃花下俗人家〕'

---

21 대동파(大同派) : 일본 메이지 시대 전기 민주주의적 개혁을 요구한 자유민권운동의 후반기에 대동단결운동(大同團結運動)이 있었다.

대구 찾기〔覔偶〕 2등 : 비로봉 앞 복치혈[22]〔飛鷹峯前伏雉穴〕
대구 찾은 사람 : 원동(苑洞) 15통 9호 박노집(朴魯集)

○ 새로운 문제

제10 : '벼 싹이 이슬방울을 뚫는다〔秧針貫露珠〕'

22 복치혈 : 산의 모습이 마치 숲 속에 숨어 엎드려 있는 꿩의 모습을 한 명혈이다.

광고

특별대광고

현재 출간된 서적 교과용

『소물리학(小物理學)』	각 책 당 대금 50전
『대동역사략(大東歷史畧)』	1 책 당 30전
『초등소학(初等小學)』	각 질(帙) 3책 당 1환 50전

- 발매소
  - 중서(中署) 돈화문(敦化門) 앞 국민교육회 사무소
  - 포병(布屛) 밑 김상만(金相萬) 서포(書舖)
  - 파조교(罷朝橋) 남쪽 가 주한영(朱翰榮) 박문서림(博文書林)
  - 광통교(廣通橋) 고유상(高裕相) 서포
  - 대안동(大安洞) 김흥연(金興淵) 동화서관(東華書館)
  - 종로(鍾路) 대동서시(大東書市)

역자소개

권정원 權政媛
부산대학교 점필재연구소 연구원. 한국한문학 전공. 조선후기 문인 이덕무(李德懋)를 연구해 왔으며, 조선후기 문단의 명청문학유파 수용에 주목하고 있다. 주요 논저로 『책에 미친 바보』(2011), 『역주 이재난고』(공역, 2015), 『완역 태극학보』(공역, 2020), 「이덕무의 명청문학에 대한 관심의 추이 양상」(2015), 「이덕무의 경릉파 인식과 수용」(2017) 등이 있다.

신재식 申在湜
부산대 점필재연구소 연구원. 한국경학 전공. 조선에서의 명말청초 경학자 고염무 학설의 수용 사례를 연구하였고, 최근에는 다양한 명말청초 학설의 수용 사례로 연구 영역을 넓혀가고 있다. 주요 논저로 『완역 태극학보』(공역, 2020), 「정조조(正祖朝) 경학(經學)의 고염무(顧炎武) 경설(經說) 수용 양상」(2017), 「조선후기 지식인의 이광지 수용과 비판」(2017), 「조선후기 고증학과 염약거」(2019), 「조선후기 『대학(大學)』 연구와 육농기의 영향」(2020) 등이 있다.

신지연 申智姸
한국근현대문학을 전공했다. 현재 동덕여대에서 강의하고 있다. 주요 저서로 『글쓰기라는 거울 – 근대적 글쓰기의 형성과 재현성』(2007), 『증상으로서의 내재율』(2014), 『완역 조양보』(공역, 2019), 『완역 태극학보』(공역, 2020) 등이 있다.

전민경 田旼坰
부산대학교 석박통합과정생. 한국한문학 전공. 연행록 소재 조선 지식인들의 세계 인식을 연구하고 있다. 주요 논저로 「『帽巖詩會圖』에 대하여」(2016), 「洪貴達의 外國 使臣과의 交流와 世界 認識」(2020), 「조선 지식인의 이슬람 세계에 대한 인식」(2021) 등이 있다.

최진호 崔珍豪
동아시아학 전공자로 중국의 근대성이 한국에서 갖는 의미를 연구하고 있다. 현재 성균관대, 서울과학기술대학 등에서 강의하고 있다. 주요 논저로 『상상된 루쉰과 현대중국』(2019), 『완역 태극학보』(공역, 2020), 「'모랄'과 '의식화' – 한국에서 '루쉰의 태도' 번역의 계보」(2019), 「친선과 연대의 정치성」(2019) 등이 있다.

연구진

연구책임자	강명관
공동연구원	손성준
	유석환
	임상석
전임연구원	권정원
	신재식
	신지연
	최진호
연구보조원	서미나
	이강석
	장미나

대한제국기번역총서

완역 소년한반도

2021년 8월 16일 초판 1쇄 펴냄

역 자 권정원·신재식·신지연·전민경·최진호
발행인 김흥국
발행처 보고사

책임편집 이순민
표지디자인 손정자

등록 1990년 12월 13일 제6-0429호
주소 경기도 파주시 회동길 337-15 보고사
전화 031-955-9797(대표), 02-922-5120~1(편집), 02-922-2246(영업)
팩스 02-922-6990
메일 kanapub3@naver.com / bogosabooks@naver.com
http://www.bogosabooks.co.kr

ISBN 979-11-6587-205-2 93910

정가 33,000원

이 저서는 2017년 대한민국 교육부와 한국학중앙연구원(한국학진흥사업단)의
한국학 분야 토대연구지원사업의 지원을 받아 수행된 연구임(AKS-2017-KFR-1230013)